VERWALTUNGSRECHT AT 2
mit Staatshaftungsrecht

2022

Horst Wüstenbecker
Rechtsanwalt und Repetitor

Christian Sommer
Rechtsanwalt und Repetitor

ALPMANN UND SCHMIDT Juristische Lehrgänge Verlagsges. mbH & Co. KG
48143 Münster, Alter Fischmarkt 8, 48001 Postfach 1169, Telefon (0251) 98109-0
AS-Online: www.alpmann-schmidt.de

Zitiervorschlag: Wüstenbecker/Sommer, Verwaltungsrecht AT 2, Rn.

Wüstenbecker, Horst
Sommer, Christian
Verwaltungsrecht AT 2
mit Staatshaftungsrecht
17. Auflage 2022
ISBN: 978-3-86752-806-1

Verlag Alpmann und Schmidt Juristische Lehrgänge
Verlagsgesellschaft mbH & Co. KG, Münster

Die Vervielfältigung, insbesondere das Fotokopieren,
ist nicht gestattet (§§ 53, 54 UrhG) und strafbar (§ 106 UrhG).
Im Fall der Zuwiderhandlung wird Strafantrag gestellt.

Unterstützen Sie uns bei der Weiterentwicklung unserer Produkte.
Wir freuen uns über Anregungen, Wünsche, Lob oder Kritik an:
feedback@alpmann-schmidt.de

INHALTSVERZEICHNIS

1. Teil: Aufhebung von Verwaltungsakten 1

1. Abschnitt: Einleitung 1
- A. Aufhebung aufgrund von Rechtsbehelfen 1
- B. Aufhebung durch die Ausgangsbehörde 1
  - I. Abgrenzung: Berichtigung 2
  - II. Rechtsgrundlagen für die Aufhebung 2
    1. Spezialgesetzliche Vorschriften 2
    2. §§ 48, 49 VwVfG 3
  - III. Rechtsfolge der Aufhebung 4

2. Abschnitt: Widerruf des Verwaltungsaktes gemäß § 49 VwVfG 4
- A. Anwendungsbereich und Grundbegriffe 4
  - I. Abgrenzung zu § 48 VwVfG 4
  - II. Begünstigender und belastender aufzuhebender VA 4
    1. Begünstigender VA 4
    2. Belastender VA 5
- B. Widerruf eines rechtmäßigen belastenden VA, § 49 Abs. 1 VwVfG 5
- C. Der Widerruf eines rechtmäßigen begünstigenden VA 6
  - I. Der Widerruf mit Wirkung für die Zukunft, § 49 Abs. 2 VwVfG 6
    1. Voraussetzungen 6
       a) Rechtmäßiger begünstigender VA 7
       b) Vorliegen von Widerrufsgründen 7
          Fall 1: Schlechte Arbeit als Widerrufsgrund 9
       c) Widerrufsfrist 12
    2. Rechtsfolge 12
- D. Widerruf mit Wirkung für die Vergangenheit, § 49 Abs. 3 VwVfG 13
  - Fall 2: Rückwirkender Widerruf 14

3. Abschnitt: Rücknahme des Verwaltungsaktes gemäß § 48 VwVfG 20
- A. Die Rücknahme eines rechtswidrigen belastenden VA 20
  - I. Voraussetzungen des § 48 Abs. 1 VwVfG 20
  - II. Rechtsfolge 20
- B. Die Rücknahme eines rechtswidrigen begünstigenden VA 21
  - I. Die Rücknahme eines rechtswidrigen Geld- oder Sachleistungs-VA ... 22
    1. Die Rücknahmevoraussetzungen des § 48 Abs. 2 VwVfG 23
       Fall 3: Berichtigung der Witwenpension 23
    2. Verhältnis des § 48 VwVfG zum Europarecht 33
       Fall 4: Europarechtswidrige Subventionen 38
  - II. Die Rücknahme nach § 48 Abs. 3 VwVfG 43
    Fall 5: Rücknahme einer Baugenehmigung 45

4. Abschnitt: Die Rückforderung gemäß § 49 a VwVfG 50
    I.   Anwendbarkeit 51
    II. Voraussetzungen 51
        1. Unwirksamwerden des VA 51
        2. Leistung aufgrund eines VA 51
    III. Rechtsfolgen 52
        1. Gebundener VA 52
        2. Umfang des Anspruchs 53
        3. Adressat des Rückforderungsbescheids 53

5. Abschnitt: Das Wiederaufgreifen des Verwaltungsverfahrens, § 51 VwVfG 54
    A. Unterschied Aufhebung und Wiederaufgreifen 54
        I.   Die Bestandskraft des VA 54
        II. Überwindung der Bestandskraft 55
    B. Anspruch auf Wiederaufgreifen 56
        I.   Entscheidung über das Wiederaufgreifen (1. Stufe) 56
            1. Zulässigkeit des Antrags auf Wiederaufgreifen 57
            2. Begründetheit des Antrags auf Wiederaufgreifen 58
        II. Erneute Entscheidung in der Sache (2. Stufe) 59
        III. Prozessuale Durchsetzung 60
            1. Ablehnung des Wiederaufgreifens 60
            2. Erlass eines negativen Zweitbescheides 61
            3. Erlass eines positiven Zweitbescheides 61
    C. Wiederaufgreifen nach Ermessen 61
        I.   Entscheidung über das Wiederaufgreifen (1. Stufe) 62
        II. Erneute Entscheidung in der Sache (2. Stufe) 65
        III. Prozessuale Durchsetzung 65

■ Übersicht: Aufhebung des VA durch die Behörde 66

2. Teil: Der öffentlich-rechtliche Vertrag 67

1. Abschnitt: Begriffsmerkmale des öffentlich-rechtlichen Vertrages 67
    A. Regelung 67
    B. Auf dem Gebiet des öffentlichen Rechts 67
    C. Vertragliche Regelung 69

2. Abschnitt: Die Arten des öffentlich-rechtlichen Vertrages 69

3. Abschnitt: Zustandekommen eines ör Vertrages 70
    A. Die Rechtmäßigkeit eines öffentlich-rechtlichen Vertrages 70
        I.   Ermächtigungsgrundlage 70
        II. Formelle Anforderungen an öffentlich-rechtliche Verträge 71
        III. Materielle Anforderungen an öffentlich-rechtliche Verträge 71

- B. Die Wirksamkeit des öffentlich-rechtlichen Vertrages 72
  - I. Einigung 73
  - II. Schriftform (§ 57 VwVfG) 73
  - III. Beteiligung Dritter oder anderer Behörden (§ 58 VwVfG) 74
  - IV. Nichtigkeitsgründe (§ 59 VwVfG) 75
    1. Rechtswidrige, aber nicht nichtige Verträge 75
    2. Nichtigkeitsgründe nach § 59 Abs. 2 VwVfG 76
       Fall 6: Folgenloser Verzicht 77
    3. Nichtigkeitsgründe nach § 59 Abs. 1 VwVfG 81
       Fall 7: Abgabenverzicht 81
    4. Rechtsfolgen der Nichtigkeit 84

4. Abschnitt: Leistungsstörungen beim ör Vertrag 85

5. Abschnitt: Durchsetzung von Ansprüchen aus einem ör Vertrag 85

■ Übersicht: Ansprüche aus öffentlich-rechtlichem Vertrag 87

3. Teil: Verwaltungsrechtliche Ansprüche 88

1. Abschnitt: Anspruchssystem 88
- A. Unterscheidung zwischen Primär- und Sekundärebene 88
- B. Regelungsbereiche des Staatshaftungsrechts 88
  - I. Ansprüche auf Geldersatz 88
  - II. Ansprüche auf Beseitigung und Unterlassung 89

2. Abschnitt: Der Folgenbeseitigungsanspruch (FBA) 90
- A. Das Rechtsinstitut des FBA 90
- B. Begründung des FBA 90
  - I. Vollzugsfolgenbeseitigungsanspruch 90
  - II. Allgemeiner Folgenbeseitigungsanspruch 91
  - III. Dogmatische Herleitung 91
- C. Voraussetzungen des FBA 92
  - I. Hoheitlicher Eingriff in ein subjektives Recht 92
    1. Hoheitliches Handeln 92
    2. Eingriff in ein subjektives Recht 93
  - II. Rechtswidriger andauernder Zustand 93
    1. Rechtswidrigkeit des Zustands 94
       a) Gesetzliche Duldungspflichten 94
       b) Duldungspflicht kraft VA 95
    2. Haftungsbegründende Kausalität 95
       a) Unmittelbare Verursachung 96
       b) Mittelbare Verursachung 96
    3. Fortdauer der Beeinträchtigung 97

D. Rechtsfolge des FBA 97
I. Wiederherstellung des früheren Zustandes 97
II. Kein Schadensersatz 97
III. Haftungsausfüllende Kausalität 98
1. Unmittelbare Folgen 98
2. Mittelbare Folgen 98
E. Ausschlussgründe 99
I. Rechtliche und tatsächliche Unmöglichkeit 99
II. Unzumutbarkeit der Folgenbeseitigung 100
III. Unzulässige Rechtsausübung 100
F. Verjährung 100
Fall 8: Totenruhe 101

3. Abschnitt: Der sozialrechtliche Herstellungsanspruch 106
I. Unterschied zum FBA 106
II. Dogmatische Grundlage des Anspruchs 106
III. Voraussetzungen des sozialrechtlichen Herstellungsanspruchs 106
IV. Rechtsfolgen des sozialrechtlichen Herstellungsanspruchs 107
V. Übertragbarkeit auf das allgemeine Verwaltungsrecht 108

4. Abschnitt: Öffentlich-rechtlicher Abwehr- und Unterlassungsanspruch 109
A. Begründung des Abwehr- und Unterlassungsanspruchs 109
I. Abwehr des Eingriffs, nicht der Folgen 109
II. Anwendungsfälle 109
III. Dogmatische Herleitung 110
IV. Unterschied zum Folgenbeseitigungsanspruch 110
1. Abwehr des Eingriffs 110
2. Abgrenzung Eingriff und Folgen 111
B. Voraussetzungen und Rechtsfolgen des ör Abwehr- und Unterlassungsanspruchs 112
I. Anspruchsvoraussetzungen 112
1. Hoheitlicher Eingriff in ein subjektives Recht 113
2. Rechtswidrigkeit des Eingriffs 113
3. Keine Ausschlussgründe 114
II. Rechtsfolge 114
C. Fallgruppen 115
I. Staatliches Informationshandeln 115
Fall 9: Hygiene-Ampel 115
II. Ehrschutz gegen Hoheitsträger 124
1. Anspruchsgrundlagen 124
2. Voraussetzungen 125
   a) Hoheitlicher Eingriff in ein subjektives Recht 125
   b) Rechtswidrigkeit des Eingriffs 126
      aa) Kompetenzmäßige Äußerungen 126
      bb) Sachlichkeitsgebot 126

             cc) Verhältnismäßigkeit 128
             dd) Sonderfall: Neutralitätsgebot 128
          c) Wiederholungsgefahr 129
       3. Rechtsfolgen 129
       4. Prozessuale Durchsetzung 129
   III. Öffentlich-rechtlicher Immissionsabwehranspruch 131
       Fall 10: Kinderspielplatz 131
■ Übersicht: Grundrechtlicher Abwehr- und Beseitigungsanspruch 137

5. Abschnitt: Geschäftsführung ohne Auftrag (GoA) 138
   A. Das Rechtsinstitut der öffentlich-rechtlichen GoA 138
       I. Rechtsgrundlage 138
       II. Abgrenzung 138
   B. Die analoge Anwendung der §§ 677 ff. BGB 139
       I. Regelungslücke 139
       II. Vergleichbare Interessenlage 139
          1. Hoheitsträger für einen anderen Hoheitsträger 139
          2. Bürger für einen anderen Bürger 140
          3. Hoheitsträger für den Bürger 140
          4. Bürger für einen Hoheitsträger 141
             Fall 11: Katzentot 142

6. Abschnitt: Der öffentlich-rechtliche Erstattungsanspruch 149
   A. Rechtsgrundlagen 149
       I. Spezialgesetzliche Erstattungsansprüche 149
       II. Der allgemeine öffentlich-rechtliche Erstattungsanspruch 149
       III. Fallgruppen 150
   B. Voraussetzungen und Rechtsfolgen 151
       I. Anspruchsvoraussetzungen 151
          1. Öffentlich-rechtliche Rechtsbeziehung 151
          2. Etwas erlangt 152
          3. Ohne Rechtsgrund 152
       II. Rechtsfolge 153
          Fall 12: Rechtsgrundlose Bereicherung 153
   C. Die Durchsetzung des ör Erstattungsanspruchs 158

4. Teil: Öffentliche Ersatzleistungen 159

1. Abschnitt: Das System der öffentlichen Ersatzleistungen 159
   A. Haftung wegen Pflichtverletzung (sog. Unrechtshaftung) 159
       I. Historische Entwicklung der Amtshaftung 160
       II. Ordnungsrechtliche Unrechtshaftung 161
       III. Vertragliche Haftung 161
       IV. Gefährdungshaftung 161

Inhalt

- B. Ersatzansprüche bei Eingriffen in das Eigentum 162
  - I. Historische Entwicklung 162
  - II. Enteignung, Art. 14 Abs. 3 GG 162
  - III. Inhalts- und Schrankenbestimmungen, Art. 14 Abs. 1 S. 2 GG 162
  - IV. Enteignender und enteignungsgleicher Eingriff 163
- C. Ersatzansprüche bei Eingriffen in nichtvermögenswerte Rechte 163

2. Abschnitt: Schadensersatzansprüche, insbes. die Amtshaftung 164

- A. Haftungsgrundlagen 164
  - I. Amtshaftung gemäß § 839 Abs. 1 BGB i.V.m. Art. 34 S. 1 GG 164
  - II. Verhältnis zu anderen Haftungsregeln 165
- B. Die Voraussetzungen der Amtshaftung 166
  - I. Handeln in Ausübung eines öffentlichen Amtes 167
    1. Wahrnehmung einer öffentlichen Aufgabe 167
    2. Abgrenzung zum privatrechtlichen Handeln 169
    3. Handeln „in Ausübung des Amtes" 170
  - II. Amtspflichtverletzung 170
    1. Begründung von Amtspflichten 171
    2. Drittbezogenheit der Amtspflicht 172
       - a) Drittwirkung 173
       - b) Persönlicher Schutzbereich 173
       - c) Sachlicher Schutzbereich 174
    3. Verletzung der Amtspflicht 174
  - III. Verschulden 175
  - IV. Haftungsausschlüsse 176
    1. Subsidiaritätsklausel, § 839 Abs. 1 S. 2 BGB 176
    2. Richterspruchprivileg § 839 Abs. 2 BGB 177
    3. Vorrang des Primärrechtsschutzes, § 839 Abs. 3 BGB 178
  - V. Schaden 178
    1. Haftungsausfüllende Kausalität 178
    2. Ersatzfähiger Schaden 179
  - VI. Anspruchsgegner 180
  - VII. Verjährung 180
  - VIII. Rechtsweg 181
    - Fall 13: Baugenehmigung mit Hindernissen 181

- ■ Übersicht: Amtshaftung gemäß § 839 Abs. 1 S. 1 BGB i.V.m. Art. 34 S. 1 GG 186

- C. Haftung bei Verstößen gegen das Unionsrecht 187
- D. Ansprüche aus verwaltungsrechtlichen Schuldverhältnissen 188
  - I. Vertragliche Schadensersatzansprüche 188
  - II. Unterschiede zur deliktischen Haftung 189
  - III. Vertragsähnliche Rechtsverhältnisse 189
    1. Öffentlich-rechtliche Verwahrung 189
    2. Öffentlich-rechtliche Leistungs- und Benutzungsverhältnisse 190
    3. Beamtenverhältnis 190
  - IV. Rechtsweg 190

3. Abschnitt: Entschädigung bei Eingriffen in das Eigentum 191
   A. Ersatzansprüche wegen Enteignung (Art. 14 Abs. 3 GG) 191
      I. Anspruchsgrundlage für die Enteignungsentschädigung 193
      II. Anspruchsvoraussetzungen für die Enteignungsentschädigung 193
         1. Vorliegen einer Enteignung 194
         2. Rechtmäßigkeit der Enteignung 194
      III. Rechtsfolge: Entschädigung 194
   B. Die ausgleichspflichtige Inhaltsbestimmung 195
   C. Der enteignungsgleiche Eingriff 196
     Fall 14: Späte Reaktion 196
   D. Der enteignende Eingriff 200
      I. Rechtsgrundlage 200
      II. Voraussetzungen 202
      III. Rechtsfolge 203
     Fall 15: Betriebsschließungen wegen COVID-19 204

4. Abschnitt: Der allgemeine Aufopferungsanspruch 210
   A. Rechtsgrundlage 210
   B. Voraussetzungen 211
      I. Eingriff in ein nichtvermögenswertes Recht 211
      II. Unmittelbarer hoheitlicher Eingriff 211
      III. Sonderopfer 212
   C. Rechtsfolge 212

Stichwortverzeichnis 214

LITERATURVERZEICHNIS

Verweise in den Fußnoten auf „RÜ" und „RÜ2" beziehen sich auf die Ausbildungszeitschriften von Alpmann Schmidt. Dort werden Urteile so dargestellt, wie sie in den Examensklausuren geprüft werden: in der RechtsprechungsÜbersicht als Gutachten und in der Rechtsprechungs-Übersicht 2 als Urteil/Behördenbescheid/Anwaltsschriftsatz etc.

RÜ-Leser wussten mehr: Immer wieder orientieren sich Examensklausuren an Gerichtsentscheidungen, die zuvor in der RÜ klausurmäßig aufbereitet wurden. Die aktuellsten RÜ-Treffer aus ganz Deutschland finden Sie auf unserer Homepage.

Abonnenten haben Zugriff auf unser digitales RÜ-Archiv.

Bader/Ronellenfitsch (Hrsg.)	BeckOK VwVfG Online-Kommentar, Stand: 01.01.2022
Detterbeck	Allgemeines Verwaltungsrecht mit Verwaltungsprozessrecht 19. Aufl. 2021
Ehlers/Pünder (Hrsg.)	Allgemeines Verwaltungsrecht 15. Aufl. 2015
Erbguth/Guckelberger	Allgemeines Verwaltungsrecht mit Verwaltungsprozessrecht und Staatshaftungsrecht 10. Aufl. 2019
Eyermann	Verwaltungsgerichtsordnung 15. Aufl. 2019
Fehling/Kastner/Störmer	Verwaltungsrecht 5. Aufl. 2021
Grüneberg	Bürgerliches Gesetzbuch 81. Aufl. 2022
Huck/Müller	Verwaltungsverfahrensgesetz 3. Aufl. 2020
Hufen	Verwaltungsprozessrecht 12. Aufl. 2021
Knack/Henneke	Verwaltungsverfahrensgesetz (VwVfG) 11. Aufl. 2019

Literatur

Kopp/Ramsauer	Verwaltungsverfahrensgesetz 22. Aufl. 2021
Kopp/Schenke	Verwaltungsgerichtsordnung 27. Aufl. 2021
Mann/Sennekamp/Uechtritz	Verwaltungsverfahrensgesetz 2. Aufl. 2019
Maurer/Waldhoff	Allgemeines Verwaltungsrecht 20. Aufl. 2020
MünchKomm	Münchner Kommentar zum Bürgerlichen Gesetzbuch Band 7 §§ 705–853 8. Aufl. 2020
Obermayer/Funke-Kaiser	VwVfG 6. Aufl. 2021
Pautsch/Hoffmann (Hrsg.)	VwVfG 2. Aufl. 2021
Peine/Siegel	Allgemeines Verwaltungsrecht 13. Aufl. 2020
Posser/Wolff	BeckOK VwGO Online-Kommentar, Stand: 01.01.2022
Schoch/Schneider	Verwaltungsrecht VwGO Loseblatt, Stand: Juli 2021
Schoch/Schneider	Verwaltungsrecht VwVfG Loseblatt, Stand: August 2021
Sodan/Ziekow	Verwaltungsgerichtsordnung 5. Aufl. 2018
Stelkens/Bonk/Sachs	Verwaltungsverfahrensgesetz 9. Aufl. 2018
Wolff/Decker	Verwaltungsgerichtsordnung (VwGO) Verwaltungsverfahrensgesetz (VwVfG) 4. Aufl. 2021
Ziekow	Verwaltungsverfahrensgesetz 4. Aufl. 2019

1. Teil: Aufhebung von Verwaltungsakten

1. Abschnitt: Einleitung

Mit seiner Bekanntgabe (§ 41 VwVfG) wird der Verwaltungsakt (VA) rechtlich existent (§ 43 Abs. 1 S. 1 VwVfG). Ab diesem Zeitpunkt löst er die Rechtsfolgen aus, auf deren Herbeiführung er gerichtet ist. Etwas anderes gilt nur für **nichtige Verwaltungsakte**, die unwirksam sind (§ 43 Abs. 3 VwVfG), wenn Nichtigkeitsgründe i.S.d. § 44 Abs. 2 oder Abs. 1 VwVfG vorliegen.

Eine ausführliche Darstellung zu den Begriffsmerkmalen des VA, seinem Wirksamwerden sowie den Nichtigkeitsgründen finden Sie im **AS-Skript Verwaltungsrecht AT 1**.

Das VwVfG legt zugleich das **Ende der Wirksamkeit** fest: Ein VA bleibt nach § 43 Abs. 2 VwVfG wirksam, solange und soweit er nicht zurückgenommen, widerrufen, anderweitig aufgehoben oder durch Zeitablauf oder andere Weise erledigt ist.

Wirksamkeit eines Verwaltungsaktes

- **Verwaltungsakte** (auch rechtswidrige) werden **wirksam** durch Bekanntgabe (§§ 41, 43 Abs. 1 VwVfG).
- **Ausnahme:** Nichtige Verwaltungsakte sind **unwirksam** (§ 43 Abs. 3 VwVfG).
  - Absolute Nichtigkeitsgründe nach § 44 Abs. 2 VwVfG
  - Negativkatalog des § 44 Abs. 3 VwVfG
  - Generalklausel des § 44 Abs. 1 VwVfG: schwerwiegender, offensichtlicher Fehler
- **Ausnahme:** Verwaltungsakt wird **unwirksam** (§ 43 Abs. 2 VwVfG)
  - Rücknahme, Widerruf, sonstige Aufhebung
  - Zeitablauf
  - Anderweitige Erledigung

A. Aufhebung aufgrund von Rechtsbehelfen

Gegen Verwaltungsakte stehen mit dem **Widerspruch** (§ 68 VwGO) und der **Anfechtungsklage** (§ 42 Abs. 1 Fall 1 VwGO) zwei Rechtsbehelfe zur Verfügung, die im Fall der **Rechtswidrigkeit** des VA zu dessen Aufhebung führen (vgl. § 113 Abs. 1 S. 1 VwGO).

Widerspruch und Anfechtungsklage werden im AS-Skript VwGO (2021), Rn. 121 ff. (Anfechtungsklage) und Rn. 478 ff., 842 ff. (Widerspruchsverfahren) behandelt.

B. Aufhebung durch die Ausgangsbehörde

Außerhalb von durch den Adressaten oder Dritte erhobenen Rechtsbehelfen kann die Ausgangsbehörde die Wirksamkeit des VA ebenfalls durch Aufhebung beseitigen. Eine Aufhebung des VA liegt vor, wenn die Behörde zu erkennen gibt, dass sie die durch den ursprünglichen VA (den aufzuhebenden VA) herbeigeführte **Rechtsfolge nicht mehr gelten lassen will**. Die Aufhebung kann auch **konkludent** erfolgen, z.B. dadurch, dass der ursprüngliche VA ganz oder teilweise durch einen neuen VA ersetzt wird.

Beispiel: In der Rückforderung einer Subvention liegt i.d.R. zugleich konkludent die Aufhebung des Bewilligungsbescheides.[1] Etwas anderes gilt allerdings dann, wenn die Behörde meint, aufgrund einer auflösenden Bedingung sei gar keine Aufhebung erforderlich.[2]

I. Abgrenzung: Berichtigung

5 Nicht jede Einflussnahme der Ausgangsbehörde auf den Inhalt des VA ist indes als Aufhebung anzusehen. Nach **§ 42 S. 1 VwVfG** ist die Behörde berechtigt, Schreibfehler, Rechenfehler und ähnliche **offenbare Unrichtigkeiten** in einem VA jederzeit zu berichtigen. Offenbar sind die Unrichtigkeiten dabei, wenn der Widerspruch zwischen dem, was die Behörde gewollt hat, und dem, was sie im Verwaltungsakt zum Ausdruck gebracht hat, ohne Weiteres erkennbar ist.[3]

Die Berichtigung stellt keinen VA[4] dar, da sie keine Rechtsfolge setzt, sondern lediglich den VA hinsichtlich seines Tenors oder der Begründung an die von der Behörde beabsichtigte Rechtsfolge anpasst.

II. Rechtsgrundlagen für die Aufhebung

1. Spezialgesetzliche Vorschriften

6 Die Aufhebung richtet sich vor allem nach den §§ 48, 49 VwVfG. Allerdings gibt es teilweise **Spezialvorschriften** im besonderen Verwaltungsrecht, die den §§ 48, 49 VwVfG aufgrund der Subsidiaritätsregelung in § 1 Abs. 1 VwVfG a.E. vorgehen.

Beispiel: Die Entziehung des Doktorgrades (z.B. wegen Plagiats) richtet sich nur dann nach § 48 VwVfG, wenn im Landeshochschulgesetz oder in der Promotionsordnung keine Spezialregelung enthalten ist.[5]

Rechtsgrundlagen für die Aufhebung von Verwaltungsakten
■ **Spezialvorschriften,** z.B. § 14 BBG, § 12 BeamtStG, § 45 WaffG
■ **§ 48 VwVfG:** Rücknahme eines rechtswidrigen VA
■ **§ 49 VwVfG:** Widerruf eines rechtmäßigen VA

7 Teilweise verdrängen Spezialvorschriften die allgemeinen Regelungen in den §§ 48, 49 VwVfG **vollständig**. Die Aufhebung richtet sich dann ausschließlich nach den Spezialvorschriften.

Beispiele: § 14 BBG und § 12 BeamtStG regeln die Aufhebung einer Beamtenernennung abschließend, § 45 WaffG die Aufhebung einer waffenrechtlichen Erlaubnis. Abschließende Sonderregelungen finden sich auch in der AO und im SGB X, die dem VwVfG nach § 2 Abs. 2 Nr. 1 bzw. Nr. 4 VwVfG vorgehen (§§ 130–132 sowie §§ 172–177 AO und §§ 44–51 SGB X).

8 Zum Teil enthalten die Spezialgesetze vorrangige Regelungen **nur für den Widerruf rechtmäßiger Verwaltungsakte**.

Beispiele: § 21 Abs. 1 BImSchG verdrängt nur § 49 VwVfG („rechtmäßige Genehmigung"), § 48 VwVfG bleibt damit bei rechtswidrigen Genehmigungen anwendbar. § 52 AufenthG regelt nur den Widerruf eines

---

1 HessVGH NVwZ 1990, 879, 881; Stelkens/Bonk/Sachs VwVfG § 49 a Rn. 38.
2 BVerwG RÜ 2015, 739, 742.
3 Baer in: Schoch/Schneider VwVfG § 42 Rn. 18.
4 OVG Berlin-Brandenburg, Beschl. v. 21.01.2010 – 9 N 1/09, BeckRS 2010, 46764; Stelkens/Bonk/Sachs VwVfG § 42 Rn. 32.
5 OVG NRW, Urt. v. 10.12.2015 – 19 A 254/13, BeckRS 2016, 4086; offengelassen von VGH BW, Urt. v. 06.05.2021 – 9 S 3119/19, BeckRS 2021, 14161; vgl. auch VGH BW NVwZ-RR 2021, 405.

rechtmäßigen Aufenthaltstitels, § 48 VwVfG bleibt für die Rücknahme eines rechtswidrigen Aufenthaltstitels anwendbar (vgl. auch § 51 Abs. 1 Nr. 3 u. 4 AufenthG).[6]

Schließlich gibt es Regelungen, die die §§ 48, 49 VwVfG nicht verdrängen, sondern nur **ergänzen**, z.B. durch Einschränkung des Ermessens.

Beispiel: Die Sondernutzungerlaubnis (z.B. zum Aufstellen eines Altkleidercontainers im öffentlichen Straßenraum) kann unter dem Vorbehalt des Widerrufs erteilt werden (§ 8 Abs. 2 S. 1 FStrG). Deshalb kann sie nach § 49 Abs. 2 Nr. 1 VwVfG widerrufen werden. Das Widerrufsermessen der Behörde („darf") ist nach § 8 Abs. 2 S. 3 FStrG eingeschränkt („hat ... zu widerrufen"), wenn die Straßenbaubehörde dies aus Gründen des Straßenbaus oder der Sicherheit oder Leichtigkeit des Verkehrs verlangt.

2. §§ 48, 49 VwVfG

Greifen **Spezialvorschriften nicht** ein, so gilt:

- Die Aufhebung eines **rechtswidrigen VA** kann durch **Rücknahme** nach **§ 48 VwVfG** erfolgen,
- die Aufhebung eines **rechtmäßigen VA** durch **Widerruf** nach **§ 49 VwVfG**.

Hinweis: In der Praxis kommen Rücknahme und Widerruf vor allem bei VAen in Betracht, die bereits bestandskräftig sind. Eine Aufhebung ist aber nach §§ 48, 49 VwVfG auch bei noch anfechtbaren VAen möglich (arg. e „... **auch** nachdem er unanfechtbar geworden ist ...").[7]

Hinsichtlich der **Voraussetzungen** für die Aufhebung differenzieren die §§ 48, 49 VwVfG zum einen danach, ob der **aufzuhebende VA** rechtswidrig oder rechtmäßig ist, zum anderen danach, ob er belastend oder begünstigend ist. Dementsprechend sind **vier Fälle** zu unterscheiden:

- die **Rücknahme** eines **rechtswidrigen belastenden** VA (dazu Rn. 75 ff.),
- die **Rücknahme** eines **rechtswidrigen begünstigenden** VA (dazu Rn. 80 ff.),
- der **Widerruf** eines **rechtmäßigen belastenden** VA (dazu Rn. 19 ff.) und
- der **Widerruf** eines **rechtmäßigen begünstigenden** VA (dazu Rn. 22 ff.).

Aufhebung von Verwaltungsakten

Rücknahme – § 48 VwVfG		Widerruf – § 49 VwVfG	
aufzuhebender VA **rechtswidrig**		aufzuhebender VA **rechtmäßig**	
VA **belastend** § 48 I 1 VwVfG	VA **begünstigend** § 48 I 2, II–IV VwVfG	VA **belastend** § 49 I VwVfG	VA **begünstigend** § 49 II, III VwVfG

---

[6] BVerwG NVwZ 2007, 470; DVBl. 2005, 1452; Huber NVwZ 2005, 1, 4.
[7] Stelkens/Bonk/Sachs VwVfG § 48 Rn. 61.

III. Rechtsfolge der Aufhebung

12 Infolge der Aufhebung wird der VA **unwirksam** (§ 43 Abs. 2 VwVfG), seine Rechtsfolgen entfallen.

Beispiel: Die Behörde hat dem K mit Bescheid vom 12.10.2021 eine Subvention i.H.v. 30.000 € bewilligt. Nachdem sie festgestellt hat, dass K die Auflagen des Bewilligungsbescheides nicht erfüllt, hat sie den Bewilligungsbescheid mit Aufhebungsbescheid vom 05.04.2022 mit Wirkung für die Vergangenheit widerrufen (§ 49 Abs. 3 S. 1 Nr. 2 VwVfG). Damit entfallen die Rechtswirkungen der Bewilligung. K ist gemäß § 49 a Abs. 1 VwVfG zur Rückzahlung der Subvention verpflichtet.

2. Abschnitt: Widerruf des Verwaltungsaktes gemäß § 49 VwVfG

A. Anwendungsbereich und Grundbegriffe

I. Abgrenzung zu § 48 VwVfG

13 Ein VA kann grds. nur dann gestützt auf § 49 VwVfG widerrufen werden, wenn er **rechtmäßig** ist.[8]

14 Ob der aufzuhebende VA rechtmäßig oder rechtswidrig ist, beurteilt sich nach den allgemeinen und besonderen Regeln des jeweils betroffenen Sachgebietes. Nach diesen Regeln muss der VA **ursprünglich rechtmäßig** gewesen sein.[9]

Klausurhinweis: Da die Rechtmäßigkeit des aufzuhebenden VA eine Anwendungsvoraussetzung des Widerrufs ist, müssen Sie diese in der Klausur inzident überprüfen! Dies kann entweder bei der Entscheidung über die Ermächtigungsgrundlage oder im Rahmen der tatbestandlichen Voraussetzungen erfolgen.

II. Begünstigender und belastender aufzuhebender VA

15 § 49 VwVfG enthält **drei eigenständige Ermächtigungsgrundlagen** in § 49 Abs. 1, Abs. 2 und Abs. 3 VwVfG. Welche von der Behörde zum Widerruf herangezogen werden kann, hängt davon ab, ob der aufzuhebende VA **begünstigend oder belastend** ist.

Beachte: Da sich der Widerruf als **actus contrarius** zum Erlass des VA darstellt, ist auch der Widerruf als VA i.S.d. § 35 VwVfG zu qualifizieren.[10] Deshalb ist stets zwischen dem **aufzuhebenden VA** (Ausgangsbescheid, Erstbescheid) und dem **aufhebenden VA** (hier: dem Widerruf) zu unterscheiden. Nur die Rechtmäßigkeit des aufhebenden VA beurteilt sich nach § 49 VwVfG.

1. Begünstigender VA

16 Nach der **Legaldefinition** des § 48 Abs. 1 S. 2 VwVfG – die auch für § 49 VwVfG gilt[11] – ist ein VA begünstigend, der ein Recht oder einen rechtlich erheblichen Vorteil begründet oder bestätigt hat.

Beispiele: Subventionsbescheid, Sondernutzungserlaubnis, Gewerbeerlaubnis. Auch Baugenehmigungen als VA mit Doppelwirkung sind – zumindest für den Bauherrn – begünstigend, auch wenn sie zugleich den Nachbarn belasten.[12]

---

[8] Zur analogen Anwendung des § 49 VwVfG auf rechtswidrige VAe unten Rn. 58 ff.
[9] BVerwG RÜ 2019, 45, 46.
[10] Kopp/Ramsauer VwVfG § 49 Rn. 5 a.
[11] Kopp/Ramsauer VwVfG § 49 Rn. 28.

Neutrale Verwaltungsakte fallen hingegen nicht unter § 48 Abs. 1 S. 2 VwVfG, auch wenn sie nicht belastend sind.[13]   17

Beispiel: Die Zuteilung einer Hausnummer begründet für den Anlieger weder Rechte noch rechtlich erhebliche Vorteile. Daher ist die Gemeinde bei Änderung der Nummerierung nicht an die Vorschriften über die Aufhebung begünstigender Verwaltungsakte gebunden.[14] Die Zuordnung des Grundstücks zu einer Straße sowie seine Nummerierung beruhen vielmehr auf landesrechtlichen Spezialvorschriften (z.B. Art. 52 BayStrWG) oder auf der ordnungsrechtlichen Generalklausel.[15]

2. Belastender VA

Weder § 48 noch § 49 VwVfG enthält eine Legaldefinition zum belastenden Verwaltungsakt. Trotz des Wortlauts des § 49 Abs. 1 VwVfG („nicht begünstigender Verwaltungsakt") scheidet eine reine Negativabgrenzung zur Definition in § 48 Abs. 1 S. 2 VwVfG aus, wie das Beispiel des neutralen VA zeigt. Als **belastend** werden deshalb nur solche Verwaltungsakte angesehen, die eine Rechtsverletzung i.S.d. § 42 Abs. 2 VwGO bewirken können,[16] die also Pflichten in Form von Ge- oder Verboten begründen, Rechte entziehen, aufheben oder zum Nachteil des Adressaten verändern sowie Verpflichtungen konkretisieren.[17]   18

Beispiel: Ein Kostenbescheid auf Zahlung von 1.000 € ist begrifflich ein belastender VA. Soll der geschuldete Betrag auf 2.000 € angehoben werden, sind nach h.M. nicht die Vorschriften über begünstigende Verwaltungsakte, sondern nur die Vorschriften über die Aufhebung eines nicht begünstigenden VA anzuwenden.[18] Nach der Gegenansicht enthält der ursprüngliche VA zugleich die begünstigende Regelung, dass nur der festgesetzte Betrag und keine weitergehende Belastung auferlegt wird. Die Erhöhung des ursprünglich festgesetzten Betrages habe dann zugleich die konkludente Aufhebung dieser Begünstigung zur Folge.[19] Dagegen spricht jedoch, dass eine begünstigende Regelung nur ausnahmsweise angenommen werden kann, wenn in der ursprünglichen Belastung erkennbar zum Ausdruck gebracht wird, dass von der Möglichkeit, eine noch weitergehende Belastung aufzuerlegen, kein Gebrauch gemacht wird. Es muss sich also ein (zumindest konkludenter) Verzicht auf weitergehende Ansprüche feststellen lassen.[20]

B. Widerruf eines rechtmäßigen belastenden VA, § 49 Abs. 1 VwVfG

Nach § 49 Abs. 1 VwVfG **„kann"** ein rechtmäßiger nicht begünstigender VA, auch nachdem er unanfechtbar geworden ist, ganz oder teilweise mit Wirkung für die Zukunft widerrufen werden. Der Widerruf eines **rechtmäßigen belastenden VA** steht daher im **Ermessen** der Behörde. Weitere **besondere tatbestandliche Voraussetzungen** müssen hingegen nicht erfüllt werden.   19

Der Widerruf ist allerdings unzulässig, wenn die Behörde nach dem Widerruf einen mit dem widerrufenen VA **inhaltsgleichen VA erneut erlassen** müsste (§ 49 Abs. 1 Hs. 2   20

---

12 Ehlers/Schröder Jura 2010, 503, 507.
13 Ehlers/Schröder Jura 2010, 503, 507.
14 OVG NRW NVwZ-RR 2012, 541 f.; BayVGH RÜ 2012, 252, 255; Waldhoff JuS 2012, 958 f.
15 BayVGH, Beschl. v. 12.06.2018 – 8 ZB 18.411, BeckRS 2018, 14556; RÜ 2012, 252, 253; SächsOVG NVwZ-RR 2012, 694 (zu § 5 Abs. 4 SächsGO); OVG NRW NVwZ-RR 2012, 541, 542.
16 Stelkens/Bonk/Sachs VwVfG § 49 Rn. 20.
17 Kopp/Ramsauer VwVfG § 48 Rn. 65.
18 BVerwG DVBl. 2000, 490, 491; HessVGH, Beschl. v. 13.08.2018 – 5 A 881/18.Z, BeckRS 2018, 24610; OVG NRW NWVBl. 2009, 101, 102; OVG LSA LKV 2005, 456; Kopp/Ramsauer VwVfG § 48 Rn. 69; Stelkens/Bonk/Sachs § 48 Rn. 123 u. 132.
19 Maurer/Waldhoff § 11 Rn. 13; Ruffert in: Ehlers/Pünder § 21 Rn. 53; Ehlers/Kallerhoff Jura 2009, 823, 827.
20 OVG NRW NWVBl. 2009, 101, 102; Kopp/Ramsauer VwVfG § 48 Rn. 69; Krausnick JuS 2010, 681, 683.

Fall 1 VwVfG). Das ist der Fall, wenn sich bei einer gebundenen Entscheidung die für den VA maßgebliche Sach- und Rechtslage **nicht geändert** hat. Ein gebundener rechtmäßiger VA, dessen Voraussetzungen erfüllt sind, darf daher nicht widerrufen werden.

Beispiel: Hat die Behörde die Gewerbeausübung nach § 35 Abs. 1 GewO wegen Unzuverlässigkeit des Gewerbetreibenden rechtmäßigerweise untersagt, darf die Untersagungsverfügung nach § 49 Abs. 1 VwVfG nicht widerrufen werden. Denn die Behörde müsste sofort eine erneute Untersagungsverfügung erlassen (vgl. § 35 Abs. 1 GewO: „ist ... zu untersagen").

21 Der Widerruf kann außerdem **aus anderen Gründen** unzulässig sein (§ 49 Abs. 1 Hs. 2 Fall 2 VwVfG). Das ist insbesondere bei einem Verstoß gegen den Gleichbehandlungsgrundsatz des Art. 3 Abs. 1 GG anzunehmen.

Beispiel: In einem Baugebiet ist sämtlichen Eigentümern die Beseitigung unzulässigerweise errichteter Gartenhäuser aufgegeben worden. Hier wäre es unzulässig, ohne sachlichen Grund nur eine der Beseitigungsverfügungen aufzuheben.

Widerruf eines rechtmäßigen belastenden VA
■ Nach § 49 Abs. 1 VwVfG **ohne besondere Voraussetzungen** zulässig.
■ **Ausnahmen:**
– Pflicht zum Erlass eines neuen VA mit gleichem Inhalt
– Widerruf aus anderen Gründen unzulässig (z.B. wegen Art. 3 Abs. 1 GG)

C. Der Widerruf eines rechtmäßigen begünstigenden VA

22 Beim Widerruf eines rechtmäßigen begünstigenden VA unterscheidet das Gesetz danach, ob der aufzuhebende VA

- eine einmalige oder laufende **Geldleistung** oder eine teilbare **Sachleistung** zur Erfüllung eines bestimmten Zwecks gewährt oder hierfür Voraussetzung ist (§ 49 Abs. 3 VwVfG) oder

- eine **sonstige Begünstigung** enthält (§ 49 Abs. 2 VwVfG).

Dementsprechend geht § 49 Abs. 3 VwVfG als **lex specialis** vor, wenn der aufzuhebende VA die dort genannten besonderen Begünstigungen enthält.

23 Darüber hinaus unterscheidet § 49 VwVfG hinsichtlich der **Rechtsfolge**: Während Geld- und Sachleistungsverwaltungsakte nach § 49 Abs. 3 S. 1 VwVfG **auch mit Wirkung für die Vergangenheit** widerrufen werden können, ist der Widerruf von VAen mit sonstigen Begünstigungen nur **mit Wirkung für die Zukunft** möglich.

I. Der Widerruf mit Wirkung für die Zukunft, § 49 Abs. 2 VwVfG

1. Voraussetzungen

24 Erhält der Bürger eine begünstigende Regelung, darf er auf deren Bestand **vertrauen**. Ist die Regelung zudem rechtmäßig, sodass eine Aufhebung wegen des Grundsatzes der Gesetzesbindung der Verwaltung (Art. 20 Abs. 3 GG) nicht angezeigt ist, kann der Widerruf nur unter **engen Voraussetzungen** erfolgen, die in § 49 Abs. 2 VwVfG normiert sind.

a) Rechtmäßiger begünstigender VA

In tatbestandlicher Hinsicht setzt § 49 Abs. 2 S. 1 VwVfG grds. voraus, dass der aufzuhebende VA **rechtmäßig** und **begünstigend** ist (s.o. Rn. 16 ff.).

b) Vorliegen von Widerrufsgründen

Hinzukommen muss einer der in § 49 Abs. 2 S. 1 VwVfG **abschließend** aufgezählten **Widerrufsgründe**.

> **Widerrufsgründe nach § 49 Abs. 2 S. 1 VwVfG**
> - **Nr. 1:** Widerruf durch Rechtsvorschrift zugelassen oder im VA vorbehalten
> - **Nr. 2:** Auflage im VA nicht oder nicht fristgerecht erfüllt
> - **Nr. 3:** Tatsachenänderung
> - **Nr. 4:** Rechtsänderung
> - **Nr. 5:** schwere Nachteile für das Gemeinwohl

- Nach § 49 Abs. 2 S. 1 **Nr. 1** VwVfG ist der Widerruf zulässig, wenn der Widerruf durch Rechtsvorschrift **zugelassen** oder in dem aufzuhebenden VA vorbehalten ist (**Widerrufsvorbehalt**, § 36 Abs. 2 Nr. 3 VwVfG).[21]

  Rechtsvorschrift in diesem Sinne können nicht nur formelle Gesetze, sondern auch (gemeindliche) Satzungen sein.[22] Zum Widerrufsvorbehalt und den weiteren Nebenbestimmungen zum VA s. AS-Skript Verwaltungsrecht AT 1 (2022), Rn. 617 ff.

- Nach § 49 Abs. 2 S. 1 **Nr. 2** VwVfG kann der VA widerrufen werden, wenn mit dem VA eine **Auflage** verbunden ist und der Begünstigte die Auflage **nicht** oder nicht innerhalb einer ihm gesetzten Frist **erfüllt** hat.

  Die **Rechtmäßigkeit** der Auflage ist nach h.M. keine Voraussetzung für den Widerruf. Die Auflage kann den Widerruf daher auch rechtfertigen, wenn sie (möglicherweise) rechtswidrig, aber nicht nichtig ist. Denn der Adressat hat es selbst in der Hand, sich rechtzeitig gegen die belastende Nebenbestimmung zu wehren. Einschränkungen können sich aber beim **Ermessen** ergeben. Da der Widerruf nur aus sachlichen Gründen erfolgen darf, muss die Behörde bei Ausübung des Ermessens berücksichtigen, ob die Nebenbestimmung rechtmäßig oder rechtswidrig ist. Die Rechtswidrigkeit der Auflage kann dann dazu führen, dass ihre Ausnutzung ermessensfehlerhaft ist.[23] Entsprechendes gilt bei rechtswidrigem Widerrufsvorbehalt (§ 49 Abs. 2 S. 1 Nr. 1 Alt. 2 VwVfG).[24]

  Nach dem Grundsatz der **Verhältnismäßigkeit** muss die Behörde in der Regel ohnehin zunächst versuchen, die Auflage durchzusetzen. Im Rahmen ihres Ermessens hat die Behörde außerdem auch die Ursachen für die Nichterfüllung, insbesondere ein fehlendes Verschulden des Betroffenen zu berücksichtigen.[25]

---

21 Zum Widerrufsvorbehalt bei gebundenem begünstigendem VA vgl. BVerwG NVwZ 2016, 699; dazu Waldhoff JuS 2016, 959; Hebeler JA 2016, 799.
22 BayVGH NVwZ-RR 2018, 705, 706; Stelkens/Bonk/Sachs VwVfG.
23 BVerwG NVwZ-RR 1994, 580; Kopp/Ramsauer VwVfG § 49 Rn. 38 a; Ruffert in: Ehlers/Pünder § 25 Rn. 7; Ebeling/Tellenbröker JuS 2014, 217, 221; enger Ziekow VwVfG § 49 Rn. 12, der auch die Einbeziehung in die Ermessensprüfung ablehnt; a.A. Maurer/Waldhoff § 11 Rn. 62: nur eine rechtmäßige Nebenbestimmung kann den Widerruf rechtfertigen.
24 OVG NRW NVwZ-RR 2013, 500; Kopp/Ramsauer VwVfG § 49 Rn. 37 a.
25 Vgl. Knack/Henneke § 49 Rn. 44 f.; Ruffert in: Ehlers/Pünder § 25 Rn. 8.

29 ■ Nach § 49 Abs. 2 S. 1 **Nr. 3** VwVfG ist ein Widerruf möglich, wenn aufgrund **nachträglich eingetretener Tatsachen** die Behörde **berechtigt** wäre, den VA **nicht zu erlassen** und wenn ohne den Widerruf das **öffentliche Interesse gefährdet** würde:

- Es müssen **nachträglich Tatsachen** eingetreten sein.

    Beispiele: Heranrücken der Wohnhausbebauung an einen Gewerbebetrieb oder neue wissenschaftliche Erkenntnisse.[26] Keine Tatsachenänderung ist dagegen die geänderte Beurteilung oder Bewertung von Tatsachen oder sonstigen Umständen durch die Behörde.[27]

- Unter Zugrundelegung der neuen Tatsachen muss die Behörde **berechtigt** sein, **den VA nicht zu erlassen**. Das ist der Fall, wenn
    - entweder die **Voraussetzungen** für den VA **weggefallen** sind oder
    - bei einer Ermessensentscheidung die neuen Tatsachen eine negative Ausübung des **Ermessens** gerechtfertigt hätten.[28]

- Ohne den Widerruf muss das **öffentliche Interesse gefährdet** sein. Das ist der Fall, wenn der Widerruf zur Abwehr einer konkreten Gefahr für wichtige Gemeinschaftsgüter geboten ist.[29]

30 ■ Nach § 49 Abs. 2 S. 1 **Nr. 4** VwVfG ist ein Widerruf zulässig, wenn eine Rechtsvorschrift geändert wird **(Änderung der Rechtslage)**, die Behörde danach **berechtigt** wäre, den VA **nicht zu erlassen**, der Begünstigte von der Vergünstigung **noch keinen Gebrauch gemacht** oder aufgrund des VA noch keine Leistungen empfangen hat und ohne den Widerruf das **öffentliche Interesse gefährdet** würde.

Im Grundsatz gelten für Nr. 4 dieselben Überlegungen wie für Nr. 3. Im Unterschied zu Nr. 3 muss aber zu der hypothetischen Kausalität der Rechtsänderung für den (Nicht-)Erlass des VA hinzukommen, dass der Begünstigte von der Begünstigung **noch keinen Gebrauch gemacht** oder aufgrund des VA **noch keine Leistungen empfangen** hat. Es genügt, dass der Begünstigte die Leistungen erhalten hat, es ist also nicht erforderlich, dass er sie bereits verbraucht hat oder eine Vermögensdisposition getroffen hat[30] (anders im Rahmen des § 48 Abs. 2 S. 2 VwVfG, dazu unten Rn. 85).

31 ■ Nach § 49 Abs. 2 S. 1 **Nr. 5** VwVfG ist ein Widerruf schließlich als ultima ratio zulässig, um **schwere Nachteile für das Gemeinwohl** zu verhüten oder zu beseitigen.[31]

Für die Beurteilung, wann ein schwerer Nachteil für das Gemeinwohl zu befürchten ist, wird üblicherweise die Rspr. des BVerfG zu den „überragend wichtigen Gemeinschaftsgütern" bei Einschränkungen der Berufsfreiheit nach Art. 12 Abs. 1 GG herangezogen.[32]

---

26 Knack/Henneke § 49 Rn. 47; vgl. auch BVerwG NVwZ 2016, 1325, 1327.
27 BVerwG NVwZ 2016, 323, 325; Kopp/Ramsauer VwVfG § 49 Rn. 46.
28 BVerwG DVBl. 1995, 358, 359; NVwZ 1991, 577, 579; Knack/Henneke § 49 Rn. 50; Stelkens/Bonk/Sachs VwVfG § 49 Rn. 66.
29 BVerwG NVwZ 1992, 565 f.; VGH BW NVwZ-RR 2018, 612, 613; Kopp/Ramsauer VwVfG § 49 Rn. 48; Krausnick JuS 2010, 778, 781.
30 Bader/Ronellenfitsch VwVfG § 49 Rn. 61.
31 Vgl. dazu BVerwG NVwZ 2016, 323; VGH Mannheim UPR 2015, 358.
32 Kopp/Ramsauer VwVfG § 49 Rn. 56; für einen strengeren Maßstab Ehlers/Schröder Jura 2010, 824, 826; vgl. allgemein AS-Skript Grundrechte (2021), Rn. 482.

2. Abschnitt: Widerruf des Verwaltungsaktes gemäß § 49 VwVfG

Fall 1: Schlechte Arbeit als Widerrufsgrund

A, dessen Vater ein kleines Baugeschäft betrieb, legte zunächst die Gesellenprüfung als Maurer ab. Danach erwarb er die Fachhochschulreife und begann mit dem Ingenieurstudium. Nach einigen Semestern erkrankte sein Vater und A unterbrach das – bis dahin erfolgreich verlaufene und fast abgeschlossene – Studium, um im elterlichen Betrieb mitzuarbeiten. Kurze Zeit später starb der Vater. Unter der Leitung des A entwickelte sich der Betrieb so gut, dass A sich weder zur Fortführung des Studiums noch zur Ablegung der Meisterprüfung in der Lage sah. Er beantragte deshalb eine Ausnahmebewilligung zur Eintragung in die Handwerksrolle nach § 8 HandwO, die ihm im Hinblick auf die besonderen Umstände seines Falles auch erteilt wurde. Nach einigen Jahren häufen sich die Beschwerden über die vom Bauunternehmen A ausgeführten Arbeiten. Daraufhin erklärt die zuständige Behörde den Widerruf der dem A erteilten Ausnahmegenehmigung. Zu Recht?

I. Der Widerruf ist ein belastender VA, der nach dem Grundsatz vom Vorbehalt des Gesetzes einer **Ermächtigungsgrundlage** bedarf.[33]

1. Dafür ist in erster Linie auf **Spezialvorschriften** in dem Rechtsbereich abzustellen, der den Erlass des VA selbst regelt. Nach § 1 Abs. 1 S. 1 HandwO darf ein **zulassungspflichtiges Handwerk** selbstständig nur betreiben, wer in der Handwerksrolle eingetragen ist. Nach § 7 Abs. 1 a HandwO wird grds. nur eingetragen, wer die **Meisterprüfung** bestanden hat. In § 8 HandwO ist geregelt, unter welchen Voraussetzungen eine **Ausnahmebewilligung** erteilt wird. Über Widerruf oder Rücknahme der Ausnahmebewilligung ist in der HandwO nichts bestimmt. Andererseits kann aus dem Fehlen einer solchen Regelung auch nicht geschlossen werden, dass die Ausnahmebewilligung in keinem Fall widerruflich ist. Somit ist eine vorrangige Spezialregelung nicht vorhanden.

2. Ermächtigungsgrundlage kann daher nur die allgemeine Regelung des **§ 49 VwVfG** sein, bei einem – wie hier – begünstigenden VA, der mit Wirkung für die Zukunft widerrufen werden soll, also **§ 49 Abs. 2 VwVfG**.

II. **Formelle Rechtmäßigkeit**

1. **Zuständigkeit**

   a) § 49 Abs. 5 VwVfG (ebenso § 48 Abs. 5 VwVfG) regelt, wie die Bezugnahme auf § 3 VwVfG zeigt, nur die **örtliche Zuständigkeit**. Örtlich zuständig ist danach die Behörde, die (jetzt) zum Erlass des aufzuhebenden VA zuständig wäre. Die Zuständigkeit richtet sich daher nach den Umständen **im Zeitpunkt des Widerrufs**, auch wenn der zu widerrufende VA von einer anderen Behörde erlassen worden ist (z.B. bei Wohnsitzwechsel).

   b) Das VwVfG enthält keine Regelung zu der Frage, welche Behörde für die Rücknahme **sachlich zuständig** ist. Dies richtet sich in erster Linie nach dem jeweils anzuwendenden Fachrecht. Im Normalfall ist die Behörde zuständig, die zum Zeitpunkt der Widerrufsentscheidung für den Erlass des aufzuhebenden VA sachlich zuständig wäre.[34]

---

[33] Zum Vorbehalt des Gesetzes vgl. AS-Skript Verwaltungsrecht AT 1 (2022), Rn. 96 ff.
[34] BVerwG NJW 2000, 1512, 1514.

34 2. **Verfahren** und **Form** richten sich nach den allgemeinen Regeln für belastende VAe, insbes. sind zu beachten die Anhörung gemäß § 28 VwVfG und die Begründung gemäß § 39 VwVfG.[35]

Ausführlich zu Verfahren und Form bei Verwaltungsakten s. AS-Skript Verwaltungsrecht AT 1 (2022), Rn. 375 ff. In der **Klausur** können hier Verfahrens- oder Formfehler und deren Heilung (§ 45 VwVfG) oder Unbeachtlichkeit (§ 46 VwVfG) als zusätzliche Probleme eingebaut werden.

35   III. **Materielle Rechtmäßigkeit**

1. **Tatbestandlich** setzt § 49 Abs. 2 VwVfG zunächst voraus, dass der aufzuhebende VA rechtmäßig und begünstigend ist.

a) Ob die Ausnahmebewilligung **rechtmäßig** ist, richtet sich nach § 8 HandwO.

36   aa) Bei Erlass der Ausnahmebewilligung müssen die **Voraussetzungen** des § 8 HandwO vorgelegen haben.[36] Bei dem Betrieb eines Baugeschäfts handelt es sich um ein zulassungspflichtiges Handwerk (§ 1 Abs. 2 S. 1 HandwO i.V.m. Anlage A Nr. 1). Dass A die notwendigen Kenntnisse und Fertigkeiten nachgewiesen hat, ergibt sich daraus, dass er die Gesellenprüfung abgelegt hat, ein erfolgreiches (Teil-)Studium absolviert und über längere Zeit den Betrieb gut geführt hat. Weiterhin muss ein **Ausnahmefall** vorgelegen haben, d.h. die Ablegung der Meisterprüfung muss eine **unzumutbare Belastung** sein, § 8 Abs. 1 S. 2 HandwO. Dies ergab sich hier daraus, dass A nach dem Tod seines Vaters durch die Arbeit im Geschäft vollständig in Anspruch genommen wurde und es angesichts seiner Vorbildung auch überflüssig erschien, von ihm noch die Meisterprüfung zu verlangen. Somit war die Erteilung der Ausnahmebewilligung ursprünglich **rechtmäßig**.

37   bb) Wegen der später erhobenen Beschwerden könnte man erwägen, dass die Ausnahmebewilligung **nachträglich rechtswidrig** geworden ist.

(1) Zum Teil wird die Auffassung vertreten, dass der ursprünglich rechtmäßige, aber wegen Änderung der zugrunde liegenden Verhältnisse nachträglich **rechtswidrig gewordene VA** der Rücknahme nach § 48 VwVfG unterliege.[37]

38   (2) Nach h.M. beurteilt sich die Frage, ob der aufzuhebende VA rechtmäßig oder rechtswidrig ist, und damit gleichzeitig die Frage der Anwendbarkeit des § 48 VwVfG oder des § 49 VwVfG dagegen grds. **nach der Sach- und Rechtslage bei Erlass des aufzuhebenden VA**.[38]

(3) Dafür sprechen insbesondere die Regelungen in § 49 Abs. 2 S. 1 Nr. 3 und Nr. 4 VwVfG. Dort sind die Fälle geregelt, in denen der VA wegen **nachträglicher Änderungen** mit dem geltenden Recht nicht mehr im

---

[35] Vgl. BVerwGE 66, 184, 186; Hübbenet JuS 2004, 795, 796; Krausnick JuS 2010, 594, 596.

[36] Zu den Voraussetzungen der Ausnahmebewilligung nach § 8 HandwO vgl. OVG NRW NVwZ-RR 2017, 330; BayVGH, Beschl. v. 25.07.2017 – 22 ZB 17.720, BeckRS 2017, 120245.

[37] VGH Mannheim DVBl. 2002, 1062 f.; OVG NRW NVwZ-RR 1988, 1; Schenke DVBl. 1989, 433; ders. BayVBl. 1990, 107; Schenke/Baumeister JuS 1991, 547 ff.; ebenso BVerwG NVwZ-RR 2012, 933, 934 bei einem DauerVA.

[38] BVerwG NVwZ 2017, 1786, 1788 Rn. 19 (falls sich aus dem Fachrecht kein anderer Zeitpunkt ergibt); HessVGH NVwZ-RR 2014, 414 (nur Ls); Maurer/Waldhoff § 11 Rn. 19; Kopp/Ramsauer VwVfG § 48 Rn. 34 u. 57; Ehlers/Kallerhoff Jura 2009, 823, 824; Krausnick JuS 2010, 681, 682.

Einklang steht. Würde dies zur Rechtswidrigkeit und damit zur Anwendbarkeit des § 48 VwVfG führen, wäre die Regelung des § 49 Abs. 2 VwVfG insoweit überflüssig.

Die anderweitige Bewertung gleich gebliebener Tatsachen reicht nicht aus.[39]

Eine Änderung der Sach- und Rechtslage führt bei einem ursprünglich rechtmäßigen VA daher nicht zur Anwendung des § 48 VwVfG, sondern berechtigt allenfalls zum **Widerruf nach § 49 VwVfG**.

b) Ferner muss es sich um einen **begünstigenden VA** handeln. Nach der Legaldefinition des § 48 Abs. 1 S. 2 VwVfG ist begünstigend ein VA, **der ein Recht oder einen rechtlich erheblichen Vorteil** begründet oder bestätigt hat. Die Ausnahmebewilligung nach § 8 HandwO begründet das Recht, ein zulassungspflichtiges Handwerk (§ 1 Abs. 2 HandwO) ohne Ablegung der Meisterprüfung zu betreiben. Sie ist deshalb begünstigend.

2. Weitere Voraussetzung für die Rechtmäßigkeit des Widerrufs ist, dass einer der in § 49 Abs. 2 S. 1 VwVfG aufgeführten **Widerrufsgründe** vorliegt.

a) In Betracht kommt § 49 Abs. 2 S. 1 **Nr. 3** VwVfG. Danach ist ein Widerruf zulässig, wenn

- aufgrund **nachträglich eingetretener Tatsachen**
- die Behörde **berechtigt** wäre, **den VA nicht zu erlassen**, und
- ohne den Widerruf das **öffentliche Interesse gefährdet** würde.

aa) Die Verschlechterung der Qualität der von A erbrachten Leistungen stellt eine **nachträglich eingetretene Tatsache** dar.

bb) Hierdurch wäre die Behörde **berechtigt**, den **VA nicht zu erlassen**, wenn entweder die **Voraussetzungen** für den VA **weggefallen** sind oder bei einer Ermessensentscheidung die neuen Tatsachen eine negative Ausübung des **Ermessens** gerechtfertigt hätten.[40]

Geht man vom Gesetzeswortlaut aus, könnte die von § 8 HandwO geforderte Voraussetzung, dass der Antragsteller die zur selbstständigen Ausübung notwendigen Kenntnisse und Fertigkeiten nachweisen muss, aufgrund des Leistungsabfalls des A entfallen sein. Jedoch muss diese Voraussetzung **einschränkend ausgelegt** werden. Sie greift nicht ein, wenn nach Sinn und Zweck der einschlägigen Regelung die Geltung des VA vom Fortbestand dieser Voraussetzungen unabhängig sein sollte.[41]

Würde man anders entscheiden, käme ein Widerruf des Abiturs oder des Examenszeugnisses mit der Begründung in Betracht, der Betreffende habe in Mathematik oder im Zivilrecht nicht mehr die erforderlichen Kenntnisse.

Die Ausnahmebewilligung nach § 8 HandwO tritt an die Stelle der Meisterprüfung. Bei der Meisterprüfung brauchen die erforderlichen Kenntnisse

---

39 BVerwG, Beschl. v. 31.03.2021 – 1 WB 12.21, BeckRS 2021, 27238.
40 BVerwG DVBl. 1995, 358, 359; Stelkens/Bonk/Sachs § 49 Rn. 66.
41 Kopp/Ramsauer VwVfG § 49 Rn. 42.

nur **bei Ablegung der Prüfung** vorhanden zu sein. Der Wegfall der Kenntnisse und Fähigkeiten zum Betrieb eines Handwerks berechtigt daher weder zum Widerruf des Meistertitels noch der sie ersetzenden Ausnahmebewilligung nach § 49 Abs. 2 S. 1 Nr. 3 VwVfG. Gegen unzuverlässige Gewerbetreibende wird nicht nach § 49 Abs. 2 S. 1 Nr. 3 VwVfG, sondern z.B. nach § 35 Abs. 1 GewO eingeschritten. Ein Widerruf nach § 49 Abs. 2 S. 1 Nr. 3 VwVfG ist damit nicht zulässig.

45 b) Mangels **Rechtsänderung** scheidet auch ein Widerruf nach § 49 Abs. 2 S. 1 **Nr. 4** VwVfG aus.

46 c) Nach § 49 Abs. 2 S. 1 **Nr. 5** VwVfG ist ein Widerruf möglich, um **schwere Nachteile für das Gemeinwohl** zu verhüten oder zu beseitigen. Solche liegen i.d.R. nur vor, wenn ein schwerer Nachteil für ein überragend wichtiges Gemeinschaftsgut oder Leib und Leben Einzelner droht.[42] Vorliegend reichen die Beschwerden nicht aus, um die strengen Voraussetzungen dieses Widerrufsgrundes als erfüllt anzusehen. Somit rechtfertigt § 49 VwVfG den Widerruf der Ausnahmebewilligung nicht. Weitere Widerrufsgründe für den begünstigenden VA gibt es nicht; § 49 Abs. 2 VwVfG ist **abschließend**[43] (für GeldleistungsVAe gilt allerdings ergänzend § 49 Abs. 3 VwVfG, dazu nachfolgend Fall 2).

Daher ist der Widerruf der Ausnahmebewilligung **rechtswidrig**.

c) Widerrufsfrist

47 Nach § 49 Abs. 2 S. 2 VwVfG gilt § 48 Abs. 4 VwVfG entsprechend mit der Folge, dass der Widerruf nur innerhalb einer **Frist** von **einem Jahr** ab dem Zeitpunkt der Kenntniserlangung von den den Widerruf rechtfertigenden Tatsachen zulässig ist.

Zur Berechnung der Frist und den sich dabei stellenden Streitfragen s.u. Rn. 97 ff.

2. Rechtsfolge

48 Liegen die vorgenannten Tatbestandsvoraussetzungen vor, räumt § 49 Abs. 2 S. 1 VwVfG der zuständigen Behörde **Ermessen** hinsichtlich des Widerrufs ein („darf"). Hierbei handelt es sich jedoch ausschließlich um ein Entschließungsermessen. Denn der Wortlaut gibt vor, dass der Widerruf als einzig mögliche Rechtsfolge nur **mit Wirkung für die Zukunft** erklärt werden kann. Die Rechtswirkungen des Widerrufs treten damit nach § 49 Abs. 4 VwVfG erst mit seinem Wirksamwerden ein, außer die Behörde bestimmt einen späteren Zeitpunkt.[44]

49 Wird ein begünstigender VA nach § 49 Abs. 2 S. 1 Nr. 3–5 VwVfG widerrufen, steht dem Betroffenen nach § 49 Abs. 6 VwVfG ein **Entschädigungsanspruch** zu, wenn er auf den

---

[42] Kopp/Ramsauer VwVfG § 49 Rn. 56; Kühling NWVBl. 2002, 322, 325 m.w.N.
[43] Kopp/Ramsauer VwVfG § 49 Rn. 26.
[44] Kopp/Ramsauer VwVfG § 49 Rn. 30.

Bestand des VA vertraut hat und soweit sein **Vertrauen schutzwürdig** ist. Für den Umfang des Entschädigungsanspruchs und für das Verfahren gelten gemäß § 49 Abs. 6 S. 2 VwVfG die Regeln in § 48 Abs. 3 S. 3–5 VwVfG entsprechend (s.u. Rn. 164 ff.). Für Streitigkeiten über die Entschädigung ist abweichend von § 40 Abs. 1 S. 1 VwGO der **ordentliche Rechtsweg** gegeben (§ 49 Abs. 6 S. 3 VwVfG).

Beachte: *§ 49 Abs. 6 VwVfG gilt nicht in den Fällen des § 49 Abs. 2 S. 1 Nr. 1 und Nr. 2!*

Aufbauschema: Widerruf für die Zukunft gemäß § 49 Abs. 2 VwVfG

I. Ermächtigungsgrundlage: § 49 Abs. 2 S. 1 VwVfG

   (–) bei Spezialgesetz (z.B. § 3 Abs. 1 StVG, § 15 Abs. 2 u. 3 GaststättenG, § 45 Abs. 2 WaffG)

II. Formelle Rechtmäßigkeit

   1. Zuständigkeit

   2. Verfahren, Form (insbes. §§ 28, 37, 39 VwVfG)

III. Materielle Rechtmäßigkeit

   1. Voraussetzungen der Ermächtigungsgrundlage

   a) Aufzuhebender VA **rechtmäßig**
   (analog bei rechtswidrigem VA, str., s.u. Rn. 58 f.)

   b) Aufzuhebender VA **begünstigend**

   c) Widerrufsgrund gemäß § 49 Abs. 2 S. 1 Nr. 1–5 VwVfG

   d) Widerrufsfrist: ein Jahr (§§ 49 Abs. 2 S. 2, 48 Abs. 4 S. 1 VwVfG)

   2. Rechtsfolge: Ermessen, insbes. Verhältnismäßigkeit

D. Widerruf mit Wirkung für die Vergangenheit, § 49 Abs. 3 VwVfG

Soll ein rechtmäßiger begünstigender VA nicht nur für die Zukunft, sondern **auch für die Vergangenheit** widerrufen werden, muss ein Widerrufsgrund nach § 49 Abs. 3 S. 1 VwVfG vorliegen. 50

Widerrufsgründe nach § 49 Abs. 3 S. 1 VwVfG

■ **Anwendbarkeit nur bei bestimmten begünstigenden Verwaltungsakten**

   – Einmalige oder laufende Geldleistung oder teilbare Sachleistung

   – Zur Erfüllung eines bestimmten Zwecks

■ **Nr. 1:** Leistung nicht, nicht alsbald oder zweckwidrig verwendet

■ **Nr. 2:** Auflage nicht oder nicht fristgerecht erfüllt

> **Fall 2: Rückwirkender Widerruf**
>
> Nach einer Richtlinie des Bundesverkehrsministeriums wird auf der Grundlage des Haushaltsplanes die Anschaffung von Bussen im Einklang mit dem Unionsrecht (Art. 107, 108 AEUV) durch verlorene Zuschüsse des Bundes subventioniert, wenn die Busse zur Beförderung von Schülern eingesetzt werden. In den Bewilligungsrichtlinien heißt es u.a.: „Die Bewilligungsbehörde hat die Bewilligung zu widerrufen und die Zuwendung zurückzufordern, wenn der Zuwendungsempfänger die Zuwendungen zweckwidrig verwendet."
>
> Busunternehmer U erhielt aufgrund Bewilligungsbescheides vom 21.01.2021 eine Subvention i.H.v. 20.000 € unter schriftlicher Anerkennung der Subventionsbedingungen. Kurze Zeit später erfährt die zuständige Behörde, dass U das Geld für die Anschaffung eines Reisebusses eingesetzt hat, mit dem er Wochenendreisen nach Paris veranstaltet. Daraufhin fordert die Behörde durch Bescheid vom 16.09.2021 den Zuschuss unter gleichzeitiger Aufhebung des Bewilligungsbescheides zurück. Sie begründet den Widerruf damit, dass sie aufgrund des Verstoßes gegen die Subventionsbedingungen zur Aufhebung verpflichtet sei. U hält den Bescheid für rechtswidrig. Zu Recht?

51 *Vorüberlegung:* Vorliegend geht es um die Rechtmäßigkeit von zwei Maßnahmen, nämlich

- des **Widerrufs des Subventionsbescheides** und
- der **Rückforderung des gezahlten Zuschusses**.

Dabei handelt es sich um **zwei selbstständige Verwaltungsakte**, deren **Prüfung streng zu trennen** ist, da hierfür jeweils unterschiedliche Voraussetzungen zu beachten sind. Da die Rückforderung von dem Bestand des den Bewilligungsbescheid aufhebenden VA abhängt, ist in diesen Fällen stets mit der Rechtmäßigkeit der Rücknahme bzw. des Widerrufs zu beginnen.

A. Widerruf des Subventionsbescheides

52 I. Die Rechtmäßigkeit des Widerrufs hängt von der **Rechtsnatur** der Maßnahme ab, da hiervon die anzuwendenden Rechtsvorschriften abhängig sind. Der Widerruf des Subventionsbescheides teilt als actus contrarius die Rechtsnatur der Subventionsgewährung. Diese erfolgte hier in Form eines **verlorenen Zuschusses** und damit auf der Grundlage des öffentlichen Rechts.[45] Dementsprechend handelt es sich um den **öffentlich-rechtlichen Widerruf eines begünstigenden VA**.

> Wird die Subvention dagegen öffentlich-rechtlich bewilligt und privatrechtlich (z.B. in Form eines zinsgünstigen Darlehens) gewährt (zweistufige Gewährung), kann die Behörde die Rückforderung grds. auf zwei Wegen erreichen: entweder durch (öffentlich-rechtliche) Aufhebung der Bewilligung oder durch (privatrechtliche) Kündigung des Darlehensvertrages (vgl. noch unten Rn. 174).

53 II. Da die **Subventionsrichtlinien** als Verwaltungsvorschriften lediglich verwaltungsinterne Bedeutung haben, kommt ihnen keine Rechtsnormqualität zu.[46] Damit können sie auch **nicht Ermächtigungsgrundlage** für eine externe Maßnahme – hier den Widerruf des Bewilligungsbescheides – sein.

---

[45] Vgl. dazu AS-Skript VwGO (2021), Rn. 63.
[46] Vgl. AS-Skript Verwaltungsrecht AT 1 (2022), Rn. 128 ff.

III. Als Ermächtigungsgrundlage könnte **§ 49 Abs. 2 VwVfG** eingreifen. Diese Vorschrift lässt jedoch nur einen Widerruf mit Wirkung **für die Zukunft** zu. Hier will die Behörde den Rechtsgrund für die Subvention jedoch rückwirkend beseitigen, um so eine Rückforderung des in der Vergangenheit gezahlten Zuschusses zu ermöglichen (vgl. § 49 a Abs. 1 VwVfG). Ein Widerruf **für die Vergangenheit** kommt nur nach **§ 49 Abs. 3 VwVfG** in Betracht.[47]

54

1. § 49 Abs. 3 VwVfG ist eine **Spezialregelung**, die **zusätzlich** Widerrufsmöglichkeiten für die Vergangenheit eröffnet. Deshalb schließt die Regelung die Anwendung des § 49 Abs. 2 VwVfG nicht aus. § 49 Abs. 2 VwVfG bleibt daher (bei einem Widerruf für die Zukunft) neben § 49 Abs. 3 VwVfG anwendbar.[48]

55

Beispiel: Bei Nichterfüllung einer Auflage kann der Widerruf ex tunc nur auf § 49 Abs. 3 S. 1 Nr. 2 VwVfG, der Widerruf ex nunc dagegen wahlweise auf § 49 Abs. 2 S. 1 Nr. 2 oder § 49 Abs. 3 S. 1 Nr. 2 VwVfG (vgl. „auch") gestützt werden.[49]

2. Der aufzuhebende Bewilligungsbescheid müsste **rechtmäßig** sein.

   a) Da der Subventionsgewährung keine gesetzliche Vorschrift zugrunde lag, ist sie rechtswidrig, wenn der Grundsatz vom **Vorbehalt des Gesetzes** eingreift. Das Rechtsstaats- und Demokratieprinzip zwingt aber nicht dazu, jede Tätigkeit der Exekutive durch Gesetze zu regeln. Bei einer nicht grundrechtsrelevanten Subventionierung wird eine gesetzliche Regelung nur bzgl. der Bereitstellung der Mittel (das „Ob" der Gewährung) gefordert, wobei die **haushaltsrechtliche Absicherung** im Haushaltsplan bzw. in der Haushaltssatzung als gesetzliche Grundlage genügt. Die Voraussetzungen im Einzelnen (das „Wie") können dann in verwaltungsinternen Richtlinien geregelt werden.[50] Da die Vergabe der Subvention im Haushaltsplan ausdrücklich vorgesehen war, bestehen insoweit keine Bedenken gegen die Rechtmäßigkeit des Bewilligungsbescheides.

56

   b) Der Bewilligungsbescheid müsste auch im Übrigen **rechtmäßig** sein.

      aa) Fraglich ist hier, ob die **Voraussetzungen** für die Gewährung der Subvention überhaupt vorgelegen haben. Hätte U von Anfang an nicht vorgehabt, den Bus zweckentsprechend zu verwenden, hätte die Subvention gar nicht bewilligt werden dürfen, da das Vorhaben des U nicht förderungswürdig gewesen wäre. Der Bewilligungsbescheid wäre dann rechtswidrig.[51]

57

Beachte: Allein der Verstoß gegen Subventionsrichtlinien macht einen Bewilligungsbescheid nicht rechtswidrig i.S.d. § 48 VwVfG, da es sich bei Richtlinien lediglich um interne Verwaltungsvorschriften handelt, aber nicht um (Außen-)Rechtsnormen. Allerdings ist die Subventionsgewährung wegen Verstoßes gegen Art. 3 Abs. 1 GG rechtswidrig, wenn die Behörde im Einzelfall zugunsten eines Subventionsbewerbers von einer ansonsten geübten Vergabepraxis abweicht, ohne ihre Praxis insgesamt zu ändern.[52]

---

47 In Bayern Art. 49 Abs. 2 a BayVwVfG; dazu BayVGH NVwZ 2016, 628.
48 Stelkens/Bonk/Sachs VwVfG § 49 Rn. 107; Kopp/Ramsauer VwVfG § 49 Rn. 62.
49 Stelkens/Bonk/Sachs VwVfG § 49 Rn. 107; Oldiges NVwZ 2001, 626, 628; Folnovic/Hellriegel NVwZ 2016, 638, 640.
50 BVerwG DVBl. 2003, 149, 150; OVG NRW NWVBl. 2002, 239, 240; Bleckmann DVBl. 2004, 333, 338; Faßbender JuS 2016, 538, 541; kritisch Korte Jura 2017, 656, 657; näher AS-Skript Verwaltungsrecht AT 1 (2022), Rn. 154 ff.; anders z.B. bei Pressesubventionen, bei denen wegen Art. 5 Abs. 1 S. 2 GG stets eine gesetzliche Grundlage erforderlich ist.
51 Vgl. BVerwG DVBl. 2004, 126, 128.

58 bb) Dem Wortlaut nach ist der Anwendungsbereich des § 49 Abs. 2 und des § 49 Abs. 3 VwVfG auf **rechtmäßige** begünstigende VAe beschränkt. Von der h.M. wird indes die entsprechende Anwendung dieser Regelungen **auch auf den rechtswidrigen VA** bejaht. Denn ein rechtswidriger VA könne in seinem Bestand nicht weitergehend geschützt sein als ein rechtmäßiger.[53]

59 Nach der Gegenansicht besteht für eine Analogie im Hinblick auf § 48 VwVfG **keine Regelungslücke** und außerdem sei die Interessenlage verschieden, da für das Ermessen bei der Aufhebung eines rechtmäßigen VA andere Erwägungen maßgebend seien als bei einem rechtswidrigen VA.[54]

60 Für die h.M. spricht das praktische Bedürfnis, dass die Behörde keine Nachforschungen anstellen muss, wenn zweifelhaft ist, ob der VA rechtmäßig oder rechtswidrig ist, oder wenn die Behörde sich auf die Rechtswidrigkeit des VA nicht berufen will (z.B. weil sie – allerdings unzutreffend – den VA für rechtmäßig hält), aber einer der Widerrufsgründe des § 49 Abs. 2 oder Abs. 3 VwVfG eindeutig vorliegt.

Beispiel: A hat aufgrund eines Bescheides eine Subvention erhalten, die mit einer Auflage verbunden war. Ob die Subvention rechtmäßig gewährt wurde, ist zweifelhaft. Hat A der Auflage nachhaltig zuwidergehandelt, kann die Subvention nach § 49 Abs. 3 S. 1 Nr. 2 VwVfG widerrufen werden, ohne dass die Frage der Rechtmäßigkeit der Subventionsbewilligung entschieden werden müsste.

Die Frage der Rechtmäßigkeit des Subventionsbescheides kann daher dahinstehen, da **§ 49 Abs. 3 VwVfG bei einem rechtswidrigen VA erst recht gilt**.

Deshalb kann eine Aufhebung nach § 48 VwVfG nachträglich auf § 49 VwVfG gestützt werden und umgekehrt, soweit die jeweiligen Voraussetzungen erfüllt sind und die Behörde die erforderlichen Ermessenserwägungen angestellt hat.[55] Eine Modifikation der Widerrufsgründe und damit eine quasi doppelt-analoge Anwendung findet nicht statt, hierdurch würden die Grenzen zulässiger Analogie überschritten. Sind hinsichtlich eines rechtswidrigen VA keine Widerrufsgründe i.S.d. § 49 VwVfG einschlägig, bleibt nur eine Rücknahme nach § 48 VwVfG.[56]

61 3. § 49 Abs. 3 VwVfG erlaubt nur den Widerruf **bestimmter** Verwaltungsakte, nämlich solcher, die eine einmalige oder laufende **Geldleistung** oder **teilbare Sachleistung** gewähren oder hierfür Voraussetzung sind. Das ist bei der Subventionsbewilligung der Fall.

Auf welcher Rechtsgrundlage die Leistungen gewährt wurden, ist für § 49 Abs. 3 VwVfG ebenso unerheblich wie die Frage, ob auf die Gewährung ein Rechtsanspruch bestand oder ob sie im Ermessen der Behörde stand.[57]

---

52 BVerwG DVBl. 2004, 126, 127; VGH BW RÜ 2009, 453, 455, OVG LSA NVwZ-RR 2012, 497.
53 BVerwG RÜ 2019, 45, 46; NVwZ 2001, 335, 336; VGH BW NVwZ-RR 2018, 612; OVG NRW NVwZ-RR 2012, 541, 542; Kopp/Ramsauer VwVfG § 49 Rn. 5; Stelkens/Bonk/Sachs VwVfG § 49 Rn. 7; Korte Jura 2017, 656, 663.
54 OVG NRW NVwZ 1988, 942, 943; Ruffert in: Ehlers/Pünder § 25 Rn. 1; Ehlers/Schröder Jura 2010, 503, 506.
55 OVG NRW, Beschl. v. 09.12.2015 – 15 A 121/15, BeckRS 2016, 40860; Bader/Ronellenfitsch VwVfG § 49 Rn. 2; im Einzelfall verneint von VG Hamburg, Urt. v. 21.12.2016 – 2 K 932/14, BeckRS 2016, 112377.
56 BVerwG RÜ 2018, 45, 46 f.; a.A. OVG NRW NWVBl. 2017, 148 zu § 49 Abs. 2 S. 1 Nr. 3 VwVfG.

4. Des Weiteren muss die Gewährung **zur Erfüllung eines bestimmten Zwecks** erfolgen oder der VA muss **Voraussetzung** für die Gewährung einer zweckbestimmten Leistung sein. Die Zweckbindung ergab sich hier unmittelbar aus den Subventionsbedingungen. **62**

Die Zweckbindung kann sich auch aus dem Bewilligungsbescheid beigefügten Nebenbestimmungen ergeben.[58]

5. § 49 Abs. 3 S. 1 VwVfG verlangt darüber hinaus das Vorliegen eines **speziellen Widerrufsgrundes**. Der VA kann nur dann ganz oder teilweise auch mit Wirkung **für die Vergangenheit** widerrufen werden, **63**

- wenn die Leistung nicht, nicht alsbald nach der Erbringung oder nicht mehr für den in dem VA bestimmten **Zweck** verwendet wird[59] oder
- wenn der Begünstigte eine mit dem VA verbundene **Auflage** nicht oder nicht innerhalb einer ihm gesetzten Frist erfüllt hat.[60]

Hier liegt eine **zweckwidrige Verwendung** vor, da U den Bus nicht zum Zweck der Schülerbeförderung einsetzt, sondern für Wochenendreisen. **64**

„**Alsbald**" i.S.d. § 49 Abs. 3 S. 1 Nr. 1 VwVfG ist allein in zeitlicher Hinsicht zu verstehen („kurz danach"). Ob ein Verschulden des Leistungsempfängers vorliegt, ist hier, anders als bei „unverzüglich" i.S.d. § 121 BGB („ohne schuldhaftes Zögern"), ohne Bedeutung.[61]

Eine **Zweckverfehlung** liegt nach § 49 Abs. 3 S. 1 Nr. 1 VwVfG auch vor, wenn die Mittel „nicht mehr" zweckgerecht eingesetzt werden, selbst wenn sie ursprünglich zweckgerecht verwendet worden sind. Das kann z.B. auch der Fall sein beim Abbau von Arbeitsplätzen, wenn die Förderung zum Erhalt der Arbeitsplätze gewährt worden ist.[62]

6. Nach §§ 49 Abs. 3 S. 2, 48 Abs. 4 VwVfG gilt eine **Widerrufsfrist** von einem Jahr, die vorliegend eingehalten wurde.[63] **65**

7. **Rechtsfolge:** Im Rahmen des § 49 Abs. 3 VwVfG **kann** die Behörde den Bewilligungsbescheid widerrufen, und zwar für die Vergangenheit und/oder für die Zukunft (vgl. „auch"), d.h. ihr steht Ermessen sowohl hinsichtlich des „Ob" als auch hinsichtlich des Umfangs des Widerrufs zu.[64] **66**

Der Widerruf muss vor allem **verhältnismäßig** sein. Das kann insbes. bei nur geringfügigen Verstößen zweifelhaft sein. Auch muss die Behörde unter Beachtung des Grundsatzes der Verhältnismäßigkeit entscheiden, ob der Widerruf umfassend oder nur teilweise ausgesprochen wird. In zeitlicher Hinsicht muss die Behörde ermessensfehlerfrei von der Widerrufsmöglichkeit für die Vergangenheit oder nur für die Zukunft Gebrauch machen.[65]

Die Behörde hat hier den Widerruf allein damit begründet, dass der Verstoß gegen die schriftlich anerkannten Subventionsbedingungen sie zum Widerruf „verpflichtet" habe. Sie hat ihr Ermessen damit nicht ausgeübt, was grds. zur **67**

---

57 Kopp/Ramsauer VwVfG § 49 Rn. 63.
58 SächsOVG, Beschl. v. 01.10.2021 – 6 A 782/19, BeckRS 2021, 32330; SächsOVG RÜ 2020, 598, 600.
59 Zur zweckwidrigen Verwendung vgl. OVG NRW, Beschl. v. 23.02.2017– 4 A 1979/14, BeckRS 2017, 102803; BayVGH NVwZ 2016, 628, 629; Ebeling/Tellenbröker JuS 2014, 217, 221; Haltern/Manthey JuS 2016, 344, 348.
60 Vgl. BVerwG NVwZ-RR 2004, 413; OVG NRW NWVBl. 2010, 242, 243; Manssen/Greim JuS 2010, 429, 432.
61 BVerwG NVwZ 2005, 1085, 1086; Korte Jura 2017, 656, 663.
62 SächsOVG RÜ 2020, 598, 600; Hübbenet JuS 2004, 795, 797 m.w.N.; einschränkend VG Köln, Urt. v. 10.06.2010 – 16 K 5313/08, BeckRS 2010, 49769.
63 Zur Fristberechnung vgl. unten Rn. 97 ff.
64 Stelkens/Bonk/Sachs VwVfG § 49 Rn. 96 f.; Kopp/Ramsauer VwVfG § 49 Rn. 62 a; Manssen/Greim JuS 2010, 429, 433.
65 Vgl. beispielhaft Manssen/Greim JuS 2010, 429, 433.

Rechtswidrigkeit der Entscheidung führt (**Ermessensnichtgebrauch**).[66] Da das Verhalten der Behörde hierbei aber in Einklang mit den **Richtlinien** stand, ist fraglich, ob diese die behördliche Entscheidung trotzdem rechtfertigen können.

68 a) Grundsätzlich können Richtlinien als Verwaltungsvorschriften die Ermessensentscheidung in einer **antezipierten Selbstbindung** der Verwaltung vorwegnehmen. Dabei führt das Gleichbehandlungsgebot des Art. 3 Abs. 1 GG dazu, dass die Richtlinien, wenn sie in ständiger Übung von der Verwaltung praktiziert werden, im Ergebnis, ähnlich wie Außenrechtssätze, die Rechtsbeziehungen zum Bürger prägen.[67]

69 b) Diese Bindung geht jedoch nicht so weit, dass die **Pflicht zur Ermessensausübung** und damit zur Berücksichtigung der besonderen Umstände des Einzelfalls ganz beseitigt wird. Zwar sollen ermessensbindende Verwaltungsvorschriften die einheitliche Handhabung des vom Gesetz eingeräumten Ermessens gewährleisten. Jedoch verlangt gerade Art. 3 Abs. 1 GG zugleich auch die Berücksichtigung etwaiger **Ausnahmefälle**. Die Behörde hat daher – unabhängig von den Richtlinien – stets zu prüfen, ob ein solcher Ausnahmefall vorliegt, der ein Abweichen von der Richtlinie nach Art. 3 Abs. 1 GG gebieten würde.[68] Daran fehlt es im vorliegenden Fall.

70 c) Bei Subventionen kommt aber den **haushaltsrechtlichen Grundsätzen** der Wirtschaftlichkeit und Sparsamkeit (vgl. z.B. § 6 Abs. 1 HGrG, § 7 Abs. 1 BHO) eine **ermessenslenkende** Bedeutung dergestalt zu, dass im Regelfall nur die Entscheidung für den Widerruf ermessensfehlerfrei ist. Im Rahmen des § 49 Abs. 2 u. Abs. 3 VwVfG hat der Gesetzgeber den Vertrauensschutz bereits in die Widerrufstatbestände eingearbeitet. Das der Behörde eingeräumte Ermessen ist deshalb in Richtung auf einen Widerruf „**intendiert**". Aus diesem Grund können sich Vertrauensschutzgesichtspunkte im Rahmen des Widerrufsermessens nur dann zugunsten des Betroffenen auswirken, wenn der ihm ohnehin bereits kraft Gesetzes zustehende Vertrauensschutz **aus besonderen Gründen** nicht ausreichend erscheint.[69] Die Behörde muss aber erkennen, dass ihr ein – wenn auch gelenkter – Ermessensspielraum zusteht. Hält sie sich zwingend für gebunden, ohne die Umstände des Einzelfalls zu berücksichtigen, ist der Widerruf ermessensfehlerhaft.[70]

Hat die Behörde dagegen ihren (eingeengten) Ermessensspielraum erkannt und liegen keine Anhaltspunkte für einen Ausnahmefall vor, braucht sie dies auch nicht näher nach § 39 Abs. 1 S. 3 VwVfG zu begründen.[71]

---

66 Vgl. näher AS-Skript Verwaltungsrecht AT 1 (2022), Rn. 531 f.
67 Speziell zum Subventionsrecht VGH BW RÜ 2009, 453, 455; OVG NRW, Beschl. v. 29.05.2017 – 4 A 516/15, BeckRS 2017, 112144; HessVGH DÖV 2016, 964; allgemein AS-Skript Verwaltungsrecht AT 1 (2022), Rn. 144 ff.
68 Vgl. BVerwG NVwZ 2015, 1764, 1766; OVG NRW, Beschl. v. 29.05.2017 – 4 A 516/15, BeckRS 2017, 112144; BayVGH NJOZ 2012, 1374, 1376.
69 BVerwG NVwZ 2015, 1392, 1394; BayVGH NVwZ 2016, 628, 629; OVG NRW, Beschl. v. 09.12.2015 – 15 A 121/15, BeckRS 2016, 40860; Folnovic/Hellriegel DVBl. 2020, 1571; Ebeling/Tellenbröker JuS 2014, 217, 221; Faßbender JuS 2016, 538, 543; Haltern/Manthey JuS 2016, 344, 349 f.; kritisch Krausnick JuS 2010, 778, 782; Schoch Jura 2010, 358, 362; anders BVerwG NVwZ 2015, 1764, 1767 im Rahmen des § 48 VwVfG, dazu unten Rn. 111; allgemein zum intendierten Ermessen AS-Skript Verwaltungsrecht AT 1 (2022), Rn. 523.
70 OVG NRW NWVBl. 2010, 242, 244; Haltern/Manthey JuS 2016, 344, 350; Folnovic/Hellriegel NVwZ 2016, 638, 639.

Die Behörde hat hier die Umstände des Einzelfalls überhaupt nicht berücksichtigt, sodass sich die Entscheidung auch unter dem Gesichtspunkt des **intendierten Ermessens** als fehlerhaft erweist.

d) Der Ermessensnichtgebrauch könnte jedoch dadurch gerechtfertigt sein, dass U sich mit den Richtlinien uneingeschränkt **einverstanden** erklärt hat (sog. **VA auf Unterwerfung**). Wegen des Prinzips der Gesetzmäßigkeit der Verwaltung (Art. 20 Abs. 3 GG) und des Vorrangs des Gesetzes stehen die Vorschriften über die Aufhebung von Verwaltungsakten aber grds. nicht zur Disposition der Beteiligten.[72]

Der **Widerruf des Subventionsbescheides** ist daher **rechtswidrig**, weil die Behörde ihr Widerrufsermessen überhaupt nicht ausgeübt hat.

B. Rechtmäßigkeit des Rückforderungsbescheides

Ermächtigungsgrundlage für die Rückforderung ist § 49 a Abs. 1 VwVfG.

I. § 49 a Abs. 1 VwVfG setzt voraus, dass der **Bewilligungsbescheid** (mit Wirkung für die Vergangenheit) **aufgehoben** worden ist. Dies ist hier zwar geschehen, der Widerruf ist aber rechtswidrig und seinerseits aufzuheben (s.o.). Der Widerrufsbescheid verliert mit der Aufhebung rückwirkend seine Wirksamkeit (§ 43 Abs. 2 VwVfG).

II. Der Widerrufsbescheid entfaltet jedoch, solange er tatsächlich noch nicht aufgehoben ist, **Tatbestandswirkung** und könnte daher die Rückforderung (zumindest vorläufig) rechtfertigen.[73] U kann den Widerrufsbescheid aber erfolgreich anfechten. Seine Rechtsbehelfe entfalten nach § 80 Abs. 1 VwGO aufschiebende Wirkung, d.h. die Behörde darf den Widerruf nicht verwirklichen (sog. Verwirklichungshemmung).[74] § 80 Abs. 2 S. 1 Nr. 1 VwGO erfasst die Rückforderung von aufgrund von Subventionsbescheiden ausgezahlten Geldleistungen nicht. Die **Voraussetzungen für die Rückforderung** liegen daher schon während des Rechtsbehelfsverfahrens nicht (mehr) vor, auch wenn der Widerrufsbescheid erst später aufgehoben wird.[75] Der Rückforderungsbescheid ist deshalb ebenfalls rechtswidrig und aufzuheben.

Die Aufhebung des Widerrufsbescheids entfaltet ihre Wirkung zwar erst mit Rechtskraft des Urteils. Aus § 113 Abs. 1 S. 2 und Abs. 4 VwGO ergibt sich jedoch, dass dann, wenn die Aufhebung eines VA weitere Ansprüche auslöst (hier die Rückforderung), das Verwaltungsgericht im Interesse der Prozessökonomie sowohl über die Aufhebung als auch über den gestuften Folgeanspruch entscheiden kann.[76] Das Verwaltungsgericht kann daher bei einer Anfechtungsklage gegen einen Bescheid, der die Bewilligung einer Geldleistung widerruft und sie zurückfordert, zugleich den Widerruf (§ 49 VwVfG) und die Rückforderung (§ 49 a VwVfG) aufheben.

---

71 BVerwG NJW 1998, 2233, 2234; OVG NRW NVwZ-RR 2020, 333, 335..
72 OVG NRW NWVBl. 1992, 279, 281; Erichsen/Brügge Jura 1999, 496, 501; abweichend OVG Lüneburg NVwZ 1985, 500, 501, wenn die Unterwerfung dem Subventionszweck dient.
73 In diesem Sinne Hübbenet JuS 2004, 795, 798; Pauly/Pudelka DVBl. 1999, 1609, 1610.
74 Vgl. Martini JuS 2003, 266, 270; Pauly/Pudelka DVBl. 1999, 1609, 1611; Stelkens/Bonk/Sachs VwVfG § 49 a Rn. 17.
75 OVG NRW NWVBl. 2010, 242, 245; Kopp/Ramsauer VwVfG § 49 a Rn. 7 a.
76 OVG NRW NWVBl. 2007, 310; ebenso Kopp/Ramsauer VwVfG § 49 a Rn. 7 a; a.A. Pauly/Pudelka DVBl. 1999, 1609, 1613 f.

> **Aufbauschema: Widerruf für die Vergangenheit gemäß § 49 Abs. 3 VwVfG**
>
> I. **Ermächtigungsgrundlage:** § 49 Abs. 3 S. 1 VwVfG
> II. **Formelle Rechtmäßigkeit**
>   1. **Zuständigkeit**
>   2. **Verfahren, Form** (insbes. §§ 28, 37, 39 VwVfG)
> III. **Materielle Rechtmäßigkeit**
>   1. **Voraussetzungen der Ermächtigungsgrundlage**
>   a) Aufzuhebender **VA rechtmäßig** (analog bei rechtswidrigem VA, str.)
>   b) Aufzuhebender **VA** gewährt **Geldleistung** oder **teilbare Sachleistung** zu **bestimmten Zweck** oder ist hierfür **Voraussetzung**
>   c) **Widerrufsgrund** gemäß § 49 Abs. 3 S. 1 Nr. 1 oder Nr. 2 VwVfG
>   d) **Widerrufsfrist:** ein Jahr (§§ 49 Abs. 3 S. 2, 48 Abs. 4 S. 1 VwVfG)
>   2. **Rechtsfolge: Ermessen, insbes. Verhältnismäßigkeit**

3. Abschnitt: Rücknahme des Verwaltungsaktes gemäß § 48 VwVfG

74 Als Ermächtigungsgrundlage für die Rücknahme aller rechtswidrigen Verwaltungsakte greift stets § 48 Abs. 1 S. 1 VwVfG ein. Von der Art des VA hängt lediglich ab, ob und welche zusätzlichen Voraussetzungen für eine rechtmäßige Rücknahme vorliegen müssen.

Beachte: Während § 49 Abs. 1–3 VwVfG drei verschiedene Ermächtigungsgrundlagen beinhaltet (s.o. Rn. 15), enthält § 48 VwVfG in Abs. 1 lediglich *eine Ermächtigungsgrundlage*, die in den folgenden Absätzen nur unterschiedlich beschränkt wird.

A. Die Rücknahme eines rechtswidrigen belastenden VA

I. Voraussetzungen des § 48 Abs. 1 VwVfG

75 Nach § 48 Abs. 1 S. 1 VwVfG kann ein rechtswidriger VA, auch nachdem er unanfechtbar geworden ist, ganz oder teilweise mit Wirkung **für die Zukunft** oder **für die Vergangenheit** zurückgenommen werden. Der aufzuhebende VA ist **rechtswidrig**, wenn das durch ihn herbeigeführte **Ergebnis objektiv unrichtig** ist, weil der VA gegen Gesetze oder sonstiges Recht verstößt; auf die Verletzung subjektiver Rechte kommt es nicht an.[77] Dabei ist die Rücknahme **rechtswidriger belastender** Verwaltungsakte nach § 48 Abs. 1 S. 1 VwVfG **ohne weitere Voraussetzungen** zulässig.

Beispiele: Rücknahme einer Ordnungsverfügung, Rücknahme der Ausweisung eines Ausländers.

II. Rechtsfolge

76 Die Rücknahme steht bei rechtswidrigen belastenden Verwaltungsakten im **Ermessen** der Behörde („kann"). Im Rahmen des Ermessens hat die Behörde alle für und gegen die Rücknahme sprechenden Gesichtspunkte abzuwägen. Hierbei stehen sich

---
[77] VGH BW, Urt. v. 07.11.2017 – 5 S 1003/16, BeckRS 2017, 137378; Kopp/Ramsauer VwVfG § 48 Rn. 51.

- einerseits die **Bindung der Verwaltung an Gesetz und Recht** (Art. 20 Abs. 3 GG) und
- andererseits das **Gebot der materiellen Gerechtigkeit** sowie der **Gesichtspunkt der Rechtssicherheit** gleichwertig gegenüber.

Deshalb stellt es grds. keinen Ermessensfehler dar, wenn die Behörde die Rücknahme des belastenden VA unter Hinweis auf dessen Bestandskraft ablehnt. Selbstverständlich sind aber die **allgemeinen Beschränkungen** des Ermessens zu beachten. 77

Beispielsweise darf eine Rücknahme nicht aus sachwidrigen Gründen oder unter Verstoß gegen Art. 3 Abs. 1 GG erfolgen oder abgelehnt werden. Nur ausnahmsweise kann im Fall der **Ermessensreduzierung** ein gebundener Anspruch auf Rücknahme eines rechtswidrigen VA bestehen (s.u. Rn. 208).

Einschränkungen bzgl. des Rücknahmeermessens können sich ergeben, wenn der aufzuhebende VA zuvor vom Verwaltungsgericht **rechtskräftig bestätigt** worden ist. 78

Beispiel: Die Klage des Ausländers A gegen seine Ausweisung (§ 53 Abs. 1 AufenthG) ist vom Verwaltungsgericht rechtskräftig abgewiesen worden. Nach einem Sachbearbeiterwechsel im Ausländeramt gelangt die zuständige Behörde zu der Erkenntnis, dass bei der seinerzeitigen Entscheidung gewichtige Bleibeinteressen des A (§ 55 Abs. 1 AufenthG) zugunsten des A nicht berücksichtigt worden sind. Darf die Behörde die Ausweisung nach § 48 Abs. 1 S. 1 VwVfG zurücknehmen?

Nach § 48 Abs. 1 S. 1 VwVfG können nur **rechtswidrige** Verwaltungsakte aufgehoben werden. Nachdem das Verwaltungsgericht die Klage des A rechtskräftig abgewiesen hat, steht zwischen den Beteiligten aufgrund der Bindungswirkung des § 121 Nr. 1 VwGO fest, dass die Ausweisung im für die damalige Überprüfung maßgeblichen Zeitpunkt rechtmäßig war. Die Rechtskraftwirkung des § 121 VwGO kann nur auf gesetzlicher Grundlage überwunden werden. Dies ist der Fall, wenn der Betroffene nach § 51 Abs. 1 VwVfG einen Anspruch auf Wiederaufgreifen des Verfahrens hat oder die Behörde das Verfahren im Ermessenswege wieder aufgreift (§ 51 Abs. 5 VwVfG).[78] Solange diese Voraussetzungen nicht vorliegen, steht § 121 VwGO einer Rücknahme der Ausweisung nach § 48 Abs. 1 S. 1 VwVfG entgegen.[79]

Aus der Verfassungs- oder Grundrechtswidrigkeit des aufzuhebenden VA ergibt sich indes keine Ermessensreduzierung auf Null.[80] 79

B. Die Rücknahme eines rechtswidrigen begünstigenden VA

Die Rücknahme eines **begünstigenden VA** ist nach § 48 Abs. 1 S. 2 VwVfG hingegen nur unter den **Einschränkungen des § 48 Abs. 2–4 VwVfG** zulässig. Nach der ebenfalls in § 48 Abs. 1 S. 2 VwVfG enthaltenen Legaldefinition ist ein VA **begünstigend**, wenn er ein Recht oder einen rechtlich erheblichen Vorteil begründet oder bestätigt hat (s.o. Rn. 16 ff.). 80

Die **rechtliche Bedeutung** der Einschränkungen in § 48 Abs. 2–4 VwVfG ist nicht eindeutig. Teilweise wird darin eine Beschränkung der **Rechtsfolge** gesehen, d.h. dass das Rücknahmeermessen gemäß § 48 Abs. 1 S. 1 VwVfG beim begünstigenden VA nur unter Beachtung der in Abs. 2 bis 4 gezogenen Grenzen ausgeübt werden darf.[81] Bei Nichteinhaltung der Schranken ist die Rücknahme wegen Ermessensüberschreitung rechtswidrig. Dagegen spricht jedoch bereits der Wortlaut des § 48 Abs. 1 S. 2 VwVfG. Die Einschränkungen sind danach Ausschlussgründe auf der **Tatbestandsseite**.[82] Bei Nichtbeachtung liegt nicht nur ein Ermessensfehler, sondern ein Rechtsfehler vor. 81

---

78 Zum Wiederaufgreifen des Verfahrens vgl. unten Rn. 180 ff.
79 BVerwG RÜ 2010, 253, 254; VGH BW VBlBW 2009, 32, 34; VBlBW 2009, 73, 74; OVG Hamburg NordÖR 2009, 450, 451.
80 BVerfG NVwZ 2008, 550, 551; BVerwG NVwZ-RR 2021, 1078, 1079; NVwZ 2011, 888.
81 Stelkens/Bonk/Sachs VwVfG § 48 Rn. 110.
82 In diesem Sinne VGH BW NVwZ 1998, 87, 90; Martini JuS 2003, 266, 268; Pünder JA 2004, 467, 470 ff.

82 Während die in § 48 Abs. 4 VwVfG normierte **Rücknahmefrist** für die Rücknahme aller Arten begünstigender VAe gilt, differenziert das Gesetz zwischen **Geld- und Sachleistungs-VAen** (dann § 48 Abs. 2 VwVfG, dazu Rn. 84 ff.) und **sonstigen begünstigenden VAen** (dann § 48 Abs. 3 VwVfG, dazu Rn. 150 ff.).

83 Die Rücknahmeeinschränkungen des § 48 Abs. 1 S. 2 VwVfG für begünstigende VAe (§ 48 Abs. 2–4 VwVfG) gelten hingegen **nicht** für die Aufhebung im **Widerspruchsverfahren** oder im **gerichtlichen Verfahren**, wenn dadurch dem Widerspruch oder der Klage eines Dritten abgeholfen wird (§ 50 VwVfG). Das Vertrauen des Begünstigten ist in diesen Fällen nicht schutzwürdig, weil er mit der Aufhebung rechnen muss, wenn ein Dritter den den Adressaten begünstigenden VA anficht.[83]

Beispiel: Nachbar N hat gegen die dem B erteilte Baugenehmigung Klage erhoben. Die zuständige Baubehörde kommt zu dem Ergebnis, dass die Baugenehmigung rechtswidrig ist. Die Behörde kann die Genehmigung zurücknehmen und dem Rechtsbehelf abhelfen, ohne die Einschränkungen des § 48 Abs. 1 S. 2, Abs. 3 u. 4 VwVfG beachten zu müssen (§ 50 VwVfG).[84]

Unstreitig berechtigt nur ein zulässiger Rechtsbehelf zur Abhilfe i.S.d. § 50 VwVfG.[85] Ob der Rechtsbehelf darüber hinaus auch begründet sein muss, ist umstritten.[86] Teilweise wird dies verneint, sodass § 50 VwVfG z.B. auch einschlägig ist, wenn die angefochtene Baugenehmigung wegen Verstoßes gegen nicht nachbarschützende Vorschriften aufgehoben wird. Nach der Gegenansicht scheidet § 50 VwVfG in diesem Fall aus, da der Rechtsbehelf des Nachbarn mangels Rechtsverletzung unbegründet ist. Es gelten dann die allgemeinen Regeln des § 48 Abs. 2–4 VwVfG.

Ob die Behörde eine Rücknahme nach §§ 48, 50 VwVfG verfügt oder einen Abhilfebescheid nach § 72 VwGO erlassen hat, ist im Zweifelsfall durch Auslegung der behördlichen Maßnahme zu ermitteln. Allerdings muss ein sachlicher Grund für eine Rücknahme vorliegen (z.B. wenn der Widerspruch aus nach seiner Erhebung entstandenen Gründen begründet geworden ist). Die Behörde darf die Rücknahmemöglichkeit nicht dazu missbrauchen, der Kostenentscheidung aus § 73 Abs. 3 S. 3 VwGO zu entgehen. Ein solches Vorgehen wäre wegen Formenmissbrauchs rechtsstaatswidrig und daher unbeachtlich.[87]

I. Die Rücknahme eines rechtswidrigen Geld- oder Sachleistungs-VA

84 Nach § 48 Abs. 2 S. 1 VwVfG darf ein rechtswidriger VA, der eine einmalige oder laufende Geldleistung oder teilbare Sachleistung gewährt oder hierfür Voraussetzung ist, nicht zurückgenommen werden, soweit der Begünstigte auf den Bestand des VA **vertraut hat** und sein **Vertrauen unter Abwägung mit dem öffentlichen Interesse an einer Rücknahme schutzwürdig** ist.

Geldleistungen sind z.B. Subventionen, beamtenrechtliche Beihilfeleistungen, Mittel der Parteienfinanzierung u.Ä. Es reicht aus, wenn der Bescheid Voraussetzung für die Geldleistung ist, z.B. ein Subventionsbescheid, der einen Anspruch auf ein zinsgünstiges Darlehen begründet. **Sachleistungen** können sich auf vertretbare oder unvertretbare Sachen beziehen, entscheidend ist nur, dass sie aus einer Vielzahl gleichartiger Sachen bestehen und damit teilbar sind. Ist die Sachleistung nicht teilbar, gilt für die Rücknahme § 48 Abs. 1 S. 1 u. Abs. 3 VwVfG. Ein VA ist **Voraussetzung für Geld- oder Sachleistungen**, wenn er das Vorliegen einer Voraussetzung für den Erhalt der Leistungen feststellt, wie z.B. einen Dienstunfall.[88] Auch die Zusicherung einer Geldleistung ist ein entsprechender VA.[89]

---

83 BVerwG NVwZ 1994, 896, 897; Bader/Ronellenfitsch VwVfG § 50 Rn. 7.
84 Vgl. BVerwG NVwZ 2002, 730, 732.
85 BVerwGE 105, 354; Stelkens/Bonk/Sachs VwVfG § 50 Rn. 93; Kopp/Ramsauer VwVfG § 50 Rn. 24 m.w.N.
86 Kopp/Ramsauer VwVfG § 50 Rn. 24; Maurer/Waldhoff § 11 Rn. 97: Begründetheit stets erforderlich; Krausnick JuS 2010, 594, 598: Begründetheit irrelevant; Ehlers/Kallerhoff Jura 2009, 823, 828: jedenfalls nicht offensichtlich unbegründet.
87 VGH BW RÜ 2019, 251, 253.
88 BVerwG NVwZ 2021, 1546; Beschl. v. 04.06.2020 – 2 B 26.19, BeckRS 2020, 1632.

- **Schutzwürdig** ist das Vertrauen in der Regel, wenn der Begünstigte gewährte Leistungen verbraucht oder eine Vermögensdisposition getroffen hat, die er nicht mehr oder nur unter unzumutbaren Nachteilen rückgängig machen kann (§ 48 Abs. 2 S. 2 VwVfG). 85

- **Nicht schutzwürdig** ist das Vertrauen, wenn der Betroffene den VA durch arglistige Täuschung, Drohung, Bestechung oder durch in wesentlicher Beziehung unrichtige oder unvollständige Angaben erwirkt hat oder die Rechtswidrigkeit des VA kannte oder infolge grober Fahrlässigkeit nicht kannte (§ 48 Abs. 2 S. 3 VwVfG). 86

- Liegt weder ein Fall des § 48 Abs. 2 S. 2 noch des § 48 Abs. 2 S. 3 VwVfG vor, ist die Schutzwürdigkeit des Vertrauens nach § 48 Abs. 2 S. 1 VwVfG anhand einer **Abwägung** des privaten Bestandsinteresses mit dem öffentlichen Interesse an der Rücknahme zu bestimmen. 87

1. Die Rücknahmevoraussetzungen des § 48 Abs. 2 VwVfG

> **Fall 3: Berichtigung der Witwenpension**
>
> Bundesbeamter B ist verstorben. Seine Ehefrau F erhielt aufgrund Bescheides vom 27.01.2020 Witwengeld nach § 19 BeamtVG. Am 30.11.2020 wurde ihr mitgeteilt, dass bei der Berechnung des Witwengeldes irrtümlich eine nichtruhegehaltfähige Zulage mit berücksichtigt worden sei, sodass es zu einer monatlichen Überzahlung von 100 € gekommen sei. Der überzahlte Betrag müsse für die Zukunft abgezogen und für die Vergangenheit zurückgefordert werden. F möge sich hierzu äußern. Trotz dieser Ankündigung wurde das Witwengeld in den Folgemonaten unverändert überwiesen. Mit Schreiben vom 25.01.2021 hat F darauf hingewiesen, dass sie bis zu der Mitteilung der Behörde von der Richtigkeit des Bescheides vom 27.01.2020 ausgegangen sei. Das Geld habe sie ihrer Enkelin geschenkt, die in den USA studiere und deren Stipendium nicht verlängert worden sei. Aufgrund Erkrankung des zuständigen Sachbearbeiters wurde die Angelegenheit behördlicherseits zunächst nicht weiter bearbeitet. Erst am 20.12.2021 erhielt F einen Bescheid, in dem der Bescheid vom 27.01.2020 rückwirkend „berichtigt" und das Witwengeld um 100 € monatlich niedriger festgesetzt wurde. Außerdem wurde F aufgefordert, die von Februar 2020 bis Dezember 2021 (= 23 Monate) zu viel gezahlten 2.300 € zu erstatten. Zur Begründung wurde darauf verwiesen, dass zu Unrecht empfangene Versorgungsbezüge aus haushaltsrechtlichen Gründen grundsätzlich zu erstatten seien. F fragt, ob der Bescheid rechtmäßig ist, wenn davon auszugehen ist, dass die Festsetzung vom 27.01.2020 tatsächlich um 100 € monatlich zu hoch erfolgt ist.

Der Bescheid vom 20.12.2021, der mit der **„Berichtigung"** des Bescheides vom 27.01.2020 und der **Rückzahlungsaufforderung** zwei Regelungen enthält, ist rechtmäßig, wenn er auf einer ausreichenden Ermächtigungsgrundlage beruht und sowohl formell als auch materiell rechtmäßig ist.

---

89 OVG NRW DVBl. 2021, 883, 887.

A. Rechtmäßigkeit der „Berichtigung" (Rücknahme)

I. Hinsichtlich der ersten Regelung des Bescheids kommen mehrere Ermächtigungsgrundlagen in Betracht.

1. Die Behörde hat der F mitgeteilt, den ursprünglichen VA **„berichtigt"** zu haben. Eine **Berichtigung i.S.d. § 42 VwVfG** (s.o. Rn. 5) scheidet hier jedoch aus, da die Behörde nicht offensichtliche Unrichtigkeiten korrigiert, sondern Einfluss auf den Bestand des Bewilligungsbescheides genommen hat.

2. Als Ermächtigungsgrundlage kommt die **Spezialregelung** des § 52 Abs. 2 S. 1 Beamtenversorgungsgesetz (BeamtVG) in Betracht. Diese Vorschrift regelt bei Bundesbeamten die Rückforderung zu viel gezahlter Versorgungsbezüge und verweist dafür auf die §§ 812 ff. BGB. Geregelt ist in dieser Bestimmung also allein die **Erstattung** zu Unrecht gezahlter Bezüge, nicht hingegen, unter welchen Voraussetzungen die Festsetzung dieser Bezüge geändert werden kann; die Aufhebung des Bewilligungsbescheides, der den Rechtsgrund für den Erhalt der Bezüge bildet, wird vielmehr vorausgesetzt.[90] § 52 Abs. 2 BeamtVG scheidet daher als Rechtsgrundlage für die „Berichtigung" aus.

3. Ermächtigungsgrundlage für die Rücknahme des Bewilligungsbescheides vom 27.01.2020 kann damit nur **§ 48 VwVfG** sein.

II. Formelle Rechtmäßigkeit

88

1. **Sachlich zuständig** für die Rücknahme ist die Behörde, die zum Zeitpunkt der Rücknahmeentscheidung für den Erlass des aufzuhebenden VA zuständig wäre.[91] Für die **örtliche** Zuständigkeit gilt § 48 Abs. 5 VwVfG.

Besondere Bedeutung hat die Zuständigkeitsfrage, wenn es um die Rücknahme eines von einer unzuständigen Behörde erlassenen VA geht. Zuständig für die Rücknahme ist dann nicht etwa die (unzuständige) Erlassbehörde, sondern nur die wirklich zuständige Behörde. Eine Perpetuierung der Unzuständigkeit widerspräche dem Sinn der gesetzlichen Bestimmungen über die sachliche Zuständigkeit.[92]

89

2. Die **Anhörung** gemäß § 28 Abs. 1 VwVfG ist erfolgt.

Da die Rücknahme in einem selbstständigen Verwaltungsverfahren erfolgt, gelten die allgemeinen Regeln der §§ 9 ff. VwVfG. Auch im Fall einer konkludenten Rücknahme müssen die allgemeinen Verfahrensvorschriften, z.B. §§ 28, 39 VwVfG, beachtet werden[93] und die Behörde muss ihr Ermessen ordnungsgemäß ausüben.[94] Allerdings können formelle Fehler nach § 45 VwVfG geheilt oder nach § 46 VwVfG unbeachtlich sein.[95]

III. Materielle Rechtmäßigkeit

90

1. In Abgrenzung zu § 49 VwVfG muss bei der Rücknahme nach § 48 VwVfG der **aufzuhebende VA rechtswidrig** sein. Das ist hier der Fall, weil die betroffene

---

[90] BVerwG NVwZ-RR 2012, 933, 934.
[91] Stelkens/Bonk/Sachs VwVfG § 48 Rn. 254; speziell für die Anwendung des § 48 VwVfG auf die Beamtenversorgung BVerwG NVwZ-RR 2019, 278.
[92] BVerwG NJW 2000, 1512, 1514; VGH BW VBlBW 2009, 150, 151; Kopp/Ramsauer VwVfG § 48 Rn. 162.
[93] Stelkens/Bonk/Sachs VwVfG § 48 Rn. 253.
[94] HessVGH NVwZ 1990, 879, 881.
[95] Ausführlich zur Heilung formeller Fehler und Unbeachtlichkeit AS-Skript Verwaltungsrecht AT 1 (2022), Rn. 410 ff.

Zulage nicht ruhegehaltsfähig war und daher beim Witwengeld nicht hätte berücksichtigt werden dürfen. Daraus folgt zwar nur eine Teilrechtswidrigkeit. Diese genügt jedoch für die Anwendbarkeit des § 48 VwVfG, da die ursprüngliche Witwengeldfestsetzung nur im Umfang dieser Teilrechtswidrigkeit aufgehoben werden soll und eine solche Teilaufhebung in § 48 Abs. 1 VwVfG ausdrücklich zugelassen ist („ganz oder teilweise").

Klausurhinweis: Ist die Rechtswidrigkeit – anders als hier im Fall – nicht ausdrücklich vorgegeben, müssen Sie den aufzuhebenden VA an dieser Stelle auch auf seine Rechtmäßigkeit hin untersuchen!

2. Während die Rücknahme **rechtswidriger belastender VAe** keinen weiteren Voraussetzungen unterliegt, sondern nach § 48 Abs. 1 S. 1 VwVfG in das **Ermessen** der Behörde gestellt ist, dürfen **rechtswidrige begünstigende VAe** nur unter den **einschränkenden Voraussetzungen** des § 48 Abs. 2–4 VwVfG zurückgenommen werden (§ 48 Abs. 1 S. 2 VwVfG). 91

a) Der Bescheid vom 27.01.2020 begründete das Recht auf die Zahlung des Witwengeldes nach § 19 BeamtVG, sodass nach der Legaldefinition des § 48 Abs. 1 S. 2 VwVfG ein **begünstigender VA** vorliegt.

b) Nach § 48 Abs. 2 S. 1 VwVfG ist bei einem VA, der, wie im vorliegenden Fall, eine **Geldleistung** gewährt, die Rücknahme ausgeschlossen („darf nicht zurückgenommen werden"), soweit der Begünstigte auf den Bestand des VA vertraut hat und sein Vertrauen unter Abwägung mit dem öffentlichen Interesse an einer Rücknahme schutzwürdig ist.

aa) Der Begünstigte muss zunächst **tatsächlich** auf den Bestand des VA **vertraut** haben, wovon i.d.R. auszugehen ist. Auch F hat auf die Richtigkeit des Bewilligungsbescheides vertraut. 92

Vertrauensschutz bei rechtswidrigem Geldleistungs-VA

- Begünstigter hat auf Bestand des VA **tatsächlich vertraut**

- **Schutzwürdigkeit** des Vertrauens:
  - **I.d.R. schutzwürdig** bei Verbrauch der gewährten Leistung oder praktisch irreversiblen Vermögensdispositionen (§ 48 Abs. 2 S. 2 VwVfG)
  - **Nicht schutzwürdig** bei Arglist, Drohung, Bestechung, unrichtige/unvollständige Angaben, Kenntnis oder grob fahrlässiger Unkenntnis (§ 48 Abs. 2 S. 3 VwVfG)
  - **Im Übrigen: Abwägung** zwischen privatem Vertrauensinteresse und öffentlichem Interesse an der Rücknahme (§ 48 Abs. 2 S. 1 VwVfG)

---

bb) F hat das ihr gewährte Geld ihrer Enkelin geschenkt, sodass ihr Vertrauen nach § 48 Abs. 2 S. 2 VwVfG **schutzwürdig** sein könnte. Früher wurde hierbei ausschließlich auf den **tatsächlichen Verbrauch** der Mittel abgestellt, ohne die sonstige Vermögenslage des Leistungsempfängers zu berücksichtigen. Nach heute h.M. gelten für den „Verbrauch" jedoch die **bereicherungsrechtlichen Grundsätze** entsprechend. Auch wenn 93 der Begünstigte das Geld ausgegeben, aber gleichzeitig **Aufwendungen erspart** hat, greift § 48 Abs. 2 S. 2 VwVfG nicht ein, da die Leistung dann **wertmäßig** noch im Vermögen des Begünstigten vorhanden ist.[96] Da F ihrer Enkelin das Geld geschenkt hat, ohne gleichzeitig Aufwendungen erspart zu haben, ist ihr Vertrauen nach § 48 Abs. 2 S. 2 VwVfG **grds. schutzwürdig**.

94 cc) Auf den Vertrauensschutz kann sich der Begünstigte aber nach § 48 Abs. 2 S. 3 VwVfG nicht berufen, wenn er

- den VA durch **arglistige Täuschung, Drohung oder Bestechung** erwirkt hat (Nr. 1),

   Für die Begriffsbestimmung kann auf die zivilrechtlichen Vorschriften (§ 123 BGB) sowie die einschlägigen Straftatbestände (§§ 240, 334 StGB) zurückgegriffen werden.[97] Der Ausschlussgrund greift auch dann, wenn nicht der Begünstigte, sondern sein Vertreter den VA durch arglistige Täuschung erwirkt hat.[98]

- den VA durch **Angaben** erwirkt hat, die in wesentlicher Beziehung **unrichtig oder unvollständig** waren (Nr. 2),

   Die fehlerhaften Angaben dürfen sich nicht nur auf Randbereiche des Sachverhaltes beziehen, der zur Begünstigung geführt hat, und müssen für den Erlass des begünstigenden VA kausal geworden sein.[99] Dabei ist unerheblich, ob der Begünstigte die Unrichtigkeit der gemachten Angaben kannte oder hätte kennen müssen.[100]

- die **Rechtswidrigkeit** des VA **kannte oder infolge grober Fahrlässigkeit nicht kannte** (Nr. 3).

   Die Kenntnis der für die Rechtswidrigkeit maßgeblichen Umstände reicht nicht aus; es bedarf vielmehr der aufgrund einer Parallelwertung in der Laiensphäre erlangte Erkenntnis, dass der VA so nicht korrekt sein kann.[101] Grob fahrlässig handelt, wer die gebotene Sorgfalt in besonders schwerer Weise oder in besonders schwerem Maße verletzt.[102]

   Hier ist zu berücksichtigen, dass F aufgrund der Mitteilung vom 30.11.2020 in den folgenden Monaten nach eigener Darstellung nicht mehr von der Richtigkeit der Festsetzung ausgegangen ist. Ob deshalb der Vertrauensschutz für die Zukunft ab dem Zeitpunkt der Mitteilung zwingend nach § 48 Abs. 2 S. 3 Nr. 3 VwVfG wegen Kenntnis der Rechtswidrigkeit zu versagen ist, erscheint bedenklich. Denn sonst könnte die Behörde durch eine eigene Mitteilung selbst die Voraussetzungen des § 48 Abs. 2 S. 3 Nr. 3 VwVfG schaffen. Jedenfalls ist aber die Stellungnahme der F dahin zu verstehen, dass sie nach der Mitteilung vom

---

96 BVerwG DVBl. 1993, 947, 948.
97 Schoch in: Schoch/Schneider VwVfG § 48 Rn. 160; Martini JA 2016, 830, 831.
98 BVerwG RÜ 2017, 728: Täuschung durch Ehefrau als Vertreterin.
99 Vgl. OVG NRW RÜ 2018, 729, 730; Kopp/Ramsauer VwVfG § 48 Rn. 116; Bader/Ronellenfitsch VwVfG § 48 Rn. 77.
100 OVG NRW, Beschl. v. 14.05.2020 – 4 A 2339/17, BeckRS 2020, 9778; BayVGH, Beschl. v. 05.09.2017 – 14 ZB 17.676, BeckRS 2017, 124726; Kopp/Ramsauer VwVfG § 48 Rn. 119.
101 Schoch in: Schoch/Schneider VwVfG § 48 Rn. 180.
102 Kopp/Ramsauer VwVfG § 48 Rn. 124.

30.11.2020 **tatsächlich nicht mehr** auf den Bestand der Festsetzung vom 27.01.2020 **vertraut** hat. Fehlt es aber schon am Vertrauen überhaupt, stellt sich die Frage der Schutzwürdigkeit gar nicht mehr.

Daher kann sich F auf ein schutzwürdiges Vertrauen nur bis zur Mitteilung im November 2020 berufen. Für den Zeitraum von Dezember 2020 bis Dezember 2021 fehlt es dagegen an einem Vertrauenstatbestand.

dd) **Für die Zukunft**, also die Zeit nach Erlass des Rücknahmebescheides vom 20.12.2021, ergibt sich aus § 48 Abs. 2 S. 2 VwVfG kein Vertrauensschutz. Es ist nicht ersichtlich, dass F mit Rücksicht auf die Höhe des Witwengeldes Vermögensdispositionen getroffen hat, die sie auch zukünftig noch verpflichten und deren Rückgängigmachung unzumutbar ist. Bei der dann im Rahmen des § 48 Abs. 2 S. 1 VwVfG vorzunehmenden Abwägung überwiegt für die Zukunft i.d.R. das mit der Aufhebung verfolgte öffentliche Interesse, den fortlaufenden ungerechtfertigten Bezug öffentlicher Mittel zu vermeiden.[103]

Gegenbeispiel: Der Begünstigte hat ein längerfristiges Darlehen aufgenommen, das durch die gewährten Mittel auch künftig getilgt werden sollte.

Damit ergibt sich, dass die **Voraussetzungen** der Rücknahme für die Zukunft uneingeschränkt erfüllt sind, für die Vergangenheit hingegen nur ab dem Zeitpunkt der Mitteilung vom 30.11.2020. Soweit die Behörde die Rücknahme auch auf den davor liegenden Zeitraum (Januar bis November 2020) erstreckt hat, ist die Rücknahme **rechtswidrig**, da ihr der Vertrauensschutz nach § 48 Abs. 2 S. 2 VwVfG entgegensteht.

c) Soweit die Voraussetzungen für eine Rücknahme erfüllt sind (also ab Dezember 2020), kann die Rücknahme nach § 48 Abs. 4 S. 1 VwVfG nur **innerhalb eines Jahres** seit Kenntnis von den die Rücknahme rechtfertigenden Tatsachen erfolgen, es sei denn, der VA ist durch Arglist, Drohung oder Bestechung erwirkt worden (§ 48 Abs. 4 S. 2 i.V.m. Abs. 2 S. 3 Nr. 1 VwVfG).[104]

Umstritten ist, ob die Jahresfrist auch zugunsten von Hoheitsträgern (z.B. Gemeinden) eingreift. Eine Ansicht verneint dies. Da sich Hoheitsträger nicht auf Vertrauensschutz nach § 48 Abs. 2 VwVfG berufen könnten, sei auch die Jahresfrist des § 48 Abs. 4 VwVfG auf sie nicht anwendbar.[105] Für die Anwendung der Jahresfrist auch zugunsten öffentlicher Träger spricht jedoch, dass die Rücknahmefrist nicht ausschließlich dem Vertrauensschutz dient, sondern auch dem Rechtsfrieden.[106]

aa) Die Behörde muss die maßgeblichen tatsächlichen Umstände **positiv kennen**, grob fahrlässige Unkenntnis genügt nicht.[107] Kenntnis muss nach h.M. die für die Rücknahme **zuständige Stelle** haben. Die Kenntnis irgendeines Beamten der Behörde reicht nicht aus, ebenso wenig die Tatsache, dass die Umstände aktenkundig sind.[108]

---

103 BVerwG NVwZ 1983, 157, 158; Stelkens/Bonk/Sachs VwVfG § 48 Rn. 140.
104 Zu diesem Ausnahmefall vgl. BVerwG LKV 2017, 367, 371.
105 Stelkens/Bonk/Sachs VwVfG § 48 Rn. 202.
106 OVG NRW NWVBl. 2008, 34, 34; Kopp/Ramsauer VwVfG § 48 Rn. 148; Gass NVwZ 2016, 748, 749.
107 BVerwG DVBl. 2001, 1221, 1223; Kopp/Ramsauer VwVfG § 48 Rn. 153; Stelkens/Bonk/Sachs § 48 Rn. 211.
108 BVerwG RÜ 2019, 395, 398; OVG NRW RÜ 2018, 729, 732; BayVGH NVwZ 2001, 931, 932; Stelkens/Bonk/Sachs § 48 Rn. 212 ff.

99 Nach der Gegenansicht ist abstrakt auf die Kenntnis irgendeiner Stelle der **Behörde** abzustellen. Auch im Rahmen des § 48 Abs. 4 VwVfG gelte die Legaldefinition des § 1 Abs. 4 VwVfG, die nicht auf den einzelnen Amtswalter abstelle. Überdies stehe dem Bürger die Behörde als Einheit gegenüber und müsse sich auch so behandeln lassen.[109]

100 Dagegen spricht jedoch, dass eine „Behörde" als solche keiner Kenntnis fähig ist, sondern diese nur durch menschliche Kenntnis vermittelt werden kann. Kenntnis setzt nach dem Zweck der Norm voraus, dass aufgrund des bei der Behörde vorhandenen Wissens ein rechtmäßiger Rücknahmebescheid erlassen werden kann. Diese Möglichkeit besteht nur, wenn der **zuständige Sachbearbeiter** hinreichend sichere Informationen hat.[110]

101 bb) Unproblematisch ist der Fristlauf, wenn es um die Kenntnis von **Tatsachen** geht, also tatsächlichen Umständen, die die Rechtswidrigkeit des VA begründen.[111] Die Frist beginnt zu laufen, sobald **alle entscheidungserheblichen Tatsachen** positiv bekannt sind (s.u. Rn. 106).

102 cc) Problematisch ist die Anwendung des § 48 Abs. 4 VwVfG dagegen bei **Rechtsirrtümern**, wenn die Behörde den entscheidungserheblichen Sachverhalt bereits bei Erlass des VA vollständig ermittelt, aber die Tatsachen **falsch gewertet** hat (z.B. falsche Subsumtion, Rechtsanwendungsfehler, fehlerhafte Ermessensausübung). Ein solcher Fall liegt hier vor, weil die Behörde die nichtruhegehaltfähige Zulage rechtsfehlerhaft bei der Berechnung des Witwengeldes berücksichtigt hat.

103 Nach teilweise vertretener Ansicht ist § 48 Abs. 4 VwVfG eine streng auf ihren Wortlaut hin zu begrenzende **Ausnahmevorschrift**, die nur die Fälle erfasst, in denen die Behörde nachträglich durch **Tatsachen** auf die Rechtswidrigkeit des VA hingewiesen wird. Bei einem **Rechtsirrtum** sei § 48 Abs. 4 VwVfG **nicht anwendbar**, in diesem Fall laufe keine Frist für die Ausübung des Rücknahmeermessens.[112] Nach der Gegenansicht erfasst § 48 Abs. 4 VwVfG dagegen auch die **Erkenntnis der Rechtswidrigkeit.** Die bei voller Tatsachenkenntnis falsch entschiedenen Fälle seien genauso zu behandeln wie Tatsachenirrtümer.[113]

104 Hierfür spricht, dass das Gesetz gerade nicht zwischen der tatsächlichen Rechtswidrigkeit (Zugrundelegung eines unrichtigen Sachverhalts) und der rechtlichen Rechtswidrigkeit (unrichtige Rechtsanwendung) unterscheidet. Tatsachen- wie Rechtsfehler führen zur Rechtswidrigkeit des VA und ermöglichen die Rücknahme. Daher spricht das Gesetz nicht nur von der Kenntnis der „Tatsachen", sondern der Tatsachen, welche

---

109 OVG Berlin DVBl. 1983, 354, 355; Pieroth NVwZ 1984, 681, 684; Schoch NVwZ 1985, 880, 884 f.; Maurer/Waldhoff § 11 Rn. 44; Kahl/Müller Ad Legendum 2015, 127, 134.
110 BVerwG RÜ 2019, 395, 398; OVG NRW, URt. v. 22.03.2021 – 14 A 1131/18, BeckRS 2021, 9910; Stelkens/Bonk/Sachs VwVfG § 48 Rn. 214; Gass NVwZ 2016, 748, 749; kritisch Ehlers/Kallerhoff Jura 2009, 823, 833 f.
111 Stelkens/Bonk/Sachs VwVfG § 48 Rn. 221; Kopp/Ramsauer VwVfG § 48 Rn. 153.
112 So früher ein Teil der Rspr. vgl. OVG Koblenz NVwZ 1988, 448, 449; OVG NRW DVBl. 1984, 1084, 1086; VGH BW DÖV 1984, 216, 218; zustimmend Meyer/Borgs VwVfG § 48 Rn. 71; Pieroth NVwZ 1984, 681, 686 m.w.N.
113 Grundlegend BVerwGE 70, 356, 362; BVerwG RÜ 2019, 395, 398; NVwZ-RR 2012, 933, 935; VGH BW NVwZ-RR 2014, 806; OVG NRW NVwZ-RR 2010, 630; Krausnick JuS 2010, 778, 779; Gass NVwZ 2016, 748, 749.

die Rücknahme **„rechtfertigen"**. Zur Rechtfertigung der Rücknahme gehört aber vor allem die **Rechtswidrigkeit** des aufzuhebenden VA. Das Gesetz behandelt die Rechtswidrigkeit also wie eine Tatsache. Die Gegenansicht würde der Behörde zudem eine **zeitlich unbeschränkte Rücknahmemöglichkeit** eröffnen, obwohl der Fehler (z.B. falsche Subsumtion) allein in ihrer Risikosphäre liegt.

§ 48 Abs. 4 VwVfG ist daher sowohl in Fällen des **Sachverhaltsirrtums** als auch des hier vorliegenden **Rechtsirrtums** anwendbar.

Die Frist wird auch ausgelöst, wenn die Behörde rechtsirrig davon ausgeht, dass sie z.B. wegen Eintritts einer auflösenden Bedingung keine Aufhebung verfügen muss, um die Wirksamkeit des VA zu beseitigen.[114]

dd) Umstritten ist jedoch, wann bei einem Rechtsirrtum die **Jahresfrist** zu laufen beginnt.

(1) Ein Teil der Lit. sieht in § 48 Abs. 4 S. 1 VwVfG eine **Bearbeitungsfrist**, die mit der **Kenntnis von der Rechtswidrigkeit** beginne.[115] Dies war spätestens im November 2020 der Fall (vgl. das Schreiben vom 30.11.2020), sodass der Rücknahmebescheid vom 20.12.2021 nicht mehr innerhalb der Jahresfrist erfolgt wäre. **105**

(2) Die heute h.M. geht dagegen von einer **Entscheidungsfrist** aus, die erst mit dem **Zeitpunkt der Entscheidungsreife** beginnt.[116] Die Kenntnis der Rechtswidrigkeit setze für sich allein die Rücknahmefrist noch nicht in Lauf. **106**

Für diese Auffassung spricht, dass § 48 Abs. 4 S. 1 VwVfG an die Tatsachen anknüpft, „welche die Rücknahme … rechtfertigen." Das setzt voraus, dass der Behörde **sämtliche für die Rücknahmeentscheidung erheblichen Tatsachen bekannt** sind. Die Frist beginnt danach erst, wenn die Behörde die Rechtswidrigkeit des VA erkannt hat und ihr außerdem **alle Umstände** bekannt sind, die zur sachgemäßen Ermessensausübung erforderlich sind. Insbesondere müssen der Behörde alle Tatsachen bekannt sein, die im Rahmen der Abwägung nach § 48 Abs. 2 VwVfG zu berücksichtigen sind.[117] Da die für die Abwägung relevanten Umstände aber in jedem Fall im Rahmen einer Anhörung gemäß § 28 Abs. 1 VwVfG ermittelt werden müssen, beginnt die Frist des § 48 Abs. 4 S. 1 VwVfG daher **frühestens mit Eingang der Stellungnahme** des Betroffenen.[118] **107**

Unterlässt die Behörde die Anhörung, beginnt die Frist des § 48 Abs. 4 S. 1 VwVfG nicht zu laufen.[119] Verzögert die Behörde die Anhörung, beginnt der Fristlauf

---

114 BVerwG RÜ 2019, 395, 400; a.A. Gass NVwZ 2016, 748.
115 Maurer/Waldhoff § 11 Rn. 44; Kopp DVBl. 1985, 525, 526; Schoch NVwZ 1985, 880, 884; Erbguth JuS 2002, 333, 334 m.w.N.
116 Grundlegend BVerwGE 70, 356, 362; BVerwG RÜ 2020, 598, 601; RÜ 2019, 395, 398 f.; NVwZ-RR 2012, 933, 935; OVG NRW RÜ 2018, 728, 731; RÜ2 2017, 211; dazu Waldhoff JuS 2011, 95 f.; allgemein Gass NVwZ 2016, 748, 749.
117 BVerwGE 70, 356, 362; BVerwG, Beschl. v. 17.12.2020 – 8 B 45.20, BeckRS 2020, 42620; RÜ 2019, 395, 398; BayVGH, Beschl. v. 24.05.2017 – 9 ZB 16.391, BeckRS 2017, 111556; VGH BW VBlBW 2017, 212; Krausnick JuS 2010, 778, 778 f.; kritisch Ehlers/Kallerhoff Jura 2009, 823, 833 f.
118 BVerwG RÜ 2019, 395, 399; VGH BW DÖV 2017, 787; OVG NRW RÜ2 2017, 211, 212; OVG NRW, Beschl. v. 18.01.2017 – 4 A 1998/14, BeckRS 2017, 100510; Gass NVwZ 2016, 748, 749 f.

zwar ebenfalls nicht, allerdings kann sie das Recht zur Aufhebung des VA nach allgemeinen Grundsätzen **verwirken**.[120] Später, z.B. im Widerspruchsverfahren, aufgenommene neue Ermittlungen und eine erneute Ausübung des Aufhebungsermessens setzen die abgelaufene Frist nicht erneut in Gang, sodass die einmal eingetretene Verfristung nicht geheilt werden kann.[121]

F hatte erst mit Schreiben vom 25.01.2021 zur beabsichtigten Rücknahme Stellung genommen. Erst mit Zugang dieses Schreibens waren dem zuständigen Sachbearbeiter alle für die Entscheidung nach § 48 Abs. 2 VwVfG erforderlichen Fakten bekannt. Der Rücknahmebescheid vom 20.12.2021 erfolgte damit noch innerhalb der Jahresfrist des § 48 Abs. 4 S. 1 VwVfG.

108 Ebenso beginnt die Jahresfrist erneut zu laufen, wenn ein Rücknahmebescheid vom Verwaltungsgericht aufgrund einer Anfechtungsklage aufgehoben wird. Denn die Urteilsgründe sind für die Behörde neue Tatsachen i.S.v. § 48 Abs. 4 S. 1 VwVfG.[122] Der Fristlauf kann sich daher über Jahre erstrecken, da § 48 VwVfG keine absolute Ausschlussfrist enthält. Der Zeitablauf ist aber ggf. im Rahmen der Ermessensentscheidung zu berücksichtigen.[123]

Rücknahmefrist gemäß § 48 Abs. 4 S. 1 VwVfG

- Die für die Rücknahme zuständige Behörde muss die die Rücknahme rechtfertigenden Umstände **positiv kennen**.
- Kenntnis muss der nach der innerbehördlichen Geschäftsverteilung für die Rücknahme **zuständige Amtswalter** haben.
- § 48 Abs. 4 S. 1 VwVfG erfasst auch die **Erkenntnis der Rechtswidrigkeit**.
- § 48 Abs. 4 S. 1 VwVfG ist eine **Entscheidungsfrist**, die erst mit dem Zeitpunkt der Entscheidungsreife beginnt (a.A. Bearbeitungsfrist ab Kenntnis).
- Die Frist beginnt erst zu laufen, wenn der Behörde **alle Umstände bekannt** sind, die zur sachgemäßen Ermessensausübung erforderlich sind.

---

109 3. **Ungeschriebene Tatbestandsvoraussetzung** für die Aufhebung von Verwaltungsakten ist, dass die Aufhebung gegenüber dem **richtigen Adressaten** erfolgt. Im Regelfall ist dies – wie hier – der Adressat des ursprünglichen VA.[124]

Ein begünstigender VA kann ausnahmsweise auch gegenüber einem **Dritten** zurückgenommen werden, wenn dieser als „Begünstigter" anzusehen ist. Dies ist z.B. dann der Fall, wenn der unmittelbare Zuwendungsempfänger durch den Bescheid verpflichtet wird, die Zuwendung an einen Dritten weiterzugeben (sog. „gestreckte" Zuwendung)[125] oder der Dritte Erbe oder sonstiger Gesamtrechtsnachfolger des durch den VA Begünstigten ist.[126]

---

119 BVerwG, Beschl. v. 17.12.2020 – 8 B 45.20, BeckRS 2020, 42620.
120 OVG NRW, Urt. v. 22.03.2021 – 14 A 1131/18, BeckRS 2021, 9910.
121 BVerwG RÜ 2019, 395, 400.
122 BVerwG NVwZ-RR 2012, 933, 935; OVG Bremen DÖV 2011, 416; VG Stuttgart, Urt. v. 26.09.2017 – 11 K 3803/16, BeckRS 2017, 134668; Gass NVwZ 2016, 748, 750.
123 OVG NRW NVwZ-RR 2013, 250 (Rücknahme nach 52 Jahren); dazu Hebeler JA 2013, 557.
124 BVerwG DVBl. 2000, 907, 909; Stelkens/Bonk/Sachs VwVfG § 48 Rn. 243; Krausnick JuS 2010, 594, 596; Haltern/Manthey JuS 2016, 344, 346.
125 BVerwG DVBl. 2000, 907, 909; VGH BW NVwZ 1998, 87, 88; Haltern/Manthey JuS 2016, 344, 347.
126 OVG NRW RÜ 2018, 728, 730 f.; Waldhoff JuS 2019, 191.

4. Rechtsfolge: Liegen die Voraussetzungen für eine Rücknahme nach § 48 Abs. 2 VwVfG vor, steht es grundsätzlich im **Ermessen** der Behörde, ob, in welchem Umfang und mit welcher zeitlichen Wirkung (nur für die Zukunft oder auch für die Vergangenheit) der VA zurückgenommen wird.[127]

*Beachte: In den Fällen des § 48 Abs. 2 S. 3 VwVfG wird der VA **in der Regel** mit Wirkung **für die Vergangenheit** zurückgenommen (§ 48 Abs. 2 S. 4 VwVfG), das Ermessen ist entsprechend intendiert.*[128]

Da bei der Frage des **Vertrauensschutzes** für die Zeit nach dem 30.11.2020 bereits auf der Voraussetzungsseite ein überwiegendes öffentliches Interesse an der Rücknahme festgestellt wurde, ist es nicht ermessensfehlerhaft, wenn die Behörde sich unter Berücksichtigung dieses Abwägungskriteriums zur Rücknahme entschließt, um den weiteren ungerechtfertigten Bezug öffentlicher Mittel zu verhindern.

Umstritten ist, ob im Rahmen des § 48 Abs. 1 VwVfG das Ermessen – wie bei § 49 Abs. 2 u. 3 VwVfG (s.o. Rn. 70) – ebenfalls **„intendiert"** ist. Teilweise wird dies bejaht, da beide Vorschriften bezwecken, rechtmäßiges Verwaltungshandeln sicherzustellen.[129] Das BVerwG verweist demgegenüber zutreffend darauf, dass bei der Rücknahme rechtswidriger Verwaltungsakte nach § 48 Abs. 1 S. 1 VwVfG grundsätzlich kein Fall intendierten Ermessens vorliege. Die Prinzipien der Gesetzmäßigkeit der Verwaltung und der Bestandskraft von Verwaltungsakten stünden vielmehr gleichberechtigt nebeneinander. Dies gelte auch, wenn der Betroffene sich nicht auf Vertrauensschutz berufen könne.[130]

Somit ist die Rücknahmeentscheidung in dem Bescheid vom 20.12.2021 **rechtmäßig**, soweit die Festsetzung des Witwengeldes i.H.v. monatlich 100 € mit Wirkung **ab Dezember 2020** zurückgenommen worden ist. Soweit die Rücknahme auch auf den **Zeitraum von Februar bis November 2020** erstreckt wurde, ist sie dagegen wegen Verstoßes gegen § 48 Abs. 2 S. 2 VwVfG **rechtswidrig** und kann mit Erfolg angefochten werden.

B. Rechtmäßigkeit der Rückzahlungsaufforderung

I. Als **Rechtsgrundlage** für die Rückforderung kommen § 52 Abs. 2 BeamtVG und § 49 a Abs. 1 VwVfG in Betracht.

Diese Vorschriften gleichen sich insoweit, als sie für die Bestimmung von Umfang und Höhe des Erstattungsanspruchs auf die §§ 812 ff. BGB verweisen. Sie unterscheiden sich vor allem dadurch, dass die Rückforderung nach § 49 a Abs. 1 VwVfG eine gebundene Entscheidung ist („sind ... zu erstatten"), während nach § 52 Abs. 2 S. 3 BeamtVG aus Billigkeitsgründen von der Rückforderung ganz oder teilweise abgesehen werden kann (ebenso für Besoldungsbezüge § 12 Abs. 2 S. 3 BBesG). Die Billigkeitsentscheidung ist dabei notwendiger und untrennbarer Bestandteil der Rückforderungsentscheidung.[131]

Da es insoweit nicht um die Aufhebung der Festsetzung der Versorgungsbezüge geht, sondern um die **Erstattung** zu Unrecht empfangener Versorgungsbezüge, ist in diesem Zusammenhang aufgrund der Subsidiaritätsklausel des § 1 VwVfG

---

[127] Bader/Ronellenfitsch VwVfG § 48 Rn. 38 f.; Kopp/Ramsauer VwVfG § 48 Rn. 77.
[128] BVerwG RÜ 2020, 598, 601; Kopp/Ramsauer VwVfG § 48 Rn. 131.
[129] OVG NRW, Beschl. v. 18.01.2017 – 4 A 1998/14, BeckRS 2017, 100510; OVG NRW, Beschl. v. 09.12.2015 – 15 A 121/15, BeckRS 2016, 40860.
[130] BVerwG NVwZ 2015, 1764, 1767 Rn. 29 zum Zuwendungsrecht; VG Hamburg, Urt. v. 21.12.2016 – 2 K 932/14, BeckRS 2016, 112377.
[131] BVerwG NVwZ-RR 2012, 930, 931.

die **speziellere Regelung** des § 52 Abs. 2 BeamtVG anzuwenden, weil sie gerade diese Erstattung zum Gegenstand hat.[132]

Das BeamtVG und das BBesG, die ursprünglich bundeseinheitlich für alle Beamten (auch für Landesbeamte) galten, gelten heute nur noch für Bundesbeamte, da die Gesetzgebungskompetenz für die übrigen Beamten in diesen Bereichen nunmehr ausschließlich den Ländern zusteht (Art. 74 Abs. 1 Nr. 27 Hs. 2 GG). Im Landesrecht bestehen zum Teil vergleichbare Regelungen (z.B. § 5 Abs. 2 LBeamtVG BW, § 70 Abs. 2 HBeamtVG, § 64 Abs. 2 LBeamtVG NRW, § 7 Abs. 2 LDeamtVG RP). Soweit die Länder keine eigenen Regelungen geschaffen haben, gilt das BBesG a.F. und das BeamtVG a.F. als Bundesrecht fort, kann jedoch durch Landesrecht ersetzt werden (vgl. Art. 125 a Abs. 1 GG und § 85 BBesG, § 108 BeamtVG).

114 II. Anders als § 49 a Abs. 1 S. 2 VwVfG enthält § 52 Abs. 2 BeamtVG keine Regelung über die Durchsetzung des Anspruchs durch VA (sog. **VA-Befugnis**). Es gehört jedoch zu den hergebrachten Grundsätzen des Berufsbeamtentums (Art. 33 Abs. 5 GG), dass beamtenrechtliche Ansprüche durch VA geltend gemacht werden können, insbesondere wenn es um eine Leistung geht, die – wie hier – durch VA gewährt worden ist **(Kehrseitentheorie)**.[133]

115 III. Es müssen die **Voraussetzungen** des § 52 Abs. 2 BeamtVG erfüllt sein.

1. Zu viel gezahlt und damit **rechtsgrundlos** sind von den zurückgeforderten Beträgen nur die Zahlungen von Dezember 2020 bis Dezember 2021 (also i.H.v. 13 x 100 € = 1.300 €), weil nur insoweit der Bewilligungsbescheid vom 27.01.2020 rechtmäßig zurückgenommen worden ist. Im Übrigen ist der Rückforderungsbescheid rechtswidrig und aufzuheben, weil es für die Monate Februar bis November 2020 an einer rechtmäßigen Rücknahme fehlt (s.o. Rn. 112).

116 2. Soweit sich F hinsichtlich der Zahlungen ab Dezember 2020 wegen etwaiger Schenkungen an ihre Enkelin auf einen **Wegfall der Bereicherung** berufen sollte, ist dieser Einwand nach § 52 Abs. 2 S. 1 BeamtVG i.V.m. §§ 818 Abs. 4, 819 Abs. 1 BGB ausgeschlossen, da sie in diesem Zeitpunkt aufgrund der Mitteilung vom 30.11.2020 die fehlerhafte Berechnung des Witwengeldes kannte.

Abweichend von § 819 Abs. 1 BGB schadet nach den öffentlich-rechtlichen Rückforderungsregeln nicht nur Kenntnis von der Rechtsgrundlosigkeit, sondern bereits grob fahrlässige Unkenntnis (§ 52 Abs. 2 S. 2 BeamtVG, § 12 Abs. 2 S. 2 BBesG, § 49 a Abs. 2 S. 2 VwVfG).

Somit sind die Voraussetzungen für eine Rückforderung i.H.v. 1.300 € nach § 52 Abs. 2 BeamtVG erfüllt, mangels Rechtsgrundlosigkeit hingegen nicht für den darüber hinausgehenden Betrag. Insoweit ist die Rückforderung rechtswidrig.

117 IV. Soweit die Voraussetzungen der Rückforderung vorliegen (für Dezember 2020 bis Dezember 2021), kann nach § 52 Abs. 2 S. 3 BeamtVG von der Rückforderung aus **Billigkeitsgründen** (ganz oder teilweise) abgesehen werden. Die Behörde hat insoweit **Ermessen**, wobei alle Umstände des Einzelfalls zu berücksichtigen sind, um eine für die Beteiligten zumutbare Lösung zu finden.[134] Dieses Ermessen hat die Behörde hier gar nicht ausgeübt, weil sie von einer generellen Rückzahlungs-

---

[132] Vgl. BVerwG NVwZ 1990, 672, 673 zu der Parallelvorschrift des § 87 Abs. 2 BBG a.F.
[133] Vgl. im Einzelnen AS-Skript Verwaltungsrecht AT 1 (2022), Rn. 349.
[134] Vgl. BVerwG NVwZ-RR 2017, 576, 579 zu § 52 Abs. 2 S. 3 BeamtVG; ebenso BVerwG RÜ 2017, 728; BVerwG NVwZ-RR 2012, 930, 931 jeweils zur entsprechenden Regelung in § 12 Abs. 2 S. 3 BBesG.

pflicht ausgegangen ist. Auch soweit die Voraussetzungen für die Rückforderung i.H.v. 1.300 € erfüllt sind, ist die Rückforderungsentscheidung wegen **Ermessensnichtgebrauchs** ebenfalls rechtswidrig.

Ergebnis:

- Die **Rücknahmeentscheidung** ist rechtmäßig, soweit die Festsetzung des Witwengeldes mit Wirkung ab Dezember 2020 aufgehoben wurde. Soweit die Rücknahme auf den davor liegenden Zeitraum erstreckt worden ist, ist sie rechtswidrig.
- Die **Rückforderung** ist insgesamt rechtswidrig (i.H.v. 1.000 €, weil die Voraussetzungen des § 52 Abs. 2 BeamtVG nicht vorliegen, i.H.v. 1.300 €, weil die Behörde ihr Ermessen nicht ausgeübt hat).

Aufbauschema: Rücknahme eines rechtswidrigen begünstigenden VA

I. **Ermächtigungsgrundlage: § 48 Abs. 1 S. 1 VwVfG**
   (–) bei spezialgesetzlicher Regelung (z.B. § 15 Abs. 1 GaststG, § 45 Abs. 1 WaffG)

II. **Formelle Rechtmäßigkeit**
   1. **Zuständigkeit**
   2. **Verfahren, Form** (insbes. §§ 28, 37, 39 VwVfG)

III. **Materielle Rechtmäßigkeit**
   1. **Voraussetzungen der Ermächtigungsgrundlage**
      a) Aufzuhebender **VA rechtswidrig**
      b) **Rücknahmesperre** gemäß § 48 Abs. 1 S. 2, Abs. 2 VwVfG
      c) **Widerrufsfrist:** ein Jahr (§ 48 Abs. 4 S. 1 VwVfG)
         Beachte: b) und c) gelten nicht in den Fällen des § 50 VwVfG!
   2. **Rechtsfolge: Ermessen, insbes. Verhältnismäßigkeit**

2. Verhältnis des § 48 VwVfG zum Europarecht

Besondere Probleme ergeben sich bei der Anwendung des § 48 VwVfG, wenn es um die **Aufhebung von Subventionsbescheiden** geht, die gegen Unionsrecht, insbes. Art. 107, 108 AEUV verstoßen. Staatliche oder jedenfalls dem Staat zurechenbare Subventionen stellen ein Risiko für den gemeinsamen Binnenmarkt (vgl. Art. 26 AEUV) dar: Der freie Verkehr von Waren, Personen, Dienstleistungen und Kapital i.S.v. Art. 26 Abs. 2 AEUV ist nur dann gewährleistet, wenn die Mitgliedstaaten ihrerseits nicht durch Subventionierungen einzelner Unternehmen oder Unternehmenszweige in die freie Marktwirtschaft eingreifen. Mit dem grundsätzlichen Verbot von Beihilfen in Art. 107 AEUV will der Unionsgesetzgeber deshalb verhindern, dass Vergünstigungen, die die Mitgliedstaaten an die in ihrem Gebiet ansässigen Unternehmen gewähren, zu Wettbewerbsverzerrungen innerhalb des Binnenmarktes führen.[135] Da das Unionsrecht aber hinsichtlich mitgliedstaatlich gewährter Beihilfen nur Verbots- und Erlaubnistatbestände, aber keine generell geltenden Vorschriften für die Rückabwicklung unionsrechtswidriger Subventionen enthält, ist insofern i.d.R. auf die nationalen Vorschriften, in Deutschland also auf § 48 VwVfG, zurückzugreifen.[136]

Klausurhinweis: *Die besondere Relevanz der Thematik für die Examensklausur resultiert aus der Verzahnung von nationalem und Europarecht: Aufgrund des Anwendungsvorrangs des Unionsrechts[137] überlagert dieses das nationale Recht, sodass die nationalen Vorschriften und Rechtsfolgen ggf. unionsrechtskonform ausgelegt bzw. angewendet werden müssen (s. dazu ausführlich unten Fall 4)!*

120 ■ **Beihilfen** i.S.d. Art. 107, 108 AEUV sind alle Maßnahmen gleich welcher Art, die unmittelbar oder mittelbar Unternehmen begünstigen oder die als ein wirtschaftlicher Vorteil anzusehen sind, den das begünstigte Unternehmen unter normalen Marktbedingungen nicht erhalten hätte.[138] Erfasst werden also nicht nur Subventionen im eigentlichen Sinne, sondern alle Maßnahmen, die diesen nach Art und Wirkung gleichstehen.

Beispiele: Geld- und Sachleistungen, Steuervergünstigungen,[139] Ausgleichszahlungen, Bürgschaften, Darlehens- oder Mietvergünstigungen, Zuschüsse zum Erwerb bestimmter Wirtschaftsgüter.[140]

Unerheblich ist, ob die Beihilfe unmittelbar vom Staat oder von öffentlichen oder privaten Einrichtungen gewährt wird.[141] Allerdings müssen Beihilfen **dem Staat zurechenbar** sein. Das ist der Fall, wenn sie unmittelbar oder mittelbar aus staatlichen Mitteln gewährt werden, also den staatlichen Haushalt belasten[142] oder es sich um Geldmittel handelt, die öffentlichen Stellen tatsächlich zur Unterstützung der Unternehmen zur Verfügung stehen und die sich unter ständiger staatlicher Kontrolle befinden, ohne dass es darauf ankommt, dass sie dauerhaft zum Vermögen des Staates gehören.[143] Eine Zurechnung ist zudem immer dann möglich, wenn öffentliche Stellen am Erlass der begünstigenden Maßnahme beteiligt waren.[144] Keine Beihilfen sind nach Auffassung des EuGH öffentliche Zuschüsse zum Ausgleich von Aufwendungen, die durch die Erfüllung einer sog. gemeinwirtschaftlichen Verpflichtung (d.h. einer öffentlichen Pflichtaufgabe) entstehen.[145]

Für die Einordnung als Beihilfe ist zudem unerheblich, welche Ziele der Mitgliedstaat mit der Begünstigung verfolgt oder welche Gründe für die Einführung der Begünstigung ursächlich war.[146]

121 ■ Nach Art. 107 Abs. 1 AEUV sind **Beihilfen** gleich welcher Art mit dem Binnenmarkt unvereinbar und damit **unzulässig**, sofern sie den Wettbewerb verfälschen oder zu verfälschen drohen und den Handel zwischen den Mitgliedstaaten beeinträchtigen.

---

135 von Wallenberg/Schütte in: Grabitz/Hilf/Nettesheim Art. 107 AEUV Rn. 10.
136 Vgl. NdsOVG NVwZ-RR 2021, 83, 836.
137 S. dazu grundlegend AS-Skript Europarecht (2021), Rn. 296 ff.
138 EuGH EuZW 2019, 616; NJW 2003, 2515, 2518; DVBl. 2001, 633, 635; BVerwG RÜ 2017, 243, 246; vgl. allgemein den Überblick von Soltész EuZW 2014, 89 ff. und EuZW 2015, 127 ff.
139 EuGH, Urt. v. 16.03.2021 – C-562/19 P, GRUR-RS 2021, 428.
140 EuG MMR 2010, 627 (Staatliche Zuschüsse für Digital-Decoder).
141 EUGH NVwZ 2020, 1657, 1659; Urt. v. 15.05.2019 – C 706/17, BeckRS 2019, 858.
142 EuG, Urt. v. 21.05.2010 – T-425/04 u.a., BeckRS 2010, 91135; EuGH NVwZ 2003, 461, 462; DVBl. 2002, 1034, 1035.
143 EuGH NZBau 2021, 686, 690; EuZW 2014, 115; EuGH, Urt. v. 13.09.2017 – C-329/15, BeckRS 2017, 124229 m.w.N.
144 EuGH NZBau 2021, 686, 690.
145 EuGH NJW 2003, 2515, 2518 (Altmark Trans) für den öffentl. Personennahverkehr; Urt. v. 15.05.2019 – C-706/17, BeckRS 2019, 8587; Urt. v. 08.03.2017 – C-660/15 P, BeckRS 2017, 103179; BVerwG RÜ 2011, 656, 659; NVwZ 2011, 1016, 1018; Brenner/Huber DVBl. 2004, 863, 870; Korte Jura 2017, 656, 656 f.
146 EuGH, Urt. v. 06.10.2021 – C-174/19 P, BeckRS 2021, 29077.

Mit dem Binnenmarkt vereinbar sind die in Art. 107 Abs. 2 AEUV aufgezählten Beihilfen (z.B. Beihilfen sozialer Art, Beihilfen zur Beseitigung von Schäden, die durch Naturkatastrophen oder sonstige außergewöhnliche Ereignisse entstanden sind).

Als mit dem Binnenmarkt vereinbar können (Ermessen) außerdem die in Art. 107 Abs. 3 AEUV aufgezählten Beihilfen angesehen werden (z.B. Beihilfen zur Förderung wichtiger Vorhaben von gemeinsamem europäischen Interesse oder zur Behebung einer beträchtlichen Störung im Wirtschaftsleben eines Mitgliedstaates). Bestimmte Beihilfen können durch EU-Verordnung allgemein für mit dem Binnenmarkt vereinbar erklärt werden (Art. 109 AEUV).

- Ob eine Beihilfe ausnahmsweise zulässig ist und damit von einem Mitgliedstaat gewährt werden kann, wird durch die **EU-Kommission** im sog. **Notifizierungsverfahren** geklärt. Damit die Kommission ihre Kontrollfunktion wahrnehmen kann, müssen die Mitgliedstaaten sie über jede neue Beihilfe rechtzeitig unterrichten (Art. 108 Abs. 3 S. 1 AEUV). Sodann prüft die Kommission, ob ein Ausnahmetatbestand i.S.d. Art. 107 Abs. 2 AEUV vorliegt oder ob eine Befreiung nach Art. 107 Abs. 3 AEUV in Betracht kommt. Der betreffende Mitgliedstaat darf die beabsichtigte Maßnahme vor der abschließenden Entscheidung der Kommission nicht durchführen (Art. 108 Abs. 3 S. 3 AEUV). **122**

Bestimmte Beihilfen, die kraft Verordnung mit dem Binnenmarkt vereinbar sind (Art. 109 AEUV), sind von der Anmeldepflicht nach Art. 108 Abs. 3 AEUV freigestellt.[147] Entsprechendes gilt für geringfügige Beihilfen (sog. De-minimis-Beihilfen).[148]

Da das **Durchführungsverbot** nach Art. 108 Abs. 3 S. 3 AEUV in den Mitgliedstaaten unmittelbar geltendes Recht ist, macht allein der formelle Verstoß gegen die Anmeldepflicht die Beihilfe innerstaatlich rechtswidrig.[149] Die nationalen Gerichte müssen diese (formelle) Rechtswidrigkeit unabhängig von Aufsichtsmaßnahmen der Kommission berücksichtigen. Konkurrenten des Beihilfeempfängers können sich auf den Verstoß berufen und ggf. die Einstellung bzw. Rückforderung der staatlichen Förderung verlangen.[150] Der (formelle) Verstoß gegen Art. 108 Abs. 3 S. 3 AEUV wird auch nicht dadurch geheilt, dass die Kommission die Beihilfe im Nachhinein (materiell) als mit dem Binnenmarkt vereinbar erklärt.[151] Denn maßgeblicher Zeitpunkt für die Beurteilung der Frage, ob ein Verstoß gegen das Durchführungsverbot vorliegt, ist der Zeitpunkt der Beihilfegewährung. Dies ist der Zeitpunkt, in dem der Beihilfeempfänger nach dem geltenden nationalen Recht einen Rechtsanspruch auf die Beihilfe erwirbt.[152] **123**

Art. 108 Abs. 3 S. 3 AEUV ist außerdem Verbotsgesetz i.S.d. § 134 BGB, dessen Verletzung zur Nichtigkeit eines zur Gewährung der Beihilfe abgeschlossenen Vertrages führt.[153]

Einzelheiten des **Beihilfeaufsichtsverfahrens** regelt die VO (EU) 2015/1589 (Beihilfenverfahrensverordnung – BVVO):[154]

- Nach Anmeldung der Beihilfe durch den Mitgliedstaat (Art. 108 Abs. 3 S. 1 AEUV, Art. 2 BVVO) erfolgt zunächst eine **vorläufige Prüfung** durch die Kommission (Art. 4 BVVO). **124**

---

147 Vgl. die allgemeine GruppenfreistellungsVO (EU) 651/2014; dazu Soltész EuZW 2015, 277, 278.
148 Vgl. die De-minimis-VO (EU) 1407/2013.
149 EuGH NVwZ 2016, 600, 602; BGH EuZW 2017, 312; BVerwG RÜ 2017, 243, 245; Maurer/Waldhoff § 11 Rn. 58; Oldiges NVwZ 2001, 626, 633; Finck/Gurlit Jura 2011, 87, 91.
150 BVerwG RÜ 2017, 243, 245; BGH EuZW 2017, 312; BVerwG NVwZ 2011, 1016, 1017; Heinrich/Arnold DVBl. 2011, 557, 558.
151 EuGH NVwZ 2007, 64, 65; BVerwG RÜ 2017, 243, 249; Korte Jura 2017, 656, 660.
152 EuGH, Urt. v. 21.03.2013 – C-129/12, BeckRS 2013, 80631; VGH BW, Urt. v. 10.04.2019 – 9 S 75/17, BeckRS 2019, 8455.
153 BVerwG RÜ 2017, 243, 245; Ebeling/Tellenbröker JuS 2014, 217, 223; Hesse/Sacher JuS 2017, 1015, 1016; abweichend Finck/Gurlit Jura 2011, 87, 90; Ehlers/Scholz JZ 2011, 585, 587: schwebende Unwirksamkeit.
154 Abgedruckt im Sartorius II 173.

- Stellt sich heraus, dass die angemeldete Maßnahme **keine Beihilfe** i.S.d. Art. 107 Abs. 1 AEUV darstellt, stellt die Kommission dies durch Beschluss fest (Art. 4 Abs. 2 BVVO).
- Stellt die Kommission nach der vorläufigen Prüfung fest, dass die angemeldete Maßnahme keinen Anlass zu Bedenken hinsichtlich ihrer Vereinbarkeit mit dem Binnenmarkt gibt (Art. 107 Abs. 2 oder Abs. 3 AEUV), beschließt sie, dass die Maßnahme **mit dem Binnenmarkt vereinbar** ist (Beschluss, keine Einwände zu erheben), Art. 4 Abs. 3 BVVO.
- Stellt die Kommission nach der vorläufigen Prüfung fest, dass die angemeldete Maßnahme **Anlass zu Bedenken** gibt, beschließt sie, das Verfahren nach Art. 108 Abs. 2 AEUV zu eröffnen (Beschluss über die Eröffnung des förmlichen Prüfverfahrens), Art. 4 Abs. 4 BVVO.

125 ■ Im **förmlichen Prüfverfahren** (Art. 108 Abs. 2 AEUV) werden Stellungnahmen der Beteiligten eingeholt (Art. 6 BVVO) und Dritte um Auskunft ersucht (Art. 7 BVVO).

- Stellt sich danach heraus, dass die angemeldete Maßnahme **keine Beihilfe** i.S.d. Art. 107 Abs. 1 AEUV darstellt, stellt die Kommission dies durch Beschluss fest (Art. 9 Abs. 2 BVVO).
- Stellt die Kommission fest, dass – ggf. nach Änderung durch den betreffenden Mitgliedstaat – die Bedenken ausgeräumt sind, beschließt sie, dass die Beihilfe nach Art. 107 Abs. 2 oder Abs. 3 AEUV **mit dem Binnenmarkt vereinbar** ist **(Positivbeschluss)**, Art. 9 Abs. 3 BVVO. Der Positivbeschluss kann erforderlichenfalls mit Bedingungen und Auflagen versehen werden (Art. 9 Abs. 4 BVVO).
- Gelangt die Kommission zu dem Schluss, dass die angemeldete Beihilfe **mit dem Binnenmarkt unvereinbar** ist (Art. 107 Abs. 1 AEUV), beschließt sie, dass diese Beihilfe nicht eingeführt werden darf **(Negativbeschluss)**, Art. 9 Abs. 5 BVVO.

■ **Verfahren bei rechtswidrigen Beihilfen**

126 – Bei einem **Verstoß gegen das Durchführungsverbot** (Art. 108 Abs. 3 S. 3 AEUV) kann die Kommission dem Mitgliedstaat nach Art. 13 Abs. 1 BVVO aufgeben, die Beihilfe so lange auszusetzen, bis die Kommission ihre endgültige Entscheidung getroffen hat **(Aussetzungsanordnung)**. Nach Art. 13 Abs. 2 BVVO kann die Kommission außerdem die vorläufige Rückforderung anordnen, wenn hinsichtlich des Beihilfecharakters keinerlei Zweifel bestehen, ein Tätigwerden dringend geboten und ein erheblicher und nicht wiedergutzumachender Schaden für einen Konkurrenten ernsthaft zu befürchten ist **(Rückforderungsanordnung)**.

Kommt der betroffene Mitgliedstaat einer Aussetzungs- oder Rückforderungsanordnung nicht nach, kann die Kommission den Gerichtshof der Europäischen Union anrufen (Art. 14 BVVO).

127 – In **Negativbeschlüssen** entscheidet die Kommission, dass der betreffende Mitgliedstaat alle notwendigen Maßnahmen ergreift, um die rechtswidrige Beihilfe vom Empfänger zurückzufordern **(Rückforderungsbeschluss)**, Art. 16 Abs. 1 S. 1 BVVO. Die Rückforderung der Beihilfe unterbleibt, wenn dies gegen einen allgemeinen Grundsatz des Unionsrechts verstoßen würde (Art. 16 Abs. 1 S. 2 BVVO), z.B. bei Unverhältnismäßigkeit. Die Rückforderung umfasst auch Zinsen (Art. 16 Abs. 2 BVVO).

128 Die **Beschlüsse der Kommission** (Art. 288 Abs. 4 AEUV) entfalten solange Rechtswirkungen, bis sie zurückgenommen, im Rahmen einer Nichtigkeitsklage (Art. 263 AEUV) für nichtig oder infolge einer Vorabentscheidung (Art. 267 AEUV) für ungültig erklärt werden. Hieraus folgt – ähnlich wie für Verwaltungsakte im nationalen Recht nach §§ 43 Abs. 1, 44 Abs. 1 VwVfG – der **Grundsatz der Rechtswirksamkeit von Unionsakten**, auch wenn diese fehlerhaft sein sollten.

Bei bloß vorläufigen Beschlüssen nach Art. 4 BVVO besteht indes keine Bindungswirkung der nationalen Gerichte. Diese haben bei der Anwendung des Durchführungsverbots nach Art. 108 Abs. 3 S. 3 AEUV das Vorliegen einer anmeldepflichtigen Beihilfe eigenständig und umfassend zu prüfen. Allerdings muss das nationale Gericht den Gerichtshof im Wege der Vorabentscheidung (Art. 267 AEUV) anrufen, wenn es den Beihilfebegriff anders auslegen will als von der Kommission angenommen.[155]

129 Die Beschlüsse der Kommission im Beihilfeaufsichtsverfahren richten sich an die Mitgliedstaaten (vgl. Art. 108 Abs. 2 AEUV). Für die **Umsetzung der Kommissionsbeschlüsse** gegenüber dem Beihilfeempfänger sind die nationalen Behörden zuständig.

Unionsrechtliche Vorgaben für Beihilfen

Beihilfe i.S.d. Art. 107 Abs. 1 AEUV

- **Grds. unzulässig** bei (drohender) Verfälschung des Wettbewerbs, soweit sie den Handel zwischen Mitgliedstaaten beeinträchtigt
- **Generell zulässig** gemäß Art. 107 Abs. 2 AEUV
- **Im Einzelfall zulässig** gemäß Art. 107 Abs. 3 AEUV

Beihilfeaufsicht nach Art. 108, 109 AEUV i.V.m. BVVO

- **Notifizierung** neuer Beihilfen (Art. 108 Abs. 3 S. 1 AEUV, Art. 2 BVVO)
- **Durchführungsverbot** (Art. 108 Abs. 3 S. 3 AEUV, Art. 3 BVVO)

Vorläufige Prüfung durch EU-Kommission (Art. 4 BVVO)

- Feststellung, dass keine Beihilfe vorliegt (Art. 4 Abs. 2 BVVO)
- Beschluss, keine Einwände zu erheben (Art. 4 Abs. 3 BVVO)
- Beschluss über die Eröffnung des förmlichen Prüfverfahrens (Art. 4 Abs. 4 BVVO)

Förmliches Prüfverfahren (Art. 108 Abs. 2 AEUV, Art. 6 BVVO)

- Feststellung, dass keine Beihilfe vorliegt (Art. 9 Abs. 2 BVVO)
- Positivbeschluss, wenn Beihilfe zulässig (Art. 107 Abs. 2 u. 3 AEUV, Art. 9 Abs. 3 u. 4 BVVO)
- Negativbeschluss, wenn Beihilfe unzulässig (Art. 107 Abs. 1, Art. 108 Abs. 2 AEUV, Art. 9 Abs. 5 BVVO)

Verfahren bei rechtswidrigen Beihilfen

- Bei Verstoß gegen das Durchführungsverbot Art. 108 Abs. 3 S. 3 AEUV: Anordnung der Aussetzung und ggf. der vorläufigen Rückforderung (Art. 13 BVVO)
- Bei Negativbeschluss: grds. Rückforderung mit Zinsen (Art. 16 BVVO), Verjährung: 10 Jahre (Art. 17 BVVO)

---

[155] BGH EuZW 2017, 312; BVerwG RÜ 2017, 243, 245; für einen generellen Anwendungsvorrang von vorläufigen Beschlüssen dagegen Oppen/Schmeichel NVwZ 2017, 974 f.

> **Fall 4: Europarechtswidrige Subventionen**
>
> Mit Bescheid vom 20.05.2019 wurde dem K von der zuständigen Behörde B aus Landesmitteln eine Subvention für eine geplante Betriebserweiterung i.H.v. 125.000 € gewährt und ausgezahlt. Obwohl es sich um eine Beihilfe i.S.d. Art. 107, 108 AEUV handelte, unterblieb eine Anmeldung bei der EU-Kommission. Als die Kommission von der Förderung Kenntnis erlangte, leitete sie im Herbst 2020 ein Beihilfeaufsichtsverfahren ein und stellte mit Negativbeschluss vom 22.02.2021 fest, dass die Subvention mit dem Binnenmarkt unvereinbar sei und nicht eingeführt werden dürfe. Gleichzeitig forderte die Kommission die Bundesrepublik Deutschland auf, die Subvention binnen sechs Monaten von K zurückzufordern. Die Behörde B übersandte K eine Kopie des Beschlusses und wies ihn darauf hin, dass er dagegen vor dem EuG klagen könne. Klage wurde nicht erhoben. Daraufhin nahm B mit Bescheid vom 31.03.2022 den Bewilligungsbescheid vom 20.05.2019 formell ordnungsgemäß zurück und forderte Rückzahlung der gewährten 125.000 €. K hat (nach erfolglosem Vorverfahren) gegen den Rücknahme- und Rückforderungsbescheid form- und fristgerecht Klage vor dem Verwaltungsgericht erhoben. Er macht geltend, dass er im Vertrauen auf die Bestandskraft des Bescheides die gewährten Leistungen bereits im Jahre 2019 vollständig verbraucht habe. Außerdem sei die Rücknahme verspätet erfolgt und B habe das ihr zustehende Ermessen nicht ausgeübt. Wie ist über die zulässige Anfechtungsklage des K zu entscheiden?

Die **zulässige Anfechtungsklage** des K ist begründet, soweit der Bescheid vom 31.03.2022 rechtswidrig und K dadurch in seinen Rechten verletzt ist (§ 113 Abs. 1 S. 1 VwGO).

A. Rechtmäßigkeit des Rücknahmebescheids

130 I. **Rechtsgrundlage** für den Rücknahmebescheid könnte § 48 VwVfG sein. Vorrangige Rücknahmevorschriften nach dem EU-Recht bestehen i.d.R. nicht.

> Für den Agrarbereich gibt es Spezialregelungen für Rücknahme, Widerruf und Erstattung in § 10 MOG (Gesetz zur Durchführung der Gemeinsamen Marktorganisation).[156] Diese gelten z.B. für landwirtschaftliche Betriebsprämien oder Ausgleichszahlungen.

Daher ist anerkannt, dass § 48 VwVfG sogar dann anwendbar ist, wenn es um die Gewährung von **nationalen Beihilfen** auf EU-rechtlicher Grundlage geht.[157] Erst recht gilt dies für Beihilfen, die nach Maßgabe deutschen Rechts und aus nationalen Mitteln gewährt werden.[158] § 48 VwVfG ist daher Rechtsgrundlage für die Rücknahme europarechtswidriger Beihilfebescheide.

> Subventionen, die von der Kommission selbst unter Verstoß gegen das Unionsrecht gewährt worden sind, können von der Kommission dagegen nach allgemeinen unionsrechtlichen Grundsätzen zurückgefordert werden.[159] Teilweise bestehen auch hier Spezialregelungen in EU-Verordnungen.[160]

131 II. Da formelle Bedenken nicht bestehen, kommt es allein auf die **materielle Rechtmäßigkeit** des Rücknahmebescheides an.

---

[156] Vgl. dazu BVerwG, Urt. v. 09.12.2020 – 8 C 15.19, BeckRS 2020, 45916; NJOZ 2015, 632; VGH BW RÜ 2009, 453, 454; OVG Lüneburg DÖV 2014, 170; Beschl. v. 30.06.2016 – 10 ME 35/16, BeckRS 2016, 48243.
[157] VGH BW RÜ 2009, 453, 454.
[158] EuGH DVBl. 2003, 319, 320; BVerwG NJW 1998, 3728, 3729; Ehlers/Kallerhoff Jura 2009, 823, 831; Korte Jura 2017, 656, 662.
[159] EuG, Urt. v. 15.04.2011 – T-297/05, BeckRS 2011, 80471 Rn. 117 f.
[160] Vgl. z.B. BVerwG NVwZ 2016, 1572; VGH BW NVwZ-RR 2014, 806.

1. **Voraussetzung** des § 48 VwVfG ist zunächst, dass der aufzuhebende Bescheid (hier der Bewilligungsbescheid vom 20.05.2019) **rechtswidrig** ist.

    a) Die Rechtswidrigkeit könnte sich aus dem **Verstoß gegen Art. 107, 108 AEUV** ergeben. Aufgrund des Rechtsanwendungsbefehls der Zustimmungsgesetze zu den Verträgen über die Europäische Union (EUV und AEUV) folgt gemäß Art. 23 Abs. 1 S. 2 GG (als lex specialis zu Art. 59 Abs. 2 GG)[161] die **unmittelbare Geltung des Unionsrechts** für die Bundesrepublik Deutschland und damit ein **Anwendungsvorrang** gegenüber dem nationalen Recht.[162] Die Subvention hätte nach den (vorrangigen) Vorschriften der Art. 107, 108 AEUV nicht gewährt werden dürfen. Insoweit ist der **Negativbeschluss** der Kommission (Art. 108 Abs. 2 AEUV) gemäß Art. 288 Abs. 4 AEUV bindend.[163]

    132

    b) Dies gilt auch gegenüber dem **Subventionsempfänger**, da er nach Art. 263 Abs. 4 AEUV gegen den Beschluss der Kommission Nichtigkeitsklage erheben kann. Nach Ablauf der Klagefrist (Art. 263 Abs. 6 AEUV: zwei Monate) kann auch er die Richtigkeit der Kommissionsentscheidung nicht mehr infrage stellen. Der Beschluss der Kommission entfaltet daher **dieselben Rechtswirkungen wie ein VA** nach Eintritt der Bestandskraft[164] und bindet auch die nationalen Gerichte.[165] Der **Bewilligungsbescheid** war damit **rechtswidrig**.

    133

    > Die nationalen Gerichte sind nicht befugt, über die materielle Vereinbarkeit einer staatlichen Beihilfe mit dem Binnenmarkt zu befinden. Denn hierfür ist gemäß Art. 108 Abs. 2 AEUV ausschließlich die Kommission zuständig, die hierbei allein der Kontrolle des EuG und des EuGH unterliegt. Zwar können die nationalen Gerichte die Gültigkeit von Rechtsakten der Union prüfen,[166] sie sind aber nicht befugt, selbst deren Ungültigkeit festzustellen.[167]

    134

2. Ein begünstigender VA, der – wie der vorliegende Subventionsbescheid – eine Geldleistung gewährt, kann nach **§ 48 Abs. 2 S. 1 VwVfG** insoweit **nicht zurückgenommen** werden, als der Begünstigte auf den Bestand des VA vertraut hat und sein Vertrauen unter Abwägung mit dem öffentlichen Interesse an einer Rücknahme schutzwürdig ist. Letzteres ist nach § 48 Abs. 2 S. 2 VwVfG **in der Regel** der Fall, wenn der Begünstigte – wie hier – die gewährten Leistungen verbraucht hat.

    135

    a) Allerdings wird § 48 VwVfG **durch das EU-Recht überlagert**. Auch wenn sich die Rückforderung europarechtswidriger VAe nach nationalem Recht richtet, darf die Anwendung des nationalen Rechts die Tragweite und die Wirksamkeit des Unionsrechts nicht beeinträchtigen. § 48 VwVfG ist daher so anzuwenden, dass die nach Unionsrecht verlangte Rückforderung nicht praktisch unmöglich und das Unionsinteresse voll berücksichtigt wird. Dies folgt aus dem Grundsatz der **loyalen Zusammenarbeit** (Art. 4 Abs. 3 EUV) und dem Grundsatz der **praktischen Wirksamkeit** („effet utile"), die verbunden mit dem An-

    136

---

[161] BVerfG NJW 2009, 2267, 2281 Rn. 312.
[162] Zum Anwendungsvorrang des Unionsrechts AS-Skript Europarecht (2021), Rn. 296 ff.
[163] EuGH NVwZ 2008, 985, 986; vgl. auch Hesse/Sacher JuS 2017, 1015, 1016.
[164] EuGH NVwZ 2018, 1288; EuZW 2017, 389, 391 m. Anm. Streinz JuS 2018, 397; DVBl. 2007, 1167, 1168; BVerwG NJW 1998, 3728, 3730; v. Welser JA 2002, 240, 245.
[165] EuGH DVBl. 2007, 1167, 1168; NJW 2001, 1265, 1266; BFH NVwZ 2001, 715, 717.
[166] BGH EuZW 2017, 312; BVerwG RÜ 2017, 243, 245.
[167] EuGH DVBl. 2007, 1167, 1168; Gundel JA 2008, 158, 159; Goldmann Jura 2008, 275, 275 m.w.N.

wendungsvorrang des Unionsrechts bewirken, dass entgegenstehendes nationales Recht zurückzutreten hat bzw. entsprechend zu modifizieren ist.[168]

137 b) Es wird daher vertreten, dass Vertrauensschutz nach § 48 Abs. 2 VwVfG durch Unionsrecht jedenfalls in den Fällen **generell** ausgeschlossen werde, in denen die **Rückforderungsentscheidung der Kommission bestandskräftig** geworden ist. Der Beihilfeempfänger könne Schutz seines Vertrauens unmittelbar durch Nichtigkeitsklage gemäß Art. 263 Abs. 4 AEUV gegenüber der Kommissionsentscheidung geltend machen. Werde diese bestandskräftig, sei für § 48 Abs. 2 VwVfG kein Raum.[169]

138 c) Die Rspr. hält dagegen § 48 Abs. 2 S. 2 VwVfG auch bei europarechtswidrigen Beihilfen grds. für **anwendbar**. Die Geltung nationaler Vertrauensschutzregelungen werde vom EuGH ausdrücklich anerkannt. § 48 Abs. 2 S. 2 VwVfG sei daher grds. anwendbar, etwaigen europarechtlichen Besonderheiten könne durch eine großzügige Auslegung der Ausschlusstatbestände des § 48 Abs. 2 S. 3 VwVfG Rechnung getragen werden.[170] Danach stünde das Vertrauen des K nach § 48 Abs. 2 S. 2 VwVfG „**in der Regel**" einer Rücknahme entgegen.

3. Der Begünstigte kann sich jedoch auch nach dieser Auffassung **nicht auf Vertrauen berufen**, wenn einer der Fälle des § 48 Abs. 2 S. 3 VwVfG vorliegt. Nach Nr. 3 ist Vertrauensschutz insbes. ausgeschlossen, wenn der Adressat die Rechtswidrigkeit des VA kannte oder infolge **grober Fahrlässigkeit** nicht kannte.

139 a) Dieser Ausschlusstatbestand wird im Hinblick auf das EU-Recht zum Teil **extensiv interpretiert**. Grobe Fahrlässigkeit wird bereits bejaht, wenn der Begünstigte sich nicht vergewissert hat, ob die Beihilfe unter Beachtung des nach Art. 108 Abs. 3 AEUV vorgeschriebenen Verfahrens gewährt wurde. Jedem Wirtschaftsunternehmen, das Vergünstigungen erhalte, bei denen die Anwendbarkeit der Art. 107, 108 AEUV nicht offensichtlich ausgeschlossen ist, sei es zumutbar und auch möglich, in Erfahrung zu bringen, ob das Verfahren nach Art. 108 Abs. 3 AEUV eingehalten wurde.[171]

140 b) Nach Auffassung des BVerwG reicht dieser Umstand allein jedoch nicht aus, um einen besonders schweren Sorgfaltspflichtverstoß im Sinne einer groben Fahrlässigkeit anzunehmen. Vielmehr habe eine **Abwägung im Einzelfall** nach § 48 Abs. 2 S. 1 VwVfG zu erfolgen.[172] Dabei trete das Vertrauensschutzinteresse des Begünstigten **in der Regel** jedoch schon dann zurück, wenn die staatliche Beihilfe ohne Beachtung des in Art. 108 Abs. 3 AEUV zwingend vorgeschriebenen Verfahrens, also ohne Kontrolle der Kommission, gewährt wurde. Einem sorgfältigen Wirtschaftsunternehmen sei es regelmäßig möglich, sich zu vergewissern, ob diese Voraussetzung erfüllt ist. Ist das Überwachungsverfahren nicht durchgeführt worden, sei das Vertrauen des Beihilfeempfängers **nur ausnahmsweise schutzwürdig**.[173]

---

168 Vgl. EuGH NJW 1998, 45, 46; BGH RÜ 2017, 243, 247; Sydow JuS 2005, 97, 101; Ludwigs Jura 2007, 612, 613.
169 NdsOVG NVwZ-RR 2021, 835, 837; Sydow JuS 2005, 97, 101; Ehlers Jura 2011, 187, 193.
170 Grundlegend BVerwG DVBl. 1993, 727, 728; NJW 1998, 3728, 3730.
171 OVG NRW NVwZ 1993, 79, 80; Oldiges NVwZ 2001, 626, 631; Ehlers/Kallerhoff Jura 2009, 823, 831.
172 BVerwG NJW 1998, 3728, 3730; Bader/Ronellenfitsch VwVfG § 48 Rn. 138 f.; Rennert DVBl. 2007, 400, 403 m.w.N.

141 § 48 Abs. 2 S. 2 VwVfG erfährt daher eine Einschränkung im Wege einer **europarechtskonformen Auslegung**. Bei der Abwägung sind neben dem Grundsatz der Gesetzmäßigkeit der Verwaltung (Art. 20 Abs. 3 GG) und dem fiskalischen Interesse des Staates die Verpflichtung der Mitgliedstaaten zur Wahrung des Unionsrechts und das Interesse an der Einhaltung der unionsrechtlichen Wettbewerbsordnung zu berücksichtigen. Angesichts der Gewichtigkeit der Unionsinteressen ist das Vertrauen des Bürgers **nur ausnahmsweise schutzwürdig**, wenn dafür **außergewöhnliche Umstände** sprechen. Folge der europarechtskonformen Auslegung des § 48 Abs. 2 S. 2 VwVfG ist damit praktisch eine Umkehr des Regelfalls, d.h. in aller Regel besteht **kein Vertrauensschutz**.[174]

Alle Auffassungen gelangen damit hier zum selben Ergebnis, sodass es einer Streitentscheidung nicht bedarf: Entweder ist § 48 Abs. 2 VwVfG schon gar nicht anwendbar (Rn. 137) oder das Vertrauen des K ist zwingend nach § 48 Abs. 2 S. 3 Nr. 3 VwVfG (Rn. 139) oder aufgrund einer Abwägung nach § 48 Abs. 2 S. 1 VwVfG (Rn. 140) nicht schutzwürdig.

142 Etwas anderes gilt für die Rückforderung von Beihilfen, die aus **EU-Mitteln** gewährt wurden. Hier ist anders als im Rahmen des Art. 108 Abs. 3 AEUV dem nationalen Verwaltungsverfahren kein unionsrechtliches Verfahren vorgeschaltet. Daher kann sich der Subventionsempfänger grds. auf § 48 Abs. 2 S. 2 VwVfG berufen.[175] Allerdings bestehen hier zunehmend Spezialregelungen im Unionsrecht, die die Regelungen in § 48 Abs. 2 VwVfG verdrängen.[176]

4. Die Rücknahme begünstigender Verwaltungsakte muss grds. innerhalb der **Jahresfrist** des § 48 Abs. 4 S. 1 VwVfG erfolgen. Dabei ist anerkannt, dass diese Frist auch bei Rechtsanwendungsfehlern gilt (vgl. oben Rn. 102 ff.).

143 a) Die frühere Rspr. hat deshalb § 48 Abs. 4 VwVfG **generell** auch bei der Rücknahme eines europarechtswidrigen VA angewendet. Da zu den die Rücknahme rechtfertigenden Tatsachen auch die Feststellung der EU-Kommission über die Europarechtswidrigkeit der Beihilfe zählt, beginne die Frist frühestens mit der Bestandskraft dieser Entscheidung zu laufen.[177]

144 b) Richtig ist zwar, dass nationale Fristregelungen das unionsrechtliche Effizienzgebot nicht per se infrage stellen.[178] Deshalb ist **§ 48 Abs. 4 VwVfG grundsätzlich** auch auf die Rücknahme eines gegen Unionsrecht verstoßenden VA **anwendbar**.[179] Etwas anderes gilt jedoch dann, wenn die Rechtswidrigkeit des nationalen Beihilfebescheides durch **bestandskräftigen Negativbeschluss der Kommission** festgestellt worden ist (Art. 108 Abs. 2 AEUV). Diesen muss der Beihilfeempfänger gegen sich gelten lassen, wenn er den Beschluss nicht im Wege der Nichtigkeitsklage nach Art. 263 Abs. 4 AEUV angefochten hat. Ein Ausschluss der Rücknehmbarkeit nach Fristablauf würde die unionsrechtliche Entscheidung nachhaltig relativieren und ihr damit jede praktische Wirksamkeit nehmen.[180]

---

173 BVerwG NJW 1998, 3728, 3730; DVBl. 1993, 727, 728; Maurer/Waldhoff § 11 Rn. 54; Voßkuhle/Kaufhold JuS 2011, 794, 796; Faßbender JuS 2016, 538, 546; Korte Jura 2017, 656, 662.
174 Vgl. BVerwG NJW 1998, 3728, 3730; DVBl. 1993, 727, 728; BGH EuZW 2009, 28, 31; NVwZ 2004, 636, 637.
175 Ehlers/Kallerhoff Jura 2009, 823, 831.
176 Vgl. VGH BW RÜ 2009, 453, 456; VGH BW NVwZ-RR 2014, 806.
177 Vgl. z.B. VGH BW NVwZ 1998, 87, 89; OVG Koblenz JZ 1992, 1084, 1086.
178 Vgl. EuGH NJW 1999, 169; Epiney NVwZ 2001, 524, 527 m.w.N.
179 Ruffert in: Ehlers/Pünder § 24 Rn. 24.

Damit ist § 48 Abs. 4 VwVfG bei der Durchsetzung einer Kommissionsentscheidung **nicht anwendbar** und die Rücknahme noch nach Ablauf der Jahresfrist zulässig.

145   5. Die Entscheidung über die Rücknahme steht nach § 48 Abs. 1 S. 1 VwVfG grds. im **Ermessen** der Behörde. Nach ganz h.M. ist dieses Rücknahmeermessen jedoch **auf Null reduziert**, wenn die Bundesrepublik durch einen bestandskräftigen Beschluss der Kommission zur Rückforderung einer europarechtswidrigen Beihilfe verpflichtet ist (Art. 16 Abs. 1 S. 1 BVVO). In diesen Fällen **muss** die Rücknahme zwingend erfolgen, um die Kommissionsentscheidung durchzusetzen.[181] Etwas anderes gilt nur, wenn nach dem Unionsrecht ein Ermessensspielraum besteht.

Bei Bewilligungsbescheiden, die aufgrund eines **bestandskräftigen Negativbeschlusses** der Kommission wegen Verstoßes gegen Art. 107, 108 AEUV aufzuheben sind, bleibt von den Regelungen des § 48 VwVfG daher wenig übrig (grds. kein Vertrauensschutz, keine Rücknahmefrist, kein Ermessen). Die Voraussetzungen für Rücknahme und Rückforderung werden weitestgehend durch das EU-Recht vorgegeben. Das nationale Recht dient praktisch nur noch **als Ermächtigung zur Durchsetzung des Unionsrechts**. Die §§ 48 ff. VwVfG sind nur die „formelle Hülse", um das europarechtlich Gebotene umzusetzen.[182]

Dementsprechend stand der Behörde bei der Entscheidung über die Rücknahme **kein Ermessen** zu, sodass die von K geltend gemachte Ermessensunterschreitung nicht vorliegt. Der **Rücknahmebescheid** ist damit **rechtmäßig**.

B. Rechtmäßigkeit des Rückforderungsbescheides

146   I. Auch die Rückforderung unionsrechtswidriger Beihilfen ist im Unionsrecht im Allgemeinen nicht speziell geregelt. Rechtsgrundlage für die Rückforderung ist daher § 49 a Abs. 1 VwVfG.

147   II. Der formell rechtmäßige Rückforderungsbescheid ist materiell rechtmäßig, wenn die Voraussetzungen des § 49 a VwVfG vorliegen.

1. Eine **rückwirkende Aufhebung des Bewilligungsbescheides** i.S.d. § 49 a Abs. 1 S. 1 VwVfG ist nach § 48 VwVfG erfolgt (s.o.).

148   2. Soweit K sich auf **Entreicherung** gemäß § 49 a Abs. 2 S. 1 VwVfG i.V.m. § 818 Abs. 3 BGB beruft, da er die gewährten Leistungen vollständig verbraucht hat, ist dieser Einwand bei unionsrechtswidrigen Beihilfen **ausgeschlossen**, wenn die Rückforderung – wie hier – aufgrund einer **bestandskräftigen Kommissionsentscheidung** (Art. 16 Abs. 1 S. 1 BVVO) erfolgt. Denn andernfalls wäre die Rückforderung praktisch unmöglich, was einen Verstoß gegen das unionsrechtliche Effizienzgebot darstellen würde.[183]

Teilweise wird auch hier generell grobe Fahrlässigkeit i.S.d. § 49 a Abs. 2 S. 2 VwVfG im Hinblick auf die Durchführung des Notifizierungsverfahrens angenommen (s.o. Rn. 139). Überwiegend wird dagegen unabhängig vom Vorliegen grober Fahrlässigkeit allein auf die praktische Wirksamkeit des Unionsrechts und das Effizienzgebot abgestellt.[184]

---

180 EuGH NJW 1998, 45, 47; ebenso BVerwG NJW 1998, 3728, 3729; bestätigt durch BVerfG NJW 2000, 2015; Ruffert in: Ehlers/Pünder § 24 Rn. 24; Maurer/Waldhoff § 11 Rn. 55; Faßbender JuS 2016, 538, 546; Korte Jura 2017, 656, 662.

181 EuGH NVwZ 2002, 195; NJW 1998, 45, 47; BVerwG DVBl. 1993, 727, 729; Maurer/Waldhoff § 11 Rn. 55; Sydow JuS 2005, 97, 102; Rennert DVBl. 2007, 400, 403; Ehlers/Kallerhoff Jura 2009, 823, 831; Faßbender JuS 2016, 538, 546.

182 Vgl. auch EuGH NVwZ 2016, 600: Rechtskraftdurchbrechung bei (vermeintlichem) Verstoß gegen das EU-Beihilferecht.

183 EuGH NJW 1998, 45, 47; BVerwG NJW 1998, 3728, 3731; Gurlit in: Ehlers/Pünder § 35 Rn. 21; Maurer/Waldhoff § 11 Rn. 55; Faßbender JuS 2016, 538, 546.

184 Gurlit in: Ehlers/Pünder § 35 Rn. 21.

III. Die Rückforderung ist nach § 49 a Abs. 1 VwVfG eine **gebundene Entscheidung** (s.u. Rn. 176) und damit ebenfalls rechtmäßig.

149

Eine Rückforderung kann auch aufgrund eines **noch nicht bestandskräftigen** Negativbeschlusses der Kommission gerechtfertigt sein, wenn dies erforderlich ist, um die volle Wirksamkeit der Kommissionsentscheidung zu gewährleisten.[185] Auch der Verstoß gegen das Durchführungsverbot (Art. 108 Abs. 3 S. 3 AEUV) kann eine vorläufige Rückforderung rechtfertigen, wenn die Kommission dies verlangt (Art. 13 Abs. 2 BVVO).[186] Da der Bewilligungsbescheid in diesen Fällen noch nicht endgültig aufgehoben ist, ist Rechtsgrundlage für die (vorläufige) Rückforderung nicht § 49 a VwVfG, sondern der allgemeine ör Erstattungsanspruch (dazu unten Rn. 488 ff.).

Wird die Beihilfe von der Kommission nachträglich materiell genehmigt, reicht allein der Verstoß gegen das Durchführungsverbot (Art. 108 Abs. 3 S. 3 AEUV) für eine vollständige Rückforderung nicht aus. Hier ist lediglich eine Rückforderung der Vorteile gerechtfertigt, die dem Beihilfeempfänger aus der verfrühten Gewährung der Subvention erwachsen sind (z.B. Zinsvorteile).[187]

Ergebnis: Der Rücknahme- und der Rückforderungsbescheid sind rechtmäßig und die Anfechtungsklage des K mithin unbegründet.

Nach Art. 16 Abs. 3 BVVO hat die Rückforderung unverzüglich und nach den Verfahren des betreffenden Mitgliedstaats zu erfolgen, sofern hierdurch die sofortige und tatsächliche Vollstreckung des Beschlusses der Kommission ermöglicht wird. Zu diesem Zweck haben die betreffenden Mitgliedstaaten im Falle eines Verfahrens vor nationalen Gerichten alle erforderlichen Schritte einschließlich vorläufiger Maßnahmen zu ergreifen. Deshalb gebietet Unionsrecht i.d.R. die Anordnung der sofortigen Vollziehung des Rücknahme- und Rückforderungsbescheides nach § 80 Abs. 2 S. 1 Nr. 4 VwGO.[188]

II. Die Rücknahme nach § 48 Abs. 3 VwVfG

Handelt es sich **nicht** um einen VA, der eine **Geldleistung** oder **teilbare Sachleistung** i.S.d. § 48 Abs. 2 VwVfG zum Gegenstand hat, sondern eine **sonstige Begünstigung** für den Adressaten enthält, gelten für die Rücknahme § 48 Abs. 1 und Abs. 3 VwVfG. Anders als in § 48 Abs. 2 VwVfG gibt es im Bereich der sonstigen begünstigenden VAe keinen Ausschluss der Rücknahme; diese steht vielmehr grds. im **Ermessen** der Behörde (§ 48 Abs. 1 S. 1 VwVfG). § 48 Abs. 3 VwVfG gesteht dem Betroffenen im Fall der Rücknahme unter den dort genannten Voraussetzungen lediglich einen **Ausgleichsanspruch** zu.

150

Beispiele: Rücknahme einer Baugenehmigung oder einer Gewerbeerlaubnis, soweit keine spezialgesetzlichen Regelungen vorhanden sind (z.B. § 33 d Abs. 4 GewO).

In einigen Bereichen gelten für begünstigende VAe dieser Art **Sonderregelungen**, die § 48 Abs. 3 VwVfG **ganz oder teilweise verdrängen**.

- Bei der **Fahrerlaubnis** wird die Ermessensrücknahme nach § 48 VwVfG durch die gebundene Entscheidung nach § 3 Abs. 1 S. 1 StVG („hat") verdrängt, soweit es um die Entziehung der Fahrerlaubnis wegen fehlender Eignung oder Befähigung geht.[189]

151

---

[185] OVG Koblenz RÜ 2014, 38; VG Trier, Urt. v. 19.11.2013 – 1 K 1053/12 TR, BeckRS 2013, 48041.
[186] EuGH RÜ 2014, 445; kritisch Rennert DVBl. 2014, 669 ff.; Palme NVwZ 2014, 559 ff.
[187] Vgl. auch BVerwG RÜ 2017, 243, 249 zur Teilnichtigkeit eines die Beihilfe gewährenden Vertrages; allgemein Korte Jura 2017, 656, 662.
[188] OVG Lüneburg, Beschl. v. 30.06.2016 – 10 ME 35/16, BeckRS 2016, 48243.
[189] VGH BW VBlBW 2003, 237, 238; OVG Hamburg NJW 2002, 2123, 2124.

§ 48 VwVfG bleibt aber anwendbar bei Fehlern der Fahrerlaubniserteilung, die nicht die Ungeeignetheit oder Unfähigkeit des Betroffenen begründen.[190]

152 ■ Über § 8 Abs. 3 FZV (Fahrzeug-Zulassungsverordnung) können **Kraftfahrzeugkennzeichen** von der Zulassungsbehörde geändert werden. Die spezielle Befugnisnorm verdrängt insoweit die allgemeine Regelung in § 48 VwVfG.

Beispiel: Änderung des Kennzeichens „XX-HH 1933" wegen Sittenwidrigkeit (versteckter Hinweis auf den Hitlergruß und das Jahr der Machtergreifung).[191]

153 ■ Für die **Einbürgerung** (§§ 8, 9 StAG) gilt die abschließende Spezialregelung in § 17 Abs. 1 Nr. 7 i.V.m. § 35 StAG, die § 48 VwVfG verdrängt. Nach § 35 Abs. 1 StAG kann eine rechtswidrige Einbürgerung nur zurückgenommen werden, wenn sie durch arglistige Täuschung, Drohung oder Bestechung oder durch vorsätzlich unrichtige oder unvollständige Angaben, die wesentlich für ihren Erlass gewesen sind, erwirkt worden ist.[192] Die Rücknahme darf (unabhängig von einer etwaigen Kenntnis der Behörde) nur **bis zum Ablauf von zehn Jahren** nach der Bekanntgabe der Einbürgerung erfolgen (§ 35 Abs. 3 StAG).[193] Die Rücknahme erfolgt mit Wirkung für die Vergangenheit (§ 35 Abs. 4 StAG).

Art. 16 Abs. 1 S. 1 GG schützt nur die „wohlerworbene" deutsche Staatsangehörigkeit und schließt die Rücknahme einer erschlichenen Einbürgerung nicht aus.[194] Der Rücknahme der Einbürgerung steht i.d.R. auch nicht entgegen, dass der Betroffene staatenlos wird (§ 35 Abs. 2 StAG). Auch dies ist mit Art. 16 Abs. 1 GG vereinbar, da der Schutzbereich des Art. 16 Abs. 1 S. 2 GG nicht weiter reicht als derjenige des Art. 16 Abs. 1 S. 1 GG.[195] Ebenso ist die Rücknahme mit Art. 20 AEUV vereinbar, auch wenn sie zum Verlust der Unionsbürgerschaft führt, aber im Übrigen verhältnismäßig ist.[196]

154 ■ Die **Aberkennung einer rechtswidrig erlangten Doktorwürde** (z.B. wegen Plagiats) richtet sich i.d.R. nach landesrechtlichen Spezialvorschriften, insbes. im Hochschulgesetz bzw. darauf beruhenden Promotionsordnungen (Satzungen der jeweiligen Hochschule).[197] Fehlen Spezialregelungen gelten § 48 Abs. 1 u. Abs. 3 VwVfG.

Umstritten ist vor allem die analoge Anwendung des § 48 Abs. 4 S. 1 VwVfG, wenn das Landesrecht bzw. die Hochschulsatzung keine Ausschlussfrist vorsieht. In der Regel greift in diesen Fällen ohnehin § 48 Abs. 4 S. 2 i.V.m. § 48 Abs. 2 S. 3 Nr. 1 VwVfG ein, wenn der Verwaltungsakt durch arglistige Täuschung erwirkt wurde.[198] Im Übrigen ist eine analoge Anwendung nicht sachgerecht, weil mit der Verleihung des Doktorgrades – anders als z.B. bei berufsqualifizierenden Hochschulabschlüssen – Erwartungen an das wissenschaftsrelevante Verhalten des Betroffenen verbunden sind.[199]

---

190 OVG Hamburg NJW 2009, 103, 105; VGH BW NJW 2015, 1037.
191 VG Düsseldorf RÜ 2020, 121, 124, m.Anm. Hebeler JA 2019, 718..
192 Zur Rücknahme einer Einbürgerung vgl. BVerwG DÖV 2018, 879; NVwZ 2017, 1312; VGH BW NVwZ 2017, 1212.
193 § 35 Abs. 3 StAG in der seit dem 09.08.2019 geltenden Fassung (Gesetz vom 04.08.2019, BGBl. I S. 1124).
194 BVerfG DVBl. 2006, 910, 913; Maunz/Dürig GG Art. 16 Abs. 1 Rn. 55; a.A. abweichendes Votum BVerfG DVBl. 2006, 910, 917 ff.; Lübbe-Wolff Jura 1996, 57, 62; vgl. auch BVerwG NVwZ 2014, 1679, 1680.
195 BVerfG DVBl. 2006, 910, 913; BVerwG NVwZ 2004, 489, 490; kritisch Kämmerer NVwZ 2006, 1015 f.
196 EuGH NVwZ 2010, 509, 512; BVerwG NVwZ 2011, 760, 762.
197 Vgl. BVerwG NVwZ 2017, 1786; NVwZ 2017, 1793; NJW 2016, 1113; OVG NRW NWVBl. 2016, 334; NWVBl. 2015, 310; VGH BW, URt. v. 06.05.2021 – 9 S 3119/19, BeckRS 2021, 14161; VG Düsseldorf ZUM 2014, 602 und die Übersicht in RÜ 2013, 258 f.
198 VG Köln RÜ 2013, 258; vgl. auch den Klausurfall von Kempny/Tenostendarp JuS 2015, 441.
199 Vgl. BVerwG NVwZ 2017, 1786, Rn. 41; zur Entziehung des Doktorgrades wegen „Unwürdigkeit" bei wissenschaftlichen Verfehlungen vgl. BVerfG NVwZ 2014, 1571; BVerwG NVwZ 2013, 1614; Rixen NJW 2014, 1058 ff.

3. Abschnitt: Rücknahme des Verwaltungsaktes gemäß § 48 VwVfG

Fall 5: Rücknahme einer Baugenehmigung

B erhielt auf seinen Antrag Mitte 2021 von der zuständigen Baubehörde die Genehmigung zum Bau eines Mehrfamilienhauses. Das Baugrundstück befindet sich im Bereich einer Splittersiedlung im Außenbereich der Stadt S, aber im Geltungsbereich einer sog. Außenbereichssatzung (§ 35 Abs. 6 BauGB). Im Frühjahr 2022 stellt sich heraus, dass die Satzung wegen eines Ausfertigungsfehlers unwirksam ist. Die Stadt beabsichtigt nicht, den Fehler zu heilen, da sie den Außenbereich künftig von Wohnbauvorhaben freihalten möchte. Die Baubehörde will deswegen die dem B erteilte Baugenehmigung zurücknehmen. B verweist demgegenüber darauf, dass er im Vertrauen auf den Bestand der Baugenehmigung bereits den Architekten A mit der weiteren Planung beauftragt habe. Hierfür seien ihm Kosten i.H.v. 5.000 € entstanden. Wie ist die Rechtslage, wenn in der Landesbauordnung (LBauO) keine Regelung über die Rücknahme einer Baugenehmigung existiert?

A. Rücknahme der Baugenehmigung

I. Als belastender VA bedarf die Rücknahme einer **Ermächtigungsgrundlage**. Mangels Spezialregelung in der LBauO kommt hierfür nur § 48 Abs. 1 S. 1 VwVfG in Betracht.

II. Die Rücknahme ist nur **rechtmäßig**, wenn die **Voraussetzungen** der Ermächtigungsgrundlage vorliegen und die Behörde die **richtige Rechtsfolge** gewählt hat.

155

1. Voraussetzung für die Rücknahme nach § 48 Abs. 1 S. 1 VwVfG ist, dass die aufzuhebende Baugenehmigung **rechtswidrig** ist. Nach den Vorschriften der LBauO ist die Baugenehmigung zu erteilen, wenn dem Bauvorhaben keine öffentlich-rechtlichen (Bau-)Vorschriften entgegenstehen.[200]

Dabei ist auch die Rücknahme einer fiktiven Baugenehmigung möglich, wenn also die Baugenehmigung nach den Vorschriften der LBauO unter bestimmten Voraussetzungen als erteilt gilt.[201]

Bedenken bestehen lediglich in **bauplanungsrechtlicher Hinsicht**. Als sonstiges Vorhaben im Außenbereich ist das Mehrfamilienhaus gemäß § 35 Abs. 2, Abs. 3 S. 1 Nr. 7 BauGB grds. unzulässig, wenn es – wie hier – die Entstehung, Verfestigung oder Erweiterung einer Splittersiedlung befürchten lässt. Dies ist gemäß § 35 Abs. 6 BauGB nur dann nicht der Fall, wenn die Gemeinde für bebaute Bereiche im Außenbereich durch Satzung bestimmt, dass Wohnzwecken dienende Vorhaben im Geltungsbereich der Satzung grds. zulässig sind (sog. Außenbereichssatzung). Die hier vorliegende **Satzung** ist jedoch wegen eines Ausfertigungsfehlers **unwirksam** und entfaltet deshalb keine Rechtswirkungen. Das Vorhaben des B beeinträchtigt damit öffentliche Belange i.S.d.

---

[200] Zum Landesrecht vgl. § 58 Abs. 1 S. 1 LBO BW, Art. 68 Abs. 1 S. 1 BayBO, § 71 Abs. 1 S. 1 BauO Bln, § 72 Abs. 1 S. 1 BbgBO, § 72 Abs. 1 S. 1 Brem LBO, § 72 Abs. 1 S. 1 HBauO, § 74 Abs. 1 HBO, § 72 Abs. 1 LBauO M-V, § 70 Abs. 1 S. 1 NBauO, § 74 Abs. 1 BauO NRW, § 70 Abs. 1 S. 1 LBauO RP, § 73 Abs. 1 S. 1 LBO SL, § 72 Abs. 1 SächsBO, § 71 Abs. 1 S. 1 BauO LSA, § 73 Abs. 1 LBO SH, § 71 Abs. 1 S. 1 ThürBO.
[201] SächsOVG NVwZ-RR 2021, 792, 793; OVG LSA NVwZ-RR 2020, 114.

§ 35 Abs. 3 S. 1 Nr. 7 BauGB. Es ist nach § 35 Abs. 2 BauGB unzulässig. Die erteilte **Baugenehmigung** ist somit **rechtswidrig**.

156 2. Da es sich bei der Baugenehmigung um einen **begünstigenden VA** i.S.d. § 48 Abs. 1 S. 2 VwVfG handelt, ist die Rücknahme nur unter den Einschränkungen des § 48 Abs. 2–4 VwVfG zulässig.

a) **Vertrauensschutz** nach § 48 Abs. 2 VwVfG steht der Rücknahme nicht entgegen, da die Baugenehmigung keine Geld- oder teilbare Sachleistung zum Gegenstand hat oder dafür Voraussetzung ist.

157 b) Einschlägig ist vielmehr § 48 Abs. 3 VwVfG, weil es sich um einen **sonstigen begünstigenden VA** handelt. Bezüglich der Rücknehmbarkeit sonstiger VAe enthält § 48 Abs. 3 VwVfG **keine Einschränkungen**. Die Rücknahme kann vielmehr gemäß § 48 Abs. 1 S. 1 VwVfG **nach Ermessen** erfolgen. § 48 Abs. 3 VwVfG begründet für den Fall der Rücknahme bei schutzwürdigem Vertrauen lediglich einen **Entschädigungsanspruch**. Während § 48 Abs. 2 VwVfG ein **Rücknahmeverbot** bewirkt, regelt § 48 Abs. 3 VwVfG nur ein **Entschädigungsgebot**.[202] Die Voraussetzungen des § 48 Abs. 3 VwVfG haben somit auf die Rechtmäßigkeit der Rücknahme keine Auswirkungen.

Ermächtigungsgrundlage für die Rücknahme sonstiger begünstigender VAe ist daher allein § 48 Abs. 1 S. 1 VwVfG, nicht § 48 Abs. 3 VwVfG. Letzterer regelt lediglich die (weitere) Rechtsfolge der Rücknahme.[203]

c) Die **Jahresfrist** des § 48 Abs. 4 S. 1 VwVfG ist gewahrt.

158 3. Die Rücknahme der Baugenehmigung steht sodann im pflichtgemäßen **Ermessen** der Behörde (§ 48 Abs. 1 S. 1 VwVfG).

a) Umstritten ist allerdings, ob im Rahmen des Ermessens das **Vertrauen auf den Bestand** des VA zu berücksichtigen ist.

159 aa) Teilweise wird aus der unterschiedlichen Regelung in § 48 Abs. 2 und § 48 Abs. 3 VwVfG geschlossen, im Falle des Abs. 3 könne sich der Vertrauensschutz des Betroffenen **nicht als Bestandsschutz** auswirken, sondern begründe allenfalls einen Ausgleichsanspruch. Der Ausgleichsanspruch bilde das Äquivalent der freien Rücknehmbarkeit.[204] Danach braucht die Behörde bei ihren Ermessenserwägungen Vertrauensschutz zugunsten des B nicht zu berücksichtigen, sodass die Rücknahme – da im Übrigen keine Ermessensfehler ersichtlich sind – rechtmäßig wäre.

160 bb) Die Gegenansicht verweist darauf, dass § 48 Abs. 1 S. 1 VwVfG, der die Rücknahme in das Ermessen der Behörde stellt, nicht zwischen Verwaltungsakten nach § 48 Abs. 2 und Abs. 3 VwVfG differenziert. Im Rahmen

---

[202] Struzina/Lindner NVwZ 2016, 1295, 1296.
[203] Vgl. nur BayVGH, Beschl. v. 24.05.2017 – 9 ZB 16.391, BeckRS 2017, 111556; Stelkens/Bonk/Sachs VwVfG § 48 Rn. 175; Schroeder NWVBl. 2010, 176, 178.
[204] BVerwG NVwZ-RR 2010, 801, 803 („ohne Rücksicht auf Vertrauensschutzgesichtspunkte"); VGH BW NJW 1980, 2597, 2598; OVG NRW DVBl. 1980, 885, 887; Ruffert in: Ehlers/Pünder § 24 Rn. 36.

des Ermessens seien deshalb sämtliche Interessen des Betroffenen, **auch der Vertrauensschutz**, zu berücksichtigen.[205] Gerade das Vertrauen auf den Bestand des VA sei regelmäßig der gewichtigste Gesichtspunkt, der gegen eine Rücknahme sprechen könne. Zudem sei nicht selten das Interesse des Betroffenen vorrangig auf die Erhaltung des Bestandes und nicht nur auf Geldersatz gerichtet. Insbesondere dann, wenn die Geldentschädigung keinen oder keinen ausreichenden Ausgleich gewähre, müssten auch Vertrauensschutzgesichtspunkte im Ermessen Berücksichtigung finden. Das bedeute zwar nicht, dass Vertrauensinteressen, wie im Fall des § 48 Abs. 2 VwVfG, eine Rücknahme generell hindern können. Sie seien aber als **schutzwürdige Belange** des Betroffenen in die Abwägung mit den öffentlichen Interessen einzubeziehen, können aber einer Rücknahme nur entgegenstehen, wenn sie das Rücknahmeinteresse überwiegen.

cc) Für die letztgenannte Auffassung spricht die **rechtsstaatliche Bedeutung des Vertrauensschutzes**. Im Rahmen des Ermessens sind deshalb **alle** Gesichtspunkte zu berücksichtigen, die für und gegen die Rücknahme sprechen. Ein öffentliches Interesse an der Rücknahme besteht aus Gründen der Gesetzesbindung der Verwaltung (Art. 20 Abs. 3 GG) praktisch immer, im Gegenzug sind Vertrauensschutzgesichtspunkte des Bürgers nicht nur für den Ausgleichsanspruch (§ 48 Abs. 3 S. 1 VwVfG), sondern auch für die Rücknahmeentscheidung als solche von Bedeutung.

161

Bei der Abwägung gelten die in § 48 Abs. 2 S. 2 u. S. 3 VwVfG genannten Gesichtspunkte entsprechend. Zwar gilt der Verweis in § 48 Abs. 3 S. 2 VwVfG nur für die Entscheidung über den Ausgleichsanspruch des Bürgers, die Wertungen des § 48 Abs. 2 VwVfG sind jedoch grds. auch auf das Rücknahmeermessen übertragbar.[206] Anders als im Rahmen des § 48 Abs. 2 S. 2 VwVfG stehen die dort genannten Kriterien einer Rücknahme aber nicht zwingend entgegen.

Hier ist nicht ersichtlich, dass der Vertrauensschutz des B bereits einer Rücknahme der Baugenehmigung entgegenstünde. Aufgrund der geänderten planerischen Absichten der Stadt besteht ein erhebliches öffentliches Interesse an der Rücknahme der Baugenehmigung, um den Außenbereich von unerwünschter Wohnbebauung freizuhalten (arg. e § 35 Abs. 2 und Abs. 3 BauGB). Das Vertrauensschutzinteresse des B kann hinreichend über den Ausgleichsanspruch nach § 48 Abs. 3 S. 1 VwVfG ausgeglichen werden und steht einer Rücknahme daher nicht entgegen.

162

b) Die Rücknahme der Baugenehmigung erweist sich auch im Übrigen als **verhältnismäßig** und kann deshalb rechtmäßigerweise erfolgen.

---

[205] BVerwG NVwZ-RR 2012, 862, 864 („auch etwaige Vertrauensschutzgesichtspunkte"); NVwZ-RR 2001, 198; BayVGH, Beschl. v. 24.05.2017 – 9 ZB 16.391, BeckRS 2017, 111556; VGH BW VBlBW 2018, 36; Kopp/Ramsauer VwVfG § 48 Rn. 137 f.; Maurer/Waldhoff § 11 Rn. 31; Ehlers/Kallerhoff Jura 2009, 823, 832; vgl. auch Struzina/Lindner NVwZ 2016, 1295 ff.
[206] Bader/Ronellenfitsch VwVfG § 48 Rn. 88; Kopp/Ramsauer VwVfG § 48 Rn. 137.

Rücknahme rechtswidriger begünstigender VAe

Geld- oder teilbare Sachleistung

Rücknahme nach § 48 Abs. 2 VwVfG **unzulässig**,
- soweit Begünstigter auf Bestand des VA **vertraut** hat und
- Vertrauen **schutzwürdig**
  - In der Regel (+)
    Leistungen verbraucht oder Vermögensdispositionen getroffen
  - (–)
    bei Kenntnis, grob fahrlässiger Unkenntnis, falschen Angaben, Arglist, Drohung oder Bestechung
  - Im Übrigen:
    umfassende Interessenabwägung

sonstige begünstigende VAe

- Vertrauensschutz steht Rücknahme nicht generell entgegen, nur **Ersatzanspruch** nach § 48 Abs. 3 VwVfG
- Rücknahme nach **Ermessen**
- Umstritten, ob **Vertrauen** auf Bestand des VA im Ermessen zu berücksichtigen ist
  - Teilw. (–): Vertrauensschutz bewirkt nur Ersatzanspruch nach § 48 Abs. 3 VwVfG
    ⇨ Grds. kein Bestandsschutz
  - A.A.: umfassende Interessenabwägung zwischen öffentlichen und privaten Interessen

B. Anspruch auf Ersatz der Architektenkosten

Dem B könnte ein Anspruch auf Ersatz der Architektenkosten gemäß **§ 48 Abs. 3 S. 1 VwVfG** zustehen.

I. Formelle Voraussetzungen

163 Verfahrensmäßig ist ein **Antrag** des Betroffenen (§ 48 Abs. 3 S. 1 VwVfG) auf Festsetzung des auszugleichenden Betrages **durch VA** (§ 48 Abs. 3 S. 4 VwVfG) erforderlich. Der Antrag muss innerhalb eines Jahres gestellt werden, worauf der Betroffene von der Behörde hinzuweisen ist (§ 48 Abs. 3 S. 5 VwVfG).

Weigert sich die Behörde den Festsetzungs-VA zu erlassen, muss der Betroffene Verpflichtungsklage erheben (§ 42 Abs. 1 Fall 2 VwGO). Eine Leistungsklage unmittelbar auf Geldleistung wäre dagegen unzulässig.[207]

II. Materielle Voraussetzungen

164 1. Der Ausgleichsanspruch nach § 48 Abs. 3 VwVfG setzt voraus, dass eine **Rücknahme durch die Behörde** bereits erfolgt ist. Dass der Rücknahmebescheid bestandskräftig ist, ist nicht erforderlich.[208]

Beachte: § 48 Abs. 3 VwVfG ist nicht anwendbar, wenn die Rücknahme anlässlich eines Rechtsbehelfsverfahrens erfolgt, soweit dadurch dem Rechtsbehelf abgeholfen wird (§ 50 VwVfG), s.o. Rn. 83.

a) Es muss eine **wirksame Rücknahme** eines **rechtswidrigen VA** durch die Behörde erfolgt sein.

---

[207] Kopp/Ramsauer VwVfG § 48 Rn. 144.
[208] Bader/Ronellenfitsch VwVfG § 48 Rn. 91.

Ein Anspruch aus § 48 Abs. 3 VwVfG scheidet aus, wenn der **Rücknahmebescheid nichtig** ist (§ 44 VwVfG). Denn nur eine wirksame Rücknahme kann den Ausgleichsanspruch begründen.[209] Ebenso besteht kein Ausgleichsanspruch nach § 48 Abs. 3 VwVfG bei **nichtigem Erstbescheid**, auch wenn dieser deklaratorisch aufgehoben wird. Denn bei einem nichtigen VA kann kein schutzwürdiges Vertrauen bestehen.[210]

b) Die Rücknahme muss sich auf einen **begünstigenden VA** i.S.d. § 48 Abs. 1 S. 2 VwVfG beziehen, der **keine Geld- oder teilbare Sachleistung** i.S.d. § 48 Abs. 2 VwVfG gewährt. Bei der Baugenehmigung handelt es sich – wie festgestellt – um einen rechtswidrigen sonstigen begünstigenden VA, der unter § 48 Abs. 3 VwVfG fällt und den die Behörde wirksam aufheben kann.

2. Der Betroffene muss einen **Vermögensnachteil** erlitten haben. Dieser besteht i.d.R. in Aufwendungen, die durch die Rücknahme des VA sinnlos geworden sind, hier also in den vergeblichen Planungskosten des B.

3. Weiter setzt § 48 Abs. 3 VwVfG voraus, dass der Betroffene auf den Bestand des VA **vertraut** hat und sein Vertrauen unter Abwägung mit dem öffentlichen Interesse **schutzwürdig** ist.

a) Hinsichtlich der **Schutzwürdigkeit** verweist § 48 Abs. 3 S. 2 VwVfG zwar lediglich auf die Ausschlusstatbestände in § 48 Abs. 2 S. 3 VwVfG, nicht dagegen auf die Regelvermutung in § 48 Abs. 2 S. 2 VwVfG. Gleichwohl ist anerkannt, dass die dort niedergelegten Grundsätze für die Prüfung der Schutzwürdigkeit des Vertrauens nach § 48 Abs. 3 S. 1 VwVfG entsprechend gelten.[211]

Vorliegend hat B mit der Beauftragung des Architekten im Vertrauen auf den Bestand der Baugenehmigung **Vermögensdispositionen** getroffen, die er nicht mehr rückgängig machen kann. Damit greift zugunsten des B Vertrauensschutz entsprechend § 48 Abs. 2 S. 2 Alt. 2 VwVfG ein.

b) Das Vertrauen des B muss schließlich nach § 48 Abs. 3 S. 1 VwVfG auch „unter Berücksichtigung des öffentlichen Interesses" **schutzwürdig** sein. Dabei unterscheidet sich das **öffentliche Interesse** i.S.d. § 48 Abs. 3 S. 1 VwVfG grundlegend von dem Rücknahmeinteresse i.S.d. § 48 Abs. 1 S. 1 VwVfG. Es bezieht sich nicht auf die Aufhebung des rechtswidrigen VA als solchen, sondern nur noch auf eine Vermeidung der Pflicht zum Nachteilsausgleich.[212] Das damit allein maßgebende **fiskalische Interesse** vermag das schutzwürdige Vertrauen des B hier indes nicht zu überwiegen. Da die Verantwortung für die Rechtswidrigkeit der Baugenehmigung aufgrund des Ausfertigungsfehlers der Satzung in der Sphäre der Behörde liegt und B sich auf die Schutzwürdigkeit seines Vertrauens berufen kann, ist kein Grund ersichtlich, warum er die Rücknahme der Baugenehmigung ohne Kompensation hinnehmen müsste.

III. **Rechtsfolge** des § 48 Abs. 3 S. 1 VwVfG ist der Ersatz des **Vertrauensschadens** (sog. negatives Interesse). Der Betroffene ist finanziell so zu stellen, wie er stünde, wenn

---

209 OVG NRW NWVBl. 2013, 59.
210 Bader/Ronellenfitsch VwVfG § 48 Rn. 93.
211 BVerwG RÜ 2010, 455, 458; Stelkens/Bonk/Sachs VwVfG § 48 Rn. 193 f.; Bader/Ronellenfitsch VwVfG § 48 Rn. 94; Kopp/Ramsauer VwVfG § 48 Rn. 141.
212 BVerwG RÜ 2010, 455, 459.

der rechtswidrige VA **nicht erlassen worden wäre**.[213] Ohne Baugenehmigung hätte B den A nicht mit der weiteren Planung beauftragt. Daher hat B einen Anspruch auf Ersatz der vergeblich aufgewandten Architektenkosten i.H.v. 5.000 €.

Gegenbeispiel: Nicht ersatzfähig wäre dagegen der Schaden, der dem B dadurch entsteht, dass er das zu errichtende Gebäude nicht vermieten kann. Denn dadurch würde B nicht so gestellt, wie er stünde, wenn der rechtswidrige VA nicht erlassen worden wäre, sondern wie er stünde, wenn die Baugenehmigung erlassen worden wäre und weiterhin Bestand hätte. Der Vermögensnachteil, der dadurch eintritt, dass der VA entgegen der Erwartung des Betroffenen keinen Bestand hat, ist nicht auszugleichen.[214] Unberührt bleiben allerdings Amtshaftungsansprüche (Art. 34 GG, § 839 BGB), wenn der Erlass des VA eine schuldhafte Amtspflichtverletzung darstellt.[215]

Obergrenze des Anspruchs ist gemäß § 48 Abs. 3 S. 3 VwVfG das positive Interesse. Der Betroffene darf daher durch den Ausgleichsanspruch nicht besser gestellt werden, als er stünde, wenn die Rücknahme nicht erfolgt wäre.

Aufbauschema: Ausgleichsanspruch nach § 48 Abs. 3 VwVfG

I. Formelle Voraussetzungen

Antrag auf FestsetzungsVA bei der Behörde innerhalb eines Jahres

II. Materielle Voraussetzungen

1. **Rücknahme durch die Behörde** nach § 48 Abs. 1 S. 1 VwVfG, kein § 50 VwVfG
   a) **Rechtswidriger AusgangsVA**
   b) **Begünstigend** i.S.d. § 48 Abs. 1 S. 2 VwVfG
   c) **Kein Fall des § 48 Abs. 2 VwVfG**
2. **Vermögensnachteil erlitten**
3. **Im schutzwürdigen Vertrauen auf Bestand des VA** (§ 48 Abs. 3 S. 2 i.V.m. § 48 Abs. 2 VwVfG)

III. Rechtsfolge: Ersatz des **Vertrauensschadens**

---

4. Abschnitt: Die Rückforderung gemäß § 49 a VwVfG

169 Soweit ein Verwaltungsakt mit Wirkung für die Vergangenheit zurückgenommen oder widerrufen worden ist, sind bereits erbrachte Leistungen nach § 49 a Abs. 1 S. 1 VwVfG zu erstatten.

Beispiel: Dem G ist eine Subvention i.H.v. 20.000 € bewilligt worden, die dieser zweckwidrig verwendet hat. Die Behörde hat den Bewilligungsbescheid ermessensfehlerfrei nach § 49 Abs. 3 S. 1 Nr. 1 VwVfG mit Wirkung für die Vergangenheit widerrufen. G ist gemäß § 49 a Abs. 1 S. 1 VwVfG zur Rückzahlung der erhaltenen 20.000 € verpflichtet.

---

213 OVG NRW NWBl. 2013, 59, 60.
214 OVG NRW NWVBl. 2013, 59, 60; Kopp/Ramsauer VwVfG § 48 Rn. 143.
215 Kopp/Ramsauer VwVfG § 48 Rn. 140 und unten Rn. 607 ff.

I. Anwendbarkeit

Auch § 49 a VwVfG ist nur anwendbar, soweit nicht **spezialgesetzliche Vorschriften** die Erstattung regeln (z.B. im Beamtenrecht § 12 Abs. 2 BBesG, § 52 Abs. 2 BeamtVG und § 84 a BBG, im Soldatenrecht § 56 Abs. 4 SG, im Sozialrecht § 50 SGB X und im Abgabenrecht § 37 Abs. 2 AO).

170

II. Voraussetzungen

1. Unwirksamwerden des VA

§ 49 a VwVfG gilt nur bei **Rücknahme** (§ 48 VwVfG) und **Widerruf** (§ 49 VwVfG) mit Wirkung **für die Vergangenheit**, außerdem bei nachträglicher Rechtsgrundlosigkeit durch **Eintritt einer auflösenden Bedingung**[216] und **analog** bei einer **vorläufigen Bewilligung**, wenn der Schlussbescheid niedriger ausfällt.[217] In diesen Fällen verdrängt § 49 a VwVfG den allgemeinen öffentlich-rechtlichen Erstattungsanspruch (dazu unten Rn. 488 ff.).

171

Beachte: Der allgemeine Erstattungsanspruch bleibt dagegen anwendbar bei Aufhebung im verwaltungsgerichtlichen Verfahren (§ 113 Abs. 1 S. 1 VwGO), bei Aufhebung im Vorverfahren durch Abhilfe- oder Widerspruchsbescheid (§§ 72, 73 VwGO) sowie bei ursprünglicher Nichtigkeit des Bewilligungsbescheides nach § 44 VwVfG.[218] In diesen Fällen ist § 49 a VwVfG nicht einschlägig.

§ 49 a VwVfG erfasst nicht den **Widerruf nur für die Zukunft**.

172

In der Vergangenheit erhaltene Beträge müssen grds. nur zurückgezahlt werden, wenn sich der Widerruf nach § 49 Abs. 3 VwVfG auf die **Vergangenheit** erstreckt und damit durch die Aufhebung der Bewilligung der Rechtsgrund für die Zahlung entfällt. Die Rspr. hat allerdings die Rückforderung früher auch beim Widerruf nach § 49 Abs. 2 VwVfG zugelassen: Der Bewilligungsbescheid sei nur Rechtsgrund für die **Gewährung** der Subvention. Deren endgültiges **Behalten** setze zusätzlich voraus, dass der Bescheid auch künftig wirksam bleibe. Auch ein Widerruf für die Zukunft löse daher einen Rückforderungsanspruch aus.[219] Diese in der Lit. bereits früher kritisierte Hilfskonstruktion ist durch § 49 Abs. 3 VwVfG überflüssig geworden, wird aber z.T. immer noch vertreten. Geht man mit der früheren Rspr. davon aus, dass auch bei einem Widerruf ex nunc die Rechtsgrundlage für das Behaltendürfen der Leistung entfällt, ist allerdings nicht § 49 a VwVfG, sondern der allgemeine öffentlich-rechtliche Erstattungsanspruch einschlägig.[220]

2. Leistung aufgrund eines VA

§ 49 a VwVfG setzt voraus, dass die zu erstattenden Leistungen **auf der Grundlage eines VA** erbracht worden sind. Das bedeutet, dass Leistungen, die auf einem anderen Rechtsgrund beruhen, z.B. einem öffentlich-rechtlichen oder einem privatrechtlichen Vertrag, **nicht** nach § 49 a Abs. 1 VwVfG zurückgefordert werden können.[221]

173

---

216 Zur Abgrenzung zwischen Auflage und auflösender Bedingung BVerwG RÜ 2015, 739, 741; dazu Waldhoff JuS 2016, 187, 188; ebenso BVerwG DÖV 2017, 968.
217 BVerwG RÜ 2017, 605, 606; BVerwG RÜ 2016, 803, 805; BVerwG RÜ 2010, 188, 190 f.; a.A. Stelkens/Bonk/Sachs VwVfG § 49 a Rn. 8; zum vorläufigen VA allgemein AS-Skript Verwaltungsrecht AT 1 (2022), Rn. 242 ff.
218 Stelkens/Bonk/Sachs VwVfG § 49 a Rn. 7; Gurlit in: Ehlers/Pünder § 35 Rn. 18.
219 BVerwGE 95, 213, 225; OVG NRW, Urt. v. 04.11.1993 – 4 A 3488/92, BeckRS 1994, 21731.
220 Kopp/Ramsauer VwVfG § 49 a Rn. 6 u. 8; Manssen/Greim JuS 2010, 429, 433; für eine analoge Anwendung des § 49 a VwVfG Stelkens/Bonk/Sachs VwVfG § 49 a Rn. 16 u. 19; generell ablehnend Folnovic/Hellriegel NVwZ 2016, 638, 642.
221 BVerwG NJW 2006, 536 ff.

174 **Beispiel:** Hat die Behörde eine Subvention in Anwendung der **Zwei-Stufen-Theorie** durch VA bewilligt und sodann auf der Grundlage eines privatrechtlichen Darlehensvertrages ausgezahlt, wurde früher davon ausgegangen, dass der Bewilligungsbescheid die Rückabwicklung in der Weise überlagert, dass die Rückforderung auch bei zweistufiger Gestaltung nach § 49 a VwVfG erfolgen könne. Dagegen spricht jedoch, dass ein Wegfall des Bewilligungsbescheides nicht automatisch zur Unwirksamkeit des Darlehensvertrages führt. Solange der Darlehensvertrag nicht gekündigt ist, bleibt der Vertrag Rechtsgrundlage für das Behaltendürfen des Darlehensbetrages. Die Rückforderung kann daher nicht nach § 49 a VwVfG erfolgen, sondern muss – nach außerordentlicher Kündigung des Darlehensvertrages – im Wege der Leistungsklage vor den ordentlichen Gerichten durchgesetzt werden.[222]

175 Umstritten ist, ob dies auch dann gilt, wenn eine durch **privatrechtlichen Vertrag** gewährte **europarechtswidrige Subvention** zurückgefordert werden soll. Hier wird teilweise geltend gemacht, nur eine Rückforderung durch sofort vollziehbaren VA könne die vom Unionsrecht vorgeschriebene unverzügliche Durchsetzung gewährleisten (s.o. Rn. 136 ff.). Die an die Bundesrepublik gerichtete Kommissionsentscheidung, eine unionsrechtswidrige Beihilfe zurückzufordern, sei öffentlich-rechtlicher Natur und führe dazu, dass auch das Rückforderungsverhältnis zu dem Beihilfeempfänger öffentlich-rechtlich ausgestaltet sei, selbst wenn die Beihilfe privatrechtlich gewährt worden sei.[223]

Die Gegenansicht verweist auf das Fehlen einer Ermächtigungsgrundlage für einen entsprechenden Rückforderungsbescheid. Das Unionsrecht überlasse die rechtliche Umsetzung der Subventionsrückforderung dem nationalen Recht, sofern die effektive Durchsetzung des Unionsrechts nicht praktisch unmöglich gemacht werde.[224] Die Kommissionsentscheidung könne eine privatrechtlich ausgestaltete Subvention nicht in ein öffentlich-rechtliches Rechtsverhältnis umgestalten.[225] Die Behörde sei vielmehr gehalten, zur zeitnahen Durchsetzung des privatrechtlichen Rückforderungsanspruchs den Weg des vorläufigen Rechtsschutzes nach der ZPO zu beschreiten.[226]

III. Rechtsfolgen

1. Gebundener VA

176 Anders als beim Erlass des Widerrufs- oder des Rücknahme-VA gemäß §§ 48, 49 VwVfG hat die Behörde bei der Rückforderung nach § 49 a Abs. 1 VwVfG **kein Ermessen** (vgl. „sind ... zu erstatten").[227] § 49 a Abs. 1 S. 2 VwVfG sieht die Festsetzung der zu erstattenden Leistung **durch VA** vor[228] und schließt damit – anders als sonst – die Rückforderung durch Leistungsklage aus.[229]

Beispiele: Durch Leistungsbescheid nach § 49 a Abs. 1 VwVfG kann auch die Rückforderung von einem Dritten erfolgen, der hierfür aufgrund eines Schuldbeitritts haftet.[230] Dagegen ermächtigt § 49 a VwVfG im Fall des Widerrufs eines Zuwendungsbescheides gegenüber einer Gesellschaft nicht zum Erlass eines Erstattungsbescheides gegenüber einem bereits aus der Gesellschaft ausgeschiedenen, nach § 736 Abs. 2 BGB, §§ 128 S. 1, 160 Abs. 1 S. 1 HGB nachhaftenden Gesellschafter.[231]

---

[222] BVerwG NJW 2006, 536, 537 f.; Gurlit in: Ehlers/Pünder § 35 Rn. 18; Ebeling/Tellenbröker JuS 2014, 217, 222; Korte Jura 2017, 656, 665; anders ohne Begründung BVerwG RÜ 2017, 450 für ein „durch Verwaltungsakt gewährtes Darlehen".

[223] OVG Berlin-Brandenburg, Urt. v. 29.12.2006 – OVG 8 S 42.06, BeckRS 2007, 20982; VG Trier, Beschl. v. 08.03.2013 – 1 K 1053/12.TR, BeckRS 2013, 48041; dazu allgemein Förtsch KommJur 2014, 167, 172.

[224] ThürOVG RÜ 2011, 254, 257; Hildebrandt/Castillon NVwZ 2006, 298, 299 f.; Vögler NVwZ 2007, 294, 297; Gundel JA 2007, 668, 669; Goldmann Jura 2008, 275, 279 f.; Haas/Hoffmann JA 2009, 119, 121.

[225] Ludwigs Jura 2007, 612, 615; vgl. im Ergebnis auch BGH NVwZ 2007, 973, 974.

[226] Ehlers JK 7/06 EGV 87 I/2; Ludwigs Jura 2007, 612, 613; Goldmann Jura 2008, 275, 281.

[227] Vgl. BVerwG, Beschl. v. 28.10.2002 – BVerwG 3 B 152.02, BeckRS 2002, 24640; Stelkens/Bonk/Sachs VwVfG § 49 a Rn. 37; Gurlit in: Ehlers/Pünder § 35 Rn. 23; Faßbender JuS 2016, 538, 544; zweifelnd BVerwG RÜ 2011, 390, 393.

[228] Vgl. OVG NRW NWVBl. 2004, 314, 315 (VA-Befugnis auch gegenüber anderen Hoheitsträgern).

[229] Gurlit in: Ehlers/Pünder § 35 Rn. 23; vgl. allgemein AS-Skript Verwaltungsrecht AT 1 (2022), Rn. 355.

[230] BVerwG RÜ 2011, 390, 391; Waldhoff JuS 2012, 381, 382; Korte Jura 2017, 656, 663 f.

[231] BVerwG NVwZ 2017, 1463.

2. Umfang des Anspruchs

§ 49 a Abs. 2 VwVfG regelt den **Umfang des Erstattungsanspruchs** durch (Rechtsfolgen-) Verweis auf die Vorschriften über die ungerechtfertigte Bereicherung (§§ 812 ff. BGB). Entsprechend § 818 Abs. 2 BGB ist der Begünstigte zum Wertersatz verpflichtet, wenn ihm die Herausgabe unmöglich ist. Auf den Wegfall der Bereicherung (§ 818 Abs. 3 BGB) kann er sich nicht berufen, soweit er die Umstände, die zur Aufhebung des VA geführt haben, kannte oder – abweichend von § 819 Abs. 1 BGB – infolge grober Fahrlässigkeit nicht kannte (§ 49 a Abs. 2 S. 2 VwVfG).

177

§ 49 a Abs. 3 VwVfG schreibt außerdem die **Verzinsung** des zu erstattenden Betrages ab Eintritt der Unwirksamkeit des Bewilligungsbescheides vor. Von der Zinspflicht kann bei mangelndem Verschulden abgesehen werden. Nach § 49 a Abs. 4 S. 1 VwVfG können auch **Zwischenzinsen** bis zur zweckentsprechenden Verwendung verlangt werden, nach § 49 a Abs. 4 S. 2 VwVfG Zinsen bei verfrühter Inanspruchnahme.[232]

178

In der derzeitigen Niedrigzinsphase wird diskutiert, ob sich die in § 49 a Abs. 3 S. 1 VwVfG vorgesehene Verzinsung mit einem Zinssatz von 5 Prozentpunkten über dem Basiszinssatz als verfassungswidrig erweist.[233] Für den Bereich der Steuererstattungen (dort 6%) hat das BVerfG bereits die Verfassungswidrigkeit festgestellt.[234]

Für Ansprüche aus § 49 a VwVfG gilt – anders als früher – nicht mehr die kenntnisunabhängige 30-jährige Verjährungsfrist, sondern die kenntnisabhängige **dreijährige Verjährung** nach §§ 195, 199 BGB. Der Gesetzgeber hat zwar mit der Schuldrechtsreform 2002 abweichend vom ursprünglichen Gesetzentwurf die Verjährung öffentlich-rechtlicher Ansprüche nicht geregelt, jedoch in der Folgezeit die §§ 53, 102 VwVfG neu gefasst und für das Verjährungsrecht auf die zivilrechtlichen Übergangsvorschriften in Art. 229 § 6 EGBGB verwiesen. Damit hat er zu erkennen gegeben, dass jedenfalls Ansprüche aus dem VwVfG dem (neuen) Verjährungsrecht des BGB unterliegen[235]

3. Adressat des Rückforderungsbescheids

Schuldner des Rückforderungsanspruchs und damit Adressat des Rückforderungsbescheids ist i.d.R. der durch den aufzuhebenden VA **Begünstigte**. Daneben können auch diejenigen Personen in Anspruch genommen werden, die durch öffentlich-rechtlichen Vertrag einen **Schuldbeitritt** zur Erstattungsschuld aus § 49 a Abs. 1 S. 1 VwVfG erklärt haben[236] oder infolge Erbgangs (Universalsukzession, §§ 1922 Abs. 1, 1967 Abs. 1 BGB) in das durch den begünstigenden Verwaltungsakt begründete Rechtsverhältnis eingetreten sind.[237]

179

Bürgen oder ausgeschiedene Gesellschafter können dagegen nicht durch Leistungsbescheid in Anspruch genommen werden.[238] Die Rückforderung richtet sich an die Gesellschaft als eigenständiges Rechtssubjekt und die ausgeschiedenen Gesellschafter sind ebenso wie der Bürge nicht gleichrangige Rückzahlungsschuldner.

---

232 Zur Zinspflicht vgl. BVerwG NVwZ 2005, 964; OVG NRW, Urt. v. 20.04.2012 – 4 A 2005/10, BeckRS 2012, 50899.
233 Für die Verfassungswidrigkeit Medejska NVwZ 2020, 1409; den Zinssatz ohne entsprechende Bedenken anwendend OVG LSA, Beschl. v. 27.12.2021 – 2 L 92/20.Z, BeckRS 2021, 40651.
234 BVerfG NJW 2021, 3309.
235 BVerwG NVwZ 2022, 488; RÜ 2017, 450, 453; DVBl. 2017, 844; dazu Scherer-Leydecker DVBl. 2017, 913; Bayer NVwZ 2017, 972; anders BVerwG RÜ 2017, 605, 606 bei Schlussbescheiden über eine Subvention; allgemein Folnovic/Hellriegel NVwZ 2016, 638, 641.
236 BVerwG NVwZ 2011, 1193.
237 OVG NRW RÜ 2018, 728, 730 u. 733; Waldhoff JuS 2019, 191.
238 BVerwG NVwZ 2017, 1463.

1. Teil — Aufhebung von Verwaltungsakten

> **Aufbauschema: Rückforderung gemäß § 49 a VwVfG**
>
> I. **Ermächtigungsgrundlage:** § 49 a VwVfG
> II. **Formelle Rechtmäßigkeit**
>   1. **Zuständigkeit**
>   2. **Verfahren, Form** (insbes. §§ 28, 37, 39 VwVfG)
>
> III. **Materielle Rechtmäßigkeit**
>   1. **Voraussetzungen der Ermächtigungsgrundlage**
>   a) Rücknahme oder Widerruf für die Vergangenheit oder Eintritt einer auflösenden Bedingung
>   – Analog, wenn Schlussbescheid vorläufige Bewilligung ersetzt
>   – Nicht bei Aufhebung im Rechtsbehelfsverfahren oder bei Nichtigkeit
>   b) Leistung aufgrund des unwirksam gewordenen VA
>   2. **Rechtsfolgen**
>   – Gebundene Entscheidung, kein Ermessen (§ 49 a Abs. 1 S. 1 VwVfG)
>   – Rückforderung durch VA (§ 49 a Abs. 1 S. 2 VwVfG)
>   – Umfang nach § 49 a Abs. 2 VwVfG entsprechend § 818 BGB
>   – Verzinsung, § 49 a Abs. 3 u. Abs. 4 VwVfG

5. Abschnitt: Das Wiederaufgreifen des Verwaltungsverfahrens, § 51 VwVfG

A. Unterschied Aufhebung und Wiederaufgreifen

180 Die §§ 48, 49 VwVfG regeln die **Befugnis der Behörde**, einen Verwaltungsakt aufzuheben, auch nachdem er unanfechtbar geworden ist, enthalten also Ermächtigungsgrundlagen für die Behörde. Ein unanfechtbarer VA kann aber auch auf **Antrag des Adressaten** aufgehoben werden. Man spricht dann vom **Wiederaufgreifen des Verfahrens**.

Beispiel: Die Behörde hat gegenüber Bauherrn B eine bauordnungsrechtliche Beseitigungsverfügung erlassen. Nachdem diese unanfechtbar geworden ist, möchte B gleichwohl erreichen, dass die Beseitigungsverfügung aufgehoben wird.

I. Die Bestandskraft des VA

181 Wird ein **belastender VA** nicht mit den dagegen zulässigen Rechtsbehelfen (Widerspruch und/oder Anfechtungsklage) innerhalb der Monatsfrist der §§ 70 Abs. 1, 74 Abs. 1 VwGO angefochten, wird er **unanfechtbar**. Dasselbe gilt bei fehlender oder unrichtiger Rechtsbehelfsbelehrung nach Ablauf von einem Jahr (§ 58 Abs. 2 VwGO). Der Eintritt der Unanfechtbarkeit hat grundsätzlich zur Folge, dass das Verwaltungsverfahren abgeschlossen ist. Der VA ist **bestandskräftig**.

Das gilt nicht nur für belastende VAe, sondern grds. auch in den Fällen, in denen ein **begünstigender VA abgelehnt** worden ist. Wird die Ablehnungsentscheidung unanfechtbar, sind Rechtsbehelfe dagegen unzulässig. Die Bestandskraft hat aber auch Auswirkungen auf künftige Anträge. Denn sonst könnte der Betroffene die Bestandskraft einfach durch Stellung eines neuen Antrags unterlaufen (vgl. auch die Spezialregelung für Folgeanträge in § 71 AsylG).[239]

182

Beispiel: Der Antrag des G auf Erteilung einer Gewerbeerlaubnis ist bestandskräftig abgelehnt worden, da G unzuverlässig ist. Ein erneuter Antrag ist nur zulässig, wenn neue entscheidungserhebliche Umstände geltend gemacht werden.[240] Einen unzulässigen Wiederholungsantrag kann die Behörde mit einer sog. **wiederholenden Verfügung** ablehnen. Dabei handelt es sich mangels Regelung nicht um einen neuen VA, sondern um einen bloßen Hinweis auf die bereits getroffene Entscheidung.[241]

Etwas anderes soll allerdings bei **Ablehnung einer Baugenehmigung** gelten. Mit Rücksicht auf die von Art. 14 GG geschützte Baufreiheit muss nach h.Rspr. über jeden neuen Antrag sachlich neu entschieden werden, die Bestandskraft des Ablehnungsbescheides stehe dem nicht entgegen.[242] Die Gegenansicht verweist darauf, dass ein bestandskräftiger Ablehnungsbescheid die verbindliche Feststellung beinhalte, dass dem Bauvorhaben öffentlich-rechtliche Vorschriften entgegenstehen. Ein wiederholter Bauantrag sei daher als Antrag auf Wiederaufgreifen des Verfahrens zu beurteilen.[243]

183

II. Überwindung der Bestandskraft

Die **Bestandskraft** des VA ist jedoch **nicht unabänderlich**, da einem VA keine höhere Bestandskraft zukommen kann als gerichtlichen Urteilen. Diese können im Wege des Wiederaufnahmeverfahrens nach § 153 VwGO i.V.m. §§ 578 ff. ZPO beseitigt werden.[244] Dem entspricht im Verwaltungsverfahren das **Wiederaufgreifen des Verfahrens** nach § 51 VwVfG, um die Bestandskraft des VA zu überwinden.

184

- Ein **Anspruch auf Wiederaufgreifen** besteht nur ausnahmsweise unter den engen Voraussetzungen des § 51 Abs. 1 VwVfG **(Wiederaufgreifen im engeren Sinne)**.

185

- Im Übrigen steht das Wiederaufgreifen im **Ermessen** der Behörde. Das folgt aus § 51 Abs. 5 VwVfG, wonach die §§ 48 Abs. 1 S. 1, 49 Abs. 1 VwVfG unberührt bleiben **(Wiederaufgreifen im weiteren Sinne)**.[245]

Der **Grund der Unanfechtbarkeit** ist für das Wiederaufgreifen **irrelevant**. Der VA kann unanfechtbar werden durch Nichtgebrauch von Rechtsbehelfen; ein Wiederaufgreifen ist aber auch nach rechtskräftiger Klageabweisung im Vorprozess möglich.[246] So kann die Rechtskraftwirkung gemäß § 121 VwGO nach § 51 VwVfG überwunden werden, wenn der Betroffene einen Anspruch auf ein Wiederaufgreifen des Verfahrens hat (§ 51 Abs. 1 VwVfG) oder die Behörde das Verfahren im Ermessenswege wieder auf-

---

239 Zu § 71 AsylG vgl. z.B. BayVGH, Beschl. v. 02.10.2018 – 9 ZB 18.32420, BeckRS 2018, 25055; VGH BW, Beschl. v. 29.05.2017 – 11 S 2493/16, BeckRS 2017, 114489.
240 BVerwG NVwZ 1991, 272, 273; NVwZ 1989, 161, 162; BGH NJW-RR 2009, 138, 139; Bader/Ronellenfitsch VwVfG § 51 Rn. 7; abweichend Kopp/Ramsauer VwVfG § 51 Rn. 7 a, 8, die auf die konkrete Regelungswirkung der Ablehnung abstellen.
241 Kopp/Ramsauer VwVfG § 51 Rn. 7 d, § 35 Rn. 97; vgl. auch AS-Skript Verwaltungsrecht AT 1 (2022), Rn. 208 ff.
242 BVerwG NJW 1976, 340, 341; VGH BW NVwZ-RR 2002, 6; Kopp/Ramsauer VwVfG § 51 Rn. 7 a.
243 VG Karlsruhe RÜ2 2016, 287 f.; vgl. auch BayVGH BayVBl. 2016, 383: Die Bestandskraft einer Beseitigungsanordnung kann durch einen neuen Bauantrag nicht infrage gestellt werden; dazu Muckel JA 2016, 399.
244 Vgl. z.B. BVerwG NJW 2017, 2215.
245 BVerwG RÜ 2010, 253, 255; Maurer/Waldhoff § 11 Rn. 88 ff.; kritisch zur Begrifflichkeit Ruffert in: Ehlers/Pünder § 26 Rn. 12.
246 BVerwG RÜ 2010, 253, 254; Kopp/Ramsauer VwVfG § 51 Rn. 15; Sanden DVBl. 2007, 665, 666; Sasse Jura 2009, 493, 494.

greift (§ 51 Abs. 5 VwVfG).[247] Das Verfahren nach § 51 VwVfG kann zwar die Rechtskraft des Urteils nicht beseitigen. Das Urteil wird jedoch gegenstandslos, wenn die Behörde eine neue (abweichende) Sachentscheidung trifft (sog. **Zweitbescheid**).

B. Anspruch auf Wiederaufgreifen

186 Nach § 51 Abs. 1 VwVfG besteht ein **Anspruch auf Wiederaufgreifen**, wenn einer der dort aufgeführten **Wiederaufgreifensgründe** vorliegt (z.B. nachträgliche Änderung der Sach- und Rechtslage zugunsten des Betroffenen oder Vorliegen neuer Beweismittel). Verfahrensmäßig sind hierbei **zwei Entscheidungen** und damit **zwei selbstständige VAe** zu unterscheiden:[248]

- die **verfahrensrechtliche Entscheidung** zum **Wiederaufgreifen des Verfahrens** zur Überwindung der Bestandskraft des ursprünglichen VA (des Erstbescheids) und

- die erneute **Entscheidung in der Sache** selbst (der Zweitbescheid).

Beachte: § 51 Abs. 1 VwVfG regelt nur die erste Stufe (das Wiederaufgreifen). Erst auf der zweiten Stufe trifft die Behörde eine erneute Entscheidung in der Sache, ob sie den unanfechtbaren VA ändert, aufhebt oder bestätigt.

Beispiel: Auch wenn die Behörde ihre Entscheidung für ein Wiederaufgreifen des Verfahrens mit der ablehnenden Sachentscheidung verbunden hat, darf das Verwaltungsgericht die Behörde nur dann zum Erlass des begehrten Verwaltungsakts verpflichten, wenn neben dessen Voraussetzungen auch diejenigen für das Wiederaufgreifen des Verfahrens nach § 51 VwVfG erfüllt sind.[249]

I. Entscheidung über das Wiederaufgreifen (1. Stufe)

187 Ein **Anspruch auf Wiederaufgreifen des Verfahrens** nach § 51 Abs. 1 VwVfG besteht, wenn ein Antrag des Bürgers auf Wiederaufgreifen zulässig und begründet ist.

Aufbauschema: Wiederaufgreifen des Verfahrens nach § 51 Abs. 1 VwVfG

1. **Zulässigkeit des Antrags auf Wiederaufgreifen**
   a) Antrag statthaft, wenn Erstbescheid unanfechtbar
   b) Antragsbefugnis: Beschwer durch Erstbescheid
   c) Schlüssige Darlegung eines Wiederaufgreifensgrundes
   d) Unverschuldetes Hindernis
   e) Antragsfrist: drei Monate ab Kenntnis vom Wiederaufgreifensgrund
2. **Begründetheit des Antrags auf Wiederaufgreifen**
   Vorliegen eines Wiederaufgreifensgrundes nach § 51 Abs. 1 VwVfG

---

[247] BVerwG, Urt. v. 14.06.2017 – BVerwG 8 C 7.16, BeckRS 2017, 124190; BVerwG BayVBl. 2012, 478, 479.
[248] Maurer/Waldhoff § 11 Rn. 80; Kopp/Ramsauer VwVfG § 51 Rn. 53; Sasse Jura 2009, 493, 494.
[249] BVerwG NVwZ-RR 2021, 1005, 1006; dazu Schübel-Pfister JuS 2022, 416, 420.

1. Zulässigkeit des Antrags auf Wiederaufgreifen

Die Zulässigkeit des Antrags richtet sich nach § 51 Abs. 1–3 VwVfG.

188

- Der Antrag auf Wiederaufgreifen ist **statthaft**, wenn der VA, dessen Aufhebung oder Änderung begehrt wird, **unanfechtbar** ist. Ist der VA noch anfechtbar, kann der Antrag in einen Widerspruch umgedeutet werden, wenn ein solcher zulässig ist.[250]

- Der Antragsteller muss **antragsbefugt** sein, d.h. er muss durch den VA, dessen Aufhebung oder Änderung er begehrt, beschwert sein (vergleichbar der Klagebefugnis, § 42 Abs. 2 VwGO).[251] Das kann der Adressat des VA, aber auch ein Dritter sein, z.B. der Nachbar bei der Aufhebung der dem Bauherrn erteilten Baugenehmigung.

- Der Antragsteller muss das Vorliegen eines **Wiederaufgreifensgrundes schlüssig darlegen**, also z.B. geltend machen, dass sich die Sach- oder Rechtslage nachträglich zu seinen Gunsten geändert hat oder dass neue Beweismittel vorliegen, die eine ihm günstigere Entscheidung herbeigeführt haben würden (vgl. § 51 Abs. 1 VwVfG).[252] Ob der Wiederaufgreifensgrund **tatsächlich** vorliegt, ist dagegen eine Frage der **Begründetheit** des Antrags.[253]

  Das Erfordernis der Antragstellung und deren Fristgebundenheit (§ 51 Abs. 1 u. Abs. 3 VwVfG) haben zur Folge, dass das Verwaltungsgericht nur die geltend gemachten Gründe für ein Wiederaufgreifen prüfen darf.[254]

- Der Antrag ist nur zulässig, wenn der Betroffene **ohne grobes Verschulden** außerstande war, den Grund für das Wiederaufgreifen in dem früheren Verfahren, insbesondere durch Rechtsbehelfe, geltend zu machen (§ 51 Abs. 2 VwVfG).[255]

  Grobes Verschulden ist z.B. anzunehmen, wenn dem Betroffenen das Vorhandensein einer als Beweismittel in Betracht kommenden Urkunde (§ 51 Abs. 1 Nr. 2 VwVfG) bekannt war oder sich ihm aufgrund der Umstände des Einzelfalls hätte aufdrängen müssen.[256]

- Schließlich besteht eine **Antragsfrist** von drei Monaten nach Kenntnis vom Grund für das Wiederaufgreifen (§ 51 Abs. 3 VwVfG).

  Die Kenntnis erhält der Betroffene, wenn er sichere Kenntnis von den Tatsachen hat, die das Wiederaufgreifen rechtfertigen. Eine rechtliche Einordnung als Wiederaufgreifensgrund ist für den Fristbeginn nicht erforderlich.[257] Kennenmüssen, d.h. durch Fahrlässigkeit verschuldete Unkenntnis, reicht dagegen nicht aus (anders im Rahmen des § 51 Abs. 2 VwVfG).[258]

---

[250] OVG NRW NVwZ 1984, 655.
[251] Stelkens/Bonk/Sachs VwVfG § 51 Rn. 17; Kopp/Ramsauer VwVfG § 51 Rn. 10.
[252] BVerwG, Urt. v. 14.06.2017 – BVerwG 8 C 7.16, BeckRS 2017, 124190; BVerwG DVBl. 1985, 527, 528; Erichsen/Ebber Jura 1997, 424, 425; Sasse Jura 2009, 493, 494.
[253] Vgl. z.B. BVerwG NVwZ-RR 2015, 357.
[254] Vgl. BVerwG NVwZ 2021, 989, 990.
[255] Vgl. VGH BW VBlBW 2017, 251; Felix NVwZ 2003, 385, 389.
[256] Kanitz/Wendel JuS 2008, 58, 61; Sasse Jura 2009, 493, 494.
[257] VGH BW VBlBW 2017, 251, 252; Kopp/Ramsauer VwVfG § 51 Rn. 47.
[258] OVG Lüneburg, Beschl. v. 13.09.2018 – 2 LA 1087/17, BeckRS 2018, 23498; Kopp/Ramsauer VwVfG § 51 Rn. 47.

2. Begründetheit des Antrags auf Wiederaufgreifen

189 Der Antrag auf Wiederaufgreifen ist **begründet**, wenn einer der in § 51 Abs. 1 VwVfG genannten Gründe tatsächlich vorliegt.

Wiederaufgreifensgründe gemäß § 51 Abs. 1 VwVfG

- **Nr. 1: nachträgliche Änderung der Sach- oder Rechtslage zugunsten** des Betroffenen
- **Nr. 2: neue Beweismittel** führen zu **günstigerer Entscheidung**
- **Nr. 3: Wiederaufnahmegründe entsprechend § 580 ZPO**

---

190 ■ Nach § 51 Abs. 1 **Nr. 1** VwVfG besteht ein Anspruch auf Wiederaufgreifen des Verfahrens, wenn sich die dem Verwaltungsakt zugrunde liegende **Sach- und Rechtslage nachträglich zugunsten des Betroffenen geändert** hat.

Eine Änderung der **Sachlage** liegt vor, wenn sich die dem VA zugrunde liegenden Tatsachen geändert haben. Eine Änderung der **Rechtslage** setzt voraus, dass sich das für den Erlass des VA maßgebende materielle Recht geändert hat. Eine bloße Änderung der höchstrichterlichen Rspr. stellt dagegen keine Änderung der Rechtslage dar, ebenso nicht die Änderung der Verwaltungspraxis.[259]

Die Änderung muss **nachträglich** erfolgt sein. Es reicht daher nicht aus, wenn Tatsachen erst nachträglich bekannt werden, aber im Zeitpunkt des Erlasses des VA bereits vorlagen.[260] Außerdem muss die Änderung für den Inhalt des VA **entscheidungserheblich** sein, d.h. sich auf Umstände beziehen, die für den bestandskräftigen VA tatsächlich maßgeblich waren, und eine für den Betroffenen günstigere Entscheidung bewirken.[261]

191 ■ Nach § 51 Abs. 1 **Nr. 2** VwVfG besteht ein Anspruch auf Wiederaufgreifen des Verfahrens, wenn **neue Beweismittel** vorliegen, die eine dem Betroffenen **günstigere Entscheidung** herbeigeführt haben würden.

Unter **neuen Beweismitteln** sind neben Beweismitteln, die während des abgeschlossenen Verwaltungsverfahrens noch gar nicht zur Verfügung standen, auch solche zu verstehen, die im Zeitpunkt des Verfahrens zwar vorhanden waren, aber ohne Verschulden des Betroffenen nicht oder nicht rechtzeitig beigebracht werden konnten.[262]

Ob neue Beweismittel i.S.d. § 51 Abs. 1 Nr. 2 VwVfG eine dem Betroffenen **günstigere Entscheidung** herbeigeführt haben würde, ist auf der Grundlage der den bestandskräftigen Bescheid tragenden Rechtsauffassung zu beurteilen und nicht auf der Grundlage der heutigen Rechtsauffassung oder der früheren objektiven Rechtslage (z.B. wegen etwaiger späterer besserer Erkenntnisse).[263] Beweismittel, die nur nach heutiger und nicht nach der den Bescheid tragenden früheren Rechtsauffassung erheblich sind, können daher keinen Anspruch auf ein Wiederaufgreifen nach § 51 Abs. 1 Nr. 2 VwVfG begründen. Das neue Beweismittel muss vielmehr die Richtigkeit der tatsächlichen Entscheidungsgrundlage des Erstbescheids erschüttern und zur Überzeugung führen können, dass die Behörde ursprünglich von falschen tatsächlichen Voraussetzungen ausgegangen ist und in Kenntnis der wirklichen Verhältnisse zugunsten des Betroffenen entschieden haben würde.[264]

---

[259] BVerwG NVwZ-RR 2019, 170, 171; Kopp/Ramsauer VwVfG § 51 Rn. 30; Schoch/Schneider VwVfG § 51 Rn. 63; Detterbeck JuS 2021, 862, 866 u. 869; a.A. Grischek NVwZ 2021, 1492, 1496 für Entscheidungen des EuGH.
[260] VGH Mannheim VBlBW 2017, 251; Kopp/Ramsauer VwVfG § 51 Rn. 25.
[261] BVerwG NVwZ 2021, 989, 990; NVwZ-RR 2019, 170, 171.
[262] BVerwG NVwZ-RR 2021, 1005, 1006; Kopp/Ramsauer VwVfG § 51 Rn. 33.
[263] BVerwG NVwZ-RR 2021, 1005, 1006; BVerwG, Urt. v. 14.06.2017 – BVerwG 8 C 7.16, BeckRS 2017, 124190.
[264] OVG Lüneburg, Beschl. v. 03.09.2018 – 2 LA 1087/17, BeckRS 2018, 23498.

- Nach § 51 Abs. 1 **Nr. 3** VwVfG besteht ein Anspruch auf Wiederaufgreifen des Verfahrens, wenn **Wiederaufnahmegründe entsprechend § 580 ZPO** (Restitutionsklage) vorliegen.

    Beispiele: Falsche Beweisgrundlage (§ 580 Nr. 1–3 ZPO), Straftat (§ 580 Nr. 4 u. Nr. 5 ZPO), Aufhebung einer präjudiziellen Entscheidung (§ 580 Nr. 6 ZPO), Auffinden früherer rechtskräftiger Entscheidungen oder günstiger Urkunden (§ 580 Nr. 7 ZPO), Feststellung eines Verstoßes gegen die EMRK durch den EGMR (§ 580 Nr. 8 ZPO).[265]

II. Erneute Entscheidung in der Sache (2. Stufe)

Ist der Antrag auf Wiederaufgreifen nach § 51 Abs. 1–3 VwVfG zulässig und begründet, ist die Behörde **verpflichtet,** eine **neue Entscheidung in der Sache** zu treffen (sog. **Zweitbescheid**). Diese kann darin liegen, dass der ursprüngliche VA **aufgehoben, geändert** oder **bestätigt** wird. Nach **welchen Vorschriften** sich die Rechtmäßigkeit des Zweitbescheides richtet, ist umstritten. **192**

Zum Teil wird angenommen, die Entscheidung der Behörde über die Aufhebung oder Bestätigung des Erstbescheids stehe mit Rücksicht darauf, dass § 51 Abs. 5 VwVfG auf die Ermessensnormen der §§ 48, 49 VwVfG verweise, im **Ermessen** der Behörde.[266] Ein Anspruch auf Aufhebung des Erstbescheides bestünde nur bei einer **Ermessensreduzierung auf Null**, die allerdings zumeist angenommen wird.[267] **193**

Nach überwiegend vertretener Auffassung richtet sich die Rechtmäßigkeit des Zweitbescheides dagegen ausschließlich nach dem einschlägigen **materiellen Recht**, nach welchem sich die Rechtmäßigkeit des Erstbescheides bestimmt. Durch das Wiederaufgreifen wird das Verfahren nicht in den Zustand nach Erlass des Erstbescheides, sondern in den Zustand **vor Erlass des Erstbescheides** zurückversetzt. Die Behörde trifft daher eine neue originäre Entscheidung. Ermessen steht der Behörde daher – anders als nach §§ 48, 49 VwVfG – nicht generell zu, sondern nur wenn das jeweils einschlägige materielle Recht Ermessen einräumt; ansonsten ist die Behörde gebunden.[268] **194**

Beispiel: Dem B ist die Beseitigung seines angeblich illegal errichteten Hauses aufgegeben worden. Nach Ablauf der Rechtsbehelfsfristen findet B eine alte Baugenehmigung, aus der sich ergibt, dass sein Haus Bestandsschutz genießt. Nach den bauordnungsrechtlichen Vorschriften setzt die Beseitigungsverfügung formelle und materielle Illegalität voraus.[269] Aufgrund der alten Baugenehmigung als neues Beweismittel (§ 51 Abs. 1 Nr. 2 VwVfG) muss das Verwaltungsverfahren wiederaufgegriffen und die Beseitigungsverfügung aufgehoben werden.

Für diese Auffassung spricht § 51 Abs. 5 VwVfG, der klarstellt, dass die §§ 48, 49 VwVfG „unberührt" bleiben, d.h. § 51 Abs. 1 und §§ 48, 49 VwVfG stehen selbstständig nebeneinander. Es wäre sinnwidrig, dem Bürger einerseits einen Anspruch auf Wiederaufgreifen einzuräumen, andererseits aber nach §§ 48 Abs. 1 S. 1, 49 Abs. 1 S. 1 VwVfG nach Ermessen von der Aufhebung des Erstbescheides abzusehen. Die Aufhebung oder Änderung des VA nach Wiederaufgreifen des Verfahrens nach **§ 51 Abs. 1 VwVfG** richtet sich **195**

---

265 Vgl. z.B. BVerwG RÜ 2017, 522, 528.
266 Meyer/Borgs VwVfG § 51 Rn. 21; Wendt JA 1980, 85, 87; Richter JuS 1990, 719, 723.
267 Vgl. Maurer/Waldhoff § 11 Rn. 87.
268 BVerwG DVBl. 1982, 998, 1000; BayVGH NVwZ 2017, 1147, 1149; Stelkens/Bonk/Sachs § 51 Rn. 32; Kopp/Ramsauer VwVfG § 51 Rn. 9 u. 18; Struzina NVwZ 2017, 1751; Ludwigs DVBl. 2008, 1164, 1167; Sasse Jura 2009, 493, 496.
269 Vgl. AS-Skript Öffentliches Baurecht (2022), Rn. 195.

daher nicht nach §§ 48, 49 VwVfG, sondern **nach dem für den Erlass des VA geltenden materiellen Recht**. Wenn der VA danach nicht mehr erlassen werden dürfte, **muss** der Erstbescheid aufgehoben werden.

Umstritten ist, ob die Behörde bei der neuen Sachentscheidung zu einer **Verböserung** (reformatio in peius) berechtigt ist. Die h.M. lehnt dies unter Hinweis auf die Ausgestaltung des Verfahrens nach § 51 Abs. 1 VwVfG als Antragsverfahren und dem damit verfolgten Ziel einer Besserstellung ab.[270] Nach der Gegenansicht besteht nach dem Wiederaufgreifen die Verpflichtung zum Erlass einer rechtmäßigen, d.h. nicht unbedingt günstigeren Entscheidung.[271] Dagegen spricht, dass die Wiederaufnahme die Möglichkeit einer neuen Sachentscheidung nur im Rahmen des Antrags und des geltend gemachten Wiederaufnahmegrunds eröffnet.[272] Eine Abänderung zum Nachteil des Antragstellers scheidet damit aus.

III. Prozessuale Durchsetzung

196 Die Rechtsschutzmöglichkeiten beim Wiederaufgreifen des Verfahrens richten sich nach den Entscheidungsmöglichkeiten der Behörde:

1. Ablehnung des Wiederaufgreifens

197 **a)** Lehnt die Behörde es bereits ab, sich erneut mit der Sache zu befassen, so ist hiergegen Widerspruch und **Verpflichtungsklage auf Wiederaufgreifen des Verfahrens** zulässig (§ 42 Abs. 1 Fall 2 VwGO).[273] Die Ablehnung des Wiederaufgreifens nach § 51 Abs. 1 VwVfG ist ein VA, da über das Wiederaufgreifen des Verfahrens eine eigenständige Regelung zur Überwindung der Bestandskraft des VA getroffen wird.

Beispiel: Die Behörde lehnt das Wiederaufgreifen des Verfahrens gegen die Beseitigungsverfügung ab, da der Baukörper abweichend von der Baugenehmigung errichtet wurde und das neue Beweismittel daher keine den Betroffenen günstigere Entscheidung herbeigeführt haben würde (§ 51 Abs. 1 Nr. 2 VwVfG). Der Betroffene kann Verpflichtungsklage auf Wiederaufgreifen des Verfahrens erheben, wenn er der Auffassung ist, dass die Baugenehmigung den Baukörper legalisiert.

198 **b)** Fraglich ist nur, ob der Betroffene die **Verpflichtungsklage auf Wiederaufgreifen** sogleich **mit einer Verpflichtungsklage auf Aufhebung des Erstbescheides verbinden** kann, da es ihm ja letztlich um die Aufhebung des VA geht.

Beispiel: B will sich nicht auf eine Verpflichtungsklage auf Wiederaufgreifen beschränken, sondern unmittelbar auf Aufhebung der Beseitigungsverfügung klagen.

199 **aa)** Die Lit. verweist darauf, dass die Behörde bei Ablehnung des Wiederaufgreifens eine Entscheidung in der Sache noch gar nicht getroffen hat, diese vom Gericht also auch noch nicht überprüft werden kann. Daher sei die Klage auf die **Verpflichtung** der Behörde zu beschränken, das **Verfahren wiederaufzugreifen**.[274] Die Rspr. verweist demgegenüber darauf, dass zwischen beiden Entscheidungen ein **untrennbarer Zusammenhang** besteht, weil das Wiederaufgreifen die Entscheidung über die Aufhebung weitgehend vorbestimmt. Deshalb soll es ausreichen, dass der Bürger nach Ablehnung seines Antrags sogleich (ggf. nach erfolglosem Widerspruchsverfahren) Verpflichtungsklage auf **Wiederaufgreifen und Aufhebung** erhebt (sog. **Durchgriffsklage**).[275]

---

270 Kopp/Ramsauer VwVfG § 51 Rn. 20 a; Stelkens/Bonk/Sachs VwVfG § 51 Rn. 42 ff.; Guber NVwZ 2017, 1150, 1151.
271 BayVGH NVwZ 2017, 1147, 1149; Bader/Ronellenfitsch VwVfG § 51 Rn. 24.1.; Struzina NVwZ 2017, 1751, 1752.
272 Kopp/Ramsauer VwVfG § 51 Rn. 9.
273 BVerwG NVwZ 2002, 482, 483; Kopp/Ramsauer VwVfG § 51 Rdnr. 53; Sasse Jura 2009, 493, 496.
274 Stelkens/Bonk/Sachs § 51 Rdnr. 71 ff.; Ruffert in: Ehlers/Pünder § 26 Rdnr. 11; Schoch/Schneider VwVfG § 51 Rn. 83.

bb) Nach richtiger Auffassung ist zu **differenzieren**. Eine Klage unmittelbar auf die erstrebte Sachentscheidung wird man dann zulassen können, wenn der Behörde bzgl. der Sachentscheidung **kein Ermessen** zusteht. Muss das Wiederaufgreifen zur Aufhebung des Erstbescheides führen, wäre es prozessunökonomisch, den Kläger auf eine Verpflichtungsklage auf Wiederaufgreifen zu beschränken. Steht die Sachentscheidung, die nach dem Wiederaufgreifen zu treffen ist, dagegen im **Ermessen** der Behörde, so darf das Gericht dieses Ermessen nicht übergehen. Hier ist der Betroffene darauf beschränkt, zunächst Verpflichtungsklage auf Wiederaufgreifen zu erheben. Hat diese Klage Erfolg, kann danach eine (zweite) Verpflichtungsklage in der Sache erhoben werden.[276]

2. Erlass eines negativen Zweitbescheides

Hat die Behörde das Verfahren wiederaufgegriffen, in der Sache selbst aber die Aufhebung abgelehnt und den **Erstbescheid bestätigt**, so stehen dem Betroffenen gegen diesen **(negativen) Zweitbescheid** dieselben Rechtsbehelfe zu wie gegen den Erstbescheid vor dessen Unanfechtbarkeit. Trifft die Behörde eine neue Entscheidung in der Sache, so eröffnet sie, auch wenn sie die Aufhebung des Erstbescheides ablehnt, erneut den Rechtsweg.[277]

Beachte: Die mit der Sachentscheidung in einem Bescheid verbundene Entscheidung über das Wiederaufgreifen stellt eine bloße Verfahrensentscheidung dar, die nicht in Bestandskraft erwachsen kann.[278] Ein gesonderter Rechtsbehelf gegen die Entscheidung über das Wiederaufgreifen ist in diesem Fall nicht erforderlich. Ob das auch gilt, wenn über das Wiederaufgreifen in einem gesonderten Bescheid entschieden wird, hat das BVerwG offen gelassen.

3. Erlass eines positiven Zweitbescheides

Ergeht nach dem Wiederaufgreifen des Verfahrens ein **positiver Zweitbescheid**, hat der Antragsteller sein Ziel erreicht. Rechtsschutzfragen stellen sich für ihn dann nicht mehr. Möglicherweise kann aber ein Dritter gegen die neue Sachentscheidung Klage erheben.

Beispiel: Auf Antrag des Bauherrn B ist die bestandskräftige Beseitigungsverfügung aufgehoben worden. Nachbar N kann die Aufhebung anfechten, wenn er dadurch in seinen Rechten verletzt wird.[279]

C. Wiederaufgreifen nach Ermessen

Die §§ 48, 49 VwVfG ermöglichen es der Behörde, auch nachdem der VA unanfechtbar geworden ist, von Amts wegen oder auf Antrag **jederzeit** erneut in der Sache zu entscheiden und den Erstbescheid ggf. aufzuheben. § 51 Abs. 5 VwVfG stellt klar, dass die Vorschriften in §§ 48, 49 VwVfG durch § 51 Abs. 1 VwVfG unberührt bleiben (sog. **Wiederaufgreifen im weiteren Sinne**).[280]

---

275 BVerwG DVBl. 1982, 998, 1000; DVBl. 1997, 956, 956 f.; Ludwigs Jura 2009, 226, 227; vgl. aber BayVGH RÜ 2010, 48, 49: kein Durchgriff im Sinne einer Aufhebung des VA durch das Gericht, allenfalls Verpflichtung der Behörde zur Aufhebung.
276 Kopp/Ramsauer VwVfG § 51 Rdnr. 53 u. 54; Kanitz/Wendel JuS 2008, 58, 60; gegen eine solche Differenzierung ausdrücklich Stelkens/Bonk/Sachs VwVfG § 51 Rdnr. 71 u. 72 m.w.N.
277 BVerwG, Beschl. v. 13.04.2021 – BVerwG 1 B 10.21, BeckRS 2021, 16335; Stelkens/Bonk/Sachs § 51 Rdnr. 74.
278 BVerwG NVwZ-RR 2021, 1005, 1006.
279 Vgl. BVerwG NVwZ-RR 2021, 1005, 1006 zum Restitutionsrecht.
280 BVerwG NVwZ-RR 2021, 371; NVwZ-RR 2019, 170, 171; BVerwG, Urt. v. 10.10.2018 – BVerwG 1 C 26.17, BeckRS 2018, 27519; BVerwG RÜ 2010, 253, 255; VGH BW VBlBW 2017, 251, 252; Schübel-Pfister JuS 2022, 416, 420.

Beachte: Obwohl § 51 Abs. 5 VwVfG unmittelbar nur auf § 48 Abs. 1 S. 1 und § 49 Abs. 1 VwVfG verweist, wird überwiegend angenommen, dass der Verweis auch die übrigen Absätze dieser Vorschriften erfasst.[281] In der **Klausur** müssen Sie beachten, dass Sie bei einem Antrag auf Wiederaufgreifen nicht nur § 51 Abs. 1 VwVfG, sondern – wenn dessen Voraussetzungen nicht vorliegen – im Anschluss ein Wiederaufgreifen nach § 51 Abs. 5 VwVfG prüfen!

204 Soweit das Wiederaufgreifen nach § 51 Abs. 5 i.V.m. §§ 48, 49 VwVfG im Ermessen der Behörde steht, hat der Bürger einen **Anspruch auf ermessensfehlerfreie Entscheidung**.[282] Dabei steht der Behörde **Ermessen** in **zweifacher Hinsicht** zu,

- ob sie sich überhaupt erneut mit der Sache befassen will (das **Wiederaufgreifen**) und
- ob sie den ursprünglichen VA nach §§ 48, 49 VwVfG zurücknimmt oder widerruft (die **Aufhebung**).

205 Umstritten ist, ob es sich hierbei – wie im Rahmen des § 51 Abs. 1 VwVfG (s.o. Rn. 186) – bei beiden Entscheidungen um **selbstständige VAe** handelt. Früher wurde überwiegend angenommen, dass die Entscheidung über das „Wiederaufgreifen" im weiteren Sinne **keinen eigenen materiellen Regelungsgehalt** hat. Die Behörde greife im Anwendungsbereich des § 51 Abs. 5 VwVfG **nicht das frühere Verfahren** auf, sondern treffe in einem **neuen Verfahren** eine einheitliche Ermessensentscheidung über die Aufhebung des VA nach §§ 48, 49 VwVfG.[283] Nach der heute herrschenden Gegenansicht stellt dagegen auch die **Entscheidung über das Wiederaufgreifen** im weiteren Sinne einen VA dar.[284] Dafür spricht, dass auch beim Wiederaufgreifen im weiteren Sinne eine regelnde Entscheidung über den Anspruch des Bürgers auf ermessensfehlerfreie Entscheidung getroffen wird, sodass auch bei Wiederaufgreifen i.w.S. eine zweistufige Entscheidung vorliegt.

I. Entscheidung über das Wiederaufgreifen (1. Stufe)

206 **1. Ob** die Behörde das Verfahren nach Ermessen wiederaufgreift, richtet sich im Rahmen des § 51 Abs. 5 VwVfG nach einer **Abwägung** der beteiligten Interessen. Dabei stehen sich das Prinzip der materiellen Gerechtigkeit (Gesetzmäßigkeit der Verwaltung, Art. 20 Abs. 3 GG) und das Prinzip der Rechtssicherheit grds. **gleichwertig** gegenüber. Entsprechend dem Sinn und Zweck der Unanfechtbarkeit ist die Behörde grds. berechtigt, auf die **Bestandskraft** des VA zu verweisen und ein Wiederaufgreifen abzulehnen, selbst wenn der Betroffene die Rechtswidrigkeit des VA geltend macht.[285]

Das gilt vor allem dann, wenn der VA einen abgeschlossenen Sachverhalt betrifft, wenn es um zahlreiche gleichgelagerte Fälle geht und die Behörde keinen der Fälle wiederaufgegriffen hat oder wenn der Betroffene den VA in Kenntnis der Rechtswidrigkeit hat bestandskräftig werden lassen.[286]

---

[281] Knack/Henneke VwVfG § 51 Rn. 60; Kopp/Ramsauer VwVfG § 51 Rn. 50; a.A. Schoch/Schneider VwVfG § 51 Rn. 102.
[282] BVerwG, Beschl. v. 13.04.2021 – BVerwG 1 B 10.21, BeckRS 2021, 16335; BVerwG BayVBl. 2012, 478, 479; VGH BW VBlBW 2017, 251, 52; Kopp/Ramsauer VwVfG § 51 Rn. 6; Schoch/Schneider VwVfG § 51 Rn. 103.
[283] VGH BW NVwZ-RR 2009, 357; Stelkens/Bonk/Sachs VwVfG § 51 Rn. 16; Ludwigs DVBl. 2008, 1164, 1166.
[284] BVerwG, Beschl. v. 13.04.2021 – BVerwG 1 B 10.21, BeckRS 2021, 16335; BVerwG RÜ 2010, 253, 255; VGH BW NVwZ 2002, 482, 483; Traulsen VerwArch 103 (2012), 337, 351; Schoch/Schneider VwVfG § 51 Rn. 99
[285] BVerwG NVwZ-RR 2021, 371; BayVBl. 2012, 478, 479; NVwZ 2007, 709, 710; OVG Lüneburg, Beschl. v. 28.05.2015 – 5 LA 195/14, BeckRS 2015, 46711; OVG LSA, Beschl. v. 28.03.2017 – 2 L 34/15, BeckRS 2017, 108648; Kopp/Ramsauer VwVfG § 51 Rn. 6; Stelkens/Bonk/Sachs § 51 Rn. 18; Schoch/Schneider VwVfG § 51 Rn. 103.
[286] OVG NRW, Beschl. v. 25.03.2011 – 13 A 1552/10, BeckRS 2011, 49358.

2. Ein Anspruch auf Wiederaufgreifen besteht in den Fällen des § 51 Abs. 5 VwVfG nur im Fall der **Ermessensreduzierung auf Null**.[287]

In Rspr. und Lit. wird hierbei nicht immer deutlich zwischen den beiden Ermessensebenen unterschieden.[288] Teilweise wird auf einen aus einer Ermessensreduzierung resultierenden „Anspruch auf Wiederaufgreifen" abgestellt (also auf die 1. Stufe), teilweise auf einen „Anspruch auf Aufhebung" (also auf die 2. Stufe). Unterschiede zwischen den beiden Auffassung dürften sich kaum ergeben, denn ein Anspruch auf Aufhebung des VA (2. Stufe) setzt denknotwendig auch eine Ermessensreduzierung auf der 1. Stufe voraus. Im Übrigen dürfte die erneute Entscheidung in der Sache zumindest auch eine (konkludente) Entscheidung über das Wiederaufgreifen enthalten.[289]

Klausurhinweis: Um die Frage nicht entscheiden zu müssen, sollte in der Klausur wie folgt formuliert werden: „Bei Fehlen von Wiederaufgreifensgründen nach § 51 Abs. 1 VwVfG steht das Wiederaufgreifen nach § 51 Abs. 5 i.V.m. §§ 48, 49 VwVfG im Ermessen der Behörde. Ein Anspruch auf eine erneute Sachentscheidung besteht nur im Fall der Ermessensreduzierung auf Null."

a) Eine **Ermessensreduzierung auf Null** wird von der Rspr. angenommen, wenn die Aufrechterhaltung des Erstbescheides **schlechthin unerträglich** wäre.[290] Dies ist insbes. der Fall, wenn

- die **Rechtswidrigkeit** des Erstbescheides bei Würdigung aller Umstände **offensichtlich** ist,[291]
- die Berufung auf die Unanfechtbarkeit als Verstoß gegen die **guten Sitten** oder gegen **Treu und Glauben** zu werten wäre,[292]
- die Behörde in vergleichbaren Fällen das Verfahren wiederaufgegriffen hat und daher wegen **Art. 3 Abs. 1 GG** eine Gleichbehandlung geboten ist[293] oder
- der VA **offensichtlich europarechtswidrig** ist.[294]

Beachte: Die vorstehenden Fallgruppen sind nicht abschließend, sondern stellen lediglich Beispiele für die schlechthin unerträgliche Aufrechterhaltung des VA dar.[295]

Das Wiederaufgreifensermessen kann insbesondere dann reduziert sein, wenn die **Rechtswidrigkeit** des bestandskräftigen Erstbescheids bei Würdigung aller Umstände **offensichtlich** ist[296] und/oder die Aufrechterhaltung des VA **schlechthin unerträglich** wäre.[297] Bejaht wird dies vor allem dann, wenn an der Rechtswidrigkeit des VA **vernünftigerweise kein Zweifel** besteht und sich deshalb der Behörde die Rechtswidrigkeit

---

[287] BVerwG NVwZ-RR 2021, 1005, 1006; NVwZ 2007, 709, 710; BVerwGE 44, 333, 336; Stelkens/Bonk/Sachs VwVfG § 51 Rn. 19; Kopp/Ramsauer VwVfG § 51 Rn. 7; Maurer/Waldhoff § 11 Rn. 89.
[288] Vgl. Maurer/Waldhoff § 11 Rn. 88; Kopp/Ramsauer VwVfG § 51 Rn. 52.
[289] In diesem Sinne BVerwG, Beschl. v. 13.04.2021 – BVerwG 1 B 10.21, BeckRS 2021, 16335.
[290] BVerwG NVwZ-RR 2019, 170, 173; NVwZ 2012, 1547, 1554; NVwZ 2011, 888, 889; VGH BW VBlBW 2017, 251, 252; OVG LSA, Beschl. v. 28.03.2017 – 2 L 34/15, BeckRS 2017, 108648; Maurer/Waldhoff § 11 Rn. 90; Detterbeck JuS 2021, 862, 867.
[291] BVerwG NVwZ-RR 2021, 371; NVwZ 2011, 888, 889; Ludwigs DVBl. 2008, 1164, 1168.
[292] BVerwG NVwZ 2011, 888, 889; OVG Lüneburg NVwZ 2007, 846, 846 f.; OVG LSA NVwZ-RR 2011, 617, 618.
[293] BVerwG NVwZ 2007, 709, 710; Ludwigs DVBl. 2008, 1164, 1167.
[294] Grundlegend EuGH DVBl. 2004, 373 ff. (Kühne & Heitz); DVBl. 2006, 1441 (Arcor); NVwZ 2008, 870 (Kempter); vgl. Gärditz NWVBl. 2006, 441, 447; Rennert DVBl. 2007, 400, 406; Weiß DÖV 2008, 477, 478; Ludwigs DVBl. 2008, 1164, 1169.
[295] OVG LSA, Beschl. v. 28.03.2017 – 2 L 34/15, BeckRS 2017, 108648.
[296] BVerwG NVwZ 2007, 709, 710; OVG NRW, Beschl. v. 15.05.2017 – 1 A 593/17, BeckRS 2018, 8441.
[297] Maurer/Waldhoff § 11 Rn. 90.

aufdrängen muss. Dabei reicht eine nachträgliche Änderung der Rspr. allein für eine Ermessensreduzierung allerdings i.d.R. nicht aus.[298]

210 **b)** Eine **Unionsrechtswidrigkeit** des Erstbescheides begründet allein keine **generelle Verpflichtung**, die bestandskräftige Verwaltungsentscheidung aufzuheben.[299] Dies gilt vor allem, wenn der Betroffene von der Möglichkeit, einen belastenden VA fristgemäß anzufechten, keinen Gebrauch gemacht hat. Die Frage der Aufhebbarkeit einer Verwaltungsentscheidung ist grds. Sache der nationalen Rechtsordnungen.

Die für die Rücknahme unionsrechtswidriger VAe geltenden Regelungen dürfen allerdings nicht ungünstiger sein als bei innerstaatlichen Sachverhalten (**Äquivalenzprinzip**) und die Ausübung der durch die Unionsrechtsordnung verliehenen Rechte darf nicht praktisch unmöglich gemacht oder unverhältnismäßig erschwert werden (**Effektivitätsprinzip**).[300]

Beispiel: Da ein bestandskräftiger Bescheid zurückzunehmen ist, wenn er offensichtlich mit nationalem Recht unvereinbar ist, muss im Fall offensichtlicher Unvereinbarkeit des VA mit Unionsrecht die gleiche Verpflichtung bestehen.[301] Allerdings präjudiziert der Unionsrechtsverstoß nicht zwangsläufig dessen Offensichtlichkeit im Sinne des nationalen Rechts.[302]

211 Eine **Verpflichtung zum Wiederaufgreifen** besteht nach der Rspr. des EuGH im Hinblick auf den unionsrechtlichen Effektivitätsgrundsatz allerdings dann, wenn

- der VA infolge eines **letztinstanzlichen Urteils** bestandskräftig geworden ist,

- das auf einer – wie eine später ergangene Entscheidung des EuGH zeigt – **unrichtigen Auslegung des Unionsrechts** beruht und

- das Urteil unter **Verstoß gegen die Vorlagepflicht** nach Art. 267 Abs. 3 AEUV zustande gekommen ist.[303]

Wie die offensichtliche Unionsrechtswidrigkeit dogmatisch im Rahmen des § 51 VwVfG einzuordnen ist, ist umstritten. Ein Teil der Lit. plädiert für eine europarechtskonforme Auslegung des § 51 VwVfG mit der Folge, dass die nachträgliche Entscheidung des EuGH analog § 51 Abs. 1 Nr. 1 VwVfG als Änderung der Rechtslage einzuordnen sei.[304] Überwiegend wird dagegen an § 51 Abs. 5 VwVfG angeknüpft und eine Reduzierung des Ermessens bei der Entscheidung über das Wiederaufgreifen angenommen.[305]

---

298 BVerwG NVwZ-RR 2019, 170, 173; NVwZ 2007, 709, 710; a.A. Ruffert in: Ehlers/Pünder § 26 Rn. 13.
299 EuGH NVwZ 2016, 600, 603; NVwZ 2006, 1277, 1279; BVerfG NVwZ 2008, 550, 551; BVerwG NVwZ 2007, 709, 711; NdsOVG NVwZ 2019, 1300, 1301; Detterbeck JuS 2021, 862, 869; Schoch/Schneider VwVfG § 51 Rn. 107; a.A. Frenz DVBl. 2004, 375, 376. Vgl. auch VGH BW, Beschl. v. 07.03.2022 – 3 S 1907/21, BeckRS 2022, 4799: Der Anwendungsvorrang des Unionsrechts steht der Vollstreckung bestandskräftiger unionsrechtswidriger Verwaltungsakte nicht entgegen.
300 EuGH NVwZ 2016, 600, 603 mit Anm. Streinz; EuGH NVwZ 2006, 1277, 1279.
301 EuGH NVwZ 2006, 1277, 1280; BVerwG NVwZ 2007, 709, 711.
302 BVerwG NVwZ 2007, 709, 711 bestätigt durch BVerfG NVwZ 2008, 550, 551; ebenso Rennert DVBl. 2007, 400, 402; für eine europarechtlich begründete Rücknahmepflicht dagegen Nolte MMR 2007, 30, 31; Ruffert JZ 2007, 407, 409.
303 EuGH JZ 2008, 464, 465; NVwZ 2006, 1277, 1279; dazu Gärditz NWVBl. 2006, 441, 447; Rennert DVBl. 2007, 400, 406; Weiß DÖV 2008, 477, 478; Ludwigs DVBl. 2008, 1164, 1169; Sasse Jura 2009, 493, 497.
304 Leuze VerwArch 97 (2006), 49, 56; Sasse Jura 2009, 493, 497 f.; im Ergebnis auch Grischek NVwZ 2021, 1492, 1496.
305 So z.B. BVerwG RÜ 2010, 253, 256; Kanitz/Wendel JuS 2008, 58, 61; Ludwigs DVBl. 2008, 1164, 1172; Schoch/Schneider VwVfG § 51 Rn. 107.

> **Aufbauschema: Wiederaufgreifen des Verfahrens nach § 51 Abs. 5 VwVfG**
>
> ■ Anspruch auf **ermessensfehlerfreie Entscheidung** (Wiederaufgreifen i.w.S.): Hinweis auf Bestandskraft i.d.R. ermessensfehlerfrei
> ■ Gebundener Anspruch auf erneute Sachentscheidung nur bei **Ermessensreduzierung auf Null**
>   – Offensichtliche Rechtswidrigkeit
>   – Verstoß gegen die guten Sitten oder Treu und Glauben
>   – Art. 3 Abs. 1 GG
>   – Offensichtliche Unionsrechtswidrigkeit

II. Erneute Entscheidung in der Sache (2. Stufe)

Besteht ausnahmsweise aufgrund einer Ermessensreduzierung ein **Anspruch auf Wiederaufgreifen** i.w.S. nach § 51 Abs. 5 VwVfG oder hat sich die Behörde ermessensfehlerfrei für ein Wiederaufgreifen entschieden, ist sie nach Auffassung des BVerwG nicht an die in §§ 48, 49 VwVfG normierten Möglichkeiten der Aufhebung gebunden, sondern hat auch hier (wie im Rahmen des § 51 Abs. 1 VwVfG, dazu oben Rn. 193 ff.) eine **neue Sachentscheidung** zu treffen.[306] Diese Ansicht ist in der Lit. wegen des eindeutigen Wortlauts des § 51 Abs. 5 VwVfG zu Recht auf Ablehnung gestoßen.[307] Wenn §§ 48, 49 VwVfG „unberührt" bleiben, spricht dies dafür, dass sich die Zweitentscheidung im Fall des § 51 Abs. 5 VwVfG auch nach diesen Vorschriften richtet.

212

III. Prozessuale Durchsetzung

1. Hat die Behörde das Wiederaufgreifen ermessensfehlerhaft abgelehnt, kann **Verpflichtungsklage** (§ 42 Abs. 1 Fall 2 VwGO) erhoben werden mit dem Ziel, die Behörde zu verpflichten, den Antrag des Betroffenen auf Wiederaufgreifen des Verfahrens nach § 51 Abs. 5 i.V.m. §§ 48, 49 VwVfG erneut zu bescheiden (§ 113 Abs. 5 S. 2 VwVfG). Liegt ausnahmsweise eine Ermessensreduzierung auf Null vor, kann nach der Rspr. unmittelbar auf **Aufhebung des Erstbescheides** geklagt werden (Durchgriff wie beim Wiederaufgreifen i.e.S., dazu oben Rn. 202 f.).[308]

213

2. Hat die Behörde bzgl. des Wiederaufgreifens eine **positive Entscheidung** getroffen, eine Aufhebung des Erstbescheides in der Sache aber abgelehnt, ist der Rechtsweg gegen den **negativen Zweitbescheid** eröffnet, d.h. i.d.R. kommt eine Verpflichtungsklage auf Neubescheidung in der Sache bzw. im Fall der Ermessensreduzierung auf Null auf Aufhebung bzw. Änderung des Erstbescheides in Betracht.[309]

3. Hat die Behörde den Erstbescheid aufgehoben, hat der Betroffene sein Rechtsschutzziel erreicht. Denkbar sind aber Rechtsbehelfe eines **Dritten** gegen die Aufhebung.[310]

---

306 BVerwG NVwZ 2010, 656, 659; NVwZ-RR 1993, 667: „vollumfängliche erneute Sachprüfung".
307 Schoch/Schneider VwVfG § 51 Rn. 111; Traulsen VerwArch 103 (2012), 337, 352.
308 BVerwG NVwZ-RR 1990, 26; VGH BW NVwZ 1989, 882, 885; a.A. Schoch/Schneider VwVfG § 51 Rn. 110.
309 Schoch/Schneider VwVfG § 51 Rn. 111.
310 Schoch/Schneider VwVfG § 51 Rn. 112 und oben Rn. 202.

1. Teil — Übersicht

Aufhebung des VA durch die Behörde

- (falls zweifelhaft): Liegt überhaupt eine (vollständige, teilweise) Aufhebung eines VA vor?
  Abgrenzung:
  - Berichtigung gemäß § 42 VwVfG
  - Neuregelung bzgl. eines geänderten, vom ergangenen VA noch nicht erfassten Sachverhalts
- **Rechtsgrundlagen**
  - Spezialvorschriften, z.B. § 3 StVG, § 15 Abs. 2 GaststG, § 14 BBG, § 12 BeamtStG
  - §§ 48, 49 VwVfG

Aufhebung nach §§ 48, 49 VwVfG

RÜCKNAHME gemäß § 48 VwVfG		WIDERRUF gemäß § 49 VwVfG	
Aufzuhebender VA rechtswidrig		**Aufzuhebender VA rechtmäßig**	
VA belastend § 48 I 1 VwVfG	VA begünstigend § 48 I 2, II–IV VwVfG	VA belastend § 49 I VwVfG	VA begünstigend § 49 II, III VwVfG

• Ermessen	• Geld-/Sachleistungs-VA nicht rücknehmbar bei schutzwürdigem Vertrauen, § 48 II
	• Bei sonstigen VAen Bestandsvertrauen nur im Ermessen (str.); auf Antrag Entschädigung
	• Frist, § 48 IV
	• Ermessen
		• Ermessen
		• Grenzen
		  – Gebundener VA
		  – Art. 3 I GG
			• Widerruf **ex nunc** aus den in § 49 II abschl. genannten Gründen
			• Widerruf **ex tunc** aus den in § 49 III genannten Gründen
			• Frist, §§ 49 II 2, 49 III 2 i.V.m. § 48 IV
			• Ermessen

Wiederaufgreifen des Verfahrens gemäß § 51 VwVfG

Pflicht zum Wiederaufgreifen § 51 I–III VwVfG	Ermessen gemäß §§ 51 V, 48, 49 VwVfG
Entscheidung über das Wiederaufgreifen	**Entscheidung über das Wiederaufgreifen**

• **Zulässigkeit** des Antrags
  – Grund schlüssig dargelegt
  – Kein grob schuldhaftes Versäumnis, § 51 II
  – Antragsfrist, § 51 III: drei Monate
• **Begründetheit** des Antrags, wenn Grund i.S.d. § 51 I tatsächlich vorliegt
	• Anspruch auf ermessensfehlerfreie Entscheidung (Wiederaufgreifen i.w.S.)
	• Gebundener Anspruch nur bei Ermessensreduzierung

(neue) Entscheidung in der Sache	**(neue) Entscheidung in der Sache**
• Sachentscheidung richtet sich nach materiellem Recht (str., a.A. §§ 48, 49 VwVfG)	• Aufhebung nach §§ 48, 49 VwVfG • Änderung nach materiellem Recht • Bestätigung durch Zweitbescheid

2. Teil: Der öffentlich-rechtliche Vertrag

1. Abschnitt: Begriffsmerkmale des öffentlich-rechtlichen Vertrages

Die Behörde kann auf dem Gebiet des öffentlichen Rechts Rechtsfolgen nicht nur einseitig durch VA, sondern auch durch **vertragliche Vereinbarungen** herbeiführen. Nach § 54 S. 1 VwVfG kann ein Rechtsverhältnis auf dem Gebiet des öffentlichen Rechts durch **Vertrag** begründet, geändert oder aufgehoben werden, soweit Rechtsvorschriften nicht entgegenstehen, d.h. der öffentlich-rechtliche Vertrag ist grds. ein neben dem VA stehendes, diesem **gleichwertiges Handlungsmittel** der Verwaltung.

214

Beispiele: Vertrag über die Vorbereitung und Durchführung städtebaulicher Maßnahmen (§ 11 BauGB); Vertrag über die Gewährung einer Subvention; Vertrag zwischen dem Dienstherrn und einem Beamten über die Rückzahlung von Ausbildungskosten bei vorzeitigem Ausscheiden des Beamten aus dem Dienst.

Begriffsmerkmale des öffentlich-rechtlichen Vertrages
■ Regelung
■ auf dem Gebiet des öffentlichen Rechts
■ vertraglich

A. Regelung

Der Begriff der Regelung deckt sich mit dem für den VA geltenden Regelungsbegriff. Die Vereinbarung muss **unmittelbar auf die Herbeiführung von Rechtsfolgen gerichtet** sein.[311] § 54 S. 1 VwVfG nennt als Regelungsinhalte beispielhaft die Begründung, Änderung oder Aufhebung eines öffentlich-rechtlichen Rechtsverhältnisses.

215

Beispiele: Begründung von Zahlungsverpflichtungen, Gewährung eines Rechts (z.B. Erteilung einer Erlaubnis oder Genehmigung), Gestaltung eines Rechts (z.B. Aufhebung einer Erlaubnis), Feststellung einer streitigen Rechtslage.

B. Auf dem Gebiet des öffentlichen Rechts

Die Regelung muss auf dem Gebiet des **öffentlichen Rechts** erfolgen. Da die Behörde sowohl öffentlich-rechtlich als auch privatrechtlich handeln kann, richtet sich die Abgrenzung des öffentlich-rechtlichen Vertrages vom privatrechtlichen Vertrag nach den allgemeinen Kriterien.[312] Öffentlich-rechtlich ist der Vertrag, wenn der **Vertragsgegenstand** öffentlich-rechtlich ist, d.h. wenn er sich auf einen Sachbereich bezieht, der nach öffentlich-rechtlichen Vorschriften zu beurteilen ist[313] oder wenn er – soweit eine gesetzliche Regelung des Vertragsgegenstands fehlt – nach seinem **Zweck** in enger, unlösbarer Beziehung zur Erfüllung öffentlicher Aufgaben steht.[314]

216

---

311 Vgl. dazu AS-Skript Verwaltungsrecht AT 1 (2022), Rn. 195 ff.
312 Dazu AS-Skript Verwaltungsrecht AT 1 (2022), Rn. 26 ff.
313 GmS-OGB BGHZ 97, 312, 313 f.; BVerwG RÜ 2010, 531, 532; BGH NVwZ 2013, 96; Gurlit Jura 2001, 659, 661; Ruffert Jura 2003, 633, 634; Singer/Mielke JuS 2007, 1111, 1112; zu den verschiedenen Abgrenzungstheorien Scherzberg JuS 1992, 205, 207.
314 BVerwG RÜ2 2018, 211, 212; VGH BW RÜ 2022, 123, 124; BGH DVBl. 2021, 1492, 1493.

Beispiele:

- Der Vertrag dient dem Vollzug einer öffentlich-rechtlichen Vorschrift (z.B. städtebauliche Verträge nach § 11 BauGB; Sanierungsvertrag nach § 13 Abs. 4 BBodSchG).
- Durch den Vertrag werden öffentlich-rechtliche Beziehungen unmittelbar gestaltet (z.B. Ablösungsvertrag über Erschließungsbeiträge nach § 133 Abs. 3 S. 5 BauGB; Vertrag zwischen Dienstherrn und Beamten über Studienförderung[315]).
- Begründung eines Anspruchs auf eine Leistung, die nur kraft öffentlichen Rechts gewährt werden kann (z.B. Vertrag, kraft dessen der Bürger die Erteilung einer Baugenehmigung verlangen kann).
- Enger Sachzusammenhang des Vertragsinhalts bzw. Vertragszwecks mit öffentlich-rechtlich zu erfüllenden Aufgaben (z.B. Schuldanerkenntnis, um eine Einbürgerung zu ermöglichen).[316]

217 Problematisch ist die Einordnung, wenn **nur eine** der getroffenen Regelungen das öffentliche Recht betrifft und im Übrigen eine üblicherweise privatrechtliche Vereinbarung vorliegt.

Beispiele: B veräußert einen Teil seines Grundstücks an die Gemeinde (z.B. zum Zwecke des Straßenbaus), um im Gegenzug von der Gemeinde einen baurechtlichen Dispens (§ 31 Abs. 2 BauGB) zu erhalten.[317] – Die Stadt veräußert ein Grundstück an X und dieser übernimmt die Verpflichtung, das Grundstück innerhalb von drei Jahren zu bebauen.[318]

218 Zum Teil wird angenommen, es handele sich um **gemischte Verträge**, die privatrechtliche und öffentlich-rechtliche Elemente verbinden. Die Rechtsnatur sei für jeden Vertragsteil gesondert zu beurteilen.[319] Nach der Gegenansicht kann durch Vertrag nur ein **einheitliches Rechtsverhältnis** begründet werden. Wenn die Leistung dem öffentlichen Recht angehöre, gelte dies auch für die Gegenleistung. Anders sei dies nur bei zusammengesetzten Verträgen, die sich in separate Vereinbarungen aufspalten ließen.[320] Überwiegend wird deshalb auf den **Schwerpunkt** der Vereinbarung abgestellt. Entscheidend sei, welcher Teil dem Vertrag das **entscheidende Gepräge** gibt.[321] Wenn der Vertrag schwerpunktmäßig ein Grundstückskaufvertrag ist, der lediglich zusätzlich öffentlich-rechtliche Elemente enthält, handelt es sich danach um einen privatrechtlichen Vertrag.[322]

In den obigen Beispielen ist wesentlicher Inhalt des Vertrages jeweils die Übertragung des Eigentums an einem Grundstück gegen Zahlung des vereinbarten Kaufpreises. Es handelt sich deshalb um Grundstückskaufverträge, die dem Zivilrecht zuzuordnen sind. Die Regelungen zum Dispens bzw. zur Bebauung haben nur untergeordnete Bedeutung und ändern nichts daran, dass der Vertrag seinen Schwerpunkt im Zivilrecht hat. Wird mit der Veräußerung unmittelbar eine öffentliche Aufgabe verfolgt, gelten zwar die Grundsätze des Verwaltungsprivatrechts,[323] d.h. neben dem Privatrecht gelten öffentlich-rechtliche Bindungen, insbes. die Grundrechte und der Grundsatz der Verhältnismäßigkeit.[324] Das ändert aber nicht die privatrechtliche Rechtsnatur eines Grundstückskaufvertrages.[325]

---

315 Vgl. NdsOVG RÜ2 2019, 141.
316 BVerwG NJW 1994, 2909; NJW 1995, 1104.
317 BVerwGE 41, 331, 333; Butzer/Clever Jura 1995, 325; anders OLG Schleswig NJW 2004, 1052.
318 BGH NVwZ 2004, 253, 254.
319 OVG Schleswig NVwZ-RR 2002, 793; Pieper DVBl. 2000, 160, 162; Gurlit Jura 2001, 659, 661.
320 Ehlers/Schneider in: Schoch/Schneider VwGO § 40 Rn. 349 f.
321 Vgl. BVerwG RÜ 2013, 189, 190; BGH NVwZ 2013, 96; VGH BW RÜ 2022, 123, 124.
322 BGH NJW 2003, 888, 889.
323 Vgl. AS-Skript Verwaltungsrecht AT 1 (2022), Rn. 83 ff.
324 Vgl. BGH RÜ 2010, 115, 116 f. und AS-Skript Verwaltungsrecht AT 1 (2022), Rn. 85 ff.
325 BGH NVwZ 2013, 96; BVerwG NJW 2007, 2275, 2276; OVVG NRW, Beschl. v. 29.07.2010 – 8 E 51/10, BeckRS 2010, 52627.

C. Vertragliche Regelung

Anders als beim VA erfolgt beim ör Vertrag keine einseitige, sondern eine vertragliche Regelung, d.h. der Bürger muss **rechtlich** einen **gleichberechtigten Einfluss** auf den Inhalt der Regelung nehmen können. Unerheblich ist ebenso wie im Privatrecht der tatsächliche Einfluss. Ob eine vertragliche Regelung i.S.d. § 54 VwVfG vorliegt, ist im Wesentlichen eine Frage der Abgrenzung zum **mitwirkungsbedürftigen VA**, bei dessen Erlass zwar die Mitwirkung des Bürgers erforderlich ist, dieser aber lediglich die Möglichkeit hat, durch Verweigerung der Zustimmung den Erlass der Regelung zu verhindern, ohne aber auf dessen Inhalt Einfluss nehmen zu können.

219

Daher ist z.B. eine Einigung zwischen Behörde und Bürger über die Höhe der Enteignungsentschädigung eine vertragliche Regelung, weil die Höhe gesetzlich nicht genau vorgeschrieben ist und der Bürger deshalb darauf Einfluss nehmen kann (vgl. § 110 BauGB). Dagegen hat der Bürger bei der Einstellung als Beamter nur die Möglichkeit, ja oder nein zu sagen. Auf den Inhalt seiner Rechte und Pflichten als Beamter hat er keinen Einfluss, weil diese gesetzlich festgelegt sind (§§ 33 ff. BeamtStG; §§ 60 ff. BBG), in diesem Falle liegt deshalb ein mitwirkungsbedürftiger VA vor. Weitere Beispiele für mitwirkungsbedürftige Verwaltungsakte sind die Einbürgerung, die Fahrerlaubnis und die Baugenehmigung.

2. Abschnitt: Die Arten des öffentlich-rechtlichen Vertrages

Die §§ 54 ff. VwVfG unterscheiden koordinationsrechtliche und subordinationsrechtliche Verträge.

- **Koordinationsrechtlich** sind öffentlich-rechtliche Verträge zwischen Rechtsträgern, die prinzipiell **gleichgeordnet** sind, weil keiner dem anderen gegenüber Weisungen erteilen oder Verwaltungsakte erlassen darf (auch horizontaler Vertrag genannt).

    Beispiele: Vertrag zwischen Gemeinde und Kreis zur Übertragung der Abfallbeseitigungspflicht; Gebietsänderungsverträge zwischen Gemeinden.

220

- Um einen **subordinationsrechtlichen** Vertrag (§ 54 S. 2 VwVfG) handelt es sich bei einer Vereinbarung zwischen Parteien, die sonst im Verhältnis der **Über-/Unterordnung** stehen, der Vertrag also an die Stelle eines VA tritt, insbes. also Verträge zwischen Behörde und Bürger.

    Auch der **Prozessvergleich** nach § 106 VwGO ist der Sache nach ein öffentlich-rechtlicher Vertrag. Er hat eine **Doppelnatur:** Er ist materiell-rechtlicher Vertrag, zugleich aber auch Prozesshandlung.[326]

221

Im VwVfG geregelte **Unterfälle** des subordinationsrechtlichen Vertrages sind der **Vergleichsvertrag** (§ 55 VwVfG) und der **Austauschvertrag** (§ 56 VwVfG), ohne dass dadurch andere Vertragstypen ausgeschlossen werden. Es besteht **kein numerus clausus** verwaltungsrechtlicher Verträge.

222

Vom Gesetz vorausgesetzt, aber nicht näher geregelt, ist die Unterscheidung zwischen Verpflichtungsverträgen und Verfügungsverträgen. Der **Verpflichtungsvertrag** begründet eine Pflicht der Beteiligten, die vereinbarte Rechtsänderung herbeizuführen (z.B. Verpflichtung der Behörde zur Erteilung einer Baugenehmigung), während der **Verfügungsvertrag** die Rechtsänderung als solche bereits unmittelbar vornimmt (z.B. Erteilung der Genehmigung unmittelbar im Vertrag selbst).[327]

223

---

[326] BVerwG DVBl. 2013, 40, 41; RÜ 2013, 189, 191; OVG Bremen RÜ2 2021, 21 f.; NdsOVG RÜ2 2019, 163, 164; Höfling/Krings JuS 2000, 625, 629; Budach/Johlen JuS 2002, 371.
[327] BVerwG RÜ 2013, 189, 191; zur Unterscheidung Hellriegel DVBl. 2007, 1211, 1212.

3. Abschnitt: Zustandekommen eines ör Vertrages

224 Anders als beim VA gibt es beim öffentlich-rechtlichen Vertrag hinsichtlich der **Rechtsfolgen** keine Unterscheidung zwischen Nichtigkeit und Rechtswidrigkeit. Werden Ansprüche aus einem bereits geschlossenen öffentlich-rechtlichen Vertrag geltend gemacht, kommt es nur darauf an, ob der Vertrag **wirksam** oder nichtig ist.

A. Die Rechtmäßigkeit eines öffentlich-rechtlichen Vertrages

225 Die Rechtmäßigkeit des öffentlich-rechtlichen Vertrages spielt in der Praxis nur dann eine Rolle, wenn der Vertrag **noch abgeschlossen** werden soll. Da auch beim Vertrag der Grundsatz der Gesetzmäßigkeit der Verwaltung (Art. 20 Abs. 3 GG) zu beachten ist, gelten hier dieselben Rechtmäßigkeitsanforderungen wie bei sonstigem Verwaltungshandeln.

Aufbauschema: Rechtmäßigkeit eines öffentlich-rechtlichen Vertrages

- **Ermächtigungsgrundlage** grds. nicht erforderlich, aber ggf. Handlungsformverbote
- **Formelle Rechtmäßigkeit**
  - Zuständigkeit
  - Schriftform (§ 57 VwVfG)
  - Mitwirkung Dritter und anderer Behörden (§ 58 VwVfG)
- **Materielle Rechtmäßigkeit**
  - Spezielle gesetzliche Erfordernisse (z.B. im Baurecht, §§ 11 ff. BauGB)
  - Für Vergleichsverträge: § 55 VwVfG
  - Für Austauschverträge: § 56 VwVfG
  - Allgemeine Rechtmäßigkeitsanforderungen
  - Ggf. Ermessen

I. Ermächtigungsgrundlage

226 Eine Ermächtigungsgrundlage für die Handlungsform des Vertrages ist grds. nicht erforderlich. Es gilt nur der Grundsatz vom **Vorrang des Gesetzes**, nicht der Vorbehalt des Gesetzes, und zwar selbst dann nicht, wenn der Vertrag Belastungen des Bürgers zur Folge hat. Denn der Bürger geht die vertragliche Bindung freiwillig ein.[328]

Allerdings ist umstritten, ob dies auch für den **Inhalt** des Vertrages gilt. Hier wird teilweise eine gesetzliche Grundlage gefordert, wenn die Belastung über eine selbst auferlegte Bindung des Grundrechtsträgers hinausgeht.[329]

---

[328] Vgl. BayVGH, Urt. v. 02.08.2016 – 22 B 16.619, BeckRS 2016, 50120; Höfling/Krings JuS 2000, 625, 627; Ogorek JA 2003, 436, 438; Kopp/Ramsauer VwVfG § 54 Rn. 44.

[329] Scherzberg JuS 1992, 205, 211; Gersdorf JuS 1994, 955, 959; Bleckmann NVwZ 1990, 601, 603: soweit sich aus Grundrechten eine Schutzpflicht des Staates ergibt; Gurlit Jura 2001, 659, 664: bei wesentlichen Fragen, die dem Parlamentsvorbehalt unterliegen; ausführlich Höfling/Krings JuS 2000, 625, 630.

227 Jedoch enthalten einige Rechtsnormen Beschränkungen (als „entgegenstehende Vorschriften" i.S.d. § 54 S. 1 VwVfG), die es verbieten, dass eine Behörde bestimmte Fragen durch Vertrag regelt (sog. **Handlungsformverbote**).

Beispiele: Verbot der Vereinbarung einer höheren Beamtenbesoldung (§ 2 Abs. 2 BBesG) oder -versorgung (§ 3 Abs. 2 BeamtVG);[330] während andererseits bestimmte Vorschriften eine Regelung durch Vertrag ausdrücklich vorsehen (z.B. §§ 11, 110, 111 BauGB).[331]

Derartige Handlungsformverbote sind nicht nur bei einem **ausdrücklichen Verbot** anzunehmen, sondern können sich auch durch **Auslegung** gesetzlicher Vorschriften nach ihrem Sinn und Zweck sowie aus dem Gesamtzusammenhang der Regelung ergeben. Ein öffentlich-rechtlicher Vertrag ist insbes. dann unzulässig, wenn das Gesetz **abschließend** ist oder **nur eine Regelung durch VA** vorsieht.[332]

Beispiel: Im Beamtenrecht ist der Gesetzgeber für die Regelung des Beamtenverhältnisses und der sich daraus ergebenden Rechte und Pflichten allein zuständig und verantwortlich. Daher können Beamtenpflichten zwar ggf. durch VA konkretisiert werden. Im Übrigen ist die gesetzliche Regelung aber zwingend und abschließend, sodass eine vertragliche Vereinbarung, durch die beamtenrechtliche Pflichten geändert oder gesetzlich nicht vorgesehene Pflichten begründet werden, grds. unzulässig ist.[333]

228 Der Bereich der Handlungsformverbote (also die Frage nach dem „Ob") wird in Rspr. und Lit. allerdings zunehmend **eingeschränkt**. Auch in problematischen Bereichen (z.B. im Abgabenrecht) ist der öffentlich-rechtliche Vertrag nicht generell ausgeschlossen (das „Ob"); vielmehr wird darauf abgestellt, ob der **konkrete Inhalt** des Vertrages (das „Wie") zulässig ist.[334] Im Unterschied zum Handlungsformverbot wird dann von „Vertragsinhaltsverbot"[335] oder „Regelungsinhaltsverbot"[336] gesprochen.

II. Formelle Anforderungen an öffentlich-rechtliche Verträge

229 In **formeller Hinsicht** sind beim öffentlich-rechtlichen Vertrag

- die **Zuständigkeit** der handelnden Behörde,
- die Einhaltung der **Schriftform** (§ 57 VwVfG) sowie
- etwaige **Mitwirkungserfordernisse** (§ 58 VwVfG) zu beachten.[337]

III. Materielle Anforderungen an öffentlich-rechtliche Verträge

230 Die **materiellen (inhaltlichen) Anforderungen** an öffentlich-rechtliche Verträge ergeben sich in erster Linie aus den vom Vertragsgegenstand betroffenen **Spezialgesetzen**, ergänzend aus §§ 54 ff. VwVfG.

---

330 Vgl. BVerfG NVwZ 2007, 802; BVerwG DVBl. 2005, 1138; OVG Koblenz NVwZ 2006, 1318 f.
331 Vgl. VGH BW DVBl. 2010, 185, 186; Selmer JuS 2006, 382.
332 Maurer/Waldhoff § 14 Rn. 32; Kunig DVBl. 1992, 1193, 1196; Höfling/Krings JuS 2000, 625, 628.
333 BVerwG DVBl. 1993, 558, 559.
334 Knack/Henneke § 54 Rn. 17 u. 46; Stelkens/Bonk/Sachs § 54 Rn. 101 ff.; Maurer/Waldhoff § 14 Rn. 4 ff.; Budach/Johlen JuS 2002, 371, 373; näher unten Rn. 276.
335 Stelkens/Bonk/Sachs VwVfG § 54 Rn. 108.
336 Knack/Henneke VwVfG § 54 Rn. 22.
337 Dazu näher unten Rn. 240 ff.

231 **1.** Soweit der Vertrag ein Gebiet betrifft, für das **spezielle gesetzliche Regelungen** vorhanden sind, was regelmäßig im Bereich des Besonderen Verwaltungsrechts (z.B. im Bau- oder Umweltrecht) der Fall ist, muss der Vertrag mit diesen besonderen Vorschriften vereinbar sein (z.B. §§ 11 ff. BauGB).[338]

2. Für subordinationsrechtliche **Vergleichs-** und **Austauschverträge** enthalten die §§ 55, 56 VwVfG ergänzende Regelungen (dazu unten Rn. 250 f.).

232 **3.** Im Übrigen gelten für die Rechtmäßigkeit von Verträgen im Grundsatz dieselben **allgemeinen Rechtmäßigkeitsanforderungen** wie bei Verwaltungsakten. Vor allem ist der Grundsatz der Bestimmtheit der vertraglichen Regelungen zu beachten.

233 **4.** Soweit keine gesetzlichen Vorschriften bestehen oder wenn der Behörde nach den gesetzlichen Vorschriften **Ermessen** zusteht, richtet sich die Rechtmäßigkeit des Vertrages nach den Regeln über den fehlerfreien Ermessensgebrauch.[339]

Dabei sind u.a. auch die Grundrechte zu beachten. Insbesondere darf durch vertragliche Regelungen nicht der Gleichheitssatz des Art. 3 Abs. 1 GG verletzt werden. Außerdem ist der aus den Abwehrrechten folgende Verhältnismäßigkeitsgrundsatz zu beachten.[340]

234 Bzgl. des Grundrechtsschutzes besteht allerdings die **Besonderheit**, dass sich der Bürger auf den Vertragsinhalt **freiwillig einlässt**. Der Vertragsschluss beruht gerade auf der Betätigung seiner durch Art. 2 Abs. 1 GG geschützten **Vertragsfreiheit**, sodass es insoweit an einem Eingriff fehlt. Im Übrigen kann der Bürger – jedenfalls in bestimmtem Umfang – über seine Grundrechte verfügen, sodass in diesem Umfang Grundrechtsbeeinträchtigungen durch sein mit dem Vertragsschluss zum Ausdruck gebrachtes Einverständnis gedeckt sind.[341] Bedeutung können die Grundrechte aber bei drittbelastenden Verträgen haben (z.B. Art. 12 GG im Hinblick auf den Konkurrentenschutz).[342]

Beispiel: Ein öffentlich-rechtlicher Vertrag, der einen unzulässigen Verdrängungs- bzw. Auszehrungswettbewerb ermöglicht, kann gegen Art. 12 Abs. 1 GG verstoßen.[343]

B. Die Wirksamkeit des öffentlich-rechtlichen Vertrages

235 In der Praxis und in der Examensklausur geht es i.d.R. darum, dass Ansprüche aus einem **bereits geschlossenen öffentlich-rechtlichen Vertrag** geltend gemacht werden. Wie beim VA kommt es dann nicht auf die Rechtmäßigkeit des Vertrages, sondern allein auf seine **Wirksamkeit** an.

Wirksamkeit eines öffentlich-rechtlichen Vertrages
■ **Einigung** (§ 62 S. 2 VwVfG i.V.m. §§ 145 ff. BGB)
■ **Schriftform** (§ 57 VwVfG)
■ **Beteiligung Dritter** (§ 58 VwVfG)
■ **Keine Nichtigkeitsgründe** (§ 59 VwVfG)

---

[338] Vgl. BVerwG NVwZ 1990, 665, 666.
[339] Vgl. AS-Skript Verwaltungsrecht AT 1 (2022), Rn. 526 ff.
[340] Vgl. Butzer/Clever Jura 1995, 325, 328 m.w.N.
[341] Maurer/Waldhoff § 14 Rn. 41; Höfling/Krings JuS 2000, 625, 630; a.A. Gusy DVBl. 1983, 1222, 1228.
[342] Vgl. z.B. OVG NRW NVwZ 1984, 522; Gurlit Jura 2001, 731, 732.
[343] Zum sehr eingeschränkten Konkurrentenschutz aus Art. 12 Abs. 1 GG vgl. AS-Skript Grundrechte (2021), Rn. 472 ff.

I. Einigung

236 Wie beim privatrechtlichen Vertrag müssen sich die Parteien gemäß § 62 S. 2 VwVfG i.V.m. §§ 145 ff. BGB über den Vertragsinhalt geeinigt haben.[344]

Für die Auslegung, ob und mit welchem Inhalt ein Vertrag zustande gekommen ist, gelten die §§ 133, 157 BGB.[345] Vor allem muss der Verwaltungsträger **wirksam vertreten** worden sein (§ 164 BGB). Wichtig sind hier insbes. die Vorschriften der Gemeindeordnung über Verpflichtungserklärungen.[346] Diese setzen i.d.R. eine Vertretung durch den Bürgermeister, seinen allgemeinen Vertreter oder besonders Bevollmächtigte voraus. Etwas anderes gilt i.d.R. für Geschäfte der laufenden Verwaltung.

54 GemO	38 II BayGO	57 BbgKV	71 II HGO	38 VI KV M-V	86 KomVG	64 GO	49 GemO	62 KSVG	60 GemO	73 KVG	56 GO SH	31 II ThürKO

II. Schriftform (§ 57 VwVfG)

237 Nach § 57 VwVfG unterliegt ein öffentlich-rechtlicher Vertrag der **Schriftform** bzw. einer anderweitig gesetzlich vorgeschriebenen strengeren Form, z.B. der notariellen Beurkundung bei Grundstücksgeschäften (§ 62 S. 2 VwVfG, § 311 b BGB).[347] Schriftform bedeutet entsprechend § 126 Abs. 2 BGB grds. die Unterzeichnung einer einheitlichen Urkunde **(Grundsatz der Urkundeneinheit)**, ein Schriftwechsel reicht nach h.Rspr. nicht aus.[348]

Das BVerwG hat allerdings bei Verwaltungsvereinbarungen zwischen den Ländern[349] und bei den Bürger einseitig verpflichtenden Verträgen auf die Urkundeneinheit verzichtet.[350] Nach der Gegenansicht soll es für die Schriftform stets genügen, wenn ein schriftliches Vertragsangebot und eine inhaltlich übereinstimmende Annahmeerklärung vorliegen, die jeweils der Gegenseite zugegangen sind.[351]

238 Ein **Formverstoß** führt nach § 59 Abs. 1 VwVfG i.V.m. § 125 S. 1 BGB zur Nichtigkeit des Vertrages. Das bedeutet, dass der Vertrag von den Vertragsparteien nicht erfüllt werden muss. Eine Ausnahme hiervon gilt – wie im Zivilrecht – nur für den Fall, dass dies nach Maßgabe der Beziehungen der Beteiligten zueinander und unter Berücksichtigung aller Umstände des Einzelfalls nicht bloß unbefriedigend, sondern nach **Treu und Glauben** (§ 242 BGB analog) **schlechterdings unvertretbar** ist.[352]

239 *Beachte: Die o.g. Vorschriften der GemO sehen zumeist ebenfalls vor, dass Verpflichtungserklärungen, die kein Geschäft der laufenden Verwaltung betreffen, der **Schriftform** bedürfen. Beim **öffentlich-rechtlichen Vertrag** handelt es sich dabei um eine spezielle Formvorschrift, die den allgemeinen § 57 VwVfG verdrängt. Allerdings kann der Formverstoß ausnahmsweise analog § 242 BGB unbeachtlich sein.[353]*

---

344 Voßkuhle/Kaiser JuS 2013, 687, 688; Broscheit JA 2016, 840, 844.
345 BVerwG NJW 1990, 1926, 1928.
346 Vgl. VGH BW RÜ 2022, 123, 125 f.
347 OVG Schleswig NJW 2008, 601; OVG Lüneburg BauR 2008, 57.
348 OVG Lüneburg NJW 2008, 2520; NJW 1998, 2921; OVG Hamburg DVBl. 2008, 1202; Ogorek JA 2003, 436, 437 m.w.N.
349 BVerwG NVwZ 2005, 1083.
350 BVerwG NJW 1996, 608, 610; DVBl. 1995, 675, 676; VG Berlin NJW 2000, 2040, 2041; VG Stuttgart RÜ 2011, 130, 131 f. (Kostenerstattung für Klassenfahrt; anders VG Gelsenkirchen NJW 2002, 1818: ör GoA); für die Annahme eines weitergehenden Leistungszwecks OVG NRW RÜ 2020, 525, 528:
351 Kopp/Ramsauer VwVfG § 57 Rn. 10; Stelkens/Bonk/Sachs VwVfG § 57 Rn. 18 f.; offen gelassen von BayVGH BayVBl. 2016, 25.
352 BVerwG, Beschl. v. 27.09.2017 – 10 B 11.17, BeckRS 2017, 130970; OVG LSA NVwZ-RR 2011, 418.
353 Vgl. VGH BW RÜ 2022, 123, 126; allgemein AS-Skript Kommunalrecht (2020), Rn. 384.

*Bei **privatrechtlichen Verträgen** regelt die GemO dagegen nicht die Form, sondern die **Vertretungsmacht**. Denn das Zivilrecht ist vom Bund (Art. 74 Abs. 1 Nr. 1 GG) abschließend im BGB kodifiziert (Art. 72 Abs. 1 GG, Art. 55 EGBGB). Daher fehlt es den Ländern für privatrechtliche (Form-)Vorschriften grds. an der Gesetzgebungskompetenz.[354] Bei Verstößen im Privatrecht handelt der Bürgermeister daher ohne Vertretungsmacht, sodass nicht § 125 BGB, sondern § 177 BGB anzuwenden ist.[355]*

III. Beteiligung Dritter oder anderer Behörden (§ 58 VwVfG)

240 **1.** Nach § 58 Abs. 1 VwVfG wird ein öffentlich-rechtlicher Vertrag, der in Rechte eines **Dritten** eingreift, erst wirksam, wenn der Dritte **schriftlich zustimmt**. Rechte Dritter können sich aus einfach-gesetzlichen Vorschriften oder aus Grundrechten ergeben.[356]

Beispiel: Die Baubehörde und der Bauherr schließen einen öffentlich-rechtlichen Vertrag über die Erteilung einer Baugenehmigung unter Abweichung von nachbarschützenden Vorschriften. Der Vertrag wird nach § 58 Abs. 1 VwVfG erst wirksam, wenn der Nachbar zustimmt. Voraussetzung ist allerdings, dass die Rechtsposition des Dritten unmittelbar durch den Vertrag oder durch dessen Umsetzung zu seinem Nachteil verändert wird. Bloße faktische Nachteile oder tatsächliche Beeinträchtigungen reichen nicht aus.[357]

241 **2.** Nach § 58 Abs. 2 VwVfG wird ein öffentlich-rechtlicher Vertrag, der anstelle eines VA geschlossen wird, bei dessen Erlass nach einer Rechtsvorschrift die Genehmigung, die Zustimmung oder das Einvernehmen einer **anderen Behörde** erforderlich ist, erst wirksam, wenn die andere Behörde in der vorgeschriebenen Form mitgewirkt hat. Der wichtigste Fall ist die Mitwirkung in den Fällen des Einvernehmens.

Beispiel: Der Kreis K schließt als Baugenehmigungsbehörde mit E einen öffentlich-rechtlichen Vertrag, wonach dem E die Baugenehmigung für ein Außenbereichsvorhaben (§ 35 BauGB) erteilt wird, wenn E die an dem Grundstück vorbeiführende Straße ausbaut. Da für die Baugenehmigung nach § 36 Abs. 1 BauGB das Einvernehmen der Gemeinde erforderlich ist, wird der Vertrag nach § 58 Abs. 2 VwVfG erst wirksam, wenn die Gemeinde in der vorgeschriebenen Form mitgewirkt hat.

242 **3.** Nach seinem Wortlaut gilt § 58 VwVfG nur für sog. **Verfügungsverträge**, bei denen der Vertrag unmittelbar in die Rechte eines Dritten eingreift (z.B. Erteilung eines Dispenses von nachbarschützenden Vorschriften unmittelbar durch den Vertrag). Die Vorschrift gilt aber **entsprechend für Verpflichtungsverträge** (z.B. Verpflichtung zur Erteilung einer dispensierenden Baugenehmigung), da nicht erst die Erfüllungshandlung einen Eingriff bewirkt, sondern schon die Verpflichtung zu einer solchen.[358]

Beachte: Nicht unter § 58 Abs. 2 VwVfG fällt das Notifizierungsverfahren nach Art. 108 Abs. 3 AEUV bei Subventionen, da die EU-Kommission nicht als Behörde i.S.d. VwVfG zu qualifizieren ist.[359] Hier ist der unter Verstoß gegen das Unionsrecht geschlossene Vertrag vielmehr nach § 59 Abs. 1 VwVfG i.V.m. § 134 BGB nichtig (s.u. Rn. 275 f.).

---

354 Vgl. BGH RÜ 2022, 249, 251 zur Ausnahme nach Art. 124 EGBGB.
355 Vgl. AS-Skript Kommunalrecht (2020), Rn. 383.
356 Vgl. BVerwG RÜ 2013, 189, 192.
357 OVG Berlin-Brandenburg NVwZ-RR 2016, 325; OVG Hamburg NJOZ 2016, 154.
358 BVerwG NJW 1988, 662, 663; OVG NRW NVwZ 1988, 370, 371; Gurlit Jura 2001, 731, 731 f.; Ogorek JA 2003, 436, 437; a.A. Hellriegel DVBl. 2007, 1211, 1213, da der Dritte die Möglichkeit habe, den ihn belastenden VA als Erfüllungsakt auch bei Wirksamkeit des (Verpflichtungs-)Vertrages anzufechten.
359 Haas/Hoffmann JA 2009, 119, 123; Oldiges NVwZ 2001, 626, 635; Maurer/Waldhoff § 14 Rn. 53; a.A. Schneider NJW 1992, 1197, 1199.

IV. Nichtigkeitsgründe (§ 59 VwVfG)

Damit ein öffentlich-rechtlicher Vertrag wirksam ist, dürfen schließlich **keine Nichtigkeitsgründe** (§ 59 VwVfG) vorliegen.

1. Rechtswidrige, aber nicht nichtige Verträge

Auch das vertragliche Verwaltungshandeln unterliegt dem aus dem Rechtsstaatsprinzip (Art. 20 Abs. 3 GG) folgenden **Grundsatz der Gesetzmäßigkeit der Verwaltung**.[360] Der **Vorrang des Gesetzes** spricht dafür, bei Rechtswidrigkeit des Vertrages auch Unwirksamkeit anzunehmen, weil andernfalls Behörde und Bürger zu einem Verhalten verpflichtet würden, das letztlich dem Gesetz widerspricht. Das **Prinzip der Vertragsverbindlichkeit** (pacta sunt servanda) spricht hingegen dafür, Verträge auch dann als wirksam anzusehen, wenn sie mit dem Gesetz nicht im Einklang stehen und deshalb nicht hätten abgeschlossen werden dürfen. Der Gesetzgeber hat in § 59 VwVfG grds. dem Prinzip der Vertragsverbindlichkeit den **Vorrang** eingeräumt:

243

- **Nichtig** ist ein öffentlich-rechtlicher Vertrag nur bei Vorliegen einer der in § 59 Abs. 1 oder Abs. 2 VwVfG aufgeführten Nichtigkeitsgründe;
- im Übrigen ist der Vertrag zwar **rechtswidrig**, was jedoch die **Wirksamkeit** des Vertrages und die sich daraus ergebenden Ansprüche unberührt lässt.

Das VwVfG nimmt daher Gesetzesverstöße sanktionslos hin mit der Folge, dass es **rechtswidrige, aber gleichwohl wirksame öffentlich-rechtliche Verträge** gibt.[361]

244

Beispiel: X und die Stadt S haben einen öffentlich-rechtlichen Vertrag geschlossen, in dem sich X verpflichtet, einen Grundstücksteil an S zum Zwecke des Straßenbaus zu übertragen, und im Gegenzug die Stadt S, dem X eine Baugenehmigung für ein bauplanungsrechtlich unzulässiges Vorhaben zu erteilen. Wird die (an sich rechtswidrige) Baugenehmigung erteilt, ist sie als Erfüllungshandlung des wirksamen (wenn auch rechtswidrigen) Vertrages wirksam.[362]

Diese Regelung der nur **eingeschränkten Nichtigkeit** öffentlich-rechtlicher Verträge hat in der Lit. erhebliche Kritik und vor allem auch verfassungsrechtliche Bedenken im Hinblick auf die Gesetzmäßigkeit der Verwaltung (Art. 20 Abs. 3 GG) und die Rechtsschutzgarantie des Art. 19 Abs. 4 GG hervorgerufen.[363] Die verfassungsrechtlichen Bedenken lassen sich aber dadurch ausräumen, dass § 59 Abs. 1 VwVfG i.V.m. § 134 BGB so auszulegen und anzuwenden ist, dass **alle schwerwiegenden Verstöße** zur Nichtigkeit führen.[364] Für die verbleibenden Fälle ist auf die Parallele zum VA zu verweisen, wo rechtswidrige Verwaltungsakte auch nicht generell zur Aufhebung gelangen und, soweit sie begünstigend sind, nach § 48 Abs. 2 VwVfG sogar zum Teil gar nicht aufgehoben werden dürfen.[365]

245

---

360 Vgl. Maurer/Waldhoff § 14 Rn. 31; Gurlit in: Ehlers/Pünder § 32 Rn. 4.
361 Vgl. BVerwG NJW 1990, 2700, 2702; DVBl. 1992, 372, 373 m.w.N.
362 Hilbert DVBl. 2022, 521, 522; Scherzberg JuS 1992, 205, 214.
363 Maurer/Waldhoff § 14 Rn. 57 ff.
364 Maurer/Waldhoff § 14 Rn. 49 u. 61.
365 Vgl. auch Hilbert DVBl. 2022, 521, 522; Gurlit Jura 2001, 731, 735 m.w.N.; zu Reformüberlegungen zur Lockerung der Nichtigkeitsfolge vgl. Schmitz DVBl. 2005, 17, 23.

2. Nichtigkeitsgründe nach § 59 Abs. 2 VwVfG

246 § 59 Abs. 2 VwVfG regelt die **speziellen Nichtigkeitsgründe** für **subordinationsrechtliche** Verträge i.S.d. § 54 S. 2 VwVfG. Auf koordinationsrechtliche Verträge sind sie nicht anwendbar.[366]

> *Beachte:* Die Nichtigkeitsgründe des § 59 Abs. 2 VwVfG sind als **lex specialis** grds. vor den allgemeinen Nichtigkeitsgründen gemäß § 59 Abs. 1 VwVfG zu prüfen,[367] schließen diese jedoch nicht aus. Vielmehr ist beim subordinationsrechtlichen Vertrag zusätzlich auch § 59 Abs. 1 VwVfG anwendbar (vgl. „ferner").[368]

247 Ein **subordinationsrechtlicher Vertrag** liegt nach § 54 S. 2 VwVfG vor, wenn die Behörde mit einem Bürger einen öffentlich-rechtlichen Vertrag schließt, an den sie sonst einen VA richten würde. Die Formulierung „an den sie sonst den Verwaltungsakt richten würde" ist nach allgemeiner Auffassung ungenau. Es kommt nicht darauf an, ob die Behörde gerade den Vertragsinhalt durch VA hätte regeln können; entscheidend ist vielmehr, ob innerhalb der betroffenen Rechtsbeziehung grds. der Erlass von VAen möglich ist.[369] Das ist immer der Fall, wenn ein **Über-/Unterordnungsverhältnis** besteht. Daher sind Verträge zwischen Staat und Bürger i.d.R.,[370] nach teilweise vertretener Ansicht sogar immer nach § 54 S. 2 VwVfG zu beurteilen.[371]

Nichtigkeit nach § 59 Abs. 2 VwVfG
▪ **Nr. 1:** Nichtigkeit eines inhaltsgleichen VA
▪ **Nr. 2:** materielle Rechtswidrigkeit eines inhaltsgleichen VA und Kenntnis der Vertragsparteien
▪ **Nr. 3:** Voraussetzungen für Vergleichsvertrag (§ 55 VwVfG) nicht erfüllt und VA mit entsprechendem Inhalt rechtswidrig
▪ **Nr. 4:** unzulässige Gegenleistung des Bürgers beim Austauschvertrag (§ 56 VwVfG)

248 ▪ Nach § 59 Abs. 2 **Nr. 1** VwVfG ist ein ör Vertrag nichtig, wenn ein **VA** mit entsprechendem Inhalt **nichtig** wäre (§ 44 VwVfG).

> Dies gilt z.B. bei Sittenwidrigkeit (§ 44 Abs. 2 Nr. 6 VwVfG) oder bei besonders schwerwiegender und offensichtlicher Fehlerhaftigkeit (§ 44 Abs. 1 VwVfG).

249 ▪ Nach § 59 Abs. 2 **Nr. 2** VwVfG ist ein ör Vertrag nichtig, wenn ein **VA** mit entsprechendem Inhalt nicht nur wegen eines Verfahrens- oder Formfehlers i.S.d. § 46 VwVfG **rechtswidrig** wäre und dies den Vertragschließenden **bekannt** war.

> Hierdurch soll verhindert werden, dass die Vertragschließenden in bewusstem und gewolltem Zusammenwirken (Kollusion) einen rechtswidrigen Zustand herbeiführen wollen.

250 ▪ Nach § 59 Abs. 2 **Nr. 3** VwVfG ist ein **Vergleichsvertrag** nichtig, wenn dessen Voraussetzungen nach § 55 VwVfG nicht vorlagen und ein VA mit entsprechendem Inhalt rechtswidrig wäre.

---

[366] OVG NRW RÜ 2020, 255, 257.
[367] Gurlit in: Ehlers/Pünder § 32 Rn. 20; Stelkens/Bonk/Sachs § 59 Rn. 7; Voßkuhle/Kaiser JuS 2013, 687, 688 f.
[368] Kopp/Ramsauer VwVfG § 59 Rn. 18.
[369] BVerwG DVBl. 2000, 1853, 1854; OVG RP DVBl. 2003, 811, 812; VGH BW NJOZ 2015, 1344, 1345; Voßkuhle/Kaiser JuS 2013, 687, 688; Broscheit JA 2016, 840, 845; Kopp/Ramsauer VwVfG § 54 Rn. 48.
[370] Kopp/Ramsauer VwVfG § 54 Rn. 49; Knack/Henneke VwVfG § 54 Rn. 52.
[371] Stelkens/Bonk/Sachs § 54 Rn. 61.

Nichtigkeit kommt daher in Betracht, wenn überhaupt keine Vergleichslage (Ungewissheit) gegeben war oder kein gegenseitiges Nachgeben erfolgte. Da die Voraussetzungen für einen Vergleichsvertrag nach § 55 VwVfG aber sehr weit gefasst sind, wird Nichtigkeit nur selten vorliegen.[372] Ob **Ermessensfehler** beim Abschluss eines Vergleichsvertrages zur Nichtigkeit führen, ist umstritten. Überwiegend wird wegen des uneingeschränkten Wortlauts („Voraussetzungen") und zur Verhinderung von Missbrauch des Vergleichsvertrags davon ausgegangen, dass sowohl Tatbestand als auch Rechtsfolge des § 55 VwVfG umfasst sind.[373]

■ Nach § 59 Abs. 2 **Nr. 4** VwVfG ist ein **Austauschvertrag** nichtig, wenn sich die Behörde eine nach § 56 VwVfG unzulässige Gegenleistung versprechen lässt. 251

Fall 6: Folgenloser Verzicht

E hatte vor einigen Jahren aufgrund ordnungsgemäßer Baugenehmigung eine Garage unmittelbar an sein Einfamilienhaus gebaut. Nunmehr hat er eine Genehmigung beantragt, die Wand zur Garage durchbrechen zu dürfen, um so sein Wohnzimmer zu erweitern. Die Bauaufsichtsbehörde hat grds. keine Bedenken, möchte aber aus baugestalterischen Gründen schon jetzt verhindern, dass E später an anderer Stelle eine neue Garage errichtet. In mehreren Verhandlungen zwischen E und dem Bauamt wird diskutiert, wie man dies am besten erreichen kann. Schließlich verzichtet E in einer schriftlichen Vereinbarung, die von E und von dem zuständigen Beamten des Bauamts unterschrieben wird, „auf die Errichtung einer Garage auf dem Grundstück Gemarkung X Flur 12 Flurstück 213". Die Behörde erteilt daraufhin die Genehmigung für den Umbau. Als E kurze Zeit später eine Baugenehmigung für eine neue Garage beantragt, wird diese unter Hinweis auf die frühere Vereinbarung abgelehnt. Hat E einen Anspruch auf Erteilung der Baugenehmigung, wenn ansonsten weder bauordnungsrechtliche noch bauplanungsrechtliche Bedenken gegen die Errichtung einer neuen Garage bestehen?

Hinweis: § 75 LBauO (Landesbauordnung) lautet: „Die Baugenehmigung ist zu erteilen, wenn dem Bauvorhaben keine öffentlich-rechtlichen Vorschriften entgegenstehen, die im bauaufsichtlichen Verfahren zu prüfen sind."

Dem E könnte ein Anspruch auf Erteilung der Baugenehmigung für die neu zu errichtende Garage nach § 75 LBauO zustehen. An sich sind die Voraussetzungen erfüllt, da öffentlich-rechtliche Vorschriften dem Bauvorhaben nicht entgegenstehen. Der Anspruch könnte jedoch aufgrund des im früheren Verfahren erklärten **Verzichts** ausgeschlossen sein. 252

I. E hat in der Urkunde **ausdrücklich erklärt**, dass er auf die Errichtung einer Garage auf seinem Grundstück verzichtet. 253

II. Diese Erklärung müsste **wirksam** sein. Die Wirksamkeitsvoraussetzungen richten sich nach der **Rechtsnatur** des „Verzichts". Bei der damaligen Absprache könnte es sich um einen öffentlich-rechtlichen Vertrag handeln, sodass die Wirksamkeit nach §§ 54 ff. VwVfG zu beurteilen ist.

---

[372] Vgl. Höfling/Krings JuS 2000, 625, 630; Budach/Johlen JuS 2002, 371, 373.
[373] Stelkens/Bonk/Sachs § 59 Rn. 41 m.w.N.; a.A. Gurlit Jura 2001, 731, 735 (nur Tatbestandsvoraussetzungen); Bader/Ronellenfitsch VwVfG § 59 Rn. 36 (nur Ermessen); vgl. auch BVerwG, Beschl. v. 26.10.2006 – 7 B 19.06, BeckRS 2006, 27453.

1. Dann müsste zunächst ein **öffentlich-rechtlicher Vertrag** vorliegen.

254 a) Ein solcher Vertrag muss sich seinem Gegenstand nach auf eine **verwaltungsrechtliche** Materie beziehen. Entscheidend ist dabei der **Gesamtcharakter** der Vereinbarung. Deshalb reicht es aus, wenn zumindest eine der geregelten Rechtsbeziehungen dem Verwaltungsrecht angehört, wenn diese den **Schwerpunkt** der Vereinbarung bildet.[374]

Der Vertragsgegenstand bezieht sich insbes. dann auf einen öffentlich-rechtlich geregelten Sachbereich, wenn ein enger Zusammenhang mit einer anderen öffentlich-rechtlichen Verwaltungstätigkeit besteht. Hier stand der Verzicht des E im Sachzusammenhang mit der Erteilung der Genehmigung zum Umbau der alten Garage. Zwar ist die Erteilung der Baugenehmigung nicht ausdrücklich in die Absprache mit aufgenommen worden. Entscheidend ist aber nicht allein der unmittelbare **Vertragsgegenstand**, sondern auch der von den Parteien verfolgte **Zweck**. Der Verzicht war hier das Mittel, um die Baugenehmigung für die Vergrößerung des Wohnzimmers zu erhalten. Davon sind sowohl E als auch die Bauaufsichtsbehörde ausgegangen. Damit bezog sich die Erklärung des E auf einen öffentlich-rechtlich geregelten Sachbereich.

255 b) Dabei handelt es sich auch um eine **vertragliche Regelung**, da sowohl E als auch die Behörde einen gleichwertigen rechtlichen Einfluss auf die inhaltliche Gestaltung der Regelung hatten, wie sich aus dem Umstand mehrerer Verhandlungen ergibt, bei denen Handlungsalternativen diskutiert wurden.[375]

2. Der öffentlich-rechtliche Vertrag muss **wirksam zustande gekommen** sein. Das Zustandekommen richtet sich nach den §§ 54 ff. VwVfG, ergänzend über § 62 S. 2 VwVfG nach den Vorschriften des BGB.

256 a) Hinsichtlich des ordnungsgemäßen Zustandekommens bestehen nur Bedenken wegen der **Schriftform** (§ 57 VwVfG). Zwar ist die Pflicht der Behörde zur Erteilung der Baugenehmigung nicht schriftlich niedergelegt worden. Die Genehmigung war jedoch nicht unmittelbar Vertragsgegenstand, sondern lediglich Folge des Vertrages. Der Verzicht als solcher wurde schriftlich abgefasst und entsprach damit der Schriftform.

b) Gründe für eine **schwebende Unwirksamkeit** nach § 58 VwVfG (Zustimmung Dritter oder anderer Behörden) sind nicht ersichtlich.

257 c) Die Vereinbarung ist unwirksam, wenn **Nichtigkeitsgründe** vorliegen. Dies ist nach § 59 Abs. 2 Nr. 4 VwVfG der Fall, wenn sich die Behörde bei einem Austauschvertrag eine nach § 56 VwVfG unzulässige Gegenleistung versprechen lässt.

258 aa) § 59 Abs. 2 VwVfG gilt nur für den **subordinationsrechtlichen Vertrag** i.S.d. § 54 S. 2 VwVfG. Ein solcher Vertrag liegt hier vor, da die Behörde mit einem Bürger, an den sie sonst einen VA richten würde, einen öffentlich-rechtlichen Vertrag geschlossen hat.

---

[374] BVerwG RÜ 2013, 189, 190; Maurer/Waldhoff § 14 Rn. 16 m.w.N. und oben Rn. 217 f.
[375] Vgl. aber OVG Lüneburg DVBl. 1978, 179, 181, wo ein öffentlich-rechtlicher Vertrag abgelehnt wurde, weil die Behörde den Verzicht durch eine Nebenbestimmung zur Baugenehmigung „erzwungen" hatte.

bb) § 59 Abs. 2 Nr. 4 VwVfG erfasst Austauschverträge. Ein **Austauschvertrag** nach § 56 VwVfG setzt grds. voraus, dass sich in dem Vertrag die Behörde zu einer Leistung und der Vertragspartner zu einer Gegenleistung verpflichten. Daran könnte es hier fehlen, da in der Urkunde lediglich die (Gegen-)Leistung des E in Form des Verzichts enthalten ist, dagegen von einer Leistung der Behörde (hier die Baugenehmigung für die Erweiterung des Wohnzimmers) in der schriftlichen Vereinbarung nicht die Rede ist. Jedoch ist anerkannt, dass der Nichtigkeitsgrund des **§ 59 Abs. 2 Nr. 4 VwVfG analog** anwendbar ist, wenn der Vertrag lediglich eine einseitige Verpflichtung des Bürgers enthält, aber die behördliche Leistung stillschweigend voraussetzt (sog. **hinkender Austauschvertrag**). Auch in diesem Fall gilt es, unzulässige (Gegen-)Leistungen des Bürgers zu verhindern.[376]

259

cc) Der Vertrag ist demnach analog § 59 Abs. 2 Nr. 4 VwVfG nichtig, wenn sich die Behörde eine nach § 56 VwVfG **unzulässige** (Gegen-)**Leistung** hat versprechen lassen. Dabei ist zu unterscheiden, ob der Bürger einen **Anspruch** auf die von der Behörde versprochene Leistung hat oder ob diese im **Ermessen** der Behörde steht.

260

(1) Verspricht die Behörde eine Leistung, die in ihrem **Ermessen** steht, ist die Gegenleistung des Bürgers nach § 56 Abs. 1 VwVfG unzulässig, wenn sie

261

- nicht für einen **bestimmten Zweck** vereinbart wird,
- **nicht der Erfüllung öffentlicher Aufgaben** dient,
- **unangemessen** ist
- oder mit der Leistung der Behörde **in keinem sachlichen Zusammenhang** steht (Koppelungsverbot).[377]

Angemessen ist eine Gegenleistung, wenn sie unter wirtschaftlichen Gesichtspunkten nicht außer Verhältnis zu der Bedeutung und dem Wert der von der Behörde zu erbringenden Leistung steht und die vertragliche Übernahme von Pflichten auch ansonsten zu keiner unzumutbaren Belastung für den Vertragspartner der Behörde führt.[378] Das Gebot der Angemessenheit ist Ausdruck des allgemeinen, verfassungsrechtlich verankerten **Grundsatzes der Verhältnismäßigkeit** (vgl. auch die Sonderregelung in § 11 Abs. 2 S. 1 BauGB).[379]

262

Nach dem **Koppelungsverbot** müssen Leistung und Gegenleistung in einem sachlichen, inneren Zusammenhang stehen. Außerdem dürfen hoheitliche Entscheidungen grds. nicht von wirtschaftlichen Gegenleistungen abhängig gemacht werden (kein „Verkauf" von Hoheitsakten).[380]

263

---

376 BVerwG DVBl. 2000, 1853, 1855; VGH BW NJOZ 2015, 1344, 1345; Maurer/Waldhoff § 14 Rn. 22; Gurlit Jura 2001, 731, 734; Kemmler JA 2003, 136, 139; Ruffert Jura 2003, 633, 635; Schoch/Schneider VwVfG § 59 Rn. 174.
377 Ausführlich VGH BW NJOZ 2015, 1344, 1346; Breuer NVwZ 2017, 112 ff.; Egidy DVBl. 2022, 83, 87.
378 BVerwG LKV 2015, 271 (Ablösungsvertrag); BVerwG NVwZ 2012, 108, 110 (Erschließungsvertrag); BVerwG NVwZ 2011, 1132, 1133; DVBl. 2009, 782, 783 (Folgekostenverträge); BGH NJW 2003, 888, 890 (Grundstücksveräußerung an Einheimische); Stelkens/Bonk/Sachs VwVfG § 56 Rn. 36; Kopp/Ramsauer VwVfG § 56 Rn. 13.
379 VGH BW NJOZ 2015, 1344, 1346.

Beispiel: Eine Geldzahlung für die Übernahme in das Beamtenverhältnis steht im Widerspruch zum verfassungsmäßigen Leistungsgrundsatz des Art. 33 Abs. 2 GG. Eine entsprechende Vertragsklausel ist gemäß § 59 Abs. 2 Nr. 4 VwVfG nichtig.[381]

264 (2) Besteht auf die Leistung der Behörde ein **Anspruch**, kann nach § 56 Abs. 2 VwVfG nur eine solche Gegenleistung vereinbart werden, die bei Erlass eines VA **Inhalt einer Nebenbestimmung** nach § 36 VwVfG sein könnte. Da es im Rahmen des § 56 Abs. 2 VwVfG gerade um einen VA geht, auf den ein Anspruch besteht, gilt **§ 36 Abs. 1 VwVfG**. Als Gegenleistung kann in diesen Fällen daher nur eine Verpflichtung des Bürgers vereinbart werden, die sicherstellt, dass die gesetzlichen Voraussetzungen für die Erteilung des VA erfüllt werden, oder die Inhalt einer gesetzlich zugelassenen Nebenbestimmung sein kann.

Beispiel: Bürger B verpflichtet sich gegenüber der Gemeinde G zu einer Geldzahlung als Gegenleistung für die Erteilung des gemeindlichen Einvernehmens (§ 36 BauGB). – Der Vertrag ist in jedem Fall **nichtig**. Lagen die Voraussetzungen für die Erteilung der Baugenehmigung vor, bestand ein Anspruch des B, eine Gegenleistung hierfür durfte nicht vereinbart werden. Bestehende Baurechte dürfen nicht „verkauft" werden (vgl. auch § 11 Abs. 2 S. 2 BauGB). Lagen die baurechtlichen Voraussetzungen dagegen nicht vor, hätte auch die Geldleistung ein gesetzliches Hindernis nicht beseitigen können (§ 36 Abs. 1 VwVfG).[382] Zulässig wäre dagegen z.B. die Verpflichtung zur Übertragung eines Grundstücksteils, um die Erschließung des Baugrundstücks zu sichern.[383]

265 (3) Nach § 75 LBauO besteht ein **Anspruch** auf Erteilung der Baugenehmigung, wenn dem Vorhaben öffentlich-rechtliche Vorschriften nicht entgegenstehen. Gemäß §§ 56 Abs. 2, 36 Abs. 1 VwVfG ist daher nur eine solche Verpflichtung des E zulässig, die sicherstellt, dass **gesetzliche Hinderungsgründe in Bezug auf das Bauvorhaben** ausgeräumt werden. Das war hier indes nicht der Fall. Dem Vorhaben standen weder bauplanungs- noch bauordnungsrechtliche Vorschriften entgegen. Der Verzicht bezog sich auch nicht auf Bedenken gegen den Umbau, sondern vielmehr auf ein späteres Bauvorhaben. Daher handelt es sich um eine nach § 56 Abs. 2 VwVfG unzulässige Gegenleistung.

266 § 59 Abs. 2 Nr. 4 VwVfG erfasst nur die Gegenleistung des Bürgers und dient ausschließlich dessen Schutz. Ist dagegen nur die **Leistung der Behörde** rechtswidrig, kann Nichtigkeit nur in den übrigen Fällen des § 59 Abs. 2 VwVfG oder nach § 59 Abs. 1 VwVfG vorliegen.[384]

Die Verzichtserklärung des E ist nach § 59 Abs. 2 Nr. 4 VwVfG unwirksam und steht daher der Erteilung der Baugenehmigung für die neue Garage nicht entgegen. E hat damit einen **Anspruch auf Erteilung der Baugenehmigung** für die neu zu errichtende Garage gemäß § 75 LBauO.

---

380 BVerwG DVBl. 2000, 1853, 1855; VGH BW NJOZ 2015, 1344, 1346; OLG Hamm, Urt. v. 04.02.2015 – 11 U 35/14, BeckRS 2015, 6827; Ruffert Jura 2003, 633, 635; Ogorek JA 2003, 436, 438; Breuer NVwZ 2017, 112, 112 f.
381 BVerwG NdsVBl. 2003, 236, 237; abweichend OVG Lüneburg NordÖR 2002, 307, 308: Nichtigkeit gemäß § 59 Abs. 2 Nr. 1 VwVfG; Übungsfall bei Kleine Holthaus JuS 2005, 531 ff.
382 Vgl. OVG Koblenz NVwZ 1992, 796; VG Darmstadt NJW 1998, 2073, 2074; weitere Beispiele bei Breuer NVwZ 2017, 112, 115.
383 Vgl. BVerwG NVwZ 2011, 690, 691.
384 Stelkens/Bonk/Sachs § 59 Rn. 43; Kopp/Ramsauer VwVfG § 59 Rn. 28 u. 28 a; Schoch/Schneider VwVfG § 59 Rn. 176.

3. Nichtigkeitsgründe nach § 59 Abs. 1 VwVfG

Nach **§ 59 Abs. 1 VwVfG** gelten für **alle öffentlich-rechtlichen Verträge**, seien sie subordinationsrechtlich oder koordinationsrechtlich, die **Nichtigkeitsgründe des BGB** entsprechend, insbes. Nichtigkeit wegen

- **Formverstoßes** (§ 125 BGB),
- **Gesetzesverstoßes** (§ 134 BGB),
- **Sittenwidrigkeit** (§ 138 Abs. 1 BGB) oder
- **Anfechtung** (§ 142 Abs. 1 BGB).

267

> **Fall 7: Abgabenverzicht**
>
> K will seinen in der kreisfreien Stadt S gelegenen Gewerbebetrieb erweitern. Die Stadt ist an dem Vorhaben wegen der Schaffung neuer Arbeitsplätze sehr interessiert. K zögert noch, da ihm der Kanalanschlussbeitrag für das geplante Betriebsgelände zu hoch erscheint. Daraufhin beschließt der Rat der Stadt, er sei „bereit, für die neu zu errichtenden Betriebsgebäude des K auf den einmaligen Kanalanschlussbeitrag zu verzichten". Die vertretungsberechtigten Organe der Stadt S und K unterschreiben daraufhin eine Vereinbarung mit dem Inhalt, dass K bei Schaffung von zusätzlich 50 Arbeitsplätzen den Anschlussbeitrag nicht zu entrichten braucht. Als einige Zeit später das Bauvorhaben des K abgeschlossen ist, bemerkt die Stadt, dass sie durch den Beitragsverzicht erhebliche Mindereinnahmen hat. Daher erlässt sie an K einen Beitragsbescheid mit der Begründung, im Kommunalabgabengesetz und in der Beitragssatzung der Stadt S sei eine Befreiung von der Beitragszahlung nicht vorgesehen. K ist empört und erhebt (nach erfolglosem Vorverfahren) Klage vor dem Verwaltungsgericht. Ist die zulässige Klage begründet?
>
> **Hinweis:** Vorschriften der AO sind nicht zu prüfen. Es gilt das VwVfG.

Die **zulässige Anfechtungsklage** des K (§§ 40 Abs. 1 S. 1, 42 Abs. 1 Fall 1 u. Abs. 2, 68 Abs. 1, 70 Abs. 1, 74 Abs. 1 VwGO) ist gemäß § 113 Abs. 1 S. 1 VwGO **begründet**, soweit der Beitragsbescheid rechtswidrig und K dadurch in seinen Rechten verletzt ist.

268

I. Der Bescheid entspricht den Bestimmungen des **Kommunalabgabengesetzes** (KAG) i.V.m. der einschlägigen Beitragssatzung.

II. Der Bescheid könnte aber dem vorherigen **„Verzicht"** widersprechen und wegen dessen Bindungswirkung rechtswidrig sein. Zur Rechtswidrigkeit des Beitragsbescheides kann der Verzicht allerdings nur führen, wenn er **wirksam** zustande gekommen ist. Die Wirksamkeit des Verzichts hängt von seiner Rechtsnatur ab. Dabei könnte es sich um einen **öffentlich-rechtlichen Vertrag** i.S.d. § 54 VwVfG handeln.

In den meisten Ländern wird bzgl. des Verfahrens der Abgabenerhebung im KAG auf die Vorschriften der AO verwiesen.[385] Daher sind nach h.M. gemäß § 2 Abs. 2 Nr. 1 VwVfG die §§ 54 ff. VwVfG auf abgabenrechtliche Verträge grds. nicht anwendbar. Die AO erwähnt den öffentlich-rechtlichen Vertrag nur beiläufig in § 78 Nr. 3 AO, ohne ihn näher zu regeln. Ob die §§ 54 ff. VwVfG analog anwend-

---

[385] Vgl. z.B. § 3 KAG BW, Art. 13 BayKAG, § 12 Bbg KAG, § 4 Hess KAG, § 12 KAG M-V, § 11 NKAG, § 12 KAG NRW, § 3 KAG RP, § 12 KAG Saar, § 3 SächsKAG, § 13 KAG LSA, § 15 ThürKAG, abweichend § 11 KAG SH: LVwG, im Übrigen AO sinngemäß.

bar sind, ist umstritten.³⁸⁶ Entsprechend dem **Bearbeitungsvermerk** sind hier nicht die Vorschriften der AO, sondern die Vorschriften des VwVfG zu prüfen (so i.d.R. auch in der Examensklausur).

269 1. Der Vertragsgegenstand ist schon seinem Inhalt nach eindeutig **öffentlich-rechtlich**. Er betrifft das Kommunalabgabenrecht, also einen Rechtsbereich, der nach der (modifizierten) Subjektstheorie einen Träger hoheitlicher Gewalt als solchen berechtigt.

2. Es handelt sich auch um eine **vertragliche**, d.h. zweiseitige **Regelung**, da aufgrund der Verhandlungen ein gleichwertiger rechtlicher Einfluss des K auf die inhaltliche Gestaltung anzunehmen ist.

3. Die **Schriftform** des § 57 VwVfG ist eingehalten. Daher kann dahinstehen, ob Verträge auf dem Gebiet des Abgabenrechts überhaupt der Schriftform unterliegen.³⁸⁷

4. Gründe für eine **schwebende Unwirksamkeit** nach § 58 VwVfG (fehlende Zustimmung Dritter oder anderer Behörde) liegen nicht vor.

270 5. Der Vertrag ist aber nur wirksam, wenn **keine Nichtigkeitsgründe** nach § 59 VwVfG vorliegen.

a) Spezielle Nichtigkeitsgründe nach **§ 59 Abs. 2 VwVfG** sind nicht ersichtlich.

271 b) Nach **§ 59 Abs. 1 VwVfG** gelten für **alle** öffentlich-rechtlichen Verträge die Nichtigkeitsgründe des BGB entsprechend (z.B. §§ 125, 134, 138, 142 BGB).³⁸⁸

Analog § 134 BGB ist ein Vertrag nichtig, der gegen ein **gesetzliches Verbot** verstößt. Dies könnte sich hier aus den Vorschriften des KAG ergeben. Umstritten ist jedoch, unter welchen Voraussetzungen im öffentlichen Recht ein gesetzliches Verbot vorliegt.

272 aa) Einigkeit besteht darin, dass **nicht jeder Gesetzesverstoß** die Voraussetzungen des § 134 BGB erfüllt. Denn wenn jede Rechtswidrigkeit zur Nichtigkeit führen würde, wäre die Aufzählung in § 59 Abs. 2 VwVfG überflüssig. Erforderlich ist daher ein **qualifizierter Rechtsverstoß**.³⁸⁹

273 bb) Von § 134 BGB werden nach h.M. jedenfalls die Fälle erfasst, in denen sich aus der gesetzlichen Regelung ein **Handlungsformverbot** ergibt.³⁹⁰

Nach der Gegenansicht bezieht sich die Nichtigkeit nach § 134 BGB nur auf den Inhalt des Vertrages, beim Handlungsformverbot ergebe sich die Nichtigkeit unmittelbar aus § 54 S. 1 VwVfG („soweit").³⁹¹ Da beide Auffassungen stets zum selben Ergebnis gelangen, ist eine Streitentscheidung nicht erforderlich.

274 cc) Hinsichtlich des **Inhalts** des Vertrages wird von der h.M. ein Verbotsgesetz nur dann angenommen, wenn sich bei **Abwägung** zwischen dem Prinzip

---

386 Dagegen VGH Kassel NVwZ 1997, 618, 620; Stelkens/Bonk/Sachs VwVfG § 54 Rn. 120; für eine analoge Anwendung OVG NRW NVwZ-RR 2003, 147, 148; Kopp/Ramsauer VwVfG § 54 Rn. 6; wiederum a.A. BayVGH NVwZ 1989, 167, 168: §§ 54 ff. VwVfG unmittelbar anwendbar; für einen Rückgriff auf §§ 54 ff. VwVfG in einem Spezialfall auch BVerwG NVwZ 2013, 218, 220; offen gelassen von OVG NRW, Beschl. v. 25.01.2016 – 9 A 1042/13, BeckRS 2016, 42129.
387 Verneinend mangels Anwendbarkeit des § 57 VwVfG OVG NRW DÖV 1986, 889; VGH Kassel NVwZ 1997, 618, 620.
388 VGH BW NVwZ 1991, 583, 585; Stelkens/Bonk/Sachs § 59 Rn. 7.
389 Maurer/Waldhoff § 14 Rn. 48; Stelkens/Bonk/Sachs § 59 Rn. 12; Scherzberg JuS 1992, 205, 213; Singer/Mielke JuS 2007, 1111, 1115.
390 Stelkens/Bonk/Sachs § 54 Rn. 13; Kopp/Ramsauer VwVfG § 54 Rn. 41 a; Kleine Holthaus JuS 2005, 531, 534.
391 Vgl. Erichsen Jura 1994, 47, 51; Gurlit Jura 2001, 731, 735; dagegen zutreffend Kopp/Ramsauer VwVfG § 54 Rn. 45; Knack/Henneke VwVfG § 54 Rn. 33, 34; vgl. auch die Sonderregelung in § 126 Abs. 3 S. 1 Nr. 2 LVwG SH.

der Vertragsverbindlichkeit und dem von der verletzten Norm geschützten Interesse ergibt, dass die Gültigkeit des Vertrages **unerträglich** wäre und daher nicht hingenommen werden kann.[392] Das ist insbes. der Fall, wenn das Gesetz die vorgesehene vertragliche Regelung wegen ihres Inhalts oder ihrer Handlungsform klar und unmissverständlich verbietet.[393]

Maßgebende Kriterien sind insbesondere „der Wortlaut sowie der Sinn und Zweck der die Rechtswidrigkeit des Verwaltungsvertrages begründenden Rechtsnorm, die Erheblichkeit des Rechtsverstoßes, das im Einzelfall bestehende öffentliche Interesse an der Erhaltung der durch den rechtswidrigen Verwaltungsvertrag verletzten Rechtsordnung oder umgekehrt das (öffentliche oder private) Interesse am Bestand des Vertrages trotz seiner Rechtswidrigkeit, was letzten Endes zur Abwägung führt". [394]

Verbotsgesetze i.S.d. § 134 BGB können danach nur solche Vorschriften sein, die sich **gegen den Inhalt des Vertrages als solchen** richten und diesen missbilligen.[395]

275

Beispiel: Ein Subventionsvertrag ist nichtig, soweit er gegen Art. 107, 108 AEUV, z.B. gegen das Durchführungsverbot nach Art. 108 Abs. 3 S. 3 AEUV verstößt.[396]

Im vorliegenden Fall könnte der Abgabenverzicht gegen zwingende Vorschriften des Abgabenrechts verstoßen. Die h.M. hält **Vereinbarungen in Abgabenangelegenheiten** im Hinblick auf den Grundsatz der Gesetzmäßigkeit (Art. 20 Abs. 3 GG) und Gleichmäßigkeit der Abgabenerhebung (Art. 3 Abs. 1 GG) grds. für **unzulässig**. Abgaben sind streng nach dem Gesetz zu erheben (vgl. § 85 AO), was abweichende Vereinbarungen ausschließt, es sei denn, sie sind ausnahmsweise gestattet (z.B. für Erschließungsbeiträge § 133 Abs. 3 S. 5 BauGB).[397] Dieser Grundsatz ist für einen Rechtsstaat so fundamental, dass seine Verletzung als Verstoß gegen ein gesetzliches Verbot anzusehen ist, der die Nichtigkeit des Vertrages nach § 134 BGB zur Folge hat.[398]

276

Unklar ist, ob es sich hierbei bereits um ein durch Auslegung der Abgabenvorschriften zu ermittelndes **Handlungsformverbot** handelt, das den öffentlich-rechtlichen Vertrag generell ausschließt, oder lediglich um ein auf den Inhalt des Vertrages bezogenes **Verbotsgesetz** (sog. Vertragsinhaltsverbot).[399]

Da hier das KAG nach dem Sachverhalt den Beitragsverzicht nicht zulässt, ist der Verzicht nach § 59 Abs. 1 VwVfG i.V.m. § 134 BGB **unwirksam** und steht daher einer nachträglichen Abgabenerhebung durch die Stadt S nicht entgegen.

277

---

392 BVerwG NJW 1996, 608, 609; OVG NRW NVwZ 1992, 988, 989; Höfling/Krings JuS 2000, 625, 631; Ogorek JA 2003, 436, 439; Singer/Mielke JuS 2007, 1111, 1115; Korte Jura 2017, 656, 664.
393 OVG NRW NVwZ 1984, 522, 524.
394 Maurer/Waldhoff § 14 Rn. 49.
395 Kopp/Ramsauer VwVfG § 59 Rn. 10 ff.
396 BVerwG RÜ 2017, 243, 246; Voßkuhle/Kaiser JuS 2013, 687, 689; Maurer/Waldhoff § 14 Rn. 53; differenzierend Korte Jura 2017, 656, 664: ggf. nur teilnichtig bis zur Positiventscheidung der Kommission, s.o. Rn. 149; a.A. Oldiges NVwZ 2001, 634 f.: Nichtigkeit nur bei Verfälschung des Wettbewerbs.
397 BVerwG NVwZ 2013, 218, 222; NVwZ-RR 2013, 383, 384 f.; OVG NRW RÜ 2020, 255, 258; Stelkens/Bonk/Sachs VwVfG § 54 Rn. 121; Maurer/Waldhoff § 14 Rn. 38; Ogorek JA 2003, 436, 439; Selmer JuS 2013, 1053.
398 BVerwG NVwZ 2013, 218, 222; VGH BW RÜ 2022, 123, 127; OVG NRW RÜ 2020, 253, 258.
399 Für Handlungsformverbot Erichsen VerwArch 1979, 356; Butzer/Clever Jura 1995, 325, 328; Ogorek JA 2003, 436, 439; für Inhaltsverbot Knack/Henneke § 54 Rn. 46 m.w.N.; dazu ausführlich Tiedemann DÖV 1996, 594 ff.

Zulässig ist im Abgabenrecht allerdings eine **„Verständigung über die tatsächlichen Grundlagen"** der Abgabenerhebung. An eine solche Verständigung über Tatsachen (nicht über Rechtsfragen) sind die Beteiligten unter bestimmten Voraussetzungen nach dem Grundsatz von Treu und Glauben (§ 242 BGB) gebunden.[400]

Ergebnis: Der angefochtene Abgabenbescheid ist rechtmäßig und die Anfechtungsklage damit unbegründet.

---

278 **Weiteres Beispiel:** Ein öffentlich-rechtlicher Vertrag ist nach § 59 Abs. 1 VwVfG i.V.m. § 134 BGB unwirksam, wenn sich die Gemeinde verpflichtet, einen Bebauungsplan zu erlassen (§ 1 Abs. 3 S. 2 Hs. 2 BauGB). Eine solche Verpflichtung würde in unzulässiger Weise das Planungsermessen ausschließen und die Verfahrensvorschriften des BauGB umgehen.[401] Zulässig sind jedoch Vereinbarungen im Vorfeld oder als Folge der Planung (sog. städtebauliche Verträge nach § 11 BauGB).[402] Dann hat die Gemeinde u.U. über die Einleitung des Bebauungsplanverfahrens nach pflichtgemäßem Ermessen zu entscheiden (vgl. § 12 Abs. 2 S. 1 BauGB).[403] Das Abhängigmachen der Bauleitplanung von der Veräußerung eines Grundstücks verstößt dagegen gegen das Koppelungsverbot nach § 56 Abs. 1 S. 2 VwVfG.[404]

4. Rechtsfolgen der Nichtigkeit

279 **a)** Der nichtige Vertrag entfaltet **keine Rechtswirkungen**, aus ihm können **keine Ansprüche** hergeleitet werden. Betrifft die Nichtigkeit nur einen Teil des Vertrages, ist der Vertrag grds. **insgesamt unwirksam**, es sei denn, es ist anzunehmen, dass er auch ohne den nichtigen Teil geschlossen worden wäre (§ 59 Abs. 3 VwVfG).[405] Im Zweifel ist daher von der **Nichtigkeit des gesamten Vertrages** auszugehen.[406] Abweichungen richten sich wie bei § 139 BGB nach dem mutmaßlichen Willen der Vertragsparteien.

280 **b)** Ist aufgrund des nichtigen Vertrages eine Leistung erbracht worden, kann die Leistung nach den Grundsätzen des **allgemeinen öffentlich-rechtlichen Erstattungsanspruchs** zurückgefordert werden (s.u. Rn. 488 ff.).[407]

Beispiel: Bauherr B hat sich gegen Erteilung einer Baugenehmigung vertraglich zur Erstattung von nicht umlagefähigen Erschließungskosten i.H.v. 10.000 € verpflichtet. Nach Zahlung des Betrages hat B die erstrebte Baugenehmigung erhalten. Nunmehr verlangt B die gezahlten 10.000 € zurück, da die Vereinbarung nichtig sei.

Der Vertrag ist wegen **Verstoßes gegen das Koppelungsverbot** nach §§ 59 Abs. 2 Nr. 4, 56 VwVfG nichtig. Hoheitliche Entscheidungen dürfen grds. nicht von wirtschaftlichen Gegenleistungen abhängig gemacht werden (s.o. Rn. 263). Die Zahlung des B erfolgte ohne Rechtsgrund, sodass B ein öffentlich- rechtlicher Erstattungsanspruch zusteht. Auch wenn die Behörde ihre Leistung bereits erbracht hat, steht dem Erstattungsanspruch des B der Grundsatz von Treu und Glauben (§ 242 BGB analog) i.d.R. nicht entgegen. Nur wenn **besondere Umstände** in der Person oder im Verhalten des die Erstattung begehrenden Bürgers hinzutreten, kann das Rückforderungsbegehren **treuwidrig** erscheinen.[408]

---

[400] Vgl. z.B. BFH DStR 2004, 1647; Selmer JuS 2005, 86, 87; Kopp/Ramsauer VwVfG § 54 Rn. 5.
[401] Vgl. Voßkuhle/Kaiser JuS 2013, 687, 689; Maurer/Waldhoff § 14 Rn. 42; Stelkens/Bonk/Sachs § 54 Rn. 130 f.
[402] Dazu BVerwG NVwZ 2011, 1132, 1133 f.; BGH NJW 2003, 888, 889 und oben Rn. 264.
[403] Vgl. Grziwotz JuS 1999, 245 ff.; Brohm JZ 2000, 321 ff.
[404] OLG Hamm, Urt. v. 04.02.2015 – 11 U 35/14, BeckRS 2015, 6827.
[405] Vgl. OVG NRW RÜ 2020, 255, 258 f.; VGH BW RÜ 2022, 123, 128.
[406] Kopp/Ramsauer VwVfG § 59 Rn. 29; Knack/Henneke VwVfG § 59 Rn. 45; missverständlich BVerwG NVwZ 2012, 108, 111, das die Gesamtnichtigkeit als Ausnahme formuliert.
[407] BVerwG RÜ 2009, 530, 533; VGH BW NJOZ 2015, 1344.
[408] BVerwG DVBl. 2009, 782, 783 NVwZ 2003, 993, 994; DVBl. 2000, 1853, 1857; OVG Hamburg DVBl. 2008, 1202; OVG Lüneburg BauR 2008, 57, 64; VGH BW VBlBW 2004, 52, 54 f.; Ruffert Jura 2003, 633, 635; Ogorek JA 2003, 436, 439.

Das hat das BVerwG z.B. angenommen, wenn der Erstattungsberechtigte aufgrund von Leistungen Dritter im Ergebnis keinen Vermögensnachteil erlitten hat, die Rückforderung also praktisch zu einer doppelten Begünstigung führen würde.[409]

Beispiel: Bauträger K hat sich in einem städtebaulichen Vertrag gegenüber der Gemeinde G zur Übernahme der Kosten für den Bau eines Kindergartens und einer Schule verpflichtet (§ 11 Abs. 1 S. 2 Nr. 3 BauGB). Nachdem G einen Bebauungsplan erlassen und K die Kosten gezahlt hat, stellt sich heraus, dass der Vertrag formunwirksam ist. Die Rückforderung der Kosten ist treuwidrig, wenn K diese auf die Erwerber der Grundstücke abgewälzt hat und ihm tatsächlich kein wirtschaftlicher Nachteil entstanden ist.

4. Abschnitt: Leistungsstörungen beim ör Vertrag

281 Bei Leistungsstörungen richten sich die Rechtsfolgen auch bei öffentlich-rechtlichen Verträgen gemäß § 62 S. 2 VwVfG nach den **Vorschriften des BGB**. Insbesondere gelten die Regeln über Pflichtverletzungen und die sich daraus ergebenden Rechtsfolgen (§§ 280 ff., 323 ff. BGB), aber auch über die Sorgfaltspflichten gemäß § 241 Abs. 2 BGB, die gemäß § 311 Abs. 2 BGB auch schon vor Vertragsschluss bestehen (sog. c.i.c.).[410]

Beispiel: Auf Initiative des Investors I hatte die Gemeinde G zunächst ein Verfahren zur Aufstellung eines vorhabenbezogenen Bebauungsplans eingeleitet (§ 30 Abs. 2 BauGB). Zum Abschluss eines Durchführungsvertrages zum Vorhaben- und Erschließungsplan (§ 12 BauGB) kam es jedoch nicht, da die Gemeinde ihre Planungsabsichten später aufgegeben hat. Ein Schadensersatzanspruch des Investors aus öffentlich-rechtlicher c.i.c. (ebenso aus Amtshaftung gemäß § 839 BGB, Art. 34 GG) scheidet mangels Pflichtverletzung i.d.R. aus, da es der Gemeinde aufgrund ihrer Planungshoheit grds. freisteht, ein eingeleitetes Planaufstellungsverfahren wieder einzustellen (arg e § 1 Abs. 3 S. 2 Hs. 2 BauGB).[411]

282 Den Sonderfall einer Änderung der für den Vertrag maßgeblichen rechtlichen oder tatsächlichen Verhältnisse **(Wegfall der Geschäftsgrundlage)** regelt § 60 VwVfG (sodass ein Rückgriff auf § 313 BGB nicht erforderlich ist). Bei Störungen der Geschäftsgrundlage ist der Vertrag grundsätzlich **anzupassen**.[412] Soweit dies nicht möglich oder zumutbar ist, kann der Vertrag **gekündigt** werden (§ 60 Abs. 1 S. 1 VwVfG). Darüber hinaus kann nach § 60 Abs. 1 S. 2 VwVfG die **Behörde** den Vertrag kündigen, um schwere Nachteile für das Gemeinwohl zu verhüten oder zu beseitigen. Im Übrigen können die Beteiligten – wie im Zivilrecht – ein **ordentliches Kündigungsrecht**[413] oder ein **vertragliches Rücktrittsrecht** vereinbaren.

Beispiel: Vertragliches Rücktrittsrecht bei Nichtteilnahme an einer Klassenfahrt, allerdings mit der Verpflichtung zur Erstattung der Stornokosten.[414]

5. Abschnitt: Durchsetzung von Ansprüchen aus einem ör Vertrag

283 Bei **Nichterfüllung** der vertraglichen Verpflichtungen steht jeder Vertragspartei die **verwaltungsgerichtliche Klage** zur Verfügung. Der Verwaltungsrechtsweg gilt nicht nur für Erfüllungsansprüche aus öffentlich-rechtlichen Verträgen, sondern nach § 40 Abs. 2 S. 1 Hs. 1 Fall 3 Alt. 2 VwGO auch für Sekundäransprüche bei Leistungsstörungen.

---

409 Vgl. BVerwG RÜ 2009, 530, 533; OVG Lüneburg BauR 2008, 57, 65; Mager JA 2010, 918 ff.
410 BVerwG DÖV 1974, 133, 134; Diederichsen JuS 2006, 60, 63; Singer/Mielke JuS 2007, 1111, 1116.
411 BGH NVwZ 2006, 1207 f.; Waldhoff JuS 2007, 580 f.; Schlick DVBl. 2007, 457, 458.
412 BVerwG RÜ 2013, 189, 192; BVerwG NVwZ 2015, 1463, 1465.
413 VGH BW, Urt. v. 20.01.2022 – 1 S 1556/19, BeckRS 2022, 1035.
414 Vgl. z.B. VG Stuttgart RÜ 2011, 130, 131 f.

Beispiel: Schadensersatzansprüche und Erstattungsansprüche, die auf einem nichtigen öffentlich-rechtlichen Vertrag beruhen sind vor dem Verwaltungsgericht geltend zu machen. **Gegenbeispiel:** Für den Anspruch wegen vorvertraglicher Pflichtverletzung (§§ 311 Abs. 2, 241 Abs. 2 i.V.m. §§ 280 Abs. 1, 282 BGB) ist nach der Rspr. der Verwaltungsrechtsweg dagegen nur eröffnet, wenn der Anspruch neben einem Erfüllungsanspruch geltend gemacht wird, während nach § 40 Abs. 2 S. 1 Hs. 1 Fall 3 Alt. 1 VwGO der Zivilrechtsweg gegeben ist, wenn der Schadensersatzanspruch im Sachzusammenhang mit Amtshaftungsansprüchen steht.[415] Die Gegenansicht bejaht demgegenüber wegen des vertragsähnlichen Charakters bei einer sog. c.i.c. generell den Verwaltungsrechtsweg.[416]

284 Die Abgrenzung zwischen öffentlich-rechtlichem und privatrechtlichem Vertrag ist in der Klausur i.d.R. bereits im Rahmen des **Rechtsweges** vorzunehmen (s.o. Rn. 216 ff.).

„Ob eine Streitigkeit öffentlich-rechtlich oder bürgerlich-rechtlich ist, richtet sich nach der Rechtsnatur des Rechtsverhältnisses, aus dem der Klageanspruch hergeleitet wird. Die Rechtsnatur eines Vertrages bestimmt sich danach, ob der Vertragsgegenstand dem öffentlichen oder dem bürgerlichen Recht zuzurechnen ist. Dabei ist für den öffentlich-rechtlichen Vertrag zwischen einem Träger öffentlicher Verwaltung und einer Privatperson typisch, dass er an die Stelle einer sonst möglichen Regelung durch Verwaltungsakt tritt (vgl. § 54 S. 2 VwVfG)."[417]

285 Regelmäßig handelt es sich um eine allgemeine **Leistungsklage** (z.B. auf Geldzahlung).[418] Schuldet die Behörde den Erlass eines VA (z.B. eine Baugenehmigung), ist die **Verpflichtungsklage** gemäß § 42 Abs. 1 Fall 2 VwGO statthaft. Soll das Bestehen oder Nichtbestehen einer vertraglichen (Leistungs-)Pflicht festgestellt werden (z.B. wegen vermeintlicher Unwirksamkeit des Vertrages), kann **Feststellungsklage** nach § 43 Abs. 1 Alt. 1 VwGO erhoben werden.[419] Auch übergangene „Drittbetroffene" i.S.d. § 58 Abs. 1 VwVfG haben die Möglichkeit einer Feststellungsklage.

Beispiel: Konkurrent K klagt auf Feststellung der Nichtigkeit eines zwischen der Stadt S und D geschlossenen öffentlich-rechtlichen Vertrages über die Gewährung einer Subvention, die die Wettbewerbsfreiheit (Art. 12 Abs. 1 GG) berührt.[420]

286 Dagegen kann die Behörde vertragliche Ansprüche grds. **nicht durch VA** durchsetzen. Ein öffentlich-rechtlicher Vertrag ist keine Ermächtigungsgrundlage für den Erlass eines VA, da die Behörde, die sich auf die Ebene der Gleichordnung begibt, nicht im Nachhinein die „Waffengleichheit" verletzen darf.[421]

Etwas anderes gilt allerdings dann, wenn der Behörde im Vertrag ausdrücklich die Befugnis eingeräumt wird, einseitig Regelungen für die Abwicklung des Vertrages zu treffen. Dies ergibt sich aus § 62 S. 2 VwVfG i.V.m. § 315 BGB, wonach die einseitige Leistungsbestimmung durch eine Vertragspartei gestattet werden kann.[422]

287 Nach § 61 VwVfG kann sich bei einem subordinationsrechtlichen öffentlich-rechtlichen Vertrag jeder Vertragschließende der **sofortigen Vollstreckung unterwerfen**. In diesem Fall kann die Behörde unmittelbar aus dem Vertrag nach dem Verwaltungsvollstreckungsgesetz vorgehen, § 61 Abs. 2 S. 1 VwVfG.

---

[415] BVerwG NJW 2002, 2894, 2895; NVwZ 2003, 1383; BGH NJW 1986, 1109; VGH BW NJW 2005, 2636, 2637; Clausing JuS 2003, 795, 797; Diederichsen JuS 2006, 60, 65; Singer/Mielke JuS 2007, 1111, 1113.
[416] ThürOVG NJW 2002, 386; Kopp/Schenke VwGO § 40 Rn. 71; Dötsch NWVBl. 2002, 140, 142; NJW 2003, 1430, 1431; Graulich ZAP 2005, 849, 854; noch anders Ehlers Jura 2008, 359, 361 f.: immer Zivilrechtsweg.
[417] Vgl. BVerwG RÜ 2013, 189, 190; RÜ 2010, 531, 532; BGH NVwZ 2009, 1054, 1055; Singer/Mielke JuS 2007, 1111,1112.
[418] BVerwG RÜ 2013, 189, 193; VGH BW, Urt. v. 20.01.2022 – 1 S 1556/19, BeckRS 2022, 1035.
[419] VGH BW RÜ 2022, 123, 125.
[420] OVG NRW NVwZ 1984, 522.
[421] BVerwG NJW 1990, 2700, 2702; NVwZ 1992, 769: VA-Befugnis bei ör Vertrag nur bei besonderer Ermächtigungsgrundlage; VGH BW, Urt. v. 20.01.2022 – 1 S 1556/19, BeckRS 2022, 1035; Maurer/Waldhoff § 10 Rn. 33 u. § 14 Rn. 65.
[422] BayVGH, Urt. v. 02.08.2016 – 22 B 16.619, BeckRS 2016, 50120.

Ansprüche aus öffentlich-rechtlichem Vertrag

I. **Entstehen des Anspruchs**

 1. **Wirksamer öffentlich-rechtlicher Vertrag** i.S.d. §§ 54 ff. VwVfG

    a) **Vorliegen** eines öffentlich-rechtlichen Vertrages

     aa) **Verwaltungsrechtlich** geregelte Materie

      ⇨ abzustellen auf Vertragsgegenstand

      - **Inhalt:** bestehendes öffentlich-rechtliches Rechtsverhältnis wird begründet, geändert, aufgehoben; öffentlich-rechtliche Rechtsgrundlage für (mindestens) eine Hauptleistungspflicht
      - **Gesamtcharakter:** öffentlich-rechtlicher Zweck, Umstände, Sachzusammenhang mit öffentlich-rechtlicher Regelung

     bb) **Vertragliche** (zweiseitige) Regelung

      gleichberechtigter rechtlicher Einfluss auf Inhalt – abzugrenzen vom mitwirkungsbedürftigem VA

    b) **Vertrag** wirksam zustande gekommen

     aa) **Einigung** (§ 62 S. 2 VwVfG, §§ 145 ff. BGB)

     bb) **Schriftform**, § 57 VwVfG (ggf. auch § 62 S. 2 VwVfG, § 311 b BGB)

     cc) **Beteiligung Dritter** bzw. anderer Behörden, § 58 VwVfG

     dd) **Keine Nichtigkeitsgründe**, § 59 VwVfG

      (1) Nur für **subordinationsrechtliche** Verträge i.S.d. § 54 S. 2 VwVfG: **§ 59 Abs. 2 VwVfG**

       - Nr. 1: Nichtigkeit eines inhaltsgleichen VA
       - Nr. 2: (materielle) Rw eines inhaltsgleichen VA und Kenntnis
       - Nr. 3: Voraussetzungen für Vergleichsvertrag (§ 55) nicht erfüllt und inhaltsgleicher VA rw
       - Nr. 4: Unzulässige Gegenleistung des Bürgers beim Austauschvertrag

      (2) Für **alle** öffentlich-rechtlichen Verträge gilt **§ 59 Abs. 1 VwVfG**

       - §§ 125, 138, 142 BGB
       - § 134 BGB: gesetzliches Verbot nur bei Handlungsformverbot oder wenn Inhalt als solcher missbilligt

 2. **Rechtsfolgen**

    a) Haupt-, Nebenleistungs-, Sorgfaltspflichten

    b) Inhaltliche Änderung durch **Anpassung** bei WGG (§ 60 Abs. 1 S. 1 Hs. 1 VwVfG)

II. **Untergang des Anspruchs**

 1. Erfüllung, Erfüllungssurrogate, § 62 S. 2 VwVfG, §§ 362 ff. BGB
 2. Bei Pflichtverletzungen, § 62 S. 2 VwVfG i.V.m. §§ 241, 275 ff., 280 ff., 311 ff., 323 ff. BGB u.a.
 3. Kündigung, insbes. § 60 Abs. 1 S. 1 Hs. 2 u. § 60 Abs. 1 S. 2 VwVfG

III. **Durchsetzbarkeit des Anspruchs**

 1. Keine **Einreden**, § 62 S. 2 VwVfG, §§ 214, 273, 320 BGB u.a.
 2. Kein Entgegenstehen von Treu und Glauben, § 62 S. 2 VwVfG, § 242 BGB

3. Teil: Verwaltungsrechtliche Ansprüche

1. Abschnitt: Anspruchssystem

A. Unterscheidung zwischen Primär- und Sekundärebene

288 Im Verwaltungsrecht geht es vor allem um die **Rechtmäßigkeit** und die **Abwehr von hoheitlichen Maßnahmen** der Verwaltung (Exekutive).

- Der Bürger kann rechtswidrige Eingriffe in seine Rechte abwehren (sog. **Primärebene**).

  Beispiele: Der Adressat eines belastenden VA (z.B. einer Ordnungsverfügung) kann diesen mit Widerspruch und Anfechtungsklage anfechten. – Wird ein begünstigender VA (z.B. eine Baugenehmigung) abgelehnt, kann der Antragsteller Widerspruch und Verpflichtungsklage erheben.

289 - Häufig reicht die Abwehr des Verwaltungshandelns zur Wahrung der Rechte des Bürgers aber nicht aus. Hat die Maßnahme der Verwaltung bereits zu Nachteilen beim Bürger geführt, stellt sich die Frage, ob und inwieweit der Bürger einen Ausgleich verlangen kann (sog. **Sekundärebene**).

  Beispiele: Die (rechtswidrige) Ablehnung einer Baugenehmigung führt dazu, dass der Bauherr das zu errichtende Gebäude nicht gewinnbringend vermieten kann. – Bei der Verfolgung eines Straftäters wird ein Unbeteiligter durch Schusswaffeneinsatz der Polizei verletzt. – Durch den (rechtmäßigen) Bau einer Straße werden unzumutbare Lärmimmissionen hervorgerufen.

B. Regelungsbereiche des Staatshaftungsrechts

290 Auf der Sekundärebene geht es um die Verpflichtung des Staates, den rechtmäßigen Zustand (wieder-)herzustellen oder zumindest die entstandenen **Nachteile auszugleichen**. Dieser Bereich wird gemeinhin als **Staatshaftungsrecht** bezeichnet. Das Staatshaftungsrecht bildet kein in sich geschlossenes Rechtsgebiet, sondern hat sich historisch aus verschiedenen Aspekten entwickelt. Vor allem geht es hierbei um zwei Bereiche:

- **Ansprüche auf Geldersatz** und
- **Ansprüche auf Beseitigung und Unterlassung**.

I. Ansprüche auf Geldersatz

291 Den Kernbereich des Staatshaftungsrechts bildet die Haftung des Staates auf **Schadensersatz** für rechtswidriges Verhalten (sog. **Unrechtshaftung**), insbes. aus Amtshaftung (§ 839 BGB, Art. 34 GG) sowie nach Spezialvorschriften im Polizei- und Ordnungsrecht. Hinzu treten **Entschädigungsansprüche** bei Eingriffen in das Eigentum (insb. im Fall der **Enteignung** gemäß Art. 14 Abs. 3 GG).

Zur Unterscheidung: Schadensersatzansprüche sind i.d.R. auf den Ausgleich aller unmittelbarer und mittelbarer Nachteile gerichtet (vgl. §§ 249 ff. BGB), Entschädigungsansprüche dagegen nur auf einen angemessenen Ausgleich (vgl. z.B. Art. 14 Abs. 3 S. 3 GG), s.u. Rn. 649.

292 Für Ansprüche auf Geldersatz ist historisch bedingt der Rechtsweg zu den **ordentlichen Gerichten** eröffnet (Art. 34 S. 3 GG, Art. 14 Abs. 3 S. 4 GG).

Rechtspolitisch wird zurzeit diskutiert, aus Gründen des Sachzusammenhangs auch für diese Ansprüche den Verwaltungsrechtsweg zu eröffnen.[423] Die dafür erforderliche Änderung des GG zeichnet sich indes nicht ab.

Dieser Bereich wird in den Prüfungsordnungen üblicherweise als **Recht der öffentlichen Ersatzleistungen** bezeichnet und unten im 4. Teil dargestellt.

II. Ansprüche auf Beseitigung und Unterlassung

Soll die Rechtsbeeinträchtigung des Bürgers **nicht durch Geld**, sondern durch **hoheitliche Maßnahmen** der Verwaltung ausgeglichen werden, geht es um verwaltungsrechtliche Ansprüche. Im Vordergrund stehen hier gewohnheitsrechtlich anerkannte **Abwehr-, Unterlassungs- und (Folgen-)Beseitigungsansprüche**. 293

Beispiele: K verlangt die Rückgabe einer zu Unrecht beschlagnahmten Sache. E verlangt Unterlassung und Widerruf ehrbeeinträchtigender Äußerungen des Bürgermeisters.

Eine ähnliche Funktion wie der Folgenbeseitigungsanspruch hat der **öffentlich-rechtliche Erstattungsanspruch**. Er dient der Rückabwicklung ungerechtfertigter Vermögensverschiebungen im Öffentlichen Recht (Rechtsgedanke des § 812 BGB). 294

Beispiel: B hat aufgrund eines nichtigen öffentlich-rechtlichen Vertrages die vereinbarte Geldzahlung an die Gemeinde erbracht, die er nunmehr zurückfordert.

Aufwendungsersatzansprüche können sich schließlich aus **öffentlich-rechtlicher Geschäftsführung ohne Auftrag** (GoA) ergeben. 295

Beispiel: Tierarzt T verlangt von der Gemeinde als Fundbehörde Aufwendungsersatz für die Behandlung und Unterbringung eines Fundtieres.[424]

Diese verwaltungsrechtlich geprägten und gemäß § 40 Abs. 1 S. 1 VwGO vor den **Verwaltungsgerichten** geltend zu machenden Ansprüche werden nachfolgend behandelt.

Geldersatz	Beseitigung u. Unterlassung
■ **Schadensersatz,** insbes. § 839 BGB, Art. 34 GG, POR ■ **Entschädigung,** insbes. Enteignung, Art. 14 Abs. 3 GG	■ ör **Folgenbeseitigungsanspruch** ■ ör **Abwehr-** und **Unterlassungsanspruch** ■ ör **Erstattungsanspruch** ■ ör **GoA**

---

423 Vgl. BT-Drs. 19/10992; dazu Mann ZRP 2020, 20, 23 f.; Naumann DVBl. 2020, 602 ff.
424 Vgl. BVerwG NJW 2020, 2487; RÜ 2018, 663; HessVGH NJW 2018, 964; SächsOVG NVwZ-RR 2017, 314; OVG Lüneburg KommJur 2012, 338; OVG MV RÜ 2011, 605; dazu unten Rn. 471 ff.

2. Abschnitt: Der Folgenbeseitigungsanspruch (FBA)

A. Das Rechtsinstitut des FBA

296 Erleidet der Bürger durch rechtswidriges hoheitliches Handeln einen Vermögensnachteil, so geht es ihm häufig nicht (nur) um einen Ausgleich durch Geldersatz, sondern (auch) um die **Wiederherstellung des früheren Zustandes**.

Beispiele: Eine Sache des B wird von der Polizei sichergestellt. Nach Aufhebung der Sicherstellungsverfügung begehrt B Rückgabe der Sache. – Bei Straßenbauarbeiten wird der Gehweg versehentlich 50 cm auf dem Grundstück des G angelegt. G verlangt Wiederherstellung seines Vorgartens.

297 Diese Fälle sind über den Amtshaftungsanspruch (§ 839 BGB, Art. 34 GG) und über Entschädigungsansprüche nicht sachgerecht zu lösen, da diese Anspruchsgrundlagen auf **Geldersatz**, nicht aber auf Wiederherstellung gerichtet sind. Es geht vielmehr um eine den §§ 985, 1004 BGB vergleichbare Situation; es sollen die **Folgen des Verwaltungshandelns** beseitigt werden. Da es im öffentlichen Recht hierfür i.d.R. keine besondere gesetzliche Anspruchsgrundlage gibt, haben Rspr. und Lit. das Rechtsinstitut des **Folgenbeseitigungsanspruchs** (FBA) entwickelt.

Spezialgesetzliche Folgenbeseitigungsansprüche finden sich z.B. für die Herausgabe sichergestellter Sachen im Polizeirecht (vgl. § 37 PolG BW, Art. 28 BayPAG, § 43 HSOG, § 29 NPOG, § 46 PolG NRW)[425] und für die Berichtigung und Löschung von personenbezogenen Daten (z.B. Art. 16, 17 EU-DSGVO).

B. Begründung des FBA

I. Vollzugsfolgenbeseitigungsanspruch

298 Ausgangspunkt der rechtlichen Entwicklung war die Anerkennung eines sog. **Vollzugsfolgenbeseitigungsanspruchs**. Er erfasst die Situation, dass ein rechtswidriger VA vollzogen wird. Dem Betroffenen steht in diesem Fall nicht nur ein Anspruch auf Aufhebung des VA zu (§ 113 Abs. 1 S. 1 VwGO), sondern auch auf Beseitigung der mit dem Vollzug verbundenen rechtswidrigen Folgen.

Beispiele: Rückgabe einer rechtswidrig beschlagnahmten Sache, Rückgängigmachung von Maßnahmen der Verwaltungsvollstreckung (vgl. hierzu auch die spezialgesetzliche Regelung in Art. 39 BayVwZVG).

299 Dass es einen Vollzugs-FBA gibt, folgt z.B. auch aus § 113 Abs. 1 S. 2 VwGO, der von der **Rückgängigmachung der Vollziehung** eines (aufgehobenen) VA spricht, also die Beseitigung der Folgen eines VA regelt.

Beispiel: K hat einen rechtswidrigen Abgabenbescheid angefochten. Da die Klage keine aufschiebende Wirkung entfaltet (§ 80 Abs. 2 S. 1 Nr. 1 VwGO) hat er den geforderten Betrag gleichwohl gezahlt. K kann neben der Aufhebung des Abgabenbescheids (§ 113 Abs. 1 S. 1 VwGO) Rückzahlung des Geldes verlangen (§ 113 Abs. 1 S. 2 VwGO).[426]

Einigkeit besteht jedoch darüber, dass § 113 Abs. 1 S. 2 VwGO den FBA nicht begründet, sondern die Existenz des Anspruchs voraussetzt. § 113 Abs. 1 S. 2 VwGO betrifft als prozessuale Vorschrift nur die **prozessuale Durchsetzung** des FBA im Zusammenhang mit Anfechtungsklagen, stellt aber **keine materiell-rechtliche Anspruchsgrundlage** dar.[427]

---

425 Vgl. dazu auch OVG NRW RÜ 2021, 729, 733; OVG Bln-Bbg RÜ 2019, 256, 258; VGH BW RÜ 2019, 458, 461.
426 Vgl. BayVGH RÜ2 2020, 43 f. zum vorläufigen Rechtsschutz.

II. Allgemeiner Folgenbeseitigungsanspruch

Allgemein anerkannt ist, dass nicht nur bei Verwaltungsakten, sondern auch bei schlichtem Verwaltungshandeln ein Bedürfnis nach Folgenbeseitigung bestehen kann. Man spricht dann vom **allgemeinen Folgenbeseitigungsanspruch**.[428]

Beispiele: Beseitigung der Folgen schädlicher Umwelteinwirkungen (z.B. Immissionen beim Betrieb hoheitlicher Einrichtungen), Widerruf ehrbeeinträchtigender hoheitlicher Äußerungen.

300

Der Anspruch selbst und seine Voraussetzungen sind bei Eingriffen durch VA dieselben wie bei Beeinträchtigungen durch schlichtes Verwaltungshandeln. Deswegen hat die Unterscheidung nur noch terminologische Bedeutung, praktisch ist sie überflüssig. Beide Ansprüche sind in einem **einheitlichen FBA** aufgegangen.[429]

301

III. Dogmatische Herleitung

Die dogmatische Begründung des FBA wird in Rspr. und Lit. unterschiedlich vorgenommen. Als **Grundlagen** werden insbesondere genannt: Analogie zu §§ 1004, 862 BGB, das Rechtsstaatsprinzip, der Grundsatz der Gesetzmäßigkeit der Verwaltung (Art. 20 Abs. 3 GG), die Freiheitsgrundrechte und die Rechtsschutzgarantie des Art. 19 Abs. 4 GG.[430]

302

- Die Rspr., insbes. das BVerwG, hat in einer Reihe von Entscheidungen den FBA unmittelbar aus **Art. 20 Abs. 3 GG** hergeleitet. Da die vollziehende Gewalt an Gesetz und Recht gebunden sei, ergebe sich daraus auch die Verpflichtung des Staates, die rechtswidrigen Folgen einer Amtshandlung zu beseitigen.[431]

303

- In der Lit. wird die Herleitung aus Art. 20 Abs. 3 GG überwiegend abgelehnt. Da Art. 20 Abs. 3 GG die Gesetzmäßigkeit der Verwaltung lediglich als objektiv-rechtliches Prinzip der Verfassung normiere, könne er nicht Grundlage subjektiver Ansprüche des Bürgers gegen den Staat sein. Vielmehr ergebe sich der FBA unmittelbar aus der **Abwehrfunktion der Freiheitsgrundrechte**: Dieser sog. status negativus gibt dem Bürger einen Anspruch darauf, dass der Staat Grundrechtseingriffe unterlässt. Ist Folge eines Eingriffs eine rechtswidrige Beeinträchtigung des Grundrechts, so richtet sich der Anspruch auch auf Beseitigung der Eingriffsfolgen. Der FBA ist damit letztlich eine **spezielle Ausprägung des grundrechtlichen Abwehranspruchs**.[432]

304

Auch das BVerwG hat zuweilen auf die Grundrechte als zusätzliche oder alleinige Grundlage des FBA abgestellt[433] oder die Frage offengelassen.[434]

In der Klausurlösung kommt es zumeist auf die konkrete Herleitung nicht an, sodass diese Frage nicht entschieden zu werden braucht. Es reicht aus, darauf hinzuweisen, dass der FBA inzwischen allgemein Anerkennung gefunden hat und damit als **gewohnheitsrechtlicher Grundsatz** des Verwaltungsrechts anzusehen ist.[435]

305

---

427 VG Hamburg RÜ 2017, 396, 400 (zur vergleichbaren Regelung in § 80 Abs. 5 S. 3 VwGO); Kopp/Schenke VwGO § 113 Rn. 81; Voßkuhle/Kaiser JuS 2012, 1079, 1080; Detterbeck NVwZ 2019, 97, 98.
428 Grundlegend BVerwG DVBl. 1971, 858, 860; Bettermann DÖV 1955, 528 ff.; Weyreuther, Gutachten 47. DJT (1968), B 78 ff.
429 Vgl. BVerwG RÜ 2015, 391, 394; Voßkuhle/Kaiser JuS 2012, 1079, 1080; Mehde Jura 2017, 783, 784.
430 Vgl. z.B. OVG Lüneburg NdsVBl. 2004, 213; VG Berlin NVwZ 2009, 124, 127; Maurer/Waldhoff § 30 Rn. 5.
431 BVerwGE 69, 366, 370; BVerwG NJW 1985, 817, 818; OVG NRW NVwZ 2000, 217, 218; BayVGH BayVBl. 2016, 590.
432 Maurer/Waldhoff § 30 Rn. 5; Remmert Jura 2007, 736, 742; Brosius-Gersdorf JA 2010, 41, 42; Voßkuhle/Kaiser JuS 2012, 1079, 1080.
433 BVerwG NJW 1989, 2484, 2484 f.; BVerwGE 82, 24, 25; 82, 76, 95; ebenso schon BVerwG DVBl. 1971, 858, 859.
434 BVerwG NJW 1989, 2272, 2277.

C. Voraussetzungen des FBA

306 Nach allgemeiner Auffassung kommt ein Anspruch auf Folgenbeseitigung in Betracht, wenn durch einen hoheitlichen Eingriff in ein subjektives Recht ein rechtswidriger, noch andauernder Zustand geschaffen wurde.[436]

Voraussetzungen des FBA

- **hoheitlicher Eingriff in ein subjektives Recht**
  - hoheitliche Maßnahme
  - subjektives Recht aus einfach-gesetzlichen Vorschriften oder Grundrechten
- **Schaffung eines rechtswidrigen andauernden Zustandes**
  - rechtswidriger Zustand
  - haftungsbegründende Kausalität zwischen Eingriff und Zustand
  - Fortdauer des rechtswidrigen Zustandes

I. Hoheitlicher Eingriff in ein subjektives Recht

1. Hoheitliches Handeln

307 In Abgrenzung zum zivilrechtlichen Anspruch aus § 1004 BGB muss ein **hoheitliches Handeln** vorliegen. Die Unterscheidung richtet sich nach den allgemeinen Kriterien zur Abgrenzung zwischen öffentlichem Recht und Privatrecht.[437] Besondere Bedeutung hat hierbei das Kriterium des **Sachzusammenhangs**, insbesondere beim Betrieb öffentlicher Einrichtungen.

Beispiel: Der Internet-Auftritt eines Verwaltungsträgers ist als hoheitliche Tätigkeit zu qualifizieren, soweit ein Sachzusammenhang mit ör Verwaltungshandeln besteht (z.B. amtliche Öffentlichkeitsarbeit). Dies gilt selbst dann, wenn die konkrete Ausgestaltung des Rechtsverhältnisses zwischen Nutzer und Betreiber privatrechtlich organisiert ist. Das Löschen oder Sperren von Kommentaren auf einer Social-Media-Plattform (z.B. Facebook oder Twitter) durch einen Verwaltungsträger stellt deshalb eine hoheitliche Maßnahme dar.[438]

308 Unerheblich ist die **Rechtsnatur des Handelns**. Vom FBA erfasst werden Verwaltungsakte ebenso wie schlichtes Verwaltungshandeln (Realakte, Äußerungen etc.), also **alle** Beeinträchtigungen durch **öffentlich-rechtliche Maßnahmen**.[439]

Beispiele: Beschlagnahme oder Sicherstellung von Gegenständen;[440] Einweisung von Obdachlosen;[441] Erteilung einer den Nachbarn beeinträchtigenden Baugenehmigung.[442]

---

435 BVerwG NVwZ 2016, 541; BayVGH BayVBl. 2016, 590; VGH BW NVwZ 2016, 1658, 1659; OVG Lüneburg NVwZ-RR 2014, 415 (nur LS); Maurer/Waldhoff § 30 Rn. 5; Voßkuhle/Kaiser JuS 2012, 1079, 1080; Hering/Tuchtfeld JuS 2022, 55, 59.
436 BVerwG RÜ 2015, 391, 395; HessVGH RÜ 2011, 191, 194; OVG NRW, Beschl. v. 25.01.2017 – 11 A 1701/16, BeckRS 2017, 100914; OVG RP NVwZ-RR 2018, 948, 949; Maurer/Waldhoff § 30 Rn. 7 ff.
437 Vgl. AS-Skript Verwaltungsrecht AT 1 (2022), S. 10 ff.
438 VG Leipzig RÜ 2020, 179, 180; NVwZ-RR 2021, 113; VG München MMR 2018, 418; Hering/Tuchtfeld JuS 2022, 55, 57; vgl. auch BVerwG NVwZ 2020, 487 zur Sperre auf einer kirchlichen Facebook-Seite; allgemein zur Nutzung von Social-Media durch Hoheitsträger Milker NVwZ 2018, 1751 ff.; Milker/Schuster NVwZ 2021, 377 ff.
439 BVerwG DVBl. 1971, 858, 860; BayVGH NVwZ-RR 1991, 57, 58; Schoch Jura 1993, 478, 482 m.w.N.
440 OVG NRW RÜ 2021, 729, 733; OVG Bln-Bbg RÜ 2019, 256, 258; VGH BW RÜ 2019, 458, 461.
441 Kopp/Schenke VwGO § 113 Rn. 83.

Weiteres Beispiel: Das Löschen von Kommentaren auf einer Internet-Seite oder die Sperrung der Kommentarfunktion („Blocken") ist nicht auf die Herbeiführung einer Rechtsfolge gerichtet, sondern bewirkt lediglich einen tatsächlichen Erfolg. Da die Nutzung der Kommentarfunktion auch keiner besonderen Zulassungsentscheidung bedarf, handelt es sich um schlichtes Verwaltungshandeln.[443] Nach der Gegenansicht liegt dagegen beim Sperren bzw. Blocken eines Accounts der Schwerpunkt – analog zum Hausverbot bei Gebäuden – auf der im Rahmen des behördlichen Ermessens zu treffenden Abwägungsentscheidung, so dass ein (zumindest konkludenter) Verwaltungsakt vorliege.[444] Ist die Löschung bzw. das Blocken rechtswidrig, so besteht ein Folgenbeseitigungsanspruch.[445]

309 Da der FBA dazu dient, einen früher bestehenden Zustand wiederherzustellen, greift er grds. nicht bei einem **Unterlassen** der Verwaltung ein. Auch bei einem sog. qualifizierten Unterlassen, wenn die Behörde eine Rechtspflicht zum Handeln hat, scheidet der FBA in aller Regel aus, da mit ihm **keine Erweiterung** der Rechte verlangt, sondern nur der Eingriff in bestehende Rechte abgewehrt werden kann.[446]

Gegenbeispiel: Nachbar N verlangt von der Gemeinde Maßnahmen gegen die missbräuchliche Nutzung eines Bolzplatzes. Hier wird zwar durch die Untätigkeit der Behörde in die Rechtssphäre des Bürgers eingegriffen. Anknüpfungspunkt ist jedoch nicht das Unterlassen, sondern das positive Tun, nämlich die Errichtung und der Betrieb des Platzes.[447]

2. Eingriff in ein subjektives Recht

310 **Subjektive Rechte** können sich aus einfach-gesetzlichen Vorschriften, aber auch aus Grundrechten ergeben.

Beispiele: Nachbarschützende Vorschriften im Baurecht, z.B. das Rücksichtnahmegebot aus § 15 Abs. 1 S. 2 BauNVO, das Eigentum (Art. 14 Abs. 1 GG), das Recht am eingerichteten und ausgeübten Gewerbebetrieb (Art. 14 Abs. 1 bzw. Art. 12 Abs. 1 GG), Leben und Gesundheit (Art. 2 Abs. 2 S. 1 GG) und das allgemeine Persönlichkeitsrecht (Art. 2 Abs. 1 i.V.m. Art. 1 Abs. 1 GG).

II. Rechtswidriger andauernder Zustand

311 Durch den Eingriff muss ein **rechtswidriger Zustand** geschaffen worden sein, der noch **andauert**. Früher wurde teilweise angenommen, der FBA werde durch die Rechtswidrigkeit der hoheitlichen Maßnahme begründet. Es wurde also auf das Handlungsunrecht abgestellt. Nach heute h.M. ist beim FBA aber das **Erfolgsunrecht** entscheidend, da es um die Beseitigung der „Folgen", also des eingetretenen Zustandes geht. Es kommt daher nicht darauf an, ob der Eingriff rechtswidrig war, sondern ob der **Zustand**, dessen Beseitigung verlangt wird, **rechtswidrig** ist.[448] Deshalb ist der Staat nach Art. 20 Abs. 3 GG zur Beseitigung eines rechtswidrigen Zustandes auch dann verpflichtet, wenn dieser zunächst rechtmäßig war und erst später rechtswidrig geworden ist.[449]

---

442 Vgl. AS-Skript Öffentliches Baurecht (2022), Rn. 297.
443 VG Leipzig RÜ 2020, 179, 181; NVwZ-RR 2021, 113, 114; Hering/Tuchtfeld JuS 2022, 55, 57.
444 Milker NVwZ 2018, 1751, 1756; Kalscheuer/Jacobsen NJW 2018, 2358, 2361; a.A. VG München MMR 2018, 418, 418; VG Mainz MMR 2018, 556, 557; VG Hamburg MMR 2021, 1009, 1010: Realakt; offen gelassen von Kalscheuer/Jacobsen NVwZ 2020, 370, 371.
445 VG München MMR 2018, 418, 418 f.; VG Mainz MM R 2018, 556, 557; VG Köln, Urt. v. 08.06.2021 – 6 K 717/18, BeckRS 2021, 15277; Hering/Tuchtfeld JuS 2022, 55, 58.
446 BVerwG, Beschl. v. 13.03.2008 – BVerwG 7 B 7.08, ZUR 2008, 316, 318; Bumke JuS 2005, 22, 22; Voßkuhle/Kaiser JuS 2012, 1079, 1080.
447 Bumke JuS 2005, 22, 23; Voßkuhle/Kaiser JuS 2012, 1079, 1080; Mehde Jura 2017, 783, 785.
448 BVerwG DVBl. 2001, 726, 732; BayVGH RÜ 2012, 323, 324; OVG RP NVwZ-RR 2018, 948, 949; Maurer/Waldhoff § 30 Rn. 9; Detterbeck NVwZ 2019, 97, 100.
449 BVerwGE 69, 366, 370; BGH DVBl. 1995, 1131, 1132; Bumke JuS 2005, 22, 23; Mehde Jura 2017, 783, 786.

1. Rechtswidrigkeit des Zustands

312 **Rechtswidrig** ist der Zustand, wenn den Bürger **keine Duldungspflicht** trifft. Eine Duldungspflicht kann sich insbes. ergeben aus

- **gesetzlichen Vorschriften**,
- einem **Verwaltungsakt**,
- einem **öffentlich-rechtlichen Vertrag** oder
- einer **Einwilligung** des Betroffenen.

a) Gesetzliche Duldungspflichten

313 Gesetzliche Vorschriften können eine Duldungspflicht ausdrücklich oder aufgrund des Regelungszusammenhangs begründen.

> **Beispiele:** Duldungspflicht gegenüber nicht schädlichen Umwelteinwirkungen nach §§ 22 Abs. 1 S. 1 Nr. 1, 3 Abs. 1 BImSchG bzw. bei unwesentlichen Einwirkungen analog § 906 BGB.[450]
>
> Die Löschung eines Kommentars auf der Internetseite eines Verwaltungsträgers (z.B. einer ör Rundfunkanstalt) bzw. die Sperrung eines Nutzeraccounts stellen einen hoheitlichen Eingriff in die Meinungsfreiheit aus Art. 5 Abs. 1 S. 1 Alt. 1 GG dar und bedarf deshalb einer gesetzlichen Ermächtigungsgrundlage.[451] Soweit eine Gefahr für die öffentliche Sicherheit vorliegt, kann auf die polizei-/ordnungsrechtliche Generalklausel abgestellt werden,[452] im Übrigen auf das gewohnheitsrechtlich anerkannte **virtuelle Hausrecht** beim Internetauftritt als öffentlicher Einrichtung.[453] Ob des Blocken bzw. Löschen von Kommentaren im Einzelfall rechtmäßig ist, hängt dann davon ab, ob die Voraussetzungen für ein „Hausverbot" vorliegen, z.B. bei Verstoß gegen die Benutzungsordnung der öffentlichen Einrichtung (sog. „Nettiquette"), bei unsachlichen oder ehrbeeinträchtigenden Kommentaren oder unzulässigen Links.[454] Außerdem muss das Löschen bzw. Blocken verhältnismäßig sein.[455] Dies richtet sich nach den Grundsätzen der praktischen Konkordanz.[456]

314 Der FBA dient allerdings nicht dem Ausgleich **legislativen Unrechts**. Anknüpfungspunkt des rechtswidrigen Zustandes muss vielmehr die **rechtswidrige Gesetzesanwendung**, nicht der rechtswidrige normative Rahmen sein. Der Ausgleich von Folgen, die auf einer rechtswidrigen Norm beruhen, ist nicht Aufgabe des FBA und muss vielmehr durch Übergangsregelungen des neu zu erlassenden Rechts geregelt werden. Insoweit hat der Normgeber (in verfassungsgemäßer Weise) zu entscheiden, inwieweit er Vertrauensschutzgesichtspunkte berücksichtigen will und entsprechende Regelungen trifft.[457]

---

[450] VGH BW NVwZ-RR 2017, 566; NVwZ 2016, 1658 und unten Rn. 448.

[451] VG Leipzig RÜ 2020, 179, 182; VG Hamburg MMR 2021, 1009, 1010; Tschorr NVwZ 2020, 1488, 1489: Beim Sperren bzw. Blocken eines Accounts liegt i.d.R. zudem ein Eingriff in die Informationsfreiheit nach Art. 5 Abs. 1 S. 1 Alt. 2 GG vor.

[452] VG Hamburg MMR 2021, 1009, 1011; Tschorr NVwZ 2020, 1488, 1490.

[453] VG Leipzig RÜ 2020, 179, 182; NVwZ-RR 2021, 113, 115; VG München MMR 2018, 418, 419; VG Mainz MMR 2018, 556, 558; Milker NVwZ 2018, 1751, 1754; Kalscheuer/Jacobsen NJW 2018, 2358, 2360; a.A. Friehe NJW 2020, 1697, 1701.

[454] VG Leipzig RÜ 2020, 179, 183; NVwZ-RR 2021, 113, 115; Milker NVwZ 2018, 1751, 1756.

[455] VG Leipzig RÜ 2020, 179, 184; NVwZ-RR 2021, 113, 115; Kalscheuer/Jacobsen NJW 2018, 2358, 2362; Tschorr NVwZ 2020, 1488, 1491; Hering/Tuchtfeld JuS 2022, 55, 59; zu den grundrechtlichen Vorgaben allgemein Lüdemann MMR 2019, 279.

[456] Vgl. dazu BVerfG RÜ 2022, 243, 246; RÜ 2020, 593, 594; allgemein AS-Skript Grundrechte (2021), Rn. 247 ff.

[457] BVerwG NVwZ 2017, 481, 484; dagegen zutreffend Detterbeck NVwZ 2019, 97, 98 ff, da es nicht auf die Rechtswidrigkeit des Eingriffs, sondern auf die Rechtswidrigkeit des durch den Gesetzesvollzug geschaffenen Zustandes ankommt.

b) Duldungspflicht kraft VA

Eine Duldungspflicht kann sich vor allem auch aus **Verwaltungsakten** ergeben. So ist z.B. beim sog. Vollzugs-FBA der geschaffene Zustand solange gerechtfertigt, wie er von einem **wirksamen VA** gedeckt ist. Auch wenn der VA rechtswidrig ist, reicht dies zur Begründung des FBA nicht aus. Denn auch ein rechtswidriger VA ist grds. wirksam (§§ 43, 44 VwVfG) und legitimiert den seiner Regelung entsprechenden Zustand. Deshalb ist vor Geltendmachung des FBA die Aufhebung des VA erforderlich (durch die Behörde nach § 48 VwVfG oder durch das Gericht nach § 113 Abs. 1 S. 1 VwGO).[458]

315

Beispiel: Solange eine wirksame (vollziehbare) Einweisungsverfügung vorliegt, ist ein FBA auf Räumung der zur Vermeidung von Obdachlosigkeit beschlagnahmten Wohnung ausgeschlossen.[459]

Ein VA kann eine Duldungspflicht aber nur im Rahmen seines **Regelungsgegenstandes** begründen.

316

Beispiel: Die Einweisungsverfügung rechtfertigt den Aufenthalt des Obdachlosen in der Wohnung nur für die in ihr geregelte Einweisungszeit (§§ 36 Abs. 2 Nr. 1, 43 Abs. 2 VwVfG). Nach Ablauf der Frist muss der Wohnungseigentümer die Einweisung nicht mehr dulden und hat einen FBA.[460]

Gegenbeispiel: Die Widmung einer Straße betrifft nur die Nutzung durch die Allgemeinheit (§ 35 S. 2 Fall 2 VwVfG), sagt aber nichts über das zulässige Maß des Straßenlärms aus. Eine unanfechtbare Widmung steht daher dem FBA auf Lärmminderung nicht entgegen.[461] Ebenso ist die Widmung gegenüber dem Eigentümer nicht geeignet, den aufgrund einer fehlerhaften Planung rechtswidrig geschaffenen Zustand zu heilen. Die Widmung hindert deshalb nicht den Anspruch auf Folgenbeseitigung.[462]

2. Haftungsbegründende Kausalität

Der rechtswidrige Zustand muss **durch den hoheitlichen Eingriff** geschaffen worden sein. Es muss also eine **(haftungsbegründende) Kausalität** zwischen Eingriff und Beeinträchtigung bestehen.[463] Zwischen der Amtshandlung der Behörde und den eingetretenen rechtswidrigen Folgen muss ein **„Vollzugszusammenhang"** bestehen.[464] Dabei reicht nicht jede Ursächlichkeit aus, erforderlich ist vielmehr eine „besondere Nähebeziehung" zum Eingriff.[465] Die Rspr. zieht hierfür unterschiedliche Kriterien heran.

317

So wird teilweise darauf abgestellt, ob der Zustand „unmittelbare" Folge des Eingriffs ist, ob der Zustand „zwangsläufig" oder aufgrund eines „typischen Geschehensablaufs" eingetreten ist. **Beispiel:** Das Zuparken der Zufahrt zum Nachbargrundstück durch Benutzer einer öffentlichen Einrichtung, kann nicht dem hoheitlichen Betrieb der Einrichtung zugerechnet werden.[466]

---

458 BGH DNotZ 2010, 220, 225; Maurer/Waldhoff § 30 Rn. 11; Mehde Jura 2017, 783, 786; Detterbeck NVwZ 2019, 97, 101.
459 OVG Saar, Beschl. v. 14.04.2014 – 1 B 213/14, BeckRS 2014, 50143.
460 OVG NRW DVBl. 1991, 1372; im Ergebnis ebenso BGH DVBl. 1995, 1131, 1132; OVG Berlin NVwZ 1992, 501, 502; Heusch/Schönenbroicher OBG NRW § 19 Rn. 11; Bumke JuS 2005, 22, 27; Voßkuhle/Kaiser JuS 2012, 1079, 1080.
461 Bumke JuS 2005, 22, 24.
462 BayVGH RÜ 2010, 329, 332; VG Neustadt, Urt. v. 10.07.2014 – 4 K 1105/13.NW, BeckRS 2014, 54367; vgl. auch BayVGH BayVBl. 2016, 590; BayVGH, Beschl. v. 09.01.2018 – 8 ZB 17.473, BeckRS 2018, 77: FBA bei Inanspruchnahme einer nicht gewidmeten Fläche.
463 VG München, Urt. v. 02.02.2010 – M 2 K 09.3679, BeckRS 2010, 35511; Sachs/Blasche NWVBl. 2005, 78, 80.
464 So HessVGH NVwZ 1995, 300, 302.
465 BayVGH, Urt. v. 08.05.2008 – 22 B 06.3184, BeckRS 2008, 36269.
466 Vgl. OVG Berlin NVwZ-RR 1988, 16.

a) Unmittelbare Verursachung

318 Unproblematisch ist die Zurechnung, wenn der rechtswidrige Zustand **unmittelbar** durch das hoheitliche Handeln hervorgerufen wird.[467]

Beispiel: Sichergestellte oder beschlagnahmte Gegenstände werden von der Polizei in amtliche Verwahrung genommen.

319 Dem steht gleich die **freiwillige Befolgung** eines VA durch den Adressaten. Denn derjenige, der einem staatlichen Ge- oder Verbot „freiwillig" nachkommt, darf hinsichtlich der Folgenbeseitigung nicht schlechter stehen als bei zwangsweiser Durchsetzung. Im Rahmen des Regelungsgehaltes des VA wird das Verhalten des Adressaten oder Dritter dem behördlichen Vollzug gleichgestellt.

Beispiele: Der Bürger zahlt den mit einem Abgabenbescheid geforderten Geldbetrag.[468] Ebenso wird die Verwirklichung der Baugenehmigung durch den Bauherrn der Behörde zugerechnet;[469] anders wenn ohne Baugenehmigung oder unter Abweichung von der erteilten Genehmigung „schwarz" gebaut wird.[470]

b) Mittelbare Verursachung

320 Zurechnungsprobleme ergeben sich dann, wenn die unmittelbaren Beeinträchtigungen durch **Dritte** hervorgerufen werden. Wie im Rahmen des § 1004 BGB ist anerkannt, dass der Staat **(mittelbarer) Störer** ist, wenn durch seinen maßgeblichen Willen ein rechtswidriger Zustand geschaffen wird.[471] Deshalb sind dem Staat Handlungen Dritter zuzurechnen, wenn der Hoheitsträger das Verhalten des unmittelbaren Störers steuert oder durch sein Verhalten eine **typische Gefährdungssituation** für die subjektiven Rechte des Betroffenen schafft oder aufrechterhält.[472] Das gilt z.B. für alle Störungen, die sich aus der bestimmungsgemäßen Benutzung einer öffentlichen Einrichtung ergeben (s.u. Rn. 452 ff.).

321 Deshalb besteht ein FBA z.B. auch dann, wenn Obdachlose nach Ablauf der Einweisungszeit in der Wohnung verbleiben. Denn durch die Einweisungsverfügung hat die Behörde eine zurechenbare Ursache für den weiteren Aufenthalt gesetzt. Damit beruht der jetzige rechtswidrige Zustand zumindest auch noch auf der hoheitlichen Einweisung.[473] Nach der Gegenansicht beruht der jetzige Zustand auf der eigenverantwortlichen Entscheidung der Eingewiesenen, rechtswidrig in der Wohnung zu bleiben und ist nicht mehr Folge der behördlichen Entscheidung.[474] Dagegen spricht jedoch, dass die Behörde durch die Einweisung eine typische Gefährdungssituation für den Eigentümer geschaffen hat.

322 Keine Zurechnung erfolgt dagegen bei **Missbrauch** der Sachen oder Exzessen. In diesem Fall sind allein die privaten Störer und nicht der Hoheitsträger verantwortlich.[475]

Beispiele: Betreibt die Gemeinde einen Badesee, so werden ihr die üblichen Lärmimmissionen des Badebetriebs zugerechnet. Sie hat aber nicht dafür einzustehen, wenn Besucher angrenzende Grundstücke verschmutzen, Grundstückseinfahrten zuparken oder nachts Lärm verursachen.[476]

---

[467] BVerwGE 69, 366, 372 m.w.N.
[468] Kopp/Schenke VwGO § 113 Rn. 80.
[469] HessVGH NVwZ 1995, 300, 302; Horn DöV 1989, 976, 977; Bumke JuS 2005, 22, 26.
[470] HessVGH NVwZ 1995, 300, 302.
[471] Zum mittelbaren Störer bei § 1004 BGB vgl. Schreiber Jura 2013, 111, 115.
[472] VGH BW NVwZ 2012, 837, 640; zur vergleichbaren Situation bei § 1004 BGB vgl. BGH NJW 2005, 1366.
[473] OVG NRW DVBl. 1991, 1372; im Ergebnis ebenso BGH DVBl. 1995, 1131, 1132; Bumke JuS 2005, 22, 27.
[474] OLG Köln NJW 1994, 1012, 1013; Schenke DVBl- 1990, 328. 327; Roth DVBl. 1996, 1401, 1406.
[475] VGH BW NVwZ-RR 2017, 653, 654; NVwZ 2012, 837, 839; HessVGH RÜ 2011, 810, 813 und unten Rn. 453.

3. Fortdauer der Beeinträchtigung

Schließlich setzt der FBA – in Abgrenzung zu Schadensersatzansprüchen, die auch abgeschlossene Beeinträchtigungen erfassen – voraus, dass der rechtswidrige **Zustand andauert**.[477] Hieran fehlt es z.B., wenn die rechtswidrigen Folgen erledigt sind oder der ursprünglich rechtswidrige Zustand nachträglich (z.B. durch eine Genehmigung) legalisiert worden ist.[478]

323

Deshalb besteht der FBA auf Exmittierung des Obdachlosen nach Ablauf der Einweisungszeit nicht mehr, wenn der ursprünglich rechtswidrige Zustand durch Erlass einer neuen Einweisungsverfügung zwischenzeitlich legalisiert worden ist.[479] Die bloße Legalisierungsmöglichkeit schließt den Tatbestand des FBA dagegen nicht aus, möglicherweise aber die Rechtsfolge (s.u. Rn. 334).

D. Rechtsfolge des FBA

Rechtsfolgen des FBA
■ Wiederherstellung des früheren Zustandes
■ Kein Schadensersatz
■ **Haftungsausfüllende Kausalität:** Beseitigung der zurechenbaren Folgen

I. Wiederherstellung des früheren Zustandes

Seiner **Rechtsfolge** nach richtet sich der Folgenbeseitigungsanspruch – wie der Name schon sagt – auf die **Beseitigung der Folgen** des Verwaltungshandelns, d.h. der **Wiederherstellung des früheren Zustandes** (des sog. status quo ante).[480]

324

Beispiele: Rückgabe beschlagnahmter Gegenstände, Rückzahlung rechtswidrig erhobener Abgaben, Widerruf ehrverletzender Äußerungen.

Unerheblich ist, ob die Folgenbeseitigung **durch schlichtes Verwaltungshandeln** oder **durch VA** erfolgen muss. Ist eine regelnde Entscheidung erforderlich, so ist die Behörde aufgrund des FBA zum Erlass eines entsprechenden VA verpflichtet.[481]

325

Beispiel: Nach Ablauf der Einweisungszeit hat der Eigentümer einen Folgenbeseitigungsanspruch auf Erlass einer Räumungsverfügung gegen die bislang eingewiesenen Personen.[482]

II. Kein Schadensersatz

Der FBA ist nur auf die **Beseitigung der rechtswidrigen Folgen** des hoheitlichen Handelns gerichtet und gibt dem Betroffenen daher nichts, was dieser vor dem Eingriff nicht schon gehabt hat. Der FBA ist **kein allgemeiner Wiedergutmachungsanspruch**, insbes. dient er **nicht zum Ausgleich von Schäden**, die durch das Behördenhandeln entstanden sind.

326

---

476 OVG Berlin NVwZ-RR 1988, 16.
477 BVerwG NVwZ 2020, 387, 390; Sachs/Blasche NWVBl. 2005, 78, 80; Bumke JuS 2005, 22, 24; Will JuS 2004, 701, 705; Voßkuhle/Kaiser JuS 2012, 1079, 1080.
478 Vgl. VG Cottbus, Urt. v. 14.08.2008 – 4 K 123/05, BeckRS 2009, 32148; Mehde Jura 2017, 783, 786.
479 Maurer/Waldhoff § 30 Rn. 12; Mehde Jura 2017, 783, 786.
480 BVerwG RÜ 2015, 391, 395; VGH BW NVwZ 2016, 1658, 1660; Detterbeck NVwZ 2019, 97, 100 f.; ders. JuS 2019, 1191, 1198; Hering/Tuchtfeld JuS 2022, 55, 58.
481 Kopp/Schenke VwGO § 113 Rn. 83 m.w.N.
482 VGH BW NJW 1997, 2832, 2833; OVG NRW DVBl. 1991, 1372, 1373; Bumke JuS 2005, 22, 27.

Beispiel: Wird ein Ausländer rechtswidrig abgeschoben (§ 58 AufenthG), kann er einen FBA auf Rückholung haben.[483] Dadurch entstandene Schäden kann er nur nach § 839 BGB, Art. 34 GG geltend machen.

327 Der FBA ist auch **nicht auf Naturalrestitution** gerichtet. Denn Naturalrestitution bedeutet nicht Wiederherstellung des früheren Zustandes, sondern des jetzigen Zustandes, der bestehen würde, wenn der zum Ersatz verpflichtende Umstand nicht eingetreten wäre (vgl. § 249 Abs. 1 BGB). Der hypothetische Kausalverlauf ist daher für den FBA irrelevant. Der FBA ist ein bloßer **Restitutionsanspruch**, sodass kein Schadensersatz und auch keine Entschädigung verlangt werden kann **(Restitution, nicht Kompensation)**.

Beispiele: Der Anspruch auf Ausgleich besoldungsrechtlicher Nachteile wegen unterbliebener Einstellung als Beamter kann nur als Schadensersatzanspruch, nicht als FBA geltend gemacht werden.[484] Auf den FBA kann auch kein Anspruch auf Gewährung einer Subvention gestützt werden, selbst wenn die Ablehnung rechtswidrig war.[485]

III. Haftungsausfüllende Kausalität

328 Beseitigt werden müssen die Folgen des Verwaltungshandelns, soweit diese dem Hoheitsträger **zurechenbar** sind **(haftungsausfüllende Kausalität)**.

Beachte: Die Kausalitätsfrage kann sich, wie im Schadensersatzrecht, nicht nur im haftungsausfüllenden Tatbestand, sondern schon im Rahmen der Haftungsbegründung stellen.[486] Dort geht es insbes. um Fälle, in denen der rechtswidrige Zustand nicht unmittelbar durch die hoheitliche Maßnahme geschaffen wird, sondern auf dem Verhalten Dritter beruht.

1. Unmittelbare Folgen

329 **Zurechenbar** sind unproblematisch die unmittelbaren Folgen, d.h. solche, auf deren Herbeiführung die hoheitliche Maßnahme gerichtet war.[487]

Beispiel: Die Anbringung eines Kreuzes in einer staatlichen Schule verstößt bei Widerspruch eines Betroffenen gegen die aus Art. 4 Abs. 1 GG folgende staatliche Neutralitätspflicht in Glaubensfragen.[488] Deshalb besteht grds. ein Anspruch auf Entfernung des auf staatliche Anordnung angebrachten Kreuzes, wenn sich anders zwischen den Interessen der Betroffenen kein Ausgleich schaffen lässt.[489]

2. Mittelbare Folgen

330 Mittelbare Folgen sind dagegen nur zurechenbar, wenn sie für den Eingriff **typisch** sind, also aus der Eigenart der hoheitlichen Maßnahme resultieren. Nicht zurechenbar sind Folgen, die durch das eigenverantwortliche Verhalten des Betroffenen oder eines Dritten verursacht worden sind.[490] Notwendig ist ein **innerer Zusammenhang** mit der Maßnahme, d.h. es muss sich eine besondere Gefahr verwirklichen, die bereits in der hoheitlichen Maßnahme selbst angelegt ist.[491]

---

483 OVG Hamburg, Beschl. v. 02.08.2019 – 4 Bs 219/18, BeckRS 2019, 18123; OVG NRW NVwZ 2018, 1493, 1494; OVG RP NVwZ-RR 2018, 948, 949; VGH BW VBlBW 2009, 149, 150; Kluth NVwZ 2018, 1496, 1497.
484 BVerwG NVwZ 1999, 424.
485 HessVGH RÜ 2011, 191, 194.
486 BVerwGE 69, 366, 372; Bethge/Detterbeck Jura 1991, 550, 554; Bumke JuS 2005, 22, 24 und unten Fall 12.
487 BVerwGE 69, 366, 373; BGH DNotZ 2010, 220, 224; Bumke JuS 2005, 22, 24.
488 BVerfG NJW 1995, 2477, 2478; anders EGMR NVwZ 2011, 737 zu Art. 9 EMRK; vgl. auch BVerwG NJW 1999, 3063.
489 Vgl. BayVGH, Beschl. v. 12.01.2010 – 3 ZB 08.2634, BeckRS 2010, 6162; BayVGH NVwZ 2002, 1000; HessVGH NJW 2006, 1227; NJW 2003, 2471 zum Anspruch auf Entfernung eines Kreuzes aus dem Sitzungssaal des Kreistages.
490 BVerwGE 69, 366, 370; BVerwG DVBl. 2001, 744, 745; OVG Lüneburg NdsVBl. 2004, 213, 214; Bumke JuS 2005, 22, 24 f.

Beispiel: Mit dem FBA kann die Exmittierung des Obdachlosen nach Ablauf der Einweisungszeit verlangt werden (s.o. Rn. 321). Hat der Eingewiesene die Wohnung beschädigt, kann die Beseitigung der Schäden als bloß mittelbare, dem Staat nicht zurechenbare Folge nicht über den FBA verlangt werden. Der Eigentümer ist hier auf Schadensersatz- bzw. Entschädigungsansprüche verwiesen.[492]

E. Ausschlussgründe

Ausschlussgründe
Der FBA ist **ausgeschlossen**, wenn die Folgenbeseitigung ■ **tatsächlich oder rechtlich unmöglich** oder ■ **unzumutbar** ist oder ■ sich das Verlangen als **unzulässige Rechtsausübung** darstellt.

I. Rechtliche und tatsächliche Unmöglichkeit

Die Behörde muss tatsächlich und rechtlich **in der Lage sein**, die Folgenbeseitigung durchzuführen (vgl. auch § 113 Abs. 1 S. 3 Hs. 1 VwGO).

- **Tatsächliche Unmöglichkeit** der Folgenbeseitigung ist beispielsweise anzunehmen beim Widerruf ehrverletzender Werturteile. Anders als Tatsachenbehauptungen können Werturteile nur falsch oder richtig, nicht aber wahr oder unwahr sein. Daher kann mit dem FBA der Widerruf unrichtiger Tatsachenbehauptungen verlangt werden, während bei Werturteilen nur ein Unterlassungsanspruch in Betracht kommt.[493]   331

- **Rechtliche Unmöglichkeit** liegt vor, wenn die Folgenbeseitigung nach der Rechtsordnung unzulässig ist.[494] Sie spielt vor allem in Drittbeteiligungsfällen eine Rolle, wenn mit der Folgenbeseitigung die Belastung eines Dritten verbunden ist. Da der FBA keine Rechtsgrundlage für Eingriffe in Rechte Dritter bietet, besteht in diesen Fällen ein FBA nur, wenn die Behörde zum Einschreiten gegen den Dritten **berechtigt** ist.   332

    Beispiel: Die Exmittierung des Obdachlosen nach Ablauf der Einweisungszeit kann nur verlangt werden, wenn die Behörde eine entsprechende Ordnungsverfügung aufgrund der polizei-/ordnungsrechtlichen Generalklausel erlassen darf.[495]

    *Aufbauhinweis: Die Rechtmäßigkeit der mit dem FBA begehrten Ordnungsverfügung gegen den Dritten wird dann **inzident** im Rahmen der „rechtlichen Möglichkeit" beim FBA geprüft. Kann eine solche Verfügung rechtmäßigerweise nicht erlassen werden, ist die Folgenbeseitigung rechtlich unmöglich, der FBA ist ausgeschlossen. Der Bürger ist dann auf Amtshaftungsansprüche (§ 839 BGB, Art. 34 GG) verwiesen, die allerdings ein Verschulden voraussetzen.*

---

491 OVG Lüneburg NdsVBl. 2004, 213, 214.
492 Vgl. BGH DVBl. 1996, 561; NVwZ 2006, 963; Voßkuhle/Kaiser JuS 2012, 1079, 1081.
493 OVG NRW RÜ 2012, 525, 530 und unten Rn. 433.
494 BayVGH, Beschl. v. 17.02.2009 – 14 ZB 08.2919, BeckRS 2009, 43018.
495 Kopp/Schenke VwGO § 113 Rn. 83; Schenke DVBl. 1990, 328, 331; Schoenenbroicher MDR 1993, 97, 98; Bumke JuS 2005, 22, 26 f.; Voßkuhle/Kaiser JuS 2012, 1079, 1081; im Ergebnis ebenso BGH DVB. 1995, 1131, 1132; OVG NRW NWVBl. 1991, 199; HessVGH NVwZ 1995, 300, 302.

II. Unzumutbarkeit der Folgenbeseitigung

333 Der FBA ist ausgeschlossen, wenn dem Verwaltungsträger die **Beseitigung nicht zumutbar** ist (Rechtsgedanke des § 74 Abs. 2 S. 3 VwVfG, § 906 Abs. 2 BGB). Das Kriterium der Zumutbarkeit wird von der Rspr. insbes. dann herangezogen, wenn die Folgenbeseitigung einen extrem hohen Aufwand erfordert und daher unverhältnismäßig ist.[496] Die Lit. kritisiert daran, dass der Verhältnismäßigkeitsgrundsatz als grundrechtliches Prinzip nicht zum Schutze des Staates eingreifen könne.[497]

Beispiel: Ein nur wenige Zentimeter breiter Grundstücksstreifen des E ist rechtswidrigerweise für den Straßenbau in Anspruch genommen worden. Die Verlegung der Straße würde Kosten verursachen, die in keinem Verhältnis zu der geringen Beeinträchtigung des E stehen würden.[498] Den Vermögensinteressen des E kann durch einen Geldausgleich ausreichend Rechnung getragen werden (s.u. Rn. 344 ff.).

III. Unzulässige Rechtsausübung

334 Schließlich ist der FBA ausgeschlossen, wenn das Verlangen auf Folgenbeseitigung eine **unzulässige Rechtsausübung** darstellt, z.B. bei widersprüchlichem Verhalten (venire contra factum proprium)[499] oder wenn die Beseitigung eines (noch) rechtswidrigen Zustandes verlangt wird, obwohl sicher zu erwarten ist, dass der Zustand **nachträglich legalisiert** wird. Die bloße Möglichkeit der Legalisierung reicht dagegen nicht aus.[500]

Beispiel: Die Gemeinde hat auf ihrem Grundstück ein Regenwasserauffangbecken errichtet. Durch die entstandene Vertiefung wird Regenwasser über das Grundstück des E geleitet. Da die Gemeinde abwasserbeseitigungspflichtig ist, hat sie für das Auffangbecken eine nach dem Landeswassergesetz erforderliche Plangenehmigung beantragt, die zwar noch nicht vorliegt, deren Voraussetzungen aber unstreitig vorliegen. Der FBA ist analog § 242 BGB ausgeschlossen.

F. Verjährung

335 Der Folgenbeseitigungsanspruch unterliegt der regelmäßigen (dreijährigen) **Verjährung** (§ 195 BGB analog).[501] Die Verjährungsfrist beginnt mit dem Schluss des Jahres, in dem der Anspruch entstanden ist und der Gläubiger von den den Anspruch begründenden Umständen und der Person des Schuldners Kenntnis erlangt oder ohne grobe Fahrlässigkeit erlangen musste (§ 196 Abs. 1 BGB analog). Ist Anknüpfungspunkt für den FBA eine bestimmte abgeschlossene **Handlung**, so ist diese Handlung – ungeachtet der fortdauernden Beeinträchtigung – auch Anknüpfungspunkt für den Beginn der Verjährung.[502]

Beispiel: Die Straßenbaubehörde hatte bei der Verbreiterung einer Gemeindestraße im Jahr 2015 rechtswidrigerweise einen Teil des Gehwegs auf dem Grundstück des E errichtet. Als E das Grundstück Anfang 2022 veräußern will, wird bei einer Neuvermessung der Überbau festgestellt. E verlangt Besei-

---

[496] BVerwG DVBl. 1993, 1357, 1361 ff.; BayVGH, Beschl. v. 09.01.2018 – 8 ZB 17.473, BeckRS 2018, 77 (§ 275 Abs. 2 BGB analog); BayVBl. 2016, 590, 591; Maurer/Waldhoff § 30 Rn. 17.

[497] Fiedler NVwZ 1986, 969, 976; Schoch Jura 1993, 478, 485 f.; Erbguth JuS 2000, 336, 337; Mehde Jura 2017, 783, 789.

[498] Vgl. z.B. BayVGH, Beschl. v. 09.01.2018 – 8 ZB 17.473, BeckRS 2018, 77 (§ 275 Abs. 2 BGB analog); Bumke JuS 2005, 22, 25 f.

[499] BayVGH BayVBl 2010, 629.

[500] Vgl. BVerwG NJW 1989, 118; HessVGH NVwZ 1995, 300, 303; Schoch Jura 1993, 478, 486; Bumke JuS 2005, 22, 26; Mehde Jura 2017, 783, 786.

[501] BVerwG RÜ 2013, 668; BayVGH RÜ 2012, 323, 326; VG Neustadt, Urt. v. 10.07.2014 – 4 K 1105/13.NW, BeckRS 2014, 54367; ebenso BGH NJW 2011, 1068 zum Anspruch aus § 1004 BGB; a.A. Mansell NJW 2002, 89, 91; Heselhaus DVBl. 2004, 411, 412: kraft Gewohnheitsrechts 30 Jahre; offen gelassen von BayVGH BayVBl. 2016, 590, 591.

[502] OVG LSA, Beschl. v. 13.05.2019 – 2 L 10/17, BeckRS 2019, 10569; OVG RP, Urt. v. 30.08.2018 – 1 A 11843/17.OVG, BeckRS 2018, 23029; Kranz NVwZ 2018, 864, 866 zur Verjährung von Unterlassungsansprüchen.

tigung des Überbaus durch die Gemeinde, hilfsweise Duldung der Beseitigung. Die Gemeinde beruft sich auf Verjährung, da der Überbau ohne Weiteres erkennbar war und E den Anspruch bereits 2015 hätte geltend machen können.

Bezieht sich der FBA auf den Rückbau baulicher Maßnahmen an einer Straße, so entsteht der Anspruch, soweit seine tatbestandlichen Voraussetzungen vorliegen, mit dem Abschluss der Baumaßnahmen.[503] Der FBA ist damit analog §§ 195, 199 Abs. 1 BGB mit Ablauf des Jahres 2018 verjährt. E kann daher keine Beseitigung des Überbaus durch die Gemeinde verlangen. Trotz Verjährung bleibt der geschaffene Zustand aber weiterhin rechtswidrig. E kann seinen Beseitigungsanspruch zwar nicht mehr durchsetzen, ist aber auch nicht zur Duldung des Überbaus verpflichtet. Im Hinblick auf Art. 14 GG unterliegen Duldungsansprüche nicht der Verjährung (im Zivilrecht vgl. § 902 BGB). E kann den rechtswidrigen Zustand daher auf eigene Kosten beseitigen.[504]

> **Fall 8: Totenruhe**
>
> K ist Inhaberin einer Familiengrabstätte, die aus drei Grabstellen besteht und in der bereits ihre Schwester und der vor einigen Jahren verstorbene Ehemann der K beigesetzt sind. Die dritte, bislang noch freie Stelle grenzt an die Grabstätte der Familie B. Frau B ist verstorben und wird aufgrund eines Irrtums der Friedhofsverwaltung F in der Grabstätte der K beigesetzt. Als K dies bemerkt, verlangt sie von F die Umbettung des Leichnams der B. F lehnt dies unter Hinweis auf den Schutz der Totenruhe ab. Auch habe der Ehemann der B einer Umbettung ausdrücklich widersprochen. K hält es für unzumutbar, dass ihr Ehemann neben einer fremden Frau ruht und fragt daher nach der Rechtslage.

A. K könnte gegen die Gemeinde ein Anspruch auf Umbettung aus dem Gesichtspunkt der **Folgenbeseitigung** zustehen.

I. Der **gesetzlich nicht geregelte** Folgenbeseitigungsanspruch (FBA) wird überwiegend aus der Abwehrfunktion der Grundrechte oder aus dem Rechtsstaatsprinzip (Art. 20 Abs. 3 GG, Grundsatz der Gesetzmäßigkeit der Verwaltung) hergeleitet. Andere greifen auf den Rechtsgedanken der §§ 1004, 862 BGB zurück. Diese Begründungsansätze schließen sich jedoch nicht aus, sondern ergänzen sich gegenseitig. Jedenfalls ist der FBA heute als gewohnheitsrechtlicher Grundsatz anerkannt.

336

II. **Voraussetzungen des FBA**

337

Nach allgemeiner Auffassung kommt ein Anspruch auf Folgenbeseitigung in Betracht, wenn durch einen hoheitlichen Eingriff in ein subjektives Recht ein rechtswidriger, noch andauernder Zustand geschaffen wurde.[505]

1. Es muss ein **hoheitlicher Eingriff in ein subjektives Recht** vorliegen.

   a) Die Bestattung der B in der Grabstätte der K stand im Sachzusammenhang mit dem öffentlich-rechtlichen Friedhofswesen, sodass ein **hoheitliches Handeln** vorliegt.

338

---

503 OVG RP, Urt. v. 30.08.2018 – 1 A 11843/17.OVG, BeckRS 2018, 23029; zum FBA bei Überbau vgl. auch BayVGH, Beschl. v. 09.01.2018 – 8 ZB 17.473, BeckRS 2018, 77.
504 BVerwG RÜ 2013, 668; vgl. auch BGH RÜ 2011, 283, 284 und OVG Saar NVwZ-RR 2014, 672.
505 BVerwG NVwZ 1998, 1292, 1294; OVG NRW NWVBl. 2007, 431, 432; NVwZ 2000, 217, 218; Maurer/Waldhoff § 30 Rn. 7 ff.

339 b) **Subjektive Rechte** können sich aus einfach-gesetzlichen Vorschriften, aber auch aus Grundrechten ergeben. Das Grabstättennutzungsrecht fällt unter den Eigentumsschutz nach Art. 14 Abs. 1 GG.[506] Zwar handelt es sich hierbei um eine öffentlich-rechtliche Rechtsposition. Diese wird jedoch vom Schutz des Art. 14 GG erfasst, wenn sie – wie hier – auf nicht unerheblichen Eigenleistungen des Einzelnen beruht.[507] Durch die Fehlbelegung wird der K dieses **subjektive Recht** zumindest teilweise entzogen.

340 2. Durch den Eingriff muss ein **rechtswidriger Zustand** geschaffen worden sein, der noch **andauert**.

a) Rechtswidrig ist der Zustand, wenn den Bürger **keine Duldungspflicht** trifft. Eine Rechtfertigung für die Fehlbelegung ist nicht ersichtlich.

b) Der rechtswidrige Zustand muss auf dem hoheitlichen Eingriff beruhen. Es muss also eine **(haftungsbegründende) Kausalität** zwischen Eingriff und der Beeinträchtigung bestehen.[508] Der rechtswidrige Zustand beruht hier unmittelbar auf der hoheitlich veranlassten Fehlbelegung der Grabstätte.

c) Da die Fehlbelegung des Grabes **andauert**, sind die Voraussetzungen des FBA erfüllt.

341 III. Seiner **Rechtsfolge** nach richtet sich der Folgenbeseitigungsanspruch auf die Beseitigung der Folgen des rechtswidrigen Verwaltungshandelns, d.h. auf **Wiederherstellung des früheren Zustandes**. Beseitigt werden müssen die Folgen des Verwaltungshandelns, soweit diese dem Hoheitsträger zurechenbar sind (**haftungsausfüllende Kausalität**).

342 Vorliegend hatte die Fehlbelegung **unmittelbar** zur Folge, dass das Nutzungsrecht der K beeinträchtigt wurde, da sie die bis dahin freie Grabstelle ihrer Grabstätte nicht mehr für eine Bestattung entsprechend ihrer Wahl nutzen kann. Die **Folgenbeseitigung** bestünde daher in der Freimachung der rechtswidrig belegten Grabstätte durch Umbettung des dort bestatteten Leichnams der B.

343 IV. Der FBA könnte aus **rechtlichen Gründen** wegen Verstoßes gegen Art. 1 Abs. 1 GG **ausgeschlossen** sein. Art. 1 Abs. 1 GG fordert mit dem Schutz der unantastbaren **Würde des Menschen** auch den Schutz der Totenruhe des Verstorbenen. Daher kann die Umbettung eines einmal beigesetzten Leichnams grds. nur aus **wichtigen Gründen** verlangt werden.[509] Zwar hat K ein erhebliches Interesse an der uneingeschränkten Nutzung der Grabstelle. Der Schutz der Totenruhe ist gegenüber dem Grabstättennutzungsrecht indes i.d.R. vorrangig.[510] Dies gilt umso mehr, als K das Nutzungsrecht nur teilweise entzogen wurde und ihr das Grabgestaltungsrecht im Übrigen verblieben ist.

---

506 Vgl. OVG NRW, Beschl. v. 28.10.2016 – 19 A 2345/15 (jedenfalls Art. 2 Abs. 1 GG); abweichend OVG Schleswig ZEV 2016, 409 (öffentlich-rechtliches Sondernutzungsrecht); offen gelassen von BVerwG, Beschl. v. 03.08.2016 – BVerwG 1B 91.16, BeckRS 2016, 50718.
507 Jarass/Pieroth, GG, Art. 14 Rn. 11 ff.; allgemein AS-Skript Grundrechte (2021), Rn. 538.
508 Vgl. Sachs/Blasche NWVBl. 2005, 78, 80.
509 BayVGH BayVBl 2019, 270; OVG NRW NVwZ-RR 2010, 281, 283; OVG NRW, Beschl. v. 05.12.2017 – 19 A 2275/16, BeckRS 2017, 135414; SächsOVG LKV 2014, 551, 552; VG Berlin, Urt. v. 26.10.2021 – VG 21 K 129/21, BeckRS 2021, 34640: nur aus zwingenden, ganz persönlichen Gründen.
510 OVG NRW, Beschl. v. 05.12.2017 – 19 A 2275/16, BeckRS 2017, 135414.

„Auszugehen ist davon, dass der den Schutz der Totenruhe gewährleistende Art. 1 Abs. 1 GG aufgrund des durch Art. 79 Abs. 3 GG geschaffenen Wertsystems einen besonderen unantastbaren Rang hat, wodurch Art. 1 GG zu den ‚tragenden Konstitutionsprinzipien' gehört. Die Rücksichtnahme auf die Gefühle der Hinterbliebenen verbieten es der Friedhofsverwaltung in der Regel, gegen den Willen des Ehegatten oder eines anderen nahen Verwandten des Verstorbenen ... der Umbettung zuzustimmen oder diese zu bewirken."[511]

Damit ist der **FBA** auf Umbettung des Leichnams der B wegen rechtlicher Unmöglichkeit **ausgeschlossen**.

B. Ist die Folgenbeseitigung in Form der Wiederherstellung nicht möglich oder nicht zumutbar, könnte dem Betroffenen nach dem Rechtsgedanken des § 251 BGB ein **Anspruch auf Geldausgleich** zustehen.

   I. Vom BVerwG ist ein solcher Anspruch für den Fall bejaht worden, dass dem Betroffenen ein **Mitverschulden** an den ihn belastenden Folgen des Verwaltungshandeln trifft.

      1. Ist der Umfang der Folgenbeseitigung **teilbar**, so wird der FBA nach h.Rspr. entsprechend dem Mitverschulden analog § 254 BGB **reduziert**.[512] § 254 BGB enthält einen allgemeinen Rechtsgedanken, der im Zivilrecht wie im öffentlichen Recht sowohl bei verschuldensabhängigen als auch verschuldensunabhängigen Ansprüchen gelte.

> Die Gegenansicht lehnt die Anwendung des § 254 BGB auf den FBA ab, da die Vorschrift auf das Schadensersatzrecht zugeschnitten sei. Der grundrechtliche FBA könne mangels gesetzlicher Grundlage einfachgesetzlich nicht beschränkt werden.[513] Dagegen spricht, dass § 254 BGB auch im Rahmen des § 1004 BGB entsprechend anzuwenden ist.[514]

      2. Ist die Folgenbeseitigung dagegen **unteilbar**, ist der FBA bei Mitverschulden aus rechtlichen Gründen **ausgeschlossen**. In diesem Fall schlägt die Wiederherstellungspflicht nach Auffassung des BVerwG analog § 251 BGB in einen **Geldanspruch** gegen den Staat um, der entsprechend dem Mitverschuldensanteil des Betroffenen zu kürzen ist.[515]

> **Beispiel:** Aufgrund von Straßenbauarbeiten ist eine auf dem Grundstück des E stehende Mauer zerstört worden. Der FBA ist auf die Errichtung einer gleichwertigen Mauer gerichtet.[516] Hat E die Zerstörung durch Abgrabungen auf seinem Grundstück mitverursacht, hat er nur einen um sein Mitverschulden gekürzten Ausgleichsanspruch in Geld.[517]

   II. Von einer im Vordringen befindlichen Meinung wird ein solcher Anspruch auf **Geldausgleich** immer dann bejaht, wenn die Folgenbeseitigung unmöglich oder unzumutbar ist (Rechtsgedanke des § 251 BGB, sog. **Folgenersatzanspruch**, „verlängerter Folgenbeseitigungsanspruch"). Denn es wäre unbillig, wenn der an sich zur Folgenbeseitigung Verpflichtete ganz aus der Verantwortung entlassen würde.[518] Die Gegenansicht kritisiert hieran zu Recht, dass durch die Anerken-

---

511 OVG NRW NVwZ 2000, 217, 218; allgemein zum postmortalen Persönlichkeitsschutz vgl. BVerwG, Urt. v. 19.06.2019 – BVerwG 6 CN 1.18, BeckRS 2019, 19065; BayVGH RÜ 2018, 531, 534.
512 BVerwG NJW 1989, 2484, 2485; VGH BW NJW 1985, 1482; Maurer/Waldhoff § 30 Rn. 20.
513 Schenke JuS 1990, 370, 375; Schoch VerwArch 1988, 1, 54.
514 Vgl. BGHZ 135, 235, 239; OLG Zweibrücken KommJur 2004, 71, 72.
515 BVerwG DVBl. 1993, 1357, 1362; NJW 1989, 2484, 2485 unter Hinweis auf § 74 Abs. 2 S. 3 VwVfG; Bumke JuS 2005, 22, 26.
516 Bumke JuS 2005, 22, 24.
517 BVerwG NJW 1989, 2484.

nung des Folgenersatzanspruchs die Grenze zum **Folgenentschädigungsanspruch** überschritten wird. Anerkanntermaßen kann der FBA nicht zum Ausgleich von Schäden führen. Eine Erweiterung des FBA würde zu einem verschuldensunabhängigen Geldanspruch führen und damit die Grenze zur Amtshaftung und zur Aufopferungsentschädigung verwischen. Scheitert der FBA an der Unmöglichkeit oder Unzumutbarkeit der Folgenbeseitigung, so kommt bei rechtswidrig schuldhaftem Handeln nur ein Anspruch aus Amtshaftung (§ 839 BGB, Art. 34 GG), bei schuldlosen Eingriffen ein Anspruch aus Aufopferung in Betracht.[519]

C. Prozessuale Situation

347   I. Für die Durchsetzung des FBA ist gemäß § 40 Abs. 1 S. 1 VwGO der **Verwaltungsrechtsweg** eröffnet, weil es sich um einen öffentlich-rechtlichen Anspruch handelt.[520] Soweit ein **Folgenersatzanspruch** in Betracht kommt, ist auch hierfür nach § 40 Abs. 1 S. 1 VwGO der Verwaltungsrechtsweg eröffnet.[521]

Die abdrängende Zuweisung an die Zivilgerichte gemäß § 40 Abs. 2 S. 1 VwGO gilt nur für Geldansprüche des Bürgers; nicht darunter fallen Ansprüche auf Folgenbeseitigung, selbst wenn sie ausnahmsweise auf Geldleistung gerichtet sind.[522]

348   II. Der Klageart nach handelt es sich um eine **allgemeine Leistungsklage**, wenn die Folgenbeseitigung durch schlicht hoheitliches Handeln zu erfolgen hat. Erfordert die Folgenbeseitigung ausnahmsweise den Erlass eines Verwaltungsakts, so ist die **Verpflichtungsklage** statthaft (§ 42 Abs. 1 Fall 2 VwGO).

349   Für den **Vollzugsfolgenbeseitigungsanspruch** erleichtert § 113 Abs. 1 S. 2 u. S. 3 VwGO die prozessuale Durchsetzung. Danach kann der FBA als **Annexantrag** mit der Anfechtungsklage verbunden werden.[523]

Beispiel: K hat gegen einen Beitragsbescheid über 3.000 € Widerspruch und Anfechtungsklage erhoben. Da seine Rechtsbehelfe keine aufschiebende Wirkung entfalten (§ 80 Abs. 1 S. 1 VwGO), hat K zunächst unter Vorbehalt gezahlt. Wird der Beitragsbescheid gemäß § 113 Abs. 1 S. 1 VwGO aufgehoben, kann das Gericht die Behörde zugleich zur Erstattung des gezahlten Betrages verurteilen (§ 113 Abs. 1 S. 2 VwGO).

350   K kann somit den Folgenbeseitigungsanspruch sowie einen etwaigen Folgenentschädigungsanspruch im Wege der **allgemeinen Leistungsklage** vor dem Verwaltungsgericht geltend machen. Die Klage ist allerdings unbegründet (s.o.).

---

518 OVG NRW NVwZ 2000, 217, 219; BayVGH NVwZ 1999, 1237, 1238; Maurer/Waldhoff § 30 Rn. 19; Voßkuhle/Kaiser JuS 2012, 1079, 1081; Mehde Jura 2017, 783, 790; offengelassen von BVerwG DVBl. 1993, 1357, 1362 (Anspruch „naheliegend").
519 OVG NRW NVwZ 1994, 795, 796; Kopp/Schenke VwGO § 113 Rn. 89.
520 BVerfGE 61, 149, 173; Maurer/Waldhoff § 30 Rn. 21; Graulich ZAP 2005, 849, 850.
521 BayVGH NVwZ 1999, 1237; Franckenstein NVwZ 1999, 158, 159; vgl. auch Kopp/Schenke VwGO § 113 Rn. 89, der den Folgenersatzanspruch allerdings ablehnt.
522 Kopp/Schenke VwGO § 40 Rn. 73 m.w.N.
523 Vgl. AS-Skript VwGO (2021) Rn. 184.

Der Folgenbeseitigungsanspruch (FBA) — 2. Abschnitt

Aufbauschema: Folgenbeseitigungsanspruch

I. Rechtsgrundlage

Art. 20 Abs. 3 GG, Grundrechte, § 1004 BGB analog, Gewohnheitsrecht

II. Voraussetzungen

1. hoheitlicher Eingriff in ein subjektives öffentliches Recht
   a) **hoheitliche** Maßnahme
   b) **subjektives Recht** beeinträchtigt
2. Schaffung eines rechtswidrigen fortdauernden Zustandes
   a) **rechtswidriger Zustand**
   b) **haftungsbegründende Kausalität** zwischen Eingriff und Zustand
   c) **Fortdauer** des rechtswidrigen Zustandes

III. Rechtsfolge

1. **Wiederherstellung des früheren Zustandes**
   a) Beseitigung der zurechenbaren Folgen (haftungsausfüllende Kausalität)
   b) kein Schadensersatz, keine Folgenentschädigung
2. bei Mitverschulden § 254 BGB analog, ggf. Folgenersatzanspruch

IV. Ausschlussgründe

1. rechtliche, tatsächliche Unmöglichkeit
2. Unzumutbarkeit der Wiederherstellung
3. unzulässige Rechtsausübung

3. Abschnitt: Der sozialrechtliche Herstellungsanspruch

I. Unterschied zum FBA

351 Unabhängig vom verwaltungsrechtlichen FBA ist im Sozialrecht der ebenfalls gesetzlich nicht geregelte **sozialrechtliche Herstellungsanspruch** entwickelt worden. Gerade im Sozial(versicherungs)recht ergeben sich Konstellationen, die weder mit Amtshaftungs- noch mit Folgenbeseitigungsansprüchen angemessen gelöst werden können.

> **Beispiele:** Aufgrund einer falschen Auskunft der Behörde reicht Rentner R einen Antrag auf Rentenleistungen verspätet ein, die nach Ablauf der Frist nicht mehr gewährt werden. – Der Versicherungsträger informiert den B falsch über die Höhe der freiwilligen Rentenversicherungsbeiträge. Da B zu geringe Beiträge zahlt, hat er später keinen Anspruch auf Rentenzahlung.
>
> Ein Schadensersatzanspruch aus Amtshaftung (§ 839 BGB, Art. 34 GG) kommt nur bei schuldhaftem Handeln in Betracht.[524] Der FBA kann nur zur Wiederherstellung des früheren Zustandes führen; in den Beispielsfällen also nicht zu einem Anspruch auf Rentenzahlung, da dies nicht die Wiederherstellung des früheren, sondern des Zustandes wäre, der jetzt bestehen würde, wenn der Pflichtverstoß unterblieben wäre.[525]

352 Ausgangspunkt der Entwicklung war die Erkenntnis, dass im Sozialversicherungsrecht zwischen Bürger und Staat ein auf **intensive, längerfristige Rechtsbeziehungen angelegtes Rechtsverhältnis** besteht. Da das geltende Recht für solche Dauerrechtsverhältnisse keine angemessenen Sanktionen bereit hält, hat das Bundessozialgericht (BSG) im Wege richterlicher Rechtsfortbildung den **sozialrechtlichen Herstellungsanspruch** entwickelt.[526]

II. Dogmatische Grundlage des Anspruchs

353 Die **dogmatische Grundlage** des sozialrechtlichen Herstellungsanspruchs ist nach wie vor umstritten. Teils wird er als Weiterentwicklung des FBA oder als Parallelerscheinung des FBA im Bereich des Leistungsrechts angesehen, teils als Nebenpflicht des sozialrechtlichen Leistungsverhältnisses begründet, teils aus dem Grundsatz von Treu und Glauben abgeleitet, teils als Sonderfall materiell-rechtlicher Wiedereinsetzung in den vorigen Stand bewertet und teils einfach als Rechtsinstitut sui generis qualifiziert.[527] Jedenfalls ist seine Geltung als richterrechtlich entwickeltes und mittlerweile auch **gewohnheitsrechtlich anerkanntes Rechtsinstitut** praktisch unstreitig.[528]

III. Voraussetzungen des sozialrechtlichen Herstellungsanspruchs

354 Der sozialrechtliche Herstellungsanspruch greift ein, wenn ein Leistungsberechtigter in einem Sozialrechtsverhältnis, das auf einem Anspruch auf Sozialleistung beruht, durch die Verletzung sozialbehördlicher Pflichten einen Nachteil erlitten hat.[529]

---

524 Vgl. z.B. BGH NVwZ-RR 2021, 671, 672: Amtshaftung wegen fehlerhafter Rentenberatung.
525 OVG NRW, Beschl. v. 05.04.2012 – 3 A 2663/09, BeckRS 2012, 53016.
526 BSGE 61, 175, 176; 65, 21, 26; 73, 19, 25; 83, 30; BVerwG NJW 1997, 2966, 2967; BGH NJW 2019, 68, 71; Grzeszick in: BeckOK GG Art. 34 Rn. 48.
527 Maurer/Waldhoff § 30 Rn. 24; ausführlich zur Herleitung Wallerath DÖV 1994, 757, 759 ff.; Waßer JA 2001, 137 ff.
528 Schmitz/Schmitz JA 2005, 372, 373 m.w.N.
529 Vgl. BSGE 55, 261, 263; BSG NZS 2008, 274; NJW 2011, 2907; BVerwG NJW 2012, 168, 169; NJW 1997, 2966, 2968; LSG NRW, Beschl. v. 11.03.2019 – L 18 R 489/18 B; BeckRS 2019, 6819; Maurer/Waldhoff § 30 Rn. 24; Schmitz/Schmitz JA 2005, 372, 373 ff.

Voraussetzungen sind daher:

- Bestehen eines **konkreten Sozialrechtsverhältnisses**
- **Pflichtverletzung** der Behörde (Handeln oder Unterlassen)

    insbes. durch falsche oder pflichtwidrig unterlassene Beratung oder Auskunft, sonstige Irreführung, mangelnde Aufklärung etc.[530]

- **kausaler Nachteil** beim Bürger (z.B. Verlust von Ansprüchen, erhöhte Aufwendungen).

Wie der Folgenbeseitigungsanspruch ist der sozialrechtliche Herstellungsanspruch **verschuldensunabhängig**.[531]

355

IV. Rechtsfolgen des sozialrechtlichen Herstellungsanspruchs

Seiner **Rechtsfolge** nach ist der sozialrechtliche Herstellungsanspruch gerichtet auf Herstellung des Zustandes, der (jetzt) bestehen würde, wenn die Verwaltung rechtmäßig gehandelt hätte (anders als der FBA, der nur auf Wiederherstellung des früheren Zustandes gerichtet ist).[532] Der Bürger wird so gestellt, wie er stünde, wenn die Verwaltung von Anfang an pflichtgemäß gehandelt hätte. Praktisch wird also eine im Gesetz vorgesehene, dem Betroffenen durch behördliches Fehlverhalten **entgangene Sozialleistung** nunmehr lediglich **mit einer anderen rechtlichen Begründung** gewährt. Deshalb ist der Herstellungsanspruch nur auf die Erbringung **gesetzlich vorgesehener Leistungen** gerichtet und umfasst nicht den Ausgleich sonstiger (mittelbarer) Nachteile[533] und ist auch nicht auf Schadensersatz oder Entschädigung gerichtet.[534]

356

Beispiel: Hat die behördliche Pflichtverletzung die Versäumung von Anträgen oder Antragsfristen zur Folge, darf sich der Sozialleistungsträger nicht auf die eingetretenen Rechtsfolgen berufen, sondern muss den Betroffenen so behandeln, als sei sein Antrag rechtzeitig und ordnungsgemäß gestellt worden.[535] In den o.g. Beispielsfällen (Rn. 351) heißt das: Der Antrag des R muss als fristgemäß behandelt werden. Dem B muss die Möglichkeit zur Nachzahlung von Rentenversicherungsbeiträgen gegeben werden.

Ausgeschlossen ist der Herstellungsanspruch insbesondere, wenn die begehrte Amtshandlung jetzt **rechtlich unzulässig** ist. Darf die Behörde die Leistung von Rechts wegen nicht (mehr) gewähren, kommt nur noch ein Schadensersatzanspruch nach § 839 BGB, Art. 34 GG in Betracht, der allerdings Verschulden voraussetzt.[536]

357

Beispiel: Kein sozialrechtlicher Herstellungsanspruch auf rückwirkende Rentenbewilligung, weil § 99 Abs. 1 S. 2 SGB VI entgegensteht.[537]

---

530 Vgl. z.B. LSG BW, 17.05.2018 – L 10 R 3438/16, BeckRS 2018, 31868; zur Amtshaftung bei unterbliebener Beratung BGH NVwZ-RR 2021, 671; NJW 2019, 68 mit Anm. Hebeler JA 2019, 558.
531 BSGE 49, 76, 77; BVerwG NJW 1997, 2966, 2967; Waßer JA 2001, 137, 140; Schmitz/Schmitz JA 2005, 372, 374 f.
532 BVerwG NJW 2012, 168, 170; LSG NRW, Beschl. v. 11.03.2019 – L 18 R 489/18 B; BeckRS 2019, 6819; Schmitz/Schmitz JA 2005, 372, 375.
533 Zusammenfassend BSGE 50, 88, 91; BVerwG NJW 1997, 2966, 2967; Maurer/Waldhoff § 30 Rn. 24.
534 Schmitz/Schmitz JA 2005, 372, 375.
535 BSGE 62, 179, 182; BVerwG NJW 2012, 168, 170.
536 BGH NJW 2019, 68, 71; NVwZ-RR 2021, 671.
537 BSGE 81, 251, 254; BGH NJW 2019, 68, 71.

V. Übertragbarkeit auf das allgemeine Verwaltungsrecht

358 Eine Übertragung des sozialrechtlichen Herstellungsanspruchs auf das **allgemeine Verwaltungsrecht** wird überwiegend abgelehnt, da er auf den oben skizzierten Besonderheiten des Sozial(versicherungs)rechts beruht.[538]

359 Die Gegenansicht bejaht bei **falscher behördlicher Auskunft** (§ 25 Abs. 1 S. 2 VwVfG) einen FBA auf Herstellung. Der Bürger sei so zu stellen, wie er stünde, wenn die Behörde die Auskunft richtig erteilt hätte.[539] Dagegen spricht jedoch, dass der FBA nicht auf Naturalrestitution gerichtet ist, sondern auf Wiederherstellung des früheren Zustandes (s.o. Rn. 296 f.). Der FBA ist insbes. kein allgemeiner Wiedergutmachungsanspruch, sodass mit dem FBA nicht die Einräumung einer Rechtsposition begehrt werden kann, die der Bürger bisher nicht innehatte.[540]

Deshalb hat die Rspr. z.B. einen Herstellungsanspruch bei falscher Beratung im Rahmen der Subventionsgewährung zu Recht abgelehnt.[541]

360 Allerdings hat das BVerwG die Übertragbarkeit auf das allgemeine Verwaltungsrecht bejaht, wenn es um im Verwaltungsrecht begründete **besondere Sozialleistungsansprüche** geht.[542]

Aufbauschema: Sozialrechtlicher Herstellungsanspruch

I. Rechtsgrundlage: Art. 20 Abs. 3 GG, § 242 BGB analog, Gewohnheitsrecht u.a.

II. Voraussetzungen

1. Bestehen eines konkreten Sozialrechtsverhältnisses
2. Pflichtverletzung der Behörde
3. kausaler Nachteil beim Bürger
4. kein Verschulden erforderlich

III. Rechtsfolge

1. **Herstellung** des Zustandes, der bei pflichtgemäßem Handeln (jetzt) bestünde
2. **Ausschluss** bei rechtlicher Unzulässigkeit der Amtshandlung

---

[538] BVerwG NWVBl. 1990, 373, 374; NVwZ 1998, 1292, 1294; NJW 1997, 2966, 2967; HessVGH RÜ 2011, 191, 194; Schoch Jura 1993, 478, 484; Kemmler JA 2005, 908, 910; offengelassen von VGH BW DVBl. 1999, 176, 180.

[539] VGH BW, Urt. v. 08.05.2013 – 1 S 206/12, RÜ 2013, 604, 608; VG Frankfurt, Urt. v. 18.03.2010 – 1 K 3847/09; OVG MV, Beschl. v. 28.05.2008 – 1 O 51/08, NordÖR 2008, 540.

[540] OVG NRW, Beschl. v. 05.04.2012 – 3 A 2663/09; BayVGH, Beschl. v. 27.01.2010 – 3 ZB 08.1569; VG Frankfurt, Urt. v. 12.02.2009 – 1 K 1791/08.

[541] HessVGH, Beschl. v. 01.11.2010 – 11 A 686/10, RÜ 2011, 191, 194; VGH BW NVwZ- RR 2014, 806.

[542] BVerwG NJW 2012, 168, 169 für Ausgleichsleistungen nach dem Gesetz über berufliche Rehabilitierung; anders dagegen OVG RP NVwZ 1985, 509, 510 für Sozialhilfe; ablehnend auch BVerwG NJW 1997, 2966 für Wohngeld.

4. Abschnitt: Öffentlich-rechtlicher Abwehr- und Unterlassungsanspruch

A. Begründung des Abwehr- und Unterlassungsanspruchs

I. Abwehr des Eingriffs, nicht der Folgen

Der Folgenbeseitigungsanspruch ist auf die Beseitigung eines **rechtswidrigen Zustandes** (der Folgen des Verwaltungshandelns) gerichtet. Häufig geht es dem Bürger aber bereits darum, einen bevorstehenden oder andauernden **rechtswidrigen Eingriff** zu verhindern bzw. abzuwehren. 361

Beispiele: Der Nachbar will verhindern, dass dem Gaststättenbetreiber eine rechtswidrige Sperrzeitverkürzung erteilt wird (§ 18 GaststG). Der Ausländer will die drohende rechtswidrige Abschiebung verhindern (§ 58 AufenthG).

Wehrt sich der Bürger gegen einen **Eingriff durch VA**, so folgt ein Abwehranspruch aus einfach-gesetzlichen subjektiven Rechten und aus der Abwehrfunktion der Grundrechte (zumindest Art. 2 Abs. 1 GG). Der Durchsetzung des Abwehranspruchs gegen (rechtswidrige) Verwaltungsakte dienen **Widerspruch** und **Anfechtungsklage**. 362

Grundrechte schützen aber nicht nur vor Verwaltungsakten, sondern auch vor rechtswidrigen Eingriffen durch **schlichtes Verwaltungshandeln** (Realakte, tatsächliche Verrichtungen, hoheitliche Äußerungen). Daher ist anerkannt, dass es einen (allgemeinen, schlichten) **öffentlich-rechtlichen Abwehr- und Unterlassungsanspruch** gibt.[543] 363

Die Terminologie ist unterschiedlich. Ist die Störung bereits eingetreten, spricht man in Abgrenzung vom Folgenbeseitigungsanspruch teilweise auch vom „Störungs-Beseitigungsanspruch".[544] Der Sache nach handelt es sich um einen Unterfall des ör Abwehr- und Unterlassungsanspruchs (s.u. Rn. 380).

II. Anwendungsfälle

Die **wichtigsten Anwendungsfälle** des öffentlich-rechtlichen Abwehr- und Unterlassungsanspruchs sind: 364

- **Staatliches Informationshandeln**

    Beispiele: Warnung vor schädlichen Lebensmitteln oder unsicheren Produkten;[545] amtliche Veröffentlichungen im Internet;[546] Benotung und Smileys für Lebensmittelbetriebe und Gaststätten.[547]

- **Ehrschutz** gegen Hoheitsträger

    Beispiele: Äußerungen eines Hoheitsträgers über sog. Jugendsekten;[548] negative Äußerungen über Parteien[549] oder politische Versammlungen.[550]

---

[543] Vgl. Maurer/Waldhoff § 30 Rn. 6; Ossenbühl/Cornils, S. 366.
[544] Vgl. z.B. OVG Hamburg RÜ 2014, 656, 660; dazu BVerwG, Beschl. v. 26.01.2015 – BVerwG 3 B 35.14, BeckRS 2015, 42588.
[545] BVerfG NJW 2002, 2621, 2622; OVG NRW DVBl. 2012, 781, 782; HessVGH, Beschl. v. 08.02.2019 – 8 B 2575/18, BeckRS 2019, 4401.
[546] BVerwG RÜ 2015, 391, 395; VGH BW RÜ 2013, 243, 244; OVG NRW NVwZ 2015, 304, 305.
[547] OVG NRW NVwZ-RR 2017, 447; OVG NRW RÜ 2017, 250; OVG Bln-Bbg RÜ 2014, 591; VG Berlin LKV 2013, 131; VG Düsseldorf LMuR 2015, 95 und unten Fall 13.
[548] BVerfG NJW 2002, 2626; BVerwG NJW 1998, 2919.
[549] BVerwG RÜ 2018, 114; OVG NRW 2017, 122; HessVGH NVwZ-RR 2015, 508; OVG Lüneburg NordÖR 2014, 502; zur Äußerungsbefugnis des Bundespräsidenten bzw. von Regierungsmitgliedern vgl. BVerfG RÜ 2014, 449 („Spinner"); BVerfG RÜ 2015, 111 (Fall Schwesig); BVerfG RÜ 2018, 315 (Wanka); allgemein Spitzlei JuS 2018, 856 ff.

- **Immissionen** durch hoheitlich betriebene Einrichtungen[551]

  Beispiele: Sport- und Spielplätze, Kindergarten, Wertstoffsammelanlage, Grillplatz, Feueralarmsirene, Kirchturmuhr, Glockengeläut, Straßenlaterne.

III. Dogmatische Herleitung

365 Die dogmatische Herleitung des öffentlich-rechtlichen Abwehr- und Unterlassungsanspruchs ist – ähnlich wie beim FBA – umstritten. Überwiegend wird auf die **Abwehrfunktion der Grundrechte** abgestellt. Diese umfasse nicht nur die Verpflichtung des Staates, rechtswidrige Folgen von Amtshandlungen wieder zu beseitigen, sondern schließe auch ein, rechtswidrige Eingriffe in subjektive Rechte von vornherein zu unterlassen.[552] Allerdings ist der öffentlich-rechtliche Unterlassungsanspruch seiner Grundstruktur nach dem zivilrechtlichen Beseitigungs- und Unterlassungsanspruch ähnlich, sodass zum Teil (auch) auf eine **analoge Anwendung des § 1004 BGB** zurückgegriffen wird.[553]

366 Beide Begründungen schließen sich nicht aus, sondern ergänzen sich gegenseitig. Jedenfalls ist heute **gewohnheitsrechtlich** anerkannt, dass der Staat rechtswidrige hoheitliche Eingriffe in subjektive Rechte unterlassen muss.[554]

IV. Unterschied zum Folgenbeseitigungsanspruch

1. Abwehr des Eingriffs

367 Anders als beim FBA geht es beim Abwehr- und Unterlassungsanspruch **nicht um die Beseitigung der Folgen des Eingriffs**, sondern um die **Abwehr bzw. Verhinderung des Eingriffs** selbst. Durchgesetzt wird der Anspruch mittels der allgemeinen Leistungsklage, zumeist in Form der Unterlassungsklage.

368 Begrifflich lassen sich je nach dem **Zeitpunkt** des hoheitlichen Handelns unterscheiden:

- der **vorbeugende Unterlassungsanspruch**, wenn **künftiges** Verwaltungshandeln abgewehrt werden soll (z.B. Unterlassen künftiger Verwaltungsakte oder ehrbeeinträchtigender Äußerungen),

- der **(schlichte) Abwehr- und Unterlassungsanspruch**, wenn es um die Beseitigung einer bereits eingetretenen Störung geht (z.B. Unterlassen des Betriebs einer emittierenden Anlage).

---

550 OVG NRW RÜ 2017, 122; OVG NRW NWVBl 2015, 195; VG Düsseldorf NWVBl 2015, 201 (DÜGIDA); VG München MMR 2016, 71 (BAGIDA); vgl. auch BVerfG NVwZ-RR 2016, 241; Gärditz NWVBl. 2015, 165.

551 Vgl. z.B. VGH BW NVwZ-RR 2017, 653 (Grillplatz); VGH BW NVwZ-RR 2017, 566 (Brunnen); VGH BW RÜ 2014, 603, 605 (Bolzplatz); BayVGH ZUR 2015, 691, 692; OVG RP DVBl. 2012, 1052; HessVGH RÜ 2011, 810, 813 (Kinderspielplatz); OVG Saar NVwZ-RR 2018, 484 (Laubbläser), und unten Fall 14.

552 BVerwG NVwZ 2016, 541; NVwZ-RR 2015, 425; VGH BW NVwZ-RR 2022, 22; OVG Bremen NVwZ-RR 2021, 886; OVG NRW NVwZ 2015, 304; OVG Hamburg DVBl. 2014, 1069, 1070; VGH BW DVBl. 2013, 1063, 1064; Remmert Jura 2007, 736, 742.

553 OVG NRW, Urt. v. 07.08.2018 – 5 A 1698/15, BeckRS 2018, 20806; BayVGH, Beschl. v. 30.06.2014 – 5 ZB 14.118, BeckRS 2014, 53488; Laubinger VerwArch 1989, 261, 291 m.w.N.

554 BVerwG NVwZ 2016, 541; OVG NRW NVwZ-RR 2000, 599, 600; Kühling/Klar JuS 2012, 1111, 1113; Ferreau JuS 2017, 758, 761; Kranz NVwZ 2018, 864.

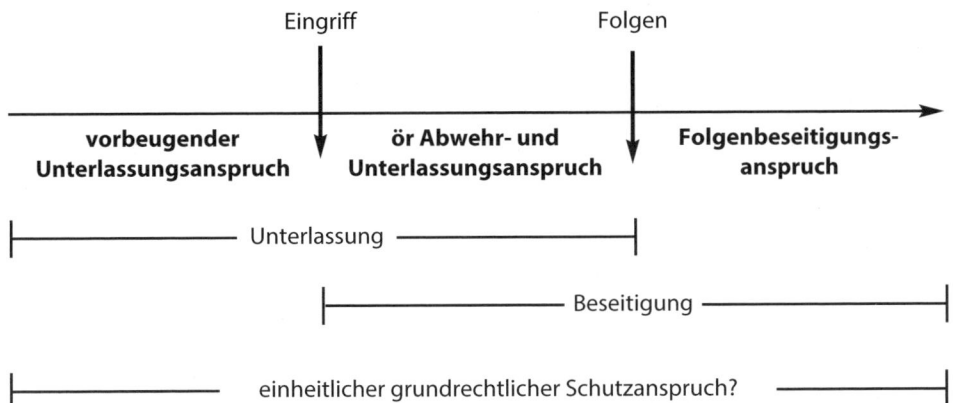

In Rspr. und Lit. wird überwiegend von einem **einheitlichen** öffentlich-rechtlichen Unterlassungsanspruch gesprochen, ohne materiell zwischen dem schlichten und dem vorbeugenden Unterlassungsanspruch zu unterscheiden. Lediglich prozessual ergeben sich Unterschiede beim **Rechtsschutzbedürfnis**.

369

Beispiel: Richtet sich der vorbeugende Unterlassungsanspruch gegen **schlichtes Verwaltungshandeln**, so muss eine Wiederholungs- oder Erstbegehungsgefahr bestehen (Rechtsgedanke des § 1004 Abs. 1 S. 2 BGB). Geht es um die Abwehr **künftiger Verwaltungsakte**, ist eine vorbeugende Unterlassungsklage nur zulässig, wenn die Verweisung auf den nach Erlass des VA möglichen Rechtsschutz **unzumutbar** ist (z.B. bei Eintritt irreparabler Nachteile).[555]

2. Abgrenzung Eingriff und Folgen

Da die Tatbestandsvoraussetzungen und Rechtsfolgen des FBA einerseits und des öffentlich-rechtlichen Abwehr- und Unterlassungsanspruchs andererseits gesetzlich nicht geregelt sind, werden in Lit. und Rspr. **unterschiedliche Auffassungen** für die Abgrenzung der beiden Ansprüche vertreten.

370

So wird z.B. bei öffentlich-rechtlichen Immissionen zwischen Beseitigung der Störungsquelle (dann FBA) und Abwehr bzw. Unterlassung der Immissionen (dann ör Unterlassungsanspruch) unterschieden. „Auf den Folgenbeseitigungsanspruch und nicht auf den öffentlich-rechtlichen Abwehranspruch ist immer dann abzustellen, wenn das Unterbinden der unmittelbaren Beeinträchtigung wegen der tatsächlichen Untrennbarkeit von Störungsquelle und Störungsfolgen eine Beseitigung auch der Störungsquelle erfordert."[556] Bedeutung hat dies vor allem für die Geltung der Ausschlussgründe (rechtliche und tatsächliche Unmöglichkeit oder Unzumutbarkeit), die nur beim FBA, nicht aber beim ör Unterlassungsanspruch eingreifen, s.u. Rn. 379.

Teilweise wird in der Lit. auf eine **Unterscheidung** zwischen dem Folgenbeseitigungsanspruch und dem öffentlich-rechtlichen (Abwehr- und) Unterlassungsanspruch ganz **verzichtet**. Sieht man den FBA wie den Unterlassungsanspruch als Ausprägung der Abwehrfunktion der Grundrechte, zielen beide auf die (Wieder-)Herstellung eines rechtmäßigen Zustandes. Danach handelt es sich beim FBA und beim Unterlassungsanspruch nur um verschiedene Ausprägungen eines **einheitlichen Abwehr- und Beseitigungsanspruchs**. Er ist primär ein Unterlassungsanspruch gegen den Staat und wandelt sich in einen (Folgen-)Beseitigungsanspruch, wenn der Eingriff erfolgt ist.[557]

371

---

[555] Kopp/Schenke VwGO Vorb § 40 Rn. 33 m.w.N. (prozessuale Lösung); a.A. Sproll JuS 1990, 313, 314: kein prozessuales, sondern materielles Problem; vgl. auch AS-Skript VwGO (2021), Rn. 395 ff.
[556] OVG NRW DÖV 1983, 1020; vgl. auch Frank JuS 2018, 56, 58.

372 Zwar hängen beide Ansprüche eng miteinander zusammen, sie unterscheiden sich aber gleichwohl. Während der FBA auf die Beseitigung der **Folgen eines Eingriffs** gerichtet ist, geht es beim öffentlich-rechtlichen Abwehr- und Unterlassungsanspruch darum, den **rechtswidrigen Eingriff** selbst abzuwehren bzw. von vornherein zu verhindern. Der Abwehr- und Unterlassungsanspruch knüpft deshalb an die **Rechtswidrigkeit des Eingriffs** an, während beim FBA die **Rechtswidrigkeit des geschaffenen Zustandes** maßgebend ist (s.o. Rn. 312 ff.). Gleichwohl lassen sich FBA und Unterlassungsanspruch nicht immer eindeutig voneinander abgrenzen, insbes. bei der Abwehr hoheitlicher Immissionen.

Beispiel: Der Kläger wendet sich gegen die Nutzung des an sein Grundstück grenzenden öffentlichen Spielplatzes. Sieht man das hoheitliche Handeln in der Errichtung des Spielplatzes, so sind die Immissionen „Folgen" des Verwaltungshandelns, die mit dem FBA abzuwehren sind. Sieht man den Schwerpunkt dagegen mit der h.Rspr. im Betrieb der Einrichtung, dann wehrt sich der Betroffene gegen den andauernden gegenwärtigen hoheitlichen Eingriff mit einem öffentlich-rechtlichen Abwehr- und Unterlassungsanspruch.[558]

373 Damit ergibt sich folgende **Anspruchssystematik**:

- **ör Abwehr-/Unterlassungsanspruch**: Verhinderung eines rechtswidrigen hoheitlichen Eingriffs,
- **Folgenbeseitigungsanspruch**: Beseitigung der rechtswidrigen Folgen eines hoheitlichen Eingriffs,
- **Entschädigungsansprüche** wegen enteignungsgleichen Eingriffs (bei rechtswidrigen Eingriffen in das Eigentum, Art. 14 Abs. 1 GG) oder aus Aufopferung (bei Eingriffen in die Rechtsgüter aus Art. 2 Abs. 2 GG),[559]
- **Schadensersatzansprüche** bei Verschulden, insbes. Amtshaftung (§ 839 BGB i.V.m. Art. 34 GG).[560]

B. Voraussetzungen und Rechtsfolgen des ör Abwehr- und Unterlassungsanspruchs

I. Anspruchsvoraussetzungen

374 Voraussetzung des allgemeinen ör Abwehr- und Unterlassungsanspruchs ist ein **rechtswidriger hoheitlicher Eingriff in ein subjektives Recht** des Betroffenen, wobei der **Eingriff andauert oder bevorsteht**.[561] Ist der Eingriff abgeschlossen bzw. beendet, kommen nur Folgenbeseitigungs-, Schadensersatz- oder Entschädigungsansprüche in Betracht.

---

[557] Ossenbühl/Cornils, S. 351 ff. sprechen von einem einheitlichen „grundrechtlichen Schutzanspruch auf Unterlassung, Beseitigung und Herstellung"; ähnlich Schoch Jura 1993, 478, 481: „übergreifender grundrechtlicher Integritätsanspruch"; Sproll JuS 1996, 313, 318 ff.: „allgemeiner Anspruch auf Bewältigung hoheitlicher Unrechtslasten". Auch die Rspr. geht zuweilen von einem einheitlichen Anspruch aus, vgl. z.B. VGH BW NJW 1997, 754, 755; OVG RP, Urt. v. 30.08.2018 – 1 A 11843/17.OVG, BeckRS 2018, 23029.

[558] So z.B. OVG NRW NWVBl. 2004, 480, 481; zur Abgrenzung vgl. Laubinger VerwArch 80 (1989), 261, 298 ff.; Maurer/Waldhoff § 30 Rn. 12; Sproll JuS 1996, 313, 314 m.w.N.

[559] Vgl. unten Rn. 658 ff. (enteignungsgleicher Eingriff) und Rn. 710 ff. (Aufopferung).

[560] Zur Amtshaftung unten Rn. 544 ff.

[561] Vgl. z.B. BVerwG DVBl. 2008, 1242; NJW 2006, 1303; OVG NRW NWVBl. 2004, 151.

Öffentlich-rechtlicher Abwehr- und Unterlassungsanspruch — 4. Abschnitt

> **Aufbauschema: Voraussetzungen des ör Unterlassungsanspruchs**
> - **hoheitlicher Eingriff in ein subjektives Recht**
>   - hoheitliche Maßnahme
>   - subjektives Recht aus einfach-gesetzlichen Vorschriften oder Grundrechten
> - **Eingriff rechtswidrig**
>   - keine Duldungspflicht
>   - Eingriff dauert an oder steht bevor

1. Hoheitlicher Eingriff in ein subjektives Recht

Für den hoheitlichen Eingriff in ein subjektives Recht gelten dieselben Grundsätze wie beim FBA. Subjektive Rechte können sich aus einfach-gesetzlichen Vorschriften und aus Grundrechten ergeben. **375**

Beispiele: Eingriff in die Wettbewerbsfreiheit als Teil der Berufsfreiheit (Art. 12 Abs. 1 GG) durch hoheitliche Produktwarnungen, Eingriff in das Eigentum (Art. 14 Abs. 1 GG) und die Gesundheit (Art. 2 Abs. 2 GG) durch Immissionen einer öffentlichen Einrichtung, Eingriff in das allgemeine Persönlichkeitsrecht (Art. 2 Abs. 1 i.V.m. Art. 1 Abs. 1 GG) durch ehrbeeinträchtigende hoheitliche Äußerungen.

Wie beim FBA ergeben sich **Zurechnungsprobleme** vor allem dann, wenn die unmittelbaren Beeinträchtigungen durch **Dritte** hervorgerufen werden. Auch hier werden dem Staat im Rahmen der haftungsbegründenden Kausalität nur die **typischen Beeinträchtigungen** zugerechnet (s.u. Fall 10). **376**

Beispiel: Beim Betrieb von Sport- und Spielplätzen werden dem Hoheitsträger die Auswirkungen der bestimmungsgemäßen Benutzung zugerechnet, nicht aber die missbräuchliche Nutzung.[562]

2. Rechtswidrigkeit des Eingriffs

Rechtswidrig ist der Eingriff, wenn den Bürger **keine Duldungspflicht** trifft. Wie beim FBA können sich Duldungspflichten insbesondere aus Gesetz und aufgrund eines Verwaltungsakts ergeben (s.o. Rn. 312 ff.). **377**

Beispiel: Bei hoheitlichen Immissionen kann sich eine Duldungspflicht aus §§ 22 Abs. 1, 3 Abs. 1 BImSchG bzw. analog § 906 BGB ergeben (s.u. Rn. 446 ff.).

Anders als beim FBA wird beim Unterlassungsanspruch aber nicht auf das Erfolgsunrecht, sondern auf das **Handlungsunrecht** abgestellt.[563] Denn der Bürger wehrt sich nicht gegen die (rechtswidrigen) Folgen des Eingriffs, sondern gegen den **rechtswidrigen Eingriff** selbst. **378**

---

562 VGH BW NVwZ-RR 2017, 653, 654; NVwZ 2016, 1658, 1659; NVwZ 2012, 837, 839; OVG RP DVBl. 2012, 1052, 1053; HessVGH RÜ 2011, 810, 812; im Einzelnen unten Rn. 449 ff.
563 Kemmler JA 2005, 908, 911.

3. Keine Ausschlussgründe

379 Die **Ausschlussgründe** des FBA (rechtliche und tatsächliche Unmöglichkeit sowie Unzumutbarkeit) finden beim Unterlassungsanspruch **keine Anwendung**. Dies folgt aus der unterschiedlichen Rechtsfolge: Während der FBA auf positives Tun gerichtet ist, das den genannten Einschränkungen unterliegen kann, soll mit dem Unterlassungsanspruch lediglich rechtswidriges Verhalten abgewehrt werden. Ein Unterlassen ist aber stets möglich und zumutbar.[564]

II. Rechtsfolge

380 Seiner Rechtsfolge nach ist der Anspruch auf Unterlassung gerichtet, wenn es – wie im Regelfall – darum geht, dass ein rechtswidriger Eingriff verhindert werden soll (**Unterlassungsanspruch**). Ist die Störung bereits eingetreten, so ist der Anspruch auf Beendigung des Eingriffs gerichtet (**Abwehranspruch**), d.h. Beseitigung der Störung. Der Hoheitsträger ist verpflichtet, den Eingriff zu unterlassen und alle Maßnahmen zu treffen, die notwendig sind, damit die Rechtsbeeinträchtigung beendet wird.

Beispiele: Anspruch auf Beseitigung eines Straßenbaums, wenn das angrenzende Anliegergrundstück unzumutbar verschattet wird. Davon ist allerdings nur in gravierenden Ausnahmefällen auszugehen, etwa bei vollständiger Verschattung des gesamten Grundstücks während des ganz überwiegenden Teils des Tages.[565] Auch besteht i.d.R. kein Anspruch auf Beseitigung einer vor dem Anliegergrundstück errichteten Straßenlaterne, weil die damit typischerweise verbundenen Immissionen von den Nachbarn als ortsübliche Beleuchtung der Verkehrsflächen hinzunehmen sind.[566]

381 Nach richtiger Ansicht handelt es sich in diesen Fällen gar nicht um einen Abwehr- und Unterlassungsanspruch, sondern um einen FBA, wenn die **Beseitigung der Störungsquelle** (Baum, Laterne) verlangt wird (s.o. Rn. 370). Dafür spricht, dass die Errichtung der Anlage i.d.R. rechtmäßig sein wird und sich der Betroffene nur gegen die mit dem Betrieb verbundenen unzumutbaren **Folgen** zur Wehr setzt.

Ein Unterlassungsanspruch ist jedoch einschlägig, wenn der Schwerpunkt auf dem Betrieb der Anlage liegt (s.o. Rn. 370 ff.). So besteht im obigen Beispiel zwar kein Folgenbeseitigungsanspruch auf Entfernung der Straßenlaterne, jedoch kann bei unzumutbaren Beeinträchtigungen ein Anspruch auf Schutzmaßnahmen, z.B. auf Minderung der Lichteinstrahlung bestehen.[567]

382 Ob Unterlassungsansprüche der **Verjährung** unterliegen, ist umstritten.[568] Während dies teilweise generell verneint wird, da diese Ansprüche nur künftigen Beeinträchtigungen vorbeugen sollen, wird überwiegend angenommen, dass auch Unterlassungsansprüche analog §§ 195, 199 BGB verjähren können, wenn sie auf einer abgeschlossenen Handlung beruhen.[569] Bei Eingriffen, die subjektive Rechte dagegen dauerhaft verletzen, kann die Verjährung nicht beginnen, solange der Eingriff andauert.[570]

---

564 Kemmler JA 2005, 908, 910.
565 VG Berlin, Urt. v. 13.04.2010 – 1 K 408/09, BeckRS 2010, 48676; vgl. auch OVG NRW, Beschl. v. 25.01.2017 – 11 A 1701/16, BeckRS 2017, 100914; OVG Lüneburg KommJur 2014, 198.
566 OVG RP RÜ 2010, 734, 735; VG Koblenz, Urt. v. 23.11.2009 – 4 K 473/09.KO, BeckRS 2010, 45398; VG Düsseldorf, Urt. v. 18.03. 2008 – 16 K 3722/07, BeckRS 2008, 34438; zum Baurecht vgl. VGH BW NVwZ-RR 2012, 636.
567 VG Koblenz, Urt. v. 23.11.2009 – 4 K 473/09.KO, BeckRS 2010, 45398; einschränkend OVG RP RÜ 2010, 734.
568 Ausführlich Kranz NVwZ 2018, 864, 865 ff.
569 OVG RP, Urt. v. 30.082018 – 1 A 11843/17, BeckRS 2018, 23029 zum Unterlassungsanspruch bei störenden Immissionen; allgemein Kranz NVwZ 2018, 864, 867.
570 OVG LSA, Beschl. v. 13.05.2019 – 2 L 10/17, BeckRS 2019, 10569 zur unberechtigten Zuführung von Niederschlagswasser auf ein fremdes Grundstück.

C. Fallgruppen

I. Staatliches Informationshandeln

Fall 9: Hygiene-Ampel

A betreibt in der Stadt S im Land L eine Gaststätte. Zur Ermittlung der Kontrollhäufigkeit von Gastronomiebetrieben verwendet die Stadt S als zuständige Behörde ein Bewertungssystem, nach dem bei jeder Kontrolle in verschiedenen Kategorien Punkte vergeben werden. Je höher die Punktzahl ist, desto häufiger erfolgen behördliche Kontrollen. Zu den zu beurteilenden Kriterien gehören z.B. die Einhaltung lebensmittelrechtlicher Vorschriften, die bauliche Beschaffenheit und das Hygienemanagement. S ordnet die Punktwerte drei Ergebnisstufen zu, und zwar mit einem lachenden „Smiley" auf grünem Grund (0–40 Punkte), einem entspannten „Smiley" auf gelbem Grund (41–60 Punkte) und einem traurigen „Smiley" auf rotem Grund (61–80 Punkte). In dieser Form veröffentlicht S das Ergebnis auf ihrer Internetseite unter Nennung des Namens, der Anschrift des jeweiligen Betriebes und der konkreten Punktzahl. Etwaige frühere Kontrollergebnisse werden ebenfalls mit Datum, Punktzahl und mit einem entsprechendem „Smiley" vor farbigem Hintergrund veröffentlicht.

Bei einer Routinekontrolle des Betriebs des A am 07.06.2021 ergaben sich verschiedene Beanstandungen im Hygienebereich. Der Oberbürgermeister der Stadt S teilte dem A daraufhin mit Schreiben vom 26.06.2021 mit, dass er nach dem behördlichen Bewertungssystem 41 Punkte erzielt habe und dass dieses Ergebnis zum 01.08.2021 in der oben beschriebenen Weise im Internet veröffentlicht werde. A verlangt daraufhin die Unterlassung der Veröffentlichung, da diese mangels gesetzlicher Ermächtigungsgrundlage rechtswidrig sei. § 40 LFGB (Lebensmittel- und Futtermittelgesetzbuch) sowie § 6 VIG (Verbraucherinformationsgesetz) ließen nur die Veröffentlichung von Tatsachen, aber nicht behördlichen Bewertungen zu. Zu Recht?

Hinweis: Vorschriften des Unionsrechts, insbes. die VO (EU) 2017/625 (sog. Kontrollverordnung) sind nicht zu prüfen.

A. Als Grundlage für das Unterlassungsbegehren des A kommt der **allgemeine öffentlich-rechtliche Abwehr- und Unterlassungsanspruch** in Betracht. Dieser gesetzlich nicht geregelte Anspruch wird überwiegend unmittelbar aus der Abwehrfunktion der Grundrechte hergeleitet. Andere greifen auf den Rechtsgedanken des § 1004 BGB zurück. Diese verschiedenen Begründungen schließen sich jedoch nicht aus, sondern ergänzen sich gegenseitig. Jedenfalls ist ein Unterlassungsanspruch bei andauernden oder drohenden hoheitlichen Maßnahmen allgemein anerkannt und wird heute überwiegend als **gewohnheitsrechtlicher Grundsatz** des Verwaltungsrechts qualifiziert.[571] Deshalb kann auch dahinstehen, ob es sich hierbei um einen eigenständigen Anspruch handelt oder lediglich um einen Aspekt eines einheitlichen grundrechtlichen Abwehr- und Beseitigungsanspruchs.

---

571 Vgl. BVerwG DVBl. 1989, 463, 464; Dietlein/Heyers NWVBl. 2000, 77, 78; Kemmler JA 2005, 908, 910.

384 B. **Voraussetzung** des Unterlassungsanspruchs ist das Vorliegen eines rechtswidrigen hoheitlichen Eingriffs in subjektive Rechte des Betroffenen, der andauert oder bevorsteht.[572]

385 I. **Hoheitliche Maßnahme** ist die (beabsichtigte) Veröffentlichung auf den Internetseiten der Stadt S auf der Grundlage des § 40 LFGB und des § 6 VIG, die ausschließlich einen Hoheitsträger zur Veröffentlichung berechtigen und daher öffentlich-rechtlicher Natur sind.

II. Dadurch müsste in ein **subjektives Recht** des A eingegriffen werden. Insoweit kommt das Grundrecht des A auf Berufsfreiheit aus Art. 12 Abs. 1 GG und das Recht auf informationelle Selbstbestimmung (Art. 2 Abs. 1 GG i.V.m. Art. 1 Abs. 1 GG) in Betracht.

386 1. Dann müsste der **Schutzbereich** dieser Grundrechte betroffen sein.

a) **Beruf** i.S.v. Art. 12 Abs. 1 GG ist jede auf Dauer angelegte Tätigkeit, die der Schaffung und Erhaltung einer Lebensgrundlage dient.[573] Das Verhalten eines Unternehmers im wirtschaftlichen Verkehr ist Teil seiner unternehmerischen Betätigung und damit Teil der Berufsfreiheit.[574] Die Veröffentlichung von unternehmensbezogenen, wettbewerbsrelevanten Daten unterfällt daher dem Schutzbereich des Art. 12 Abs. 1 GG (bei juristischen Personen i.V.m. Art. 19 Abs. 3 GG).[575]

b) Das **Recht auf informationelle Selbstbestimmung** (Art. 2 Abs. 1 i.V.m. Art. 1 Abs. 1 GG) gewährleistet die Befugnis des Einzelnen, grundsätzlich selbst zu entscheiden, wann welche Angaben über seine persönlichen oder sachlichen Verhältnisse offenbart werden.[576] Dazu zählen hier neben dem Namen und der Anschrift des Betriebes auch der festgestellte Punktwert, da er sachliche Verhältnisse des Gastronomiebetriebes betrifft.[577] Die im Internet veröffentlichten Informationen fallen damit in den Schutzbereich des Rechts auf informationelle Selbstbestimmung (Art. 2 Abs. 1 GG i.V.m. Art. 1 Abs. 1 GG).[578]

387 2. Die Veröffentlichung im Internet müsste einen **Eingriff** darstellen.

a) Nach dem früher vertretenen **klassischen Eingriffsbegriff** entfalten die Grundrechte ihre Abwehrfunktion, wenn der Staat final und unmittelbar in Freiheitsrechte eingreift.[579] Ein solcher **unmittelbarer Eingriff** liegt hier nicht vor. Die Veröffentlichung im Internet dient in erster Linie der Informa-

---

[572] Vgl. beispielhaft BVerwG DVBl. 2008, 1242; NJW 2006, 1303; OVG NRW NWVBl. 2010, 355, RÜ 2012, 525, 527.
[573] Vgl. BVerfGE 105, 252, 265 m.w.N., ausführlich AS-Skript Grundrechte (2021), Rn. 459 ff.
[574] BVerfG NJW 2002, 2621, 2622 (Glykol); BVerwG NVwZ-RR 2015, 425, 425; anders die frühere Rspr., die die Wettbewerbsfreiheit dem Schutzbereich des Art. 2 Abs. 1 GG zuordnete (so z.B. BVerwGE 30, 191, 198; 65, 167, 174); von OVG NRW, Urt. v. 12.12.2016 – 13 A 939/15, RÜ 2017, 250, 252 offen gelassen.
[575] Becker/Sievers NVwZ 2016, 1456, 1458.
[576] Vgl. ausführlich AS-Skript Grundrechte (2021), Rn. 134 ff.
[577] OVG NRW RÜ 2017, 250, 252.
[578] Bei juristischen Personen Art. 2 Abs. 1 i.V.m. Art. 19 Abs. 3 GG, dazu OVG NRW, Urt. v. 12.12.2016 – 13 A 939/15, RÜ 2017, 250, 251.
[579] BVerfG NJW 2002, 2626, 2628 (Jugendsekten).

tion der Verbraucher. Die nachteiligen Wirkungen für A treten nicht unmittelbar aufgrund der hoheitlichen Maßnahme ein, sondern erst aufgrund der Reaktion der (potenziellen) Kunden.

b) Heute ist jedoch anerkannt, dass der Grundrechtsschutz nicht von der Art der Beeinträchtigung abhängt. Grundrechte schützen nicht nur vor unmittelbaren, sondern grds. auch vor **mittelbaren Beeinträchtigungen**, wenn auch nicht in gleicher Intensität (weiter Eingriffsbegriff).[580] Ab welcher Schwelle bei bloß mittelbaren Beeinträchtigungen ein Grundrechtseingriff anzunehmen ist, ist indes eine höchst umstrittene **Wertungsfrage**, bei der es entscheidend darauf ankommt, ob die nachteiligen Wirkungen dem Staat **zurechenbar** sind.[581] **388**

aa) Zunächst hat die Rspr. die Eingriffsqualität davon abhängig gemacht, dass der Maßnahme ein **„finaler"** und **„grundrechtsspezifischer"** Charakter zukommt („objektiv berufsregelnde Tendenz").[582] Heute wird überwiegend darauf abgestellt, ob das staatliche Handeln nach seiner **Zielsetzung** und/oder seinen **Wirkungen** einem klassischen Eingriff gleichkommt (funktionales Äquivalent).[583] Mittelbare Beeinträchtigungen sind insbes. dann als Grundrechtseingriff zu werten, wenn der Staat **389**

- eine Änderung der Rahmenbedingungen der Grundrechtsverwirklichung bezweckt **(Intention)**,

- oder in vorhersehbarer Weise **besonders schwerwiegend** auf das Umfeld der Grundrechtsausübung einwirkt **(Intensität)**.[584]

Warnungen stellen danach i.d.R. einen Grundrechtseingriff dar, weil sie notwendigerweise individuelle Personen, Produkte oder Verhaltensweisen als gefährlich „brandmarken". Bei **Empfehlungen** liegt ein Eingriff nur vor, wenn sie sich auf konkrete oder konkretisierbare Personen oder Produkte beziehen („Prangerwirkung"). Demgegenüber sind bloße **Hinweise** nur Teil der allgemeinen Aufklärungstätigkeit des Staates und stellen i.d.R. keinen Grundrechtseingriff dar.

bb) Die Gegenansicht verweist darauf, dass die Kriterien der „Intention" und „Intensität" **konturenlos** und zu **unbestimmt** sind, um eine im Einzelfall nachvollziehbare Bestimmung des Eingriffscharakters vornehmen zu können. Mittelbare Beeinträchtigungen seien in erster Linie eine Frage der richtigen Interpretation des Schutzbereichs und nicht des Eingriffs. Der Schutzbereich des beeinträchtigten Grundrechts sei in diesen Fällen **eingriffsbezogen** zu bestimmen **(Lehre vom funktionalen Schutzbereich)**.[585] **390**

---

580 BVerfG NJW 2002, 2626, 2629 (Jugendsekten); OVG NRW NVwZ 2001, 824, 825; Schoch DVBl. 1991, 667, 669; Lege DVBl. 1999, 569, 571; Lenski ZJS 2008, 13, 14.
581 Vgl. z.B. BVerfG RÜ 2018, 450, 452; allgemein Ossenbühl NVwZ 2011, 1357, 1359.
582 BVerwG DVBl. 1985, 857, 859: „objektiv berufsbezogener Eingriff"; BVerfG NJW 1999, 3404: „objektiv berufsregelnde Tendenz"; in diesem Sinne auch BayVGH NZS 2012, 227, 227.
583 BVerfG RÜ 2018, 450, 453.
584 Grundlegend BVerwGE 82, 76, 79; allgemein Ossenbühl NVwZ 2011, 1357, 1359.
585 Grundlegend Gusy JZ 1989, 1003, 1005; Schulte DVBl. 1988, 512, 517; Kemmler JA 2005, 908, 911.

391   cc) Diesem Ansatz folgt zum Teil auch die Rspr. Bestimmte staatliche Maßnahmen, die ein Grundrecht nur mittelbar beeinträchtigen, betreffen schon gar nicht den **Schutzbereich** des jeweiligen Grundrechts, weil das Grundrecht „davor" nicht schützt.[586]

So verbürgt Art. 12 Abs. 1 GG kein Recht des Unternehmers, von anderen nur so dargestellt zu werden, wie er gesehen werden möchte oder wie er sich und seine Produkte selber sieht. Wer an den Markt geht, muss sich dessen Kritik gefallen lassen.[587] Allerdings muss die hoheitliche Information die rechtlichen Vorgaben für staatliches Handeln einhalten.[588] Voraussetzung ist insbes., dass sich der Hoheitsträger im Rahmen der ihm zugewiesenen Aufgaben bewegt und die rechtsstaatlichen Anforderungen an die Richtigkeit, Sachlichkeit und Verhältnismäßigkeit der Information eingehalten werden.[589]

Beispiel: Art. 12 Abs. 1 GG schützt nicht „vor der Verbreitung zutreffender und sachlich gehaltener Informationen am Markt, die für das wettbewerbliche Verhalten der Marktteilnehmer von Bedeutung sein können, selbst wenn die Inhalte sich auf einzelne Wettbewerbspositionen nachteilig auswirken".[590]

Gegenbeispiele: Ein Eingriff in Art. 12 Abs. 1 GG liegt dagegen vor, wenn eine Information sich als unrichtig erweist und dennoch weiter verbreitet oder nicht korrigiert wird.[591] Ein Eingriff in Art. 4 Abs. 1 GG ist zu bejahen bei einer diffamierenden, diskriminierenden oder verfälschenden Darstellung einer religiösen oder weltanschaulichen Gemeinschaft. Das hat das BVerfG z.B. bejaht bei der Verwendung der Attribute „destruktiv" und „pseudoreligiös" für die Osho-/Bhagwan-Bewegung.[592]

392   dd) Unstreitig liegt ein **Eingriff** dann vor, wenn das hoheitliche Handeln sich nach seiner Zielsetzung und seinen Wirkungen als **Ersatz** für eine staatliche Maßnahme darstellt, die als unmittelbarer Grundrechtseingriff zu qualifizieren wäre, also das Informationshandeln insbesondere behördliche Anordnungen ersetzt. Durch Wahl eines **funktionalen Äquivalents** darf das Erfordernis einer gesetzlichen Grundlage nicht umgangen werden.[593] Das gilt insbes. dann, wenn die staatliche Maßnahme **eindeutig auf einen nachteiligen Effekt abzielt** und dieser nicht nur zufällig eintritt oder unvorhersehbare Folge des staatlichen Handelns ist.[594]

---

586 Vgl. grundlegend BVerfG NJW 2002, 2621, 2622 (Glykol-Wein); BVerfG NJW 2002, 2626, 2627 (Warnung vor Jugendsekten); ebenso BVerwG RÜ 2015, 391, 395 (Lost-Art-Datenbank).
587 BVerfG NJW 2002, 2621, 2622 u. 2624.
588 BVerfG NJW 2002, 2621, 2622; BVerwG RÜ 2015, 391, 395.
589 BVerfG NJW 2002, 2621, 2624; BVerwG RÜ 2015, 391, 395 f; OVG NRW NVwZ 2013, 1562, 1563 mit Anm. Kühl.
590 BVerfG NJW 2002, 2621, 2622; ebenso Schink DVBl. 2011, 253, 255; Voland DVBl. 2011, 1262, 1264; kritisch Huber JZ 2003, 291, 292; Murswiek NVwZ 2003, 1, 3; Wollenschläger VerwArch 102 (2011), 20, 37 ff.; Becker/Sievers NVwZ 2016, 1456, 1458.
591 BVerfG NJW 2002, 2621, 2624.
592 BVerfG NJW 2002, 2626, 2627; BayVGH NVwZ 2003, 998.
593 BVerfG RÜ 2018, 450, 453; BVerwG RÜ 2015, 391, 396; NVwZ-RR 2015, 425, 425; OVG Bln-Bbg RÜ 2014, 591, 595; OVG NRW RÜ 2012, 525, 528 f.
594 BVerwG NVwZ-RR 2015, 425, 426.

4. Abschnitt
Öffentlich-rechtlicher Abwehr- und Unterlassungsanspruch

Beispiele: Bejaht hat dies die Rspr. z.B. bei der Warnung vor E-Zigaretten[595] und für die Benotung von Lebensmittelbetrieben und Gaststätten.[596] Ebenso bedarf die Veröffentlichung des Verfassungsschutzberichts einer gesetzlichen Ermächtigung,[597] während für die Herausgabe einer Informationsbroschüre gegen Rechtsextremismus keine besondere gesetzliche Ermächtigung erforderlich sein soll.[598]

Um grundrechtliche Probleme zu vermeiden, wurde im November 2020 für die Kennzeichnung von Lebensmitteln durch § 4 a LMIDV (Lebensmittelinformations-Durchführungsverordnung) lediglich eine freiwillige Nutzung des sog. Nutri-Scores (erweiterte Nährwertangaben z.B. für eine ausgewogene Ernährung) eingeführt (VO vom 21.10.2020, BGBl. I S. 2266).

393 Hier begnügt sich S nicht damit, die Öffentlichkeit über betriebliche Mängel allgemein zu informieren. Mit der Veröffentlichung der Bewertung im Internet wird das betroffene Unternehmen vielmehr an den „Pranger" gestellt, was deutlich belastender ist als eine behördliche Anordnung zur Beseitigung der gerügten Mängel. Bei einem solchen **funktionalen Äquivalent** liegt stets ein (mittelbarer) **Grundrechtseingriff** vor, so dass es einer Entscheidung des obigen Streites nicht bedarf.

„Die amtliche Information der Öffentlichkeit kann in ihrer Zielsetzung und ihren mittelbar-faktischen Wirkungen einem Eingriff als funktionales Äquivalent jedenfalls dann gleichkommen, wenn sie direkt auf die Marktbedingungen konkret-individualisierter Unternehmen zielt, indem sie die Grundlagen der Entscheidungen am Markt zweckgerichtet beeinflusst und so die Markt- und Wettbewerbssituation zum wirtschaftlichen Nachteil der betroffenen Unternehmen verändert."[599]

394 *Klausurhinweis: Im Ergebnis dürften zwischen den o.g. Auffassungen keine großen Unterschiede bestehen. Entweder man bejaht einen Eingriff in den Schutzbereich aufgrund der Intention und/oder Intensität der Maßnahme und prüft die „rechtlichen Vorgaben" im Rahmen der verfassungsrechtlichen Rechtfertigung oder man prüft die „rechtlichen Vorgaben" bereits als Schutzbereichsbegrenzung.[600] Gegen diesen Prüfungsansatz spricht allerdings, dass damit eine klare Abgrenzung zwischen Elementen des Eingriffs und der verfassungsrechtlichen Rechtfertigung aufgegeben wird. Denn ist die Veröffentlichung nach den vom BVerfG entwickelten Kriterien nicht gerechtfertigt, liegt ein Grundrechtseingriff vor, der automatisch rechtswidrig ist.[601] Nach herkömmlichem Grundrechtsverständnis sind Eingriff und dessen Rechtswidrigkeit indes streng zu trennen. Dies spricht dafür, den Eingriffscharakter mit der bislang h.Rspr. zu bejahen, wenn die Grundrechtsbeeinträchtigung typische, objektiv vorhersehbare oder in Kauf genommene Nebenfolge des staatlichen Handelns ist.[602]*

---

595 BVerwG NVwZ-RR 2015, 425, 426; OVG NRW NVwZ 2013, 1562, 1564; OVG NRW RÜ 2012, 525, 528 f.
596 OVG Bln-Bbg RÜ 2014, 591, 594.
597 Vgl. BVerwG DVBl. 2008, 1242, 1243 und BVerwG NVwZ 2014, 233, 235.
598 VerfGH RP NVwZ 2008, 897, 898.
599 BVerfG RÜ 2018, 450, 453; HessVGH, Beschl. v. 08.02.2019 – 8 B 2575/18, BeckRS 2019, 4401.
600 Vgl. Kemmler JA 2005, 908, 911; Hellmann NVwZ 2005, 163, 165.
601 BVerfG NJW 2002, 2621, 2624: „Mit der Feststellung der Beeinträchtigung des Schutzbereichs steht in solchen Fällen auch die Rechtswidrigkeit fest, ..."; vgl. auch die Kritik von Huber JZ 2003, 290, 294; Ossenbühl NVwZ 2011, 1357, 1360, die die Rspr. des BVerfG als „dogmatisch verfehlt" bezeichnen.
602 Im Ergebnis ebenso Huber JZ 2003, 290, 293 f.; Murswiek NVwZ 2003, 1, 5; Volkmann JZ 2005, 261, 267; Remmert Jura 2007, 736, 741; Ossenbühl NVwZ 2011, 1357, 1360; vgl. auch EGMR NVwZ 2010, 177, 180: Warnung vor Sekten greift in die durch Art. 9 EMRK geschützte Religionsfreiheit ein. Auch BVerfG RÜ 2018, 450, 453 trennt strikt zwischen Eingriff und verfassungsrechtlicher Rechtfertigung.

395 3. Der Unterlassungsanspruch setzt voraus, dass der **Eingriff rechtswidrig** ist. Grundrechtseingriffe sind nur rechtmäßig, wenn sie **verfassungsrechtlich gerechtfertigt** sind. Sowohl die Berufsfreiheit (Art. 12 Abs. 1 S. 2 GG) als auch das Recht auf informationelle Selbstbestimmung (Art. 2 Abs. 1 i.V.m. Art. 2 Abs. 1 GG) können durch Gesetz eingeschränkt werden. Erforderlich ist daher eine **gesetzliche Ermächtigungsgrundlage**, und zwar unabhängig von der Qualität des Eingriffs.[603]

396 a) **§ 40 LFGB** (Lebensmittel- und Futtermittelgesetzbuch) und **§ 6 Abs. 1 S. 3 VIG** (Verbraucherinformationsgesetz) ermächtigen zwar zur Information der Öffentlichkeit über **Tatsachen und Gesetzesverstöße**, erfassen aber **nicht behördliche Bewertungen**, wie hier das Smiley-System.[604]

397 b) Soweit **keine besondere Ermächtigungsgrundlage** einschlägig ist, ist umstritten, welche Anforderungen für behördliches Informationshandeln gelten.

398 aa) Die Rspr. hat vereinzelt versucht, hoheitliche Erklärungen ohne gesetzliche Grundlage allein aufgrund kollidierenden Verfassungsrechts zu rechtfertigen **(grundrechtsimmanente Schranken)**. Warnungen und Hinweise könnten sich als Erfüllung einer staatlichen Schutzpflicht und damit als Konkretisierung eines mit Verfassungsrang ausgestatteten Gemeinwohlinteresses darstellen.[605]

399 Diese Auffassung ist in der Lit. zu Recht auf Ablehnung gestoßen. Die Rspr. missachte den Gesetzesvorbehalt in Art. 12 Abs. 1 S. 2 GG, der einer Konkretisierung **durch den Gesetzgeber** bedürfe. Der Gesetzgeber sei gehalten, alle für die Verwirklichung der Grundrechte „wesentlichen" Fragen grds. selbst zu regeln. Wesentlich in diesem Sinne sei auch die Konkretisierung verfassungsimmanenter Schranken der Grundrechte, die dem Gesetzgeber vorbehalten bleiben müsse. Ansonsten könnte die Verwaltung unter Berufung auf die ihr zukommenden Schutzpflichten die Voraussetzungen für einen Grundrechtseingriff selbst festlegen.[606]

400 bb) Überwiegend wird die Befugnis für grundrechtsrelevantes Informationshandeln **aus dem Sachzusammenhang mit dem Aufgabenbereich** des Hoheitsträgers abgeleitet, ohne dass es darüber hinaus einer besonderen gesetzlichen Eingriffsermächtigung bedarf.[607] Aufgrund der Vielgestaltigkeit der denkbaren Eingriffslagen und -wirkungen lasse sich

---

603 BVerwG DVBl. 2008, 1242, 1243; DVBl. 1996, 807, 807; NJW 1992, 2496, 2499; Schoch DVBl. 1991, 667, 670; Leidinger DÖV 1993, 925, 930; Lege DVBl. 1999, 569, 571; Remmert Jura 2007, 736, 740; Ossenbühl NVwZ 2011, 1357, 1360.
604 OVG NRW RÜ 2017, 250, 255; OVG Bln-Bbg RÜ 2014, 591, 594; VG Düsseldorf LMuR 2015, 95; Heinicke in: Zipfel/Rathke, Lebensmittelrecht (2021), VIG § 6 Rn. 11; anders OVG NRW NVwZ 2015, 304, 306 f. zu § 52 a Abs. 5 BImSchG: Bewertung zulässig; zum Umfang der Information nach § 40 LFGB vgl. auch VGH BW NVwZ-RR 2022, 22, 23.
605 BVerwG NJW 1991, 1766, 1769; OVG NRW NVwZ 1991, 176, 177; Heintschel v.Heinegg/Schäfer DVBl. 1991, 1341, 1347; ähnlich BVerfG NJW 1989, 3269, 3270; auch BVerwG DVBl. 1996, 807 greift diesen Gedanken auf.
606 Schoch DVBl. 1991, 667, 672; Leidinger DÖV 1993, 925, 930; Gusy NJW 2000, 977, 980; Jeand´Heur/Cremer JuS 2000, 991, 995; i.E. ebenso BVerwG NJW 1991, 1170, 1170; NJW 1992, 2496, 2499; allgemein zur Wesentlichkeitstheorie AS-Skript Verwaltungsrecht AT 1 (2022), Rn. 101 ff.
607 BVerfG NJW 2011, 511, 512; NJW 2002, 2621, 2623; NJW 2002, 2626, 2629; BVerwG NJW 2006, 1303, 1304; OVG NRW NWVBl. 2006, 32; ähnlich EGMR NVwZ 2010, 177, 180.

bei mittelbaren Eingriffen ein strenger Gesetzesvorbehalt nicht verwirklichen. Ob eine Maßnahme im Einzelfall rechtmäßig ist, sei sodann vor allem eine Frage der **Verhältnismäßigkeit**.

cc) Die Gegenansicht sieht hierin einen **unzulässigen Schluss von der Aufgabe auf die Befugnis**. Wenn der Staat eine bestimmte Aufgabe wahrnehmen dürfe, heiße das noch nicht, dass ihm hierfür auch sämtliche Mittel zur Verfügung stünden, die er für die Durchführung der Aufgabe für erforderlich halte. Hierüber zu entscheiden, sei Sache des Gesetzgebers. Liege ein Grundrechtseingriff vor, so sei stets eine **gesetzliche Befugnisnorm** erforderlich, unabhängig davon, ob es um einen unmittelbaren oder mittelbaren Eingriff gehe.[608] 401

dd) Stellt die Maßnahme – wie hier – ein **funktionales Äquivalent** eines unmittelbaren Eingriffs dar, scheidet unstreitig auch nach der Rspr. das Abstellen auf die Aufgabenzuweisung aus, weil andernfalls durch die Wahl der Handlungsform die verfassungsrechtlichen Anforderungen an einen Grundrechtseingriff umgangen werden könnten.[609] 402

Die streitige Veröffentlichung im Internet stellt nicht nur eine allgemeine, sich typischerweise der Normierung entziehende Informationstätigkeit der Behörde dar, sondern ist ein **Akt staatlicher Wirtschaftslenkung**, der in die durch Art. 12 Abs. 1 GG geschützte unternehmerische Betätigungsfreiheit des A eingreift. Daher bedarf die in Rede stehende Veröffentlichung einer über die Aufgabenzuweisung hinausgehenden gesetzlichen Grundlage, deren Schaffung dem Gesetzgeber angesichts der Finalität des Eingriffs auch möglich ist.[610] 403

Mangels gesetzlicher Ermächtigungsgrundlage ist die (beabsichtigte) Veröffentlichung der Bewertung des Betriebes des A nach dem Smiley-System **rechtswidrig**.

4. Der Unterlassungsanspruch setzt – wie der Anspruch aus § 1004 BGB – voraus, dass der rechtswidrige Eingriff **andauert oder bevorsteht**. Letzteres ergibt sich hier aus der behördlichen Ankündigung. A hat daher einen Anspruch auf Unterlassung der Veröffentlichung der Bewertung des Kontrollergebnisses. 404

Etwas anderes sollte in **NRW** nach dem Kontrollergebnis-Transparenz-Gesetz (KTG) vom 07.03.2017[611] gelten, das nach einer dreijährigen Übergangszeit ab März 2020 nicht nur die Anbringung des Kontrollergebnisses an der Eingangstür des Betriebes vorsah, sondern für die Behörde auch die Möglichkeit der Veröffentlichung eines sog. Kontrollbarometers u.a. für Lebensmittel- und Gastronomiebetriebe im Internet. Aufgrund verfassungsrechtlicher Bedenken (fehlende Gesetzgebungskompetenz des Landes, Unverhältnismäßigkeit der Prangerwirkung) ist das Gesetz nach kurzer Geltungsdauer vom zwischenzeitlich neu gewählten Landtag mit Wirkung zum 29.03.2018 wieder aufgehoben worden.[612]

---

608 OVG Lüneburg NJW 1992, 192, 194; Lege DVBl. 1999, 569, 574; Huber JZ 2003, 290, 294; Hellmann NVwZ 2005, 163, 166; Ossenbühl NVwZ 2011, 1357, 1360.
609 BVerwG NVwZ-RR 2015, 425, 426 m.w.N.
610 OVG Bln-Bbg, Beschl. v. 03.06.2014 – OVG 5 N 2.13, RÜ 2014, 591, 595.
611 Gesetz vom 07.03.2017 in GVBl. NRW 2017, 334; dazu Becker/Sievers NVwZ 2016, 1456 ff.; Schink NVwBl. 2017, 45 ff.

Umstritten ist, ob das **Unionsrecht**, insbes. die VO (EU) 2017/625 (sog. Kontrollverordnung) ein Smiley-System rechtfertigen kann. § 3 Nr. 31 der VO erlaubt nunmehr ausdrücklich eine „Einstufung" der Unternehmer aufgrund einer „Bewertung" des Kontrollergebnisses und deren Veröffentlichung. Art und Erscheinungsbild der Einstufung sind nicht näher bestimmt, sodass diese auch durch Symbole deutlich gemacht werden kann. Ob davon auch Smiley-Systeme erfasst werden, ist bislang noch ungeklärt.[613] Das Bezirksamt Berlin-Pankow hat nunmehr erneut ein Smiley-System eingeführt. Da die konkrete Einstufung allerdings auf einer bloßen Verwaltungsvorschrift erfolgt, ist dessen Rechtmäßigkeit zweifelhaft.

Die die Bundesregierung tragenden Parteien haben im Koalitionsvertrag 2021 angekündigt, für mehr Transparenz im Lebensmittelbereich zu sorgen.[614] Deshalb ist zeitnah mit einer Überarbeitung der Vorschriften in § 40 LFGB und § 6 VIG zu rechnen.

Ergänzende Hinweise:

405 **I. Prozessual** ist der Unterlassungsanspruch i.d.R. im Wege der allgemeinen Leistungsklage in Form der (vorbeugenden) Unterlassungsklage durchzusetzen. Die Leistungsklage ist zwar in der VwGO nicht ausdrücklich geregelt, aber mehrfach erwähnt (z.B. in §§ 43 Abs. 2, 111 VwGO) und gewohnheitsrechtlich anerkannt.[615] Etwas anderes gilt, wenn dem abzuwehrenden Informationshandeln eine Entscheidung durch Verwaltungsakt vorgeschaltet ist, der mit der Anfechtungsklage anzufechten ist.[616] Steht die Veröffentlichung unmittelbar bevor, kommt ein Antrag auf Erlass einer einstweiligen Anordnung nach § 123 Abs. 1 S. 1 VwGO in Betracht.[617]

406 **II. Materiell** hat die Rspr. bei **Informationshandeln der Regierung** die Ermächtigung zuweilen aus der Befugnis der Regierung nach **Art. 65 GG** (bzw. der entsprechenden Regelung in der LVerf) abgeleitet.

Beispiele: Informationstätigkeit der Bundesregierung im Bereich des Verbraucherschutzes (Glykol),[618] oder über religiöse und weltanschauliche Vereinigungen (Osho/Bhagwan),[619] Schutzerklärungen gegen Scientology.[620]

407 **1.** Diese Vorschriften decken zwar die **normale Öffentlichkeitsarbeit** der Regierung (z.B. Information über aktuelle Gesetzgebungsvorhaben).[621] Staatliche Warnungen und Empfehlungen gehen aber darüber hinaus. Denn sie bezwecken anders als bloße Informationen bereits eine Verhaltenssteuerung. Deshalb reicht die Befugnis zur Öffentlichkeitsarbeit als Ermächtigung für staatliche Warnungen nicht aus.[622]

---

612 Gesetz vom 22.03.2018 in GVBl. NRW 2018, 172.
613 Vgl. Rathke in: Zipfel/Rathke, Lebensmittelrecht (2021), VO (EU) 2017/625, Art. 3 Nr. 31 Rn. 86.
614 Abrufbar unter www.bundesregierung.de.
615 Vgl. Kopp/Schenke VwGO Vorb § 40 Rn. 4; ausführlich AS-Skript VwGO (2021), Rn. 246 ff.
616 Vgl. z.B. OVG NRW RÜ 2017, 250, 251; NVwZ-RR 2017, 447, 447 f.
617 Vgl. z.B. OVG Bln-Bbg RÜ 2014, 591, 592; OVG NRW RÜ 2012, 525, 526.
618 BVerfG NJW 2002, 2621, 2623.
619 BVerfG NJW 2002, 2626, 2630.
620 BVerwG NJW 2006, 1303, 1304.
621 Dazu BVerfG RÜ 2018, 315, 319.
622 Vgl. Gusy NJW 2000, 977, 981; Schoch DVBl. 1991, 667, 671; Lege DVBl. 1999, 569, 575; Huber JZ 2003, 290, 295.

2. Nach Ansicht der Rspr. können dagegen auch Warnungen und Empfehlungen **Ausdruck staatsleitender Kompetenzen** sein. Zur Aufgabe der Regierung gehöre es auch, durch rechtzeitige öffentliche Information die Bewältigung von Konflikten in Staat und Gesellschaft zu erleichtern, auf Krisen schnell und sachgerecht zu reagieren und den Bürgern mit Warnungen oder Empfehlungen Orientierungshilfen zu geben. Daher könnten die Vorschriften über die Regierungstätigkeit grds. auch mittelbar-faktische Grundrechtsbeeinträchtigungen rechtfertigen, ohne dass es einer besonderen Ermächtigungsgrundlage bedürfe.[623]

3. Dies gilt allerdings nicht, wenn die Maßnahme ein **funktionales Äquivalent** eines unmittelbaren Eingriffs darstellt. In diesen Fällen bedarf es stets einer **besonderen gesetzlichen Grundlage**. Dies wiederum hat zur Konsequenz, dass Voraussetzungen und Umfang des Eingriffs im Einzelnen durch Gesetz festzulegen sind. Eine allgemein gehaltene Vorschrift wie Art. 65 GG (bzw. die entsprechende Regelung in der LVerf) kann den Grundrechtseingriff im Fall eines funktionalen Äquivalents daher nicht rechtfertigen.[624]

4. Bedenken gegen die Rspr. bestehen bei Maßnahmen von **Bundesministerien** überdies im Hinblick auf Art. 83 GG. Die h.Lit. verweist darauf, dass die Ausführung von Gesetzen (z.B. des LFGB oder des VIG) grds. **Sache der Länder** ist. Eine Notkompetenz der Bundesregierung kraft Natur der Sache sei nicht erforderlich.[625] Die Rspr. geht dagegen davon ausgeht, dass Regierungstätigkeit nicht Verwaltung i.S.d. Art. 83 ff. GG ist und dass das Recht zur Information aus Art. 65 GG eine „andere Regelung" i.S.d. Art. 30 GG darstellt. Soweit Art. 65 GG als Ermächtigungsgrundlage für „schlichte" Informationstätigkeit ausreicht, ergeben sich dann auch keine bundesstaatlichen Bedenken.[626]

408

409

410

Rechtmäßigkeit staatlichen Informationshandelns

- **Ermächtigungsgrundlage erforderlich**, wenn Grundrechtseingriff vorliegt
  - kein unmittelbarer (finaler) Grundrechtseingriff
  - aber ggf. mittelbarer Grundrechtseingriff: eingriffsgleiche Wirkung bei Zurechenbarkeit (Kriterien str.: Intention, Intensität, Vorhersehbarkeit u.a.)
- **Spezielle Ermächtigungsgrundlagen** im LFGB, VIG, UIG u.a.
- **im Übrigen** Anforderungen des Vorbehalts des Gesetzes umstritten:
  - frühere Rspr.: Konkretisierung der grundrechtsimmanenten Schranken
  - h.Lit: immer gesetzliche Befugnisnorm erforderlich
  - h.Rspr: i.d.R. reicht **Sachzusammenhang mit Aufgabenbereich** und VHMK, **anders** nur bei **funktionalem Äquivalent**
- in jedem Fall: **Richtigkeit, Sachlichkeit** und **Verhältnismäßigkeit**

---

[623] BVerfG NJW 2011, 511, 512; NJW 2002, 2621, 2623; NJW 2002, 2626, 2630; BVerwG NJW 2006, 1303, 1304; OVG NRW NVwZ 2013, 1562, 1563; VG Hamburg DVBl. 2013, 193, 195.
[624] BVerwG NVwZ-RR 2015, 425, 426; OVG NRW NVwZ 2013, 1562, 1564; OVG NRW RÜ 2012, 525, 528 (Warnung vor E-Zigaretten).
[625] Schoch DVBl. 2001, 667, 673; Lege DVBl. 1999, 569, 574; Hellmann NVwZ 2005, 163, 166; Remmert Jura 2007, 736, 741.
[626] BVerfG NJW 2002, 2626, 2630 (Jugendsekten); NJW 2002, 2621, 2623 (Glykol).

II. Ehrschutz gegen Hoheitsträger

1. Anspruchsgrundlagen

411 Einen wichtigen Anwendungsfall des öffentlich-rechtlichen Abwehr- und Unterlassungsanspruchs bildet der Ehrschutz gegen hoheitliche Äußerungen. Zur Abwehr ehrbeeinträchtigender Äußerungen unter Privaten ist von Rspr. und Lit. der sog. **quasinegatorische Beseitigungs- und Unterlassungsanspruch** (analog §§ 823, 1004 BGB) entwickelt worden.[627] Dieser Anspruch greift auch bei **privatrechtlicher Verwaltungstätigkeit** ein, z.B. wenn die Äußerung im Sachzusammenhang mit fiskalischen Rechtsbeziehungen steht.

Beispiel: Bürgermeister B behauptet in einer Ratssitzung, Bauunternehmer U sei ein Betrüger und habe den Auftrag für Straßenbauarbeiten nur aufgrund großzügiger Geschenke an den Leiter des Tiefbauamtes erhalten.

412 Steht die abzuwehrende Äußerung dagegen im **Sachzusammenhang** mit der Erfüllung **hoheitlicher Aufgaben** oder wird auf (vermeintlich) **öffentlich-rechtliche Befugnisse** gestützt, ist auf öffentlich-rechtliche Anspruchsgrundlagen zurückzugreifen, über die im Verwaltungsrechtsweg zu entscheiden ist (§ 40 Abs. 1 S. 1 VwGO).

Beispiele: Äußerungen eines Ministers im Rahmen seines Geschäftsbereichs,[628] amtliche Äußerungen eines Bürgermeisters im hoheitlichen Bereich.[629]

413 Die Anspruchsgrundlage hängt in diesen Fällen vom jeweiligen Begehren ab:

- Verlangt der Kläger **Widerruf** der Äußerung (= Beseitigung), ist Anspruchsgrundlage der **Folgenbeseitigungsanspruch**.[630]

- Geht es um die **Unterlassung** (künftiger) Äußerungen, ist auf den allgemeinen Abwehr- und **Unterlassungsanspruch** abzustellen.[631]

414 **Anspruchsgegner** ist in diesen Fällen nicht der handelnde Beamte, sondern der Hoheitsträger, dem die Äußerungen seiner Amtswalter zugerechnet werden.[632] Etwas anderes gilt nur dann, wenn die Äußerung so sehr **Ausdruck einer persönlichen Meinung** ist, dass sie dem Hoheitsträger nicht mehr zugerechnet werden kann. In diesem Ausnahmefall ist der Amtsträger selbst zu verklagen.[633]

415 **Gegenbeispiel:** B hat die Äußerungen im obigen Beispiel nicht in seiner Funktion als Bürgermeister getätigt, sondern als Ratsmitglied. Äußerungen von Ratsmitgliedern werden nicht der Körperschaft zugerechnet, da diese bei der Amtsausübung nicht weisungsgebunden sind und daher nicht in einem dem Beamtenverhältnis vergleichbaren Verhältnis zur Gemeinde stehen. Anspruchsgegner sind hier stets die Ratsmitglieder persönlich.[634]

---

627 Vgl. BGH NJW 2008, 2262, 2263 und AS-Skript Schuldrecht BT 4 (2021), Rn. 107 ff.
628 OVG Bln-Bbg RÜ2 2020, 211 f.
629 HessVGH NVwZ-RR 2012, 781; Kerst JA 2011, 617, 624; Ferreau JuS 2017, 758, 759.
630 BVerwG NVwZ 2020, 387, 389.
631 Vgl. beispielhaft HessVGH, Beschl. v. 11.07.2017 – 8 B 1144/17, BeckRS 2017, 118944.
632 BVerwG NJW 1987, 2529, 2530; HessVGH NVwZ-RR 1994, 700; VGH BW VBlBW 1999, 93; OVG Lüneburg, Beschl. v. 17.12.2009 – 2 ME 313/09, BeckRS 2010, 45080; VG Hannover, Beschl. v. 01.03.2021 – 1 B 5811/20, BeckRS 2021, 8660; abweichend HessVGH LKRZ 2012, 423, 424 für den Fall eines Kommunalverfassungsstreits.
633 Vgl. OVG Bln-Bbg RÜ 2013, 114, 116; zur Abgrenzung RhPfVerfGH, Beschl. v. 21.05. 2014 – VGH A 39/14.
634 OVG Saar, Urt. v. 04.04.2019 – 2 A 244/18, BeckRS 2019, 7442; OLG Brandenburg, Urt. v. 05.12.2016 – 1 U 5/16, BeckRS 2016, 110519; OLG Köln NVwZ 2000, 351; vgl. auch OVG Saar NJOZ 2015, 274 (Klage einer Gemeinde auf Unterlassung ehrenrühriger Äußerungen durch ein Ratsmitglied); allgemein Dietlein/Heyers NWVBl. 2000, 77 f.

2. Voraussetzungen

Der öffentlich-rechtlicher Abwehr- und Unterlassungsanspruch setzt auch bei ehrbeeinträchtigenden Äußerungen voraus, dass durch **hoheitliches Handeln rechtswidrig in ein subjektives Recht eingegriffen** wird. Mit Blick auf das allgemeine Persönlichkeitsrecht (Art. 2 Abs. 1 i.V.m. Art. 1 Abs. 1 GG) kann der Betroffene daher **Unterlassung** verlangen, 416

- bei amtlichen Äußerungen, die geeignet sind, seinen Ruf oder sein Ansehen zu beeinträchtigen **(hoheitlicher Eingriff)**,
- sofern diese Äußerungen rechtswidrig sind **(Rechtswidrigkeit des Eingriffs)** und
- eine **Wiederholungsgefahr** besteht.[635]

a) Hoheitlicher Eingriff in ein subjektives Recht

Der Unterlassungsanspruch wie der Widerrufsanspruch setzen einen **hoheitlichen Eingriff in ein subjektives Recht** voraus. Bei ehrbeeinträchtigenden Äußerungen von Staatsorganen kann vor allem ein Eingriff in das **allgemeine Persönlichkeitsrecht** aus Art. 2 Abs. 1 i.V.m. Art. 1 Abs. 1 GG vorliegen. 417

Im gewerblichen und unternehmerischen Bereich kommen zudem Eingriffe in die Berufsausübungsfreiheit (Art. 12 Abs. 1 GG) und in das Recht am eingerichteten und ausgeübten Gewerbebetrieb (Art. 14 Abs. 1 GG) in Betracht.[636]

Art. 2 Abs. 1 i.V.m. Art. 1 Abs. 1 GG schützen nicht nur die Ehre, sondern allgemein den **sozialen Geltungsanspruch** des Einzelnen (bei juristischen Personen Art. 2 Abs. 1 i.V.m. Art. 19 Abs. 3 GG).[637] Ein Eingriff in das Persönlichkeitsrecht liegt daher **nicht nur bei ehrverletzenden Äußerungen** vor, sondern auch bei Äußerungen, die geeignet sind, sich abträglich auf das Ansehen des Einzelnen in der Öffentlichkeit auszuwirken.[638] 418

Hoheitliche Äußerungen stellen zwar häufig **keinen unmittelbaren Eingriff** im klassischen Sinne dar (s.o. Rn. 387).[639] Auch ist nicht jede Teilnahme des Staates am öffentlichen Meinungsbildungsprozess als (mittelbarer) Grundrechtseingriff zu werten. Entscheidend ist vielmehr, ob eine **eingriffsgleiche Wirkung** vorliegt.[640] Bei **gezielten Äußerungen** über konkrete Personen ist dies aufgrund der individuellen Betroffenheit i.d.R. zu bejahen.[641] 419

An einem Eingriff fehlt es beispielsweise bei Äußerungen, die sich nicht in nennenswerter Weise auf das Persönlichkeitsbild des Betroffenen auswirken können. Insbesondere hat der Träger des Persönlichkeitsrechts keinen Anspruch darauf, von anderen nur so dargestellt zu werden, wie er sich selbst sieht oder gesehen werden möchte.[642]

---

635 BVerwG, Beschl. v. 11.11.2010 – BVerwG 7 B 54.10, BeckRS 2010, 56687; OVG Lüneburg NordÖR 2014, 502; OVG Saar, Urt. v. 04.04.2019 – 2 A 244/18, BeckRS 2019, 7442.
636 Vgl. z.B. VGH BW RÜ 2013, 243, 244 f.
637 VGH BW DVBl. 2013, 1063, 1064 f.; OVG NRW NWVBl. 2013, 191; NWVBl. 2014, 120.
638 BVerfG NJW 2011, 511 zur Kritik der Bundeszentrale für politische Bildung an einem wissenschaftlichen Aufsatz; BVerwG NVwZ 2020, 387, 389 zu Äußerungen in einem Bericht des Bundesrechnungshofs.
639 BVerfG NJW 2011, 511, 512; VGH BW DVBl. 2013, 1063, 1064 f.
640 OVG NRW NWVBl. 2010, 355, 356 und oben Rn. 388.
641 BVerfG NJW 2011, 511, 512; OVG NRW NWVBl. 2010, 355, 356; VGH BW DVBl. 2013, 1063, 1065. und oben Rn. 389.
642 BVerfG NJW 2008, 747.

b) Rechtswidrigkeit des Eingriffs

420 Ehrbeeinträchtigende Äußerungen sind nach den von der Rspr. entwickelten Kriterien **rechtmäßig**, wenn

- sich der Hoheitsträger **im Rahmen der ihm zugewiesenen Aufgaben** bewegt,
- die Äußerungen dem **Sachlichkeitsgebot** genügen und
- der Grundsatz der **Verhältnismäßigkeit** gewahrt ist.[643]

aa) Kompetenzmäßige Äußerungen

421 Hoheitliche Äußerungen müssen stets den **hoheitlichen Kompetenzrahmen** wahren. Zwar ist es grds. unzulässig, von der Kompetenznorm (Aufgabenzuweisung) auf die Eingriffsbefugnis zu schließen. Bei hoheitlichen Äußerungen mit nur tatsächlichen Folgen ist jedoch nach der Rspr. eine großzügigere Betrachtung möglich. Die Vielgestaltigkeit der betroffenen Fälle macht es praktisch unmöglich, für jede denkbare Äußerung eine spezielle Ermächtigungsgrundlage zu verlangen (s.o. Rn. 400).[644]

Noch weitgehend ungeklärt ist die Frage, wann ehrbeeinträchtigende Äußerungen ein **funktionales Äquivalent** für einen unmittelbaren Eingriff darstellen, bei dem stets eine Ermächtigungsgrundlage erforderlich ist.[645]

Weitere Beispiele: Äußerungen von kommunalen Amtsträgern (z.B. dem Bürgermeister) sind nur zulässig, wenn Angelegenheiten der örtlichen Gemeinschaft (Art. 28 Abs. 2 S. 1 GG) betroffen sind.[646] Daraus folgt die Befugnis für den Bürgermeister zu kommunalpolitischen (nicht allgemeinpolitischen) Stellungnahmen, die die örtliche Gemeinschaft betreffen.[647]

Bei einer öffentlich-rechtlichen Zwangskörperschaft (IHK, Handwerkskammer u.a.) kann sich ein Abwehranspruch aus Art. 2 Abs. 1 GG ergeben. Aus dem Grundrecht folgt nicht nur das Recht, von der Mitgliedschaft in einem „unnötigen" Verband verschont zu bleiben, sondern auch ein Abwehrrecht gegen kompetenzwidrige Äußerungen der Organe der Körperschaft.[648]

bb) Sachlichkeitsgebot

422 Das Sachlichkeitsgebot als Ausfluss des Rechtsstaatsprinzips (Art. 20 Abs. 3 GG) verlangt, dass **Tatsachen** zutreffend wiedergegeben werden und **Werturteile** nicht auf sachfremden Erwägungen beruhen.[649] Die **Anforderungen an die Rechtmäßigkeit** einer hoheitlichen Äußerung hängen daher maßgeblich davon ab, ob die Äußerung als Tatsachenbehauptung oder als Werturteil einzustufen ist.

---

[643] Vgl. BVerwG RÜ 2018, 114, 116; OVG Bremen NVwZ-RR 2021, 886, OVG NRW, Beschl. v. 18.05.2017 – 15 B 97/17, BeckRS 2017, 112163; NWVBl. 2014, 120, 121; OVG NRW NWVBl. 2013, 191, 192; VGH BW DVBl. 2013, 1063, 1065; Gusy NVwZ 2014, 236 f.

[644] BVerfG NJW 2011, 511, 512; NJW 2002, 2626, 2630; Gusy NVwZ 2015, 700, 704; a.A. Teile der Lit., die auch hier eine ausdrückliche Ermächtigungsgrundlage fordern, vgl. Dietlein/Heyers NWVBl. 2000, 77, 79 f.; Jeand´Heur/Cremer JuS 2000, 991, 995 m.w.N.

[645] Offen gelassen z.B. von VGH BW DVBl. 2013, 1063, 1065.

[646] OVG NRW RÜ 2017, 122, 126; NVwZ 2017, 1316, 1318; VG Köln, Beschl. v. 30.03.2017 – 4 L 750/17, BeckRS 2017, 106696; Klausurfall bei Bätge JuS 2014, 535.

[647] BVerwG RÜ 2018, 114, 118; OVG NRW RÜ 2017, 122, 126; Ferreau NVwZ 2017, 1259 ff.; Spitzlei JuS 2018, 856, 859; Kalscheuer KommJur 2018, 121, 123 f.; zum Verstoß gegen die Chancengleichheit unten Rn. 429.

[648] Vgl. BVerfG RÜ 2017, 663, 667; BVerwG RÜ 2021, 243, 244; RÜ 2016, 603, 604 f.; NdsOVG DVBl. 2021, 537, 538; grundlegend BVerwGE 59, 331: keine allgemeinpolitischen Äußerungen des AStA; dazu auch NdsOVG DVBl. 2021, 1176: Äußerungsrecht des AStA zu Corona-Leugnern an der Hochschule.

[649] Beispielhaft OVG Bremen NVwZ-RR 2021, 886.

Eine **Tatsachenbehauptung** liegt vor, wenn die Aussage einer Überprüfung ihrer Richtigkeit mit den Mitteln des Beweises zugänglich ist.[650] **Werturteile** sind demgegenüber an der subjektiven Färbung der Aussage erkennbar, kennzeichnend sind die Merkmale der Stellungnahme, des Dafürhaltens oder Meinens, also eine Meinungsäußerung.[651]

423

Die Abgrenzung kann schwirig sein, wenn – wie häufig – erst beide zusammen den Sinn einer Äußerung ausmachen. Ob die Äußerung sich als Tatsachenbehauptung oder als Werturteil darstellt, ist nach dem Gesamtkontext zu beurteilen, in dem sie gefallen ist.[652] Eine Trennung der tatsächlichen und wertenden Bestandteile ist nur zulässig, wenn dadurch der Sinn der Äußerung nicht verfälscht wird, ansonsten ist die Äußerung im Zweifel insgesamt als Werturteil anzusehen.[653]

- **Tatsachenbehauptungen** sind **rechtswidrig**, wenn sie **unwahr** sind.[654]

424

  Wahre Tatsachenbehauptungen müssen dagegen i.d.R. hingenommen werden, auch wenn sie nachteilig für den Betroffenen sind.[655] Ausnahmsweise sind auch Tatsachenbehauptungen hinzunehmen, deren Wahrheitsgehalt noch nicht endgültig festgestellt werden kann. Wenn es um eine die Öffentlichkeit wesentlich berührende Angelegenheit geht, reicht es aus, wenn der Äußernde hinreichend sorgfältige Recherchen über den Wahrheitsgehalt angestellt hat.[656] Ein Widerrufsanspruch scheidet dann aus.

- **Werturteile** sind durch das Element der **wertenden Stellungnahme** geprägt. Wegen ihres subjektiven Einschlags entziehen sie sich der Überprüfung als wahr oder unwahr. Sie sind in ihrer subjektiven Färbung erkennbar und erheben keinen Anspruch auf Allgemeingültigkeit, sondern stellen nur eine von mehreren möglichen Meinungen dar, die man teilen oder ablehnen kann.[657]

425

Das bedeutet aber nicht, dass Aussagen dieser Art vom Betroffenen stets hinzunehmen sind. Wenn der Staat durch seine Funktionsträger abträgliche Werturteile über einen Bürger abgibt, bedarf er hierzu stets eines **legitimen Zwecks**.[658] Dieser kann sich zwar **nicht aus Art. 5 Abs. 1 S. 1 GG** (Meinungsfreiheit) ergeben, da sich der Staat nicht auf Grundrechte berufen kann. Öffentliche Amtsträger sind gemäß Art. 1 Abs. 3 GG ausschließlich **grundrechtsverpflichtet**, aber **nicht grundrechtsberechtigt**.[659]

426

Das Recht, Werturteile abzugeben, kann für Hoheitsträger aber aus der Befugnis zur **Öffentlichkeitsarbeit** oder aus der **Wahrnehmung berechtigter Interessen** analog § 193 StGB folgen. Amtliche Öffentlichkeitsarbeit ist integraler Bestandteil der allgemeinen Staats- und Behördenaufgaben. Hierbei darf der Staat auch deutliche Worte gebrauchen, insbes. bei die Öffentlichkeit wesentlich berührende Fragen. Allerdings dürfen Werturteile nicht auf sachfremden Erwägungen beruhen oder den sachlich gebotenen Rahmen überschreiten.[660]

427

---

650 BGH GRUR 2018, 622, 626; OVG NRW, Beschl. v. 18.05.2017 – 15 B 97/17, BeckRS 2017, 112163; OVG NRW NWVBl. 2013, 191, 192; OVG Saar, Urt. v. 04.04.2019 – 2 A 244/18, BeckRS 2019, 7442; OVG Bremen NVwZ-RR 2021, 886, 887.
651 Vgl. beispielhaft BVerfG NJW-RR 2017, 1003; RÜ 2016, 650, 653; BGH GRUR 2018, 622, 626.
652 OVG NRW, Beschl. v. 18.05.2017 – 15 B 97/17, BeckRS 2017, 112163.
653 OVG Bremen NVwZ-RR 2021, 886, 887.
654 BVerfG NJW 2006, 207, 209; OVG Bremen NVwZ-RR 2021, 886, 887; OVG NRW NVwZ-RR 2004, 283, 285.
655 BVerfG RÜ 2016, 650, 655; NJW 2013, 217, 218; NJW 2010, 1587, 1589; zu (seltenen) Ausnahmen bei unzulässiger Prangerwirkung vgl. BVerfG NJW 2011, 47; BGH NJW 2009, 2888, 2892.
656 BVerfG RÜ 2016, 650, 655; OVG NRW NWVBl. 2014, 120, 121; Muckel JA 2017, 76, 77; Hufen JuS 2017, 86, 88.
657 Vgl. BVerfG DVBl. 2005, 106, 108; OVG Bremen NVwZ-RR 2021, 886, 887.
658 BVerfG NJW 2011, 511, 512; OVG NRW NWVBl. 2010, 355, 356; OVG BremenNVwZ-RR 2021, 886, 889.
659 OVG SH RÜ2 2022, 47, 48; OVG Bremen NVwZ-RR 2021, 886; BayVGH DVBl. 2020, 1361, 1362; OVG Saar, Urt. v. 04.04.2019 – 2 A 244/18, BeckRS 2019, 7442; Kalscheuer KommJur 2018, 121, 122; grundlegend BVerfGE 21, 362, 369 ff.
660 OVG Bremen NVwZ-RR 2021, 886; NJW 2016, 823; NJW 2010, 3738.

cc) Verhältnismäßigkeit

428 In jedem Fall dürfen Werturteile im Hinblick auf das mit ihnen verfolgte Ziel und in Bezug auf die Grundrechte, in die eingegriffen wird, **nicht unverhältnismäßig** sein.[661] Insbes. dürfen sie keine **unnötige Herabsetzung** oder besonders aggressive, polemische oder diffamierende Äußerungen enthalten (insbes. keine sog. **Schmähkritik**).[662]

Beispiele: Eine unnötige öffentliche Herabsetzung enthält z.B. die Äußerung eines Ministers, eine religiöse Sekte betreibe „Menschenfängerei übelster Art"[663] oder die Bezeichnung einer Jugendsekte als „destruktiv" und „pseudoreligiös".[664] Die Charakterisierung von Scientology als „menschenverachtendes Kartell der Unterdrückung" soll dagegen noch zulässig sein[665] ebenso der Vorwurf „rechtsextremistischer Aktivitäten".[666]

dd) Sonderfall: Neutralitätsgebot

429 Bei **politischen Parteien** ergibt sich aus dem Recht auf Chancengleichheit (Art. 21 Abs. 1 S. 1 GG) und dem Demokratieprinzip (Art. 20 Abs. 2 GG) für alle Staatsorgane eine strikte **Pflicht zur parteipolitischen Neutralität**, ohne dass es darauf ankommt, ob die betroffene Erklärung geeignet ist, bevorstehende Wahlen zu beeinflussen. Staatsorgane dürfen in amtlicher Funktion – auch außerhalb des Wahlkampfs – nicht zugunsten oder zulasten einer Partei in den politischen Wettbewerb eingreifen.[667] Neben eigennütziger Wahlwerbung darf ein Hoheitsträger auch durch bloß **negative Bewertungen** politischer Parteien und ihrer Veranstaltungen nicht in das Recht auf Chancengleichheit eingreifen.[668] Dies gilt auch für Amtsträger auf kommunaler Ebene.[669] Parteiergreifende Äußerungen stellen einen **Eingriff** ist das Recht auf Chancengleichheit dar, wenn sie entweder aufgrund der **Autorität des Amtes** oder unter Einsatz der mit dem Amt verbundenen **Ressourcen** erfolgen (z.B. Nutzung amtlicher Kommunikationswege).[670]

430 Eine **Rechtfertigung** von Eingriffen in den Gewährleistungsbereich von Art. 21 Abs. 1 S. 1 GG kann sich jedoch aus der Befugnis zur Informations- und Öffentlichkeitsarbeit ergeben (s.o. Rn. 407 ff.).[671] Allerdings ist diese Befugnis **nicht schrankenlos** gewährleistet, in jedem Fall muss das Sachlichkeitsgebot gewahrt werden.[672]

---

661 OVG Bremen NVwZ-RR 2021, 886, 889; OVG NRW RÜ 2017, 122, 126; NVwZ 2017, 1316, 1318; NWVBl. 2013, 191, 192; Hebeler JA 2017, 558 ff.; Putzer DVBl. 2017, 136 ff.; Ferreau NVwZ 2017, 1259 ff.; allgemein Gusy NVwZ 2015, 700, 701.

662 BVerwG RÜ 2018, 114, 117; OVG NRW RÜ 2017, 122, 126; HessVGH, Beschl. v. 11.07.2017 – 8 B 1144/17, BeckRS 2017, 118944; allgemein BVerfG RÜ 2022, 243, 246 f.; RÜ 2020, 593, 594; RÜ 2019, 655, 658.

663 OVG NRW NVwZ 1985, 123, 124.

664 BVerfG NJW 2002, 2626, 2627.

665 OVG NRW NVwZ 1997, 302; vgl. auch die Übersicht bei Abel NJW 2005, 114, 117.

666 BayVGH NVwZ-RR 2018, 251.

667 BVerfG RÜ 2020, 519, 522; RÜ 2018, 315, 320; RÜ 2015, 111, 113; NdsStGH NordÖR 2021, 272; Schröder DVBl. 2021, 1128, 1130 f. weniger streng BVerfG RÜ 2014, 449 für den Bundespräsidenten („Spinner"); vgl. auch BVerwG RÜ 2018, 114, 117 (gegen OVG NRW RÜ 2017, 122, 127): unzulässiger Aufruf zu einer Gegendemo.

668 BVerfG RÜ 2020, 519, 522; NdsStGH, Urt. v. 24.11.2020 – StGH 6/19, BeckRS 2020, 32086; Harding NVwZ 2021, 147; Sachs JuS 2021, 900 f.; ebenso VG Düsseldorf, Urt. v. 24.02.2021 – 20 K 5100/19, BeckRS 2021, 2440: Bezeichnung einer Partei als „Prüffall" unzulässig; vgl. aber VG Köln, Urt. v. 08.03.2022 – 13 K 326/21 u.a.: Einstufung der AfD als „Verdachtsfall" zulässig.

669 BVerfG NVwZ-RR 2014, 538; BVerwG RÜ 2018, 114, 116; OVG NRW, Beschl. v. 22.10.2021 – 15 B 1135/21, BeckRS 2021, 33443; OVG NRW RÜ 2017, 122, 126; HessVGH, Beschl. v. 11.07.2017 – 8 B 1144/17, BeckRS 2017, 118944; Ferreau NVwZ 2017, 1259, 1261; ders. JuS 2017, 758, 759; Spitzlei JuS 2018, 856, 859; Kalscheuer KommJur 2018, 121 ff.

670 BVerfG NVwZ-RR 2016, 241; RÜ 2015, 111; NdsStGH NordÖR 2021, 272; ThürVerfGH NVwZ 2016, 1408; VerfGH RP NVwZ-RR 2014, 665; HessVGH, Beschl. v. 11.07.2017 – 8 B 1144/17, BeckRS 2017, 118944.

671 BVerfG RÜ 2020, 519, 523; NdsStGH, Urt. v. 24.11.2020 – StGH 6/19, BeckRS 2020, 32086, Rn. 49.

672 BVerfG RÜ 2020, 519, 523, 524.

Beachte: Streiten in diesem Fall Parteien mit Verfassungsorganen (Bundesminister, Landesminister) liegt eine verfassungsrechtliche Streitigkeit vor, sodass der Verwaltungsrechtsweg nach § 40 Abs. 1 S. 1 VwGO nicht eröffnet ist. In Betracht kommt vielmehr ein Organstreitverfahren vor dem BVerfG (Art. 93 Abs. 1 Nr. 1 GG) bzw. dem LVerfG/VerfGH.[673] Im Verwaltungsrechtsweg sind z.B. amtliche Äußerungen von Kommunalorganen abzuwehren (z.B. eines Bürgermeisters).[674]

c) Wiederholungsgefahr

431 Die Wiederholungsgefahr hat beim Unterlassungsanspruch nicht nur Bedeutung für das Rechtsschutzbedürfnis (s.o. Rn. 369), sondern ist bei hoheitlichen Äußerungen – ebenso wie im Zivilrecht – analog § 1004 Abs. 1 S. 2 BGB **tatbestandliche Voraussetzung** für den ör Unterlassungsanspruch.[675]

3. Rechtsfolgen

432 ■ Nach h.M. können mit **Widerrufsklagen nur Tatsachenbehauptungen** bekämpft werden, nicht jedoch Werturteile.[676] Der Ausschluss eines Anspruchs auf Widerruf von Meinungsäußerungen kann im öffentlichen Recht – anders als im Zivilrecht[677] – zwar nicht mit der durch Art. 5 Abs. 1 S. 1 GG geschützten Meinungsfreiheit begründet werden, weil der Staat als Grundrechtsverpflichteter nicht Träger von Grundrechten sein kann. Ansatz eines Anspruchs auf Widerruf ist indes stets, dass der Tatsachengehalt der Äußerung unwahr und damit unzutreffend ist.[678]

433 ■ Ein **Werturteil** kann dagegen nicht wahr oder unwahr sein. Anders als eine Tatsachenbehauptung kann eine unzulässige Wertung nicht durch eine spätere Aussage korrigiert werden. Der Äußernde kann sich lediglich entschuldigen, dadurch wird die Ehrverletzung aber nicht beseitigt. Der FBA ist aber **kein allgemeiner Wiedergutmachungsanspruch** und bietet daher auch keine Grundlage für eine „Entschuldigung". Bei Werturteilen kommt lediglich ein **Unterlassungsanspruch** in Betracht.

4. Prozessuale Durchsetzung

434 Ansprüche auf Widerruf sind im Wege der **allgemeinen Leistungsklage** durchzusetzen,[679] Ansprüche auf Unterlassung grds. im Wege der allgemeinen Leistungsklage in Form der **Unterlassungsklage** (s.o. Rn. 367 ff.).

435 Zum Teil wird in der Rspr. auch eine **allgemeine Feststellungsklage** (§ 43 Abs. 1 Alt. 1 VwGO) für statthaft angesehen, gerichtet auf Feststellung der Rechtswidrigkeit der Äußerung. Der Grundsatz der Subsidiarität (§ 43 Abs. 2 VwGO) stehe nicht entgegen, da davon auszugehen sei, dass Hoheitsträger auch Feststellungsurteile befolgen werden.[680]

---

673 Vgl. z.B. BVerfG RÜ 2020, 519; RÜ 2018, 315; RÜ 2015, 111; ThürVerfGH NVwZ 2016, 1408; VerfGH RP NVwZ-RR 2014, 665; NdsStGH NordÖR 2021, 272.
674 BVerwG RÜ 2018, 114; OVG NRW RÜ 2017, 122; OVG NRW, Beschl. v. 18.05.2017 – 15 B 97/17, BeckRS 2017, 112163; VG Köln, Beschl. v. 30.03.2017 – 4 L 750/17, BeckRS 2017, 106696.
675 BVerwG RÜ 2016, 603, 607; OVG Bremen NVwZ-RR 2021, 886, 886; OVG Lüneburg NordÖR 2014, 502; HessVGH, Beschl. v. 11.07.2017 – 8 B 1144/17, BeckRS 2017, 118944; VG Köln, Beschl. v. 30.03.2017 – 4 L 750/17, BeckRS 2017, 106696.
676 OVG NRW RÜ 2012, 525, 530.
677 Vgl. dazu BGH NJW 2008, 2262, 2264 zum Anspruch auf Richtigstellung.
678 BayVGH BayVBl. 2002, 759.
679 BVerwG NVwZ 2020, 387, 389.
680 VG Düsseldorf, Urt. v. 24.02.2021 – 20 K 5100/19, BeckRS 2021, 2440.

436 Dagegen spricht jedoch, dass sich verwaltungsgerichtliche Klagen typischerweise gegen Hoheitsträger richten und Feststellungsurteile nicht vollstreckbar sind. Gerade die Regelung in den §§ 170, 172 VwGO zeigt, dass der Gesetzgeber auch gegen den Staat eine Vollstreckungsmöglichkeit für erforderlich gehalten hat.[681] Allerdings gilt die Subsidiaritätsklausel nach ihrem Sinn und Zweck nicht, wenn weder die Gefahr eines Doppelprozesses noch besondere Sachurteilsvoraussetzungen umgangen werden. Deshalb ist nach h.M. die Feststellungsklage gegenüber der Leistungsklage in Form der Unterlassungsklage nicht subsidiär.[682] Die Gegenansicht verweist auf den Wortlaut des § 43 Abs. 2 VwGO, wonach die Feststellungsklage auch gegenüber der Leistungsklage als Unterlassungsklage subsidiär ist.[683]

437 **Vorläufiger Rechtsschutz** richtet sich in jedem Fall nach § 123 Abs. 1 VwGO.[684]

Ehrschutz gegen Hoheitsträger
■ **Quasinegatorischer Beseitigungs- und Unterlassungsanspruch** analog §§ 823, 1004 BGB bei privatrechtlicher Tätigkeit
■ **ör Abwehr- und Unterlassungsanspruch** bei hoheitlichen Äußerungen
– **hoheitlicher Eingriff** in ein subjektives Recht, insbes. APR
– **Rechtswidrigkeit** des Eingriffs
▪ **Kompetenzmäßige** Äußerungen innerhalb des Aufgabenbereichs
▪ **Sachlichkeitsgebot**
– **Tatsachenbehauptungen** rechtswidrig, wenn unrichtig
– **Werturteile** müssen zur Verfolgung eines legitimen Zwecks verhältnismäßig sein, keine unnötige Herabsetzung oder besonders aggressive, polemische oder diffamierende Äußerungen, parteipolitische Neutralität
– **Wiederholungsgefahr** analog § 1004 Abs. 1 S. 2 BGB
■ **Folgenbeseitigungsanspruch:** Widerruf hoheitlicher Tatsachenbehauptungen

---

[681] Vgl. AS-Skript VwGO (2021), Rn. 303.
[682] Vgl. AS-Skript VwGO (2021), Rn. 398.
[683] Hufen, Verwaltungsprozessrecht, § 18 Rn. 22; Kopp/Schenke VwGO § 43 Rn. 28.
[684] Vgl. z.B. OVG NRW, Beschl. v. 22.10.2021 – 15 B 1135/21, BeckRS 2021, 33443.

III. Öffentlich-rechtlicher Immissionsabwehranspruch

Ein weiterer Anwendungsfall des öffentlich-rechtlichen Abwehr- und Unterlassungsanspruchs ist die Abwehr von Immissionen, die von einer **hoheitlich betriebenen Einrichtung** ausgehen.

438

> **Fall 10: Kinderspielplatz**
>
> E ist Eigentümerin eines Grundstücks in der Stadt S im Land L, das seit 2020 mit einem Wohnhaus bebaut ist. Auf dem südwestlich angrenzenden Nachbargrundstück hat die Stadt 2018 einen Kinderspielplatz errichtet. Der Spielplatz ist mit Kletterstangen, zwei Wippen und Schaukeln sowie einem ca. 4,40 m hohen Kletterturm ausgestattet. Seit 2019 ist der Kinderspielplatz mit einem Zaun eingefriedet, der im Bereich der Grenze mit dem Grundstück der E eine Höhe von 2,00 m aufweist. Am Eingang des Kinderspielplatzes weist die Stadt durch ein entsprechendes Schild darauf hin, dass es sich um einen Spielplatz für Kinder unter 12 Jahren handelt und dass die Nutzung nach 19.00 h verboten ist.
>
> E macht geltend, dass durch den vom Spielplatz ausgehenden Lärm die Grenzwerte der TA-Lärm und der Freizeitlärmrichtlinie überschritten würden. Deshalb verlangt E von S die Errichtung einer Lärmschutzwand von 2,50 m Höhe um den Spielplatz. Außerdem verweist E darauf, dass der Spielplatz häufig nach 19.00 h von Jugendlichen als Treffpunkt genutzt werde, die laut Musik abspielten, Flaschen zertrümmerten sowie Mofas „aufdrehten". Deshalb verlangt E von S die Absperrung des Spielplatzes täglich um jeweils 19.00 h. Jedenfalls sei S verpflichtet, durch Kontrollgänge die missbräuchliche Nutzung des Spielplatzes durch Jugendliche zu unterbinden. S lehnt die geforderten Maßnahmen ab und verweist darauf, dass sie im Herbst 2021 die Sitzgelegenheiten auf dem Spielplatz abgebaut habe, um Jugendlichen den Anreiz zu nehmen, sich auf dem Spielplatz aufzuhalten. Während wöchentlich stattfindender Kontrollen habe eine Anwesenheit von Jugendlichen auf dem Spielplatz nicht festgestellt werden können. Das gemeindliche Ordnungsamt oder die Polizei seien von E zu keiner Zeit eingeschaltet worden. E hat nunmehr Klage vor dem Verwaltungsgericht erhoben, um die von ihr geforderten Maßnahmen durchzusetzen. Hat die zulässige Klage Erfolg?

Die **zulässige Leistungsklage**, die in der VwGO zwar nicht ausdrücklich geregelt, aber an mehreren Stellen erwähnt (vgl. §§ 43 Abs. 2, 111 VwGO) und gewohnheitsrechtlich anerkannt ist, hat Erfolg, wenn E einen Anspruch auf die geforderten Maßnahmen hat.

A. Ein Anspruch der E könnte sich aus **§ 22 Abs. 1 S. 1 BImSchG** ergeben. Danach sind nicht genehmigungsbedürftige Anlagen u.a. so zu errichten und zu betreiben, dass **schädliche Umwelteinwirkungen** verhindert werden, die nach dem Stand der Technik vermeidbar sind (Nr. 1) und nach dem Stand der Technik unvermeidbare schädliche Umwelteinwirkungen auf ein Mindestmaß beschränkt werden (Nr. 2).

439

I. Der Spielplatz stellt als sonstige ortsfeste Einrichtung eine **Anlage** i.S.d. § 3 Abs. 5 Nr. 1 BImSchG dar. Diese ist nach § 4 Abs. 1 BImSchG **nicht genehmigungsbedürftig**, weil Kinderspielplätze in der insofern konstitutiv wirkenden 4. BImSchV nicht aufgeführt sind (§ 4 Abs. 1 S. 3 BImSchG).

440

441 II. Unmittelbar aus § 22 Abs. 1 S. 1 BImSchG ergibt sich indes **kein Abwehranspruch** gegen den störenden Hoheitsträger. Zwar hat § 22 BImSchG über den Begriff der „schädlichen Umwelteinwirkungen" (§ 3 Abs. 1 BImSchG) drittschützende Wirkung und kann damit einen Anspruch eines Dritten auf Einschreiten der Behörde nach § 24 BImSchG gegen den Betreiber einer (nicht genehmigungsbedürftigen) Anlage begründen.[685] § 22 BImSchG betrifft aber nur das Verhältnis zwischen der zuständigen Behörde und dem Betreiber der Anlage, begründet aber keine Duldungspflichten oder Abwehransprüche im unmittelbaren Nachbarschaftsverhältnis zwischen Störer und Gestörtem, auch dann nicht, wenn der Störer ein Hoheitsträger ist.[686] § 22 BImSchG scheidet daher als Anspruchsgrundlage aus.

442 B. Als Anspruchsgrundlage könnte der allgemeine **Folgenbeseitigungsanspruch** (FBA) in Betracht kommen. Das könnte damit begründet werden, dass sich E gegen die Folgen der Errichtung des Spielplatzes zur Wehr setzt. Liegt der Schwerpunkt dagegen – wie hier – nicht in der Errichtung, sondern im Betrieb der Einrichtung, so wehrt sich der Betroffene nicht gegen die Folgen des Verwaltungshandelns, sondern gegen den gegenwärtigen hoheitlichen Eingriff selbst. Der FBA scheidet daher als Anspruchsgrundlage aus.[687]

> Auf den Folgenbeseitigungsanspruch ist in diesen Fällen nur abzustellen, wenn das Unterbinden der unmittelbaren Beeinträchtigung wegen der tatsächlichen Untrennbarkeit von Störungsquelle und Störungsfolgen nur durch Beseitigung der Störungsquelle möglich ist (s.o. Rn. 370).

443 C. Anspruchsgrundlage ist in diesen Fällen vielmehr der allgemeine **öffentlich-rechtliche Abwehr- und Unterlassungsanspruch** (in diesem Zusammenhang auch **öffentlich-rechtlicher Immissionsabwehranspruch** genannt).[688] Dieser setzt voraus, dass

- durch **hoheitliches Handeln**
- **rechtswidrig in ein subjektives Recht eingegriffen** wird und
- der **Eingriff andauert** oder **bevorsteht**.

444 I. **Hoheitlich** sind Immissionen, wenn sie im Sachzusammenhang mit hoheitlichen Aufgaben oder Tätigkeiten stehen, was bei der Erfüllung öffentlicher Aufgaben im Zweifel anzunehmen ist.[689]

> **Beispiele:** Sportplatz, Kinderspielplatz, Wertstoff-Container (z.B. für Altglas und Altpapier), Straßenlaterne, Badeanstalt und sonstige öffentliche Einrichtungen.

Hoheitliche Maßnahme ist hier der **Betrieb des Kinderspielplatzes** als öffentliche Einrichtung der Daseinsvorsorge.

> *Hinweis:* In der Klausur ist der öffentlich-rechtliche Charakter der Immissionen bei prozessualem Aufbau bereits im Rahmen des Verwaltungsrechtswegs nach § 40 Abs. 1 S. 1 VwGO zu erörtern![690]

---

[685] Vgl. z.B. BayVGH, Beschl. v. 08.11.2021 – 15 B 21.1473, BeckRS 2021, 34485.
[686] BVerwG NJW 1988, 2396; NJW 1989, 1291, 1294; VGH BW, Urt. v. 23.05.2014 – 10 S 249/14, RÜ 2014, 603, 605.
[687] Frank JuS 2018, 56, 58; zur Abgrenzung zum FBA s.o. Rn. 370 ff. und Rn. 380 f.
[688] Grundlegend BVerwG NJW 1989, 1291, 1292; sehr instruktiv OVG RP, Urt. v. 30.08.2018 – 1 A 11843/17.OVG, BeckRS 2018, 23029.
[689] BVerwG NVwZ-RR 2020, 380, 381; Kopp/Schenke VwGO § 40 Rn. 29; zu einer Ausnahme OLG Karlsruhe NVwZ-RR 2020, 467 bei privatrechtlicher Vereinbarung.

4. Abschnitt — Öffentlich-rechtlicher Abwehr- und Unterlassungsanspruch

II. Durch die Lärmimmissionen wird das **subjektive Recht** des Nachbarn aus Art. 14 Abs. 1 GG (Eigentum), ggf. Art. 2 Abs. 2 S. 1 GG (körperliche Unversehrtheit, Gesundheit) beeinträchtigt.

445

III. **Rechtswidrig** sind hoheitliche Immissionen, wenn sie nicht zu dulden sind. Dabei ist anerkannt, dass auch durch hoheitliches Handeln **keine schädlichen Umwelteinwirkungen** i.S.d. §§ 22 Abs. 1, 3 Abs. 1 BImSchG hervorgerufen werden dürfen.[691]

446

Aus § 22 Abs. 1 BImSchG ergibt sich daher kein selbstständiger Abwehranspruch (s.o.), sondern nur der Maßstab für die Duldungspflicht.

1. Nach § 3 Abs. 1 BImSchG sind **Umwelteinwirkungen schädlich**, wenn sie geeignet sind, Gefahren, erhebliche Nachteile oder erhebliche Belästigungen herbeizuführen. Die Erheblichkeit beurteilt sich danach, ob die Immissionen das **zumutbare Maß** überschreiten. Die Zumutbarkeit ist insbes. dann zu bejahen, wenn normative **Grenzwerte** (z.B. 18. BImSchV – SportanlagenlärmschutzVO) eingehalten werden. Entsprechendes gilt für Grenz- bzw. Richtwerte in technischen Regelwerken (z.B. TA Lärm,[692] TA Luft,[693] GIRL[694]) die auch außerhalb ihres Anwendungsbereichs als **Orientierungshilfe** für die Frage der Zumutbarkeit herangezogen werden können. Im Übrigen ist die Zumutbarkeit unter Berücksichtigung von **Art, Intensität und Dauer** der Immissionen durch eine **situationsbedingte Abwägung** zu bestimmen, wobei neben der Schutzbedürftigkeit und Schutzwürdigkeit auch wertende Elemente wie Herkömmlichkeit, Sozialadäquanz und allgemeine Akzeptanz zu berücksichtigen sind.[695]

447

- **Geräuschimmissionen** durch liturgisches Glockengeläut der Kirchen im herkömmlichen Rahmen sind regelmäßig keine erhebliche Belästigung i.S.d. § 3 Abs. 1 BImSchG, sondern eine zumutbare, sozialadäquate Einwirkung.[696] Dasselbe kann je nach den Umständen des Einzelfalls auch für den durch Lautsprecher verstärkten Ruf des Muezzin gelten.[697]

- Bei **Lichtimmissionen** (z.B. von einer Straßenlaterne) wird die Zumutbarkeit insbes. durch das Ausmaß der Beeinträchtigungen bestimmt. Maßgebliche Kriterien sind die „Raumaufhellung" und die „psychologische Blendung".[698] In der Regel müssen Anwohner Straßenlaternen vor ihrem Wohnhaus dulden, da sie weder die Nutzung des Grundstücks infrage stellen noch zu Gesundheitsgefahren für die Bewohner führen.[699]

- Die Zumutbarkeit von **Geruchsimmissionen** richtet sich vor allem nach der Gebietsart und den tatsächlichen Verhältnissen der Nachbarschaft. Die Geruchsimmissionsrichtlinie (GIRL) kann als Orientierungshilfe herangezogen werden, allerdings sind auch wertende Elemente wie Herkömmlichkeit, soziale Adäquanz und allgemeine Akzeptanz im Rahmen einer Gesamtabwägung zu berücksichtigen (z.B. bei landwirtschaftlichen Geruchsimmissionen).[700]

---

690 Vgl. z.B. HessVGH RÜ 2011, 810, 811; Frank JuS 2018, 56, 58.
691 HessVGH RÜ 2011, 810, 812; VGH BW RÜ 2014, 603, 606; NVwZ 2017, 566, 567; BayVGH NVwZ-RR 2018, 482, 483
692 Technische Anleitung zum Schutz gegen Lärm (Sartorius Ergänzungsband 296/100).
693 Technische Anleitung zur Reinhaltung der Luft (Sartorius Ergänzungsband 296/101).
694 Geruchsimmissions-Richtlinie, vgl. z.B. NdsMBl. 2009, S. 794; MBl. NRW. 2009, S. 533.
695 Vgl. z.B. BVerwG NVwZ-RR 2020, 533, 535; VGH BW NVwZ-RR 2017, 566, 567.
696 BVerwGE 68, 62, 66; BVerwG, Beschl. v. 31.01.2017 – BVerwG 7 B 2.16; Troidl DVBl. 2012, 925 ff.; vgl. auch VG Gelsenkirchen RÜ 2018, 321, 325 zur Zumutbarkeit des Gebetsrufs des Muezzin.
697 OVG NRW RÜ 2021, 42, 45 f.
698 OVG NRW RÜ 2008, 530, 533; VG Düsseldorf, Urt. v. 12.02.2010 – 25 K 4079/09, BeckRS 2010, 47194; vgl. auch die Lichtrichtlinie des LAI, abgedruckt in Landmann/Rohmer, Umweltrecht II, Nr. 4.3.
699 VGH BW NVwZ-RR 2012, 636, 638 f.; OVG RP RÜ 2010, 734, 736 f.; zu einem Ausnahmefall VG München, Urt. v. 28.11.2018 – M 19 K 17.4863, BeckRS 2018, 34074.

448 Insbesondere gilt auch bei hoheitlichen Immissionen die **Wertung des § 906 BGB analog**. Denn was der Betroffene gegenüber einem Privatmann zu dulden hat, muss er sich in gleicher Weise von der hoheitlich handelnden Verwaltung gefallen lassen. Nach § 906 Abs. 1 S. 1 BGB hat der Eigentümer **unwesentliche Beeinträchtigungen** zu dulden. Eine unwesentliche Beeinträchtigung liegt nach § 906 Abs. 1 S. 2 u. S. 3 BGB i.d.R. vor, wenn Grenz- oder Richtwerte aus Gesetzen, RechtsVOen oder Verwaltungsvorschriften i.S.d. § 48 BImSchG (z.B. TA Luft und TA Lärm) nicht überschritten werden.[701] Da die Erheblichkeitsschwelle nach §§ 3, 22 BImSchG damit weitgehend mit dem Maßstab des § 906 BGB identisch ist, bedarf es keiner Entscheidung, ob § 906 BGB im öffentlichen Recht neben den §§ 3, 22 BImSchG überhaupt anwendbar ist.[702]

Beispiel: Immissionen eines traditionellen Volksfestes werden gewohnheitsrechtlich in höherem Maße akzeptiert als sonstige Immissionen.[703] Im Rahmen der situationsbedingten Abwägung ist daher auch der Traditionswert der betroffenen Veranstaltung zu berücksichtigen. Je gewichtiger der Anlass der Veranstaltung ist, desto eher ist der Nachbarschaft zuzumuten, an wenigen Tagen im Jahr Ruhestörungen hinzunehmen.[704] Die Grenzwerte der sog. Freizeitlärmrichtlinie[705] können deshalb nur als Orientierungshilfe herangezogen werden, von denen im Einzelfall abgewichen werden kann.[706]

449 2. § 22 Abs. 1a) BImSchG stellt klar, dass Geräuscheinwirkungen, die von Kindertageseinrichtungen, **Kinderspielplätzen** und ähnlichen Einrichtungen hervorgerufen werden, **im Regelfall keine schädlichen Umwelteinwirkungen** sind. Bei der Beurteilung der Zumutbarkeit dürfen Immissionsgrenz- und -richtwerte nicht herangezogen werden.

Ähnliche Einrichtungen sind z.B. wohngebietsnahe Ballspielplätze,[707] nicht dagegen Bolzplätze sowie Skater- und Streetballanlagen, die regelmäßig einen größeren Einzugskreis und ein anderes Lärmprofil haben.[708]

450 a) Die Vorschrift gilt zwar nur für den „Regelfall". Ein vom Regelfall abweichender Sonderfall liegt aber nur vor, wenn besondere Umstände gegeben sind, zum Beispiel bei unmittelbarer Nachbarschaft zu sensiblen Nutzungen, wie Krankenhäusern und Pflegeheimen.[709] Ansonsten sind die durch den **bestimmungsgemäßen Gebrauch** von Kinderspielplätzen hervorgerufenen Immissionen i.d.R. zu dulden.[710]

---

700 OVG NRW DVBl. 2021, 1578; OVG NRW, Beschl. v. 20.12.2017 – 8 A 2660/15, BeckRS 2017, 141160; OVG Lüneburg, Beschl. v. 06.09.2016 – 12 LA 153/15, BeckRS 2016, 51501; allgemein Arnold NVwZ 2017, 497, 500.
701 Vgl. dazu BGH JZ 2004, 1080 mit Anm. Röthel; OLG SH DVBl. 2020, 142.
702 Bejahend z.B. OVG NRW DÖV 1983, 1020, 1022; VGH BW DVBl. 1984, 881, 882.
703 Vgl. BGH NJW 2003, 3699, 3700; OVG NRW NVwZ-RR 2016, 849; BayVGH NVwZ-RR 2014, 955; OVG Schleswig NordÖR 2007, 370, 372; HessVGH NVwZ-RR 2006, 531, 535; OVG RP NJW 2005, 772, 773; Ketteler DVBl. 2008, 220, 226 f.
704 VG Braunschweig NVwZ-RR 2009, 198, 199 f.
705 Abgedruck in Landmann/Rohmer, Umweltrecht II, Nr. 4.1.
706 Vgl. OVG NRW NVwZ-RR 2016, 849, 850; BayVGH NVwZ-RR 2014, 955; ausführlich Ketteler DVBl. 2008, 220 ff.
707 Vgl. Jarass BImSchG § 22 Rn. 44a.
708 VGH BW RÜ 2014, 603, 607 für Bolzplätze; vgl. auch den Gesetzesantrag vom 08.05.2019 in BR-Drs. 209/19, wonach der von Sportanlagen ausgehende „Kinderlärm" generell privilegiert werden sollte.
709 BVerwG, Beschl. v. 05.06.2013 – BVerwG 7 B 1.13, BeckRS 2013, 52219; OVG RP DVBl. 2012, 1052, 1053; Landmann/Rohmer, Umweltrecht, BImSchG § 22 Rn. 73 und BR-Dsr. 128/11, S. 7.
710 OVG RP KommJur 2018, 78, 79; DVBl. 2012, 1052, 1053; HessVGH RÜ 2011, 810, 812; VGH BW NVwZ 2012, 837, 839; BayVGH ZUR 2015, 691, 692.

4. Abschnitt
Öffentlich-rechtlicher Abwehr- und Unterlassungsanspruch

Privilegiert sind alle Geräuscheinwirkungen, die mit der bestimmungsgemäßen Nutzung des Kinderspielplatzes verbunden sind (z.B. Rufen, Schreien, Benutzung der Spielgeräte). Nicht von der Privilegierung erfasst werden dagegen Lichteffekte oder Geräusche, die von nicht ordnungsgemäß errichteten oder gewarteten Spielgeräten ausgehen.[711]

Vorliegend sind Abweichungen vom Regelfall nicht erkennbar. Mangels Rechtswidrigkeit des Eingriffs scheidet daher ein Anspruch der E auf **bauliche Veränderungen**, insb. auf Errichtung einer Lärmschutzwand, aus.

b) Rechtswidrig sind dagegen die Immissionen, die sich aus der Nutzung des Spielplatzes durch **Jugendliche** in den Abendstunden ergeben. Die Privilegierung des § 22 Abs. 1a) BImSchG gilt nur für **Kinder**, also Personen unter 14 Jahren (§ 7 Abs. 1 Nr. 1 SGB VIII), sie ist nicht anwendbar, wenn die Einrichtung auch Jugendlichen über 14 Jahren (§ 7 Abs. 1 Nr. 2 SGB VIII) offensteht.[712] **451**

c) Zwischen der Beeinträchtigung und dem hoheitlichen Handeln muss eine **haftungsbegründende Kausalität** bestehen (s.o. Rn. 317). Dabei reicht nicht schon jede Ursächlichkeit aus, erforderlich ist vielmehr, dass die Beeinträchtigung dem hoheitlichen Handeln **zurechenbar** sein muss. Bei **Störungen durch Dritte** ist das nur der Fall, wenn der Hoheitsträger das Verhalten des unmittelbaren Störers steuert oder eine typische Gefährdungslage schafft oder aufrechterhält (s.o. Rn. 320 u. 376). **452**

aa) Zugerechnet werden grds. alle Störungen, die sich aus der **bestimmungsgemäßen Benutzung** einer öffentlichen Einrichtung ergeben. Für die durch **missbräuchliche Nutzung** hervorgerufenen Immissionen sind dagegen die unmittelbaren Störer grds. allein verantwortlich.[713] **453**

Immissionen, die sich aus der üblichen Nutzung eines Wertstoff-Containers ergeben, muss sich die Behörde zurechnen lassen, nicht dagegen wilde Ablagerungen oder missbräuchliche Nutzungen in Ruhezeiten.[714]

bb) Etwas anderes gilt, wenn die Behörde durch ihr Verhalten eine **typische Gefährdungslage** geschaffen hat, sodass der Fehlgebrauch bei wertender Betrachtungsweise als zurechenbare Folge der Schaffung bzw. des Betriebs der Einrichtung anzusehen ist.[715] **454**

Beispiel: Aufgrund einer Unterdimensionierung wird Altpapier neben dem Container abgestellt, von wo es auf das private Nachbargrundstück gelangt.

Zwar mag hier die für einen Spielplatz vergleichsweise attraktive Ausstattung mit einem Kletterturm einen **Anreiz** für eine bestimmungswidrige Nutzung bieten. Das reicht aber allein für eine Zurechnung nicht aus. Erforderlich ist vielmehr, dass die Ausstattung zu einer regelwidrigen Nutzung geradezu „einlädt" oder der Hoheitsträger den Missbrauch in irgendeiner Weise fördert.[716] Anhaltspunkte dafür sind hier nicht er-

---

711 BVerwG, Beschl. v. 05.06.2013 – BVerwG 7 B 1.13, BeckRS 2013, 52219; Landmann/Rohmer, Umweltrecht, BImSchG § 22 Rn. 69; Frank JuS 2018, 56, 59.
712 VGH BW RÜ 2014, 603, 607; Landmann/Rohmer, Umweltrecht, BImSchG § 22 Rn. 66; Jarass BImSchG § 22 Rn. 44; Frank JuS 2018, 56, 61.
713 VGH BW NVwZ-RR 2017, 653, 654; HessVGH RÜ 2011, 810, 813; BayVGH, Beschl. v. 08.11.2021 – 15 B 21.1473, BeckRS 2021, 34485; BayVGH ZUR 2015, 691, 692; Frank JuS 2018, 56, 59.
714 VGH BW NVwZ 2016, 1658, 1659; HessVGH NVwZ-RR 2000, 668; VG Osnabrück NVwZ 2003, 1010, 1011.
715 VGH BW NVwZ-RR 2017, 653; VBlBW 2012, 469; BayVGH ZUR 2015, 691.

sichtlich. Die Stadt hat im Gegenteil die Attraktivität des Spielplatzes für „Feiern" von Jugendlichen gerade dadurch gemindert, dass sie die Sitzgelegenheiten hat entfernen lassen.

455 cc) Eine Zurechnung kann aber auch dann erfolgen, wenn die Behörde zumutbare **Sicherungs- und Kontrollmaßnahmen unterlassen** hat.[717] Hier führt die Stadt regelmäßig Kontrollen des Spielplatzes durch, bei denen eine Anwesenheit von Jugendlichen auf dem Spielplatz nicht festgestellt werden konnte. Vereinzelten Missbräuchen ist ggf. mit polizei- und ordnungsrechtlichen Mitteln zu begegnen.[718]

Mangels Zurechnung besteht daher auch **kein Abwehranspruch** hinsichtlich der missbräuchlichen Nutzung des Spielplatzes durch Jugendliche nach 19.00 Uhr, insbes. besteht kein Anspruch auf Absperrung des Spielplatzes. Die allgemeine Leistungsklage der E ist insgesamt unbegründet und bleibt erfolglos.

Abwehr hoheitlicher Immissionen

- **Kein Abwehranspruch** gegen störende Hoheitsträger aus § 22 Abs. 1 BImSchG
- **FBA**, wenn Beseitigung der Störungsquelle verlangt wird
- **allgemeiner ör Abwehr- und Unterlassungsanspruch**
    - **hoheitliches Handeln**: Sachzusammenhang mit der Erfüllung öffentlicher Aufgaben, insbes. Einrichtungen der Daseinsvorsorge
    - **Eingriff in ein subjektives Recht**, insbes. Art. 14 Abs. 1 GG (Eigentum) oder Art. 2 Abs. 2 GG (körperliche Unversehrtheit, Gesundheit)
    - **Rechtswidrigkeit** des Eingriffs, wenn schädliche Umwelteinwirkungen i.S.d. §§ 22 Abs. 1, 3 Abs. 1 BImSchG vorliegen – erheblich, wenn **unzumutbar**
        - Überschreitung **normativer Grenzwerte** (z.B. 18. BImSchV)
        - **Technische Regelwerke** (TA-Lärm, TA-Luft, GIRL) als Orientierungshilfe
        - Wertung des **§ 906 BGB analog**
        - **situationsbedingte Abwägung** nach Schutzwürdigkeit und Schutzbedürftigkeit unter Berücksichtigung der Herkömmlichkeit, Sozialadäquanz und allgemeinen Akzeptanz
        - Sonderregelung für **Kinderspielplätze** u.Ä. in § 22 Abs. 1a) BImSchG
    - **Haftungsbegründende Kausalität – Problem: Störung durch Dritte**
        - **bestimmungsgemäße Nutzung** wird Hoheitsträger zugerechnet
        - **missbräuchliche Benutzung** wird nur zugerechnet, wenn der Hoheitsträger eine typische Gefahrenlage geschaffen hat oder zumutbare Sicherungs- und Kontrollmaßnahmen unterlässt
    - Eingriff **dauert an oder steht bevor**
    - **Rechtsfolge:** Beseitigung der Störung, d.h. i.d.R. durch Schutzmaßnahmen

---

716 BayVGH ZUR 2015, 691, 692.
717 HessVGH RÜ 2011, 810, 813; BayVGH ZUR 2015, 691, 692.
718 Dazu BVerwG, Beschl. v. 29.05.1989 – BVerwG 4 B 26.89; BayVGH BayVBl 2015, 633; ZUR 2015, 691, 692.

Übersicht **4. Abschnitt**

Grundrechtlicher Abwehr- und Beseitigungsanspruch

Unterlassung	Folgenbeseitigung

Voraussetzungen

■ **Eingriff in ein subjektives Recht** 　■ unmittelbarer Eingriff 　■ mittelbarer Eingriff, wenn zurechenbar ■ durch **hoheitliches Handeln** 　■ VA oder schlichtes Verwaltungshandeln 　■ Schaffung einer typischen Gefährdungslage reicht aus ■ **Eingriff rechtswidrig** 　wenn keine Duldungspflicht insbes. aus Gesetz oder VA **(Handlungsunrecht!)** ■ **Eingriff dauert an, steht bevor**	■ **Eingriff in ein subjektives Recht** 　■ unmittelbarer Eingriff 　■ mittelbarer Eingriff, wenn zurechenbar ■ durch **hoheitliches Handeln** 　■ VA oder schlichtes Verwaltungshandeln 　■ Schaffung einer typischen Gefährdungslage reicht aus ■ **Folgen rechtswidrig** 　wenn keine Duldungspflicht insbes. aus Gesetz oder VA **(Erfolgsunrecht!)** ■ **Folgen dauern an**

Ausschlussgründe

- Tatsächliche oder rechtliche **Unmöglichkeit**
- Wiederherstellung **unzumutbar**
- **Unzulässige Rechtsausübung**
- **Mitverschulden**, § 254 BGB analog

Rechtsfolge

■ **Unterlassung/Beendigung des Eingriffs**	■ **Beseitigung der durch den Eingriff verursachten Folgen** 　■ (+) bei unmittelbaren Folgen 　■ i.d.R. (−) bei mittelbaren Folgen ■ **Keine Folgenentschädigung** ■ Bei Anspruchsausschluss ggf. **Folgenersatz** (analog § 251 BGB)

5. Abschnitt: Geschäftsführung ohne Auftrag (GoA)

A. Das Rechtsinstitut der öffentlich-rechtlichen GoA

I. Rechtsgrundlage

456 Wie im Zivilrecht ist auch im Öffentlichen Recht denkbar, dass jemand ein **fremdes Geschäft für einen anderen** besorgt, ohne von ihm beauftragt oder ihm gegenüber sonst dazu berechtigt zu sein (Geschäftsführung ohne Auftrag – GoA).

Beispiele: Der Bürger beseitigt Schäden an der öffentlichen Kanalisation. Die Ordnungsbehörde räumt anstelle des Bürgers den Schnee vom Bürgersteig. Die gemeindliche Feuerwehr beseitigt Ölspuren auf einer Landstraße.

457 Deshalb ist anerkannt, dass das Rechtsinstitut der GoA grds. auch im Öffentlichen Recht **anwendbar** ist, entweder analog §§ 677 ff. BGB (so die h.M.) oder jedenfalls als Ausdruck eines allgemeinen Rechtsgedankens.[719]

Ein Teil der Lit. will die Fälle lediglich über den allgemeinen ör Erstattungsanspruch (s.u. Rn. 492 ff.) erfassen, der die ör GoA verdränge. Dagegen spricht jedoch, dass die GoA-Regeln vorrangig sind, da eine berechtigte GoA den Rechtsgrund für eine Vermögensverschiebung darstellt.[720]

II. Abgrenzung

458 Problematisch und umstritten ist, wie die öffentlich-rechtliche GoA von der privatrechtlichen GoA **abzugrenzen** ist. Zum Teil wird hierbei auf das **Handeln des Geschäftsführers** abgestellt. Handele der Geschäftsführer privatrechtlich, gelten die §§ 677 ff. BGB unmittelbar, handele er öffentlich-rechtlich, wird eine ör GoA angenommen.[721] Die Gegenansicht stellt auf die Rechtsnatur des geführten Geschäfts ab. Die GoA ist mithin öffentlich-rechtlich, wenn das Geschäft, hätte es der **Geschäftsherr** selbst vorgenommen, öffentlich-rechtlicher Natur gewesen wäre.[722] Dafür spricht, dass nach § 677 BGB Anknüpfungspunkt für die Geschäftsführung ohne Auftrag das für einen anderen geführte **„Geschäft"** ist. Dieses bildet das Kriterium, nach dem die öffentlich-rechtliche von der privatrechtlichen Geschäftsführung zu unterscheiden ist.

Beispiel: Eine privatrechtliche GoA liegt vor, wenn die Polizei nach Beschlagnahme eines Leichnams (§ 159 StPO) für die Erstversorgung durch ein Bestattungsinstitut sorgt. Zwar stehen die Aufwendungen im Zusammenhang mit der Wahrnehmung öffentlicher Aufgaben. Die Totenfürsorge der Angehörigen hat jedoch privatrechtlichen Charakter (anders bei einer behördlichen Ersatzvornahme nach dem Bestattungsgesetz).[723]

Beachte: *Bei prozessualem Aufbau muss die Abgrenzung zwischen öffentlich-rechtlicher und privatrechtlicher GoA bereits in der Rechtswegprüfung (§ 40 VwGO, § 13 GVG) erfolgen, da sich die Rechtsnatur der Streitigkeit nach der Rechtsnatur des Rechtsverhältnisses richtet, aus dem der Klageanspruch hergeleitet wird, wenn eine ausdrückliche gesetzliche Rechtswegzuweisung fehlt.*[724]

---

[719] BVerwG NJW 2020, 2487, 2487; RÜ 2018, 663, 664; BGH NVwZ 2016, 870, 871; OVG NRW RÜ 2017, 811, 812; RÜ 2013, 393, 394; OVG NRW, Beschl. v. 20.01.2022 – 19 E 154/21, BeckRS 2022, 639; Singer/Mielke JuS 2007, 1111, 1115; Detterbeck JuS 2019, 1191, 1196.
[720] Zum Streitstand vgl. Singer/Mielke JuS 2007, 1111, 1115.
[721] OVG Lüneburg OVGE 11, 307, 312; Staake JA 2004, 800, 802: Ossenbühl/Cornils, S. 417.
[722] BVerwG NVwZ 2017, 242, 244; BGH NJW 2018, 2714, 2715; NVwZ 2016, 870, 872; Schlick NJW 2018, 2684, 2685.
[723] BGH NVwZ 2016, 870, 872 mit Anm. Waldhoff JuS 2016, 1050, 1051.

B. Die analoge Anwendung der §§ 677 ff. BGB

I. Regelungslücke

459 Voraussetzung für eine analoge Anwendung der §§ 677 ff. BGB ist zunächst, dass eine **Regelungslücke** besteht. Die GoA-Vorschriften gelten daher nicht, wenn im Öffentlichen Recht abschließende **Spezialvorschriften** vorhanden sind.[725]

Beispiele: Bei einer behördlichen Ersatzvornahme scheiden Ersatzansprüche aus GoA aus, weil die Kostenerstattungspflicht in diesen Fällen öffentlich-rechtlich abschließend geregelt ist (vgl. §§ 10, 19 VwVG bzw. LVwVG).[726] Dasselbe gilt für die Kosten der Beseitigung einer unerlaubten Sondernutzung (vgl. z.B. § 8 Abs. 7a S. 2 FStrG) und für die Kosten der Amtshilfe (§ 8 VwVfG).[727]

II. Vergleichbare Interessenlage

460 Für die Frage, ob eine **vergleichbare Interessenlage** besteht, bedarf es im Einzelfall der Prüfung, ob die Anwendung der Grundsätze der GoA mit dem geltenden Verfassungs- und Verwaltungsrecht in Einklang zu bringen sind. Dabei sind prinzipiell **vier Fallgruppen** zu unterscheiden:

- Ein Hoheitsträger wird für einen anderen Hoheitsträger tätig.
- Ein Bürger handelt für einen anderen Bürger.
- Ein Hoheitsträger besorgt ein Geschäft des Bürgers.
- Ein Bürger handelt für einen Hoheitsträger.

1. Hoheitsträger für einen anderen Hoheitsträger

461 Wird ein **Hoheitsträger für einen anderen Hoheitsträger** tätig, scheidet eine öffentlich-rechtliche GoA i.d.R. aus. Die Gesetzesbindung der Verwaltung (Art. 20 Abs. 3 GG) schließt es grds. aus, dass ein unzuständiger Hoheitsträger in den Zuständigkeitsbereich eines anderen Verwaltungsträgers übergreift und die **Kompetenzordnung** durchbricht. Im Übrigen darf durch Erstattungsansprüche die gesetzliche Verteilung der Verwaltungskosten nicht unterlaufen werden. Wer die Aufgaben wahrzunehmen hat, trägt grds. auch die Kosten („Die Ausgaben folgen den Aufgaben", vgl. z.B. Art.104 a Abs. 1 GG). Nach h.M. ist eine ör GoA zwischen Hoheitsträgern daher nur ausnahmsweise zulässig, wenn ein **Notfall** vorliegt, d.h. wenn ein Einschreiten des zuständigen Hoheitsträgers nicht möglich oder nicht erfolgversprechend ist.[728]

Beispiele: Die Wasserschutzpolizei des Landes beseitigt eine Öllache auf einer Bundeswasserstraße. Die Polizei löscht einen brennenden städtischen Papierkorb. Die gemeindliche Feuerwehr beseitigt Ölspuren auf einer Landstraße.

---

[724] BVerwG NVwZ 2017, 242, 243; BGH NVwZ 2016, 870, 872; allgemein AS-Skript VwGO (2021), Rn. 38.
[725] OVG NRW NWVBl. 2007, 437; Nds. OVG, Urt. v. 22.11.2017 – 7 LC 37/17, BeckRS 2017, 143348, Rn. 28.
[726] Vgl. z.B. BGH NVwZ 2016, 870, 872; NVwZ 2004, 373, 374; Linke NWVBl. 2007, 451, 453 f.
[727] Vgl. BayVGH BayVBl. 2007, 274; zur Erstattung von Amtshilfekosten BVerwG NVwZ-RR 2018, 850, 852.
[728] BVerwG RÜ 2018, 663, 664; OVG NRW RÜ 2014, 43, 44; Maurer/Waldhoff § 29 Rn. 18; Bamberger JuS 1998, 706, 708 m.w.N.; großzügiger OVG Lüneburg NVwZ 2009, 1050, 1051 f.

462 Dabei ist allerdings zu beachten, dass auch in Notfällen die Fremdheit des Geschäfts bzw. das Merkmal „ohne Auftrag oder sonstige Berechtigung" zu verneinen ist, wenn die handelnde Behörde – wie in den obigen Beispielsfällen – aufgrund **eigener (Eilfall-) Kompetenz** (etwa die Polizei im Ordnungsrecht oder die Feuerwehr bei Pflichteinsätzen) tätig wird; dann scheidet ein Rückgriff auf die GoA aus.[729] Deshalb plädiert ein Teil der Lit. dafür, zwischen Verwaltungsträgern gänzlich auf das Rechtsinstitut der ör GoA zu verzichten.[730]

2. Bürger für einen anderen Bürger

463 Im Verhältnis zwischen **zwei Privatpersonen** ist nach h.M. eine ör GoA **nicht denkbar**, auch wenn öffentlich-rechtliche Pflichten erfüllt werden. Dies ändert nichts daran, dass das zwischen Geschäftsherrn und Geschäftsführer bestehende Rechtsverhältnis dem **Zivilrecht** zuzuordnen ist. Hier kommt nur eine privatrechtliche GoA in Betracht.[731]

Beispiel: Nimmt der Nachbar die nach dem Straßenreinigungsgesetz ör Verpflichtung des Schneeräumens auf dem Bürgersteig für den Hauseigentümer wahr, liegt eine privatrechtliche GoA vor.

3. Hoheitsträger für den Bürger

464 Wird ein Hoheitsträger für den Bürger tätig, so ist eine öffentlich-rechtliche GoA zwar denkbar, wenn öffentlich-rechtliche Pflichten erfüllt werden. Gleichwohl ist umstritten, ob hier Ansprüche aus GoA entstehen können.

Beispiele: Die Stadt S verlangt von dem Brandstifter B Ersatz der Aufwendungen, die durch den Einsatz der Feuerwehr entstanden sind. – Nach einem Selbstmordversuch wird der Untersuchungsgefangene U im Krankenhaus behandelt. Der Krankenhausträger verlangt Ersatz der Behandlungskosten von U.

465 a) Nach st. Rspr. des BGH sind die §§ 667 ff. BGB grundsätzlich auch im Verhältnis zwischen Verwaltung und Privatpersonen **anwendbar**. Das gelte selbst dann, wenn die Behörde auch zur Erfüllung eigener öffentlich-rechtlicher Pflichten tätig werde.[732]

466 b) Die Lit. lehnt diese Rspr. nahezu einhellig ab. Soweit eine Behörde eine ihr gesetzlich zugewiesene Aufgabe nach öffentlichem Recht wahrnehme, bestimme sich ihre Handlungsweise ausschließlich nach öffentlichem Recht und könne **nicht zugleich privatrechtlicher Natur** sein. Andernfalls würden die spezialgesetzlichen Eingriffsregelungen unterlaufen.[733] Dafür spricht, dass eine fehlende Eingriffsermächtigung nicht durch die Vorschriften der GoA ersetzt werden kann. Wenn die Behörde eigene Aufgaben wahrnimmt, hat sie ausschließlich **Eigengeschäftsführungswillen** und ist auch im Verhältnis zum Bürger in sonstiger Weise zur Wahrnehmung des Geschäfts „berechtigt" i.S.d. § 677 BGB. Ein Rückgriff auf die GoA-Vorschriften scheidet deshalb aus.[734]

---

[729] OVG NRW, Urt. v. 12.09.2013 – 20 A 433/11, RÜ 2014, 43, 45; OVG NRW NWVBl. 2007, 437, 439; OVG Lüneburg NVwZ 2009, 1050, 1051 f.; Maurer/Waldhoff § 29 Rn. 18; Schoch Jura 1994, 241, 243. Beachte aber die Sonderregelung in § 52 Abs. 3 BHKG NRW, dazu Kamp NWVBl. 2008, 14, 17 zur Vorgängerregelung in § 41 Abs. 2 S. 2 FSHG NRW.

[730] Gurlit in: Ehlers/Pünder § 35 Rn. 12; MünchKomm-Schäfer BGB § 677 Rn. 106 m.w.N.

[731] Vgl. BGH DVBl. 1974, 287, 288; Schoch Jura 1994, 241, 247; Bamberger JuS 1998, 706, 71; MünchKomm-Schäfer BGB § 677 Rn. 103.

[732] BGHZ 40, 28, 30; 63, 167, 169 f.; BGH NVwZ 2008, 349, 349; NVwZ 2016, 870, 871; NJW 2018, 2714, 2715.

[733] Gurlit in: Ehlers/Pünder § 35 Rn. 13; Maurer/Waldhoff § 29 Rn. 16; Staake JA 2004, 800, 801; Thole NJW 2010, 1243, 1245 f.; MünchKomm-Schäfer BGB § 677 Rn. 100 u. 101; in diesem Sinne auch BGH NVwZ-RR 2012, 707, 709.

[734] Nissen RÜ 2012, 467, 468; Schoch Jura 1994, 241, 245; abweichend VGH BW NVwZ-RR 2004, 473, 474.

So erfüllt die Feuerwehr im obigen Beispiel ihre gesetzliche Aufgabe nach dem Feuerwehr- bzw. Brandschutzgesetz. Eine GoA scheidet daher grds. aus.[735] Ein Ersatzanspruch besteht nur bei entsprechender gesetzlicher Regelung.[736] Teilweise lässt das Landesrecht einen Rückgriff auf die „allgemeinen Vorschriften" zu, wozu auch die §§ 677 ff. BGB gehören können.[737]

c) Unstreitig sind die GoA-Vorschriften **nicht anwendbar**, wenn eine **abschließende spezialgesetzliche Regelung** besteht.[738]

467

Vor allem gilt dies für §§ 10, 19 VwVG und die entspr. landesrechtlichen Vorschriften über den **Kostenersatz bei Ersatzvornahme** in der Verwaltungsvollstreckung. Die Kosten einer Ersatzvornahme sind nach den öffentlich-rechtlichen Vorschriften im VwVG bzw. LVwVG nur zu erstatten, wenn die Vollstreckung rechtmäßig ist.[739] Ist die Ersatzvornahme rechtswidrig, so besteht kein Ersatzanspruch der Behörde aus den vollstreckungsrechtlichen Vorschriften, aber auch nicht aus ör GoA, da ansonsten die besonderen Verfahrenserfordernisse der Verwaltungsvollstreckung unterlaufen würden.[740]

d) Aber auch im Übrigen verbietet es das Rechtsstaatsprinzip (Art. 20 Abs. 3 GG), im Öffentlichen Recht eine fehlende Ermächtigungsgrundlage durch Rückgriff auf die GoA zu ersetzen. **Kostenfragen sind wesentlich** und unterfallen dem Grundsatz vom **Vorbehalt des Gesetzes**. Dies darf durch die Anwendung der GoA-Vorschriften nicht umgangen werden.[741] **Eine ör GoA scheidet daher bei Handeln eines Verwaltungsträgers für den Bürger grds. aus.**

468

Allerdings kann nach der Rspr. eine privatrechtliche GoA vorliegen, wenn das Geschäft, wenn es der Bürger vorgenommen hätte, privatrechtlicher Natur wäre (s.u. Rn. 472).[742]

4. Bürger für einen Hoheitsträger

Hauptanwendungsfall der ör GoA ist das Handeln des Bürgers anstelle des Hoheitsträgers, wenn dieser nicht tätig wird, obwohl er nach öffentlichem Recht dazu verpflichtet wäre. In diesen Fällen besteht eine mit den §§ 677 ff. BGB **vergleichbare Interessenlage**, sodass die Vorschriften über die GoA grds. anwendbar sind, wenn eine Regelungslücke besteht und Spezialvorschriften fehlen.[743]

469

Beispiele: Ausbesserung einer Straße, um die Erreichbarkeit eines Gewerbebetriebes sicherzustellen,[744] Maßnahmen zur Gewässerunterhaltung durch privaten Dritten,[745] Sicherung einer Stützmauer,[746] Anschaffung von Schulbüchern durch einen Lehrer.[747]

---

735 Schoch Jura 1994, 241, 245.
736 Vgl. z.B. § 34 Abs. 1 FwG BW, Art. 28 Abs. 2 BayFwG, § 17 Abs. 1 BlnFwG, § 25 b Abs. 1 HmbFwG, § 29 Abs. 2 NBrandSchG, § 52 Abs. 2 BHKG NRW, § 25 Abs. 2 BrSchG MV, § 29 Abs. 2 BrSchG SH und die Übersicht bei Stuttmann RÜ 2013, 254, 256 f.
737 So z.B. § 61 Abs. 3 HBKG, § 22 Abs. 1 S. 3 BrSchG LSA; vgl. dazu Franßen/Blatt NJW 2012, 1031 ff., vgl. auch BGH RÜ 2011, 627, 628; OLG Brandenburg NJW-RR 2011, 925 zu Schadensersatzansprüchen.
738 BVerfG NJW 2011, 3217, 3218; BGH NVwZ-RR 2012, 707, 709; NVwZ 2008, 349, 350; NVwZ 2004, 373, 375; BVerwGE 80, 170, 172; Ossenbühl/Cornils, S. 415; Schlick NJW 2013, 3142, 3143.
739 BGH NVwZ 2016, 870, 872; OVG Bremen RÜ 2020, 398, 400; OVG NRW RÜ 2020, 799, 801.
740 BGH NVwZ 2004, 373, 375; VGH BW VBlBW 2002, 252, 254; Gurlit in: Ehlers/Pünder § 35 Rn. 13 u. 14; Schoch Jura 1994, 241, 245; Linke NWVBl. 2007, 451, 453; anders noch BGHZ 65, 384, 388.
741 Gurlit in: Ehlers/Pünder § 35 Rn. 14; Bamberger JuS 1998, 706, 709; Schoch Jura 1994, 241, 245; Staake JA 2004, 800, 803; MünchKomm-Schäfer BGB § 677 Rn. 100.
742 BGH NVwZ 2016, 870, 872.
743 BVerwG NVwZ 2004, 764, 765; OVG RP, Urt. v. 20.11.2018 – 7 A 10624/18.OVG, BeckRS 2018, 40448; HessVGH NJW 2018, 964; OVG NRW RÜ 2013, 393, 395; OVG Lüneburg KommJur 2012, 338, 339; Ossenbühl/Cornils, S. 409 f. m.w.N.; a.A Staake JA 2004, 800, 802: stets privatrechtliche GoA; die GoA auch in diesen Fällen generell ablehnend MünchKomm-Schäfer BGB § 677 Rn. 102.
744 OLG Koblenz, Urt. v. 16.06.2010 – 1 U 645/09, BeckRS 2011, 923.
745 BVerwG NVwZ 2004, 764, 765.
746 BayVGH NVwZ-RR 2012, 705.
747 OVG NRW RÜ 2013, 393; vgl. auch BAG RÜ 2013, 503.

470 Zu beachten ist allerdings auch hier, dass hoheitliche Aufgaben nach Maßgabe gesetzlicher Kompetenzvorschriften ausschließlich bestimmten Hoheitsträgern zugewiesen sind. Diese Aufgabenverteilung würde unterlaufen, wenn ein Privater generell anstelle der an sich zuständigen Behörde öffentliche Aufgaben erfüllen und diese anschließend dem Staat auch noch in Rechnung stellen könnte. Deshalb ist eine ör GoA des Bürgers für den Staat **nur in besonderen Situationen zulässig**: Unter Berücksichtigung aller Umstände und unter Abwägung etwa widerstreitender öffentlicher Belange muss **gerade die Aufgabenwahrnehmung durch den Privaten dem öffentlichen Interesse** entsprechen.[748] Umstritten ist dabei jedoch, wie diese Situation im Einzelnen beschaffen sein muss.

> **Fall 11: Katzentot**
>
> Tierarzt T hatte vor seiner Praxis eine völlig abgemagerte Hauskatze aufgefunden, die sich vor Schmerzen krümmte und jämmerlich schrie. Bei der Untersuchung des Tieres, das ein Halsband mit einem unleserlichen Anhänger trug, diagnostizierte T die regelmäßig tödlich verlaufende Infektionskrankheit Leukose. Die Krankheit war bereits derart fortgeschritten, dass T aus tierärztlicher Sicht nur die Möglichkeit der Einschläferung der Katze sah. Da es ihm standesrechtlich und ethisch nicht zumutbar erschien, angesichts des erheblichen Leidens der Katze zuzuwarten, schläferte er das Tier unmittelbar nach Abschluss der Untersuchung ein. T verlangt nunmehr von der Stadt S als Fundbehörde die Übernahme der Tierarztkosten für die Behandlung und die Einschläferung der Katze i.H.v. 125 €. Zu Recht?

471 A. **Vertragliche** Ansprüche bestehen nicht.

Vertragliche Ansprüche können z.B. bestehen, wenn die Gemeinde mit einem Tierschutzverein einen „Fundtiervertrag" geschlossen hat, wonach der Verein Fundtiere auf Kosten der Gemeinde zu verwahren und zu versorgen hat.[749]

B. Auch Ansprüche kraft **spezialgesetzlicher** Regelungen sind nicht ersichtlich, insbes. begründet das TierschutzG keinen Erstattungsanspruch.

C. T könnte gegen die Stadt S einen **Aufwendungsersatzanspruch** aus **Geschäftsführung ohne Auftrag** gemäß §§ 677, 683 S. 1, 670 BGB haben.

472 I. Unmittelbar sind die §§ 677 ff. BGB nur anwendbar, wenn es sich um eine **privatrechtliche GoA** handelt. Hier könnte indes ein öffentlich-rechtliches Verhältnis vorliegen, weil T für die Stadt als Verwaltungsträger tätig geworden ist. Während für die Abgrenzung teilweise auf das Handeln des **Geschäftsführers** abgestellt wird, ist die GoA nach h.M. öffentlich-rechtlich, wenn das Geschäft, hätte es der **Geschäftsherr** selbst vorgenommen, öffentlich-rechtlicher Natur gewesen wäre.[750] Dafür spricht, dass für die Abgrenzung zwischen öffentlichem Recht und Privatrecht grds. die **Rechtsnatur des Rechtsverhältnisses** maßgebend ist, aus der

---

[748] BVerwG NJW 2020, 2487, 2487; NJW 2018, 3125, 3127; OVG NRW RÜ 2013, 393, 397; Gurlit in: Ehlers/Pünder § 35 Rn. 15; Detterbeck JuS 2019, 1191, 1196; Ossenbühl/Cornils, S. 420 m.w.N.; a.A. MünchKomm-Schäfer BGB § 677 Rn. 102: Die staatliche Kompetenz zum Verwaltungshandeln stehe einer privaten Ersatzvornahme selbst dann entgegen, wenn ein Hoheitsträger ausnahmsweise nicht tätig wird, obwohl er nach öffentlichem Recht dazu verpflichtet wäre.
[749] BVerwG NJW 2020, 2487, 2488; VG Köln, Urt. v. 17.07.2019 – 21 K 12337/16, BeckRS 2019, 17595.
[750] BVerwG NVwZ 2017, 242, 244; BGH NVwZ 2016, 870, 872; Gurlit in: Ehlers/Pünder § 35 Rn. 16; Oechsler JuS 2016, 215, 215 f.

sich der geltend gemachte Anspruch ergibt. Hier standen die Maßnahmen des T im Sachzusammenhang mit dem öffentlich-rechtlichen Vorschriften des Tierschutz- und Ordnungsrechts. Damit liegt eine öffentlich-rechtliche Rechtsbeziehung vor. Die §§ 677 ff. BGB sind daher **nicht unmittelbar** anwendbar.

Die h.M. hat zur Konsequenz, dass meist eine **ör GoA** vorliegt, wenn ein Privater **für einen Verwaltungsträger** handelt, da es in der Person des Verwaltungsträgers i.d.R. um die Wahrnehmung öffentlicher Aufgaben geht[751]

Umgekehrt soll nach der Rspr. ein hoheitliches Handeln der **Behörde** zugleich eine **privatrechtliche GoA** für eine Privatperson darstellen können (s.o. Rn. 465).[752] Dagegen spricht jedoch, dass ein und dieselbe Handlung nicht sowohl dem Privatrecht (GoA) als auch dem öffentlichen Recht (Erfüllung der hoheitlichen Aufgabe) zugeordnet werden kann. Der öffentlich-rechtliche Charakter eines Geschäfts schließt dessen privatrechtliche Wahrnehmung aus. Denn sonst könnte die Verwaltung mit Hilfe privatrechtlicher Normen öffentlich-rechtlich nicht vorgesehene Eingriffsbefugnisse und Erstattungsansprüche begründen.[753]

II. Nach **§ 970 BGB** hat der Finder einer Sache bzw. eines Tieres (§ 90 a BGB) gegenüber dem Empfangsberechtigten einen Anspruch auf Ersatz von Aufwendungen für die Verwahrung oder Erhaltung der Sache, die er den Umständen nach für erforderlich halten darf. Unabhängig davon, dass es vorliegend nicht um Erhaltungskosten, sondern um die Kosten der Einschläferung geht, richtet sich der Aufwendungsersatzanspruch nach § 970 BGB ausschließlich gegen den Empfangsberechtigten der verlorenen Sache bzw. des Tieres, d.h. gegen den Eigentümer oder einen sonstigen Berechtigten, nicht aber gegen die Gemeinde als Fundbehörde.[754]

III. Der Aufwendungsersatzanspruch des T könnte sich aus ör GoA **analog §§ 677, 683 S. 1, 670 BGB** ergeben.

   1. In Rspr. und Lit. ist grds. anerkannt, dass das Rechtsinstitut der GoA auch im öffentlichen Recht **anwendbar** ist, entweder analog §§ 677 ff. BGB oder jedenfalls als Ausdruck eines allgemeinen Rechtsgedankens.[755]   **473**

      a) Mangels spezialgesetzlicher Vorschriften über die Kostenerstattung, insbes. im TierschutzG, besteht eine **Regelungslücke**.

      b) Handelt wie hier ein Bürger für den Staat besteht auch eine mit den §§ 677 ff. BGB **vergleichbare Interessenlage** (s.o. Rn. 469), sodass die Vorschriften über die GoA grds. analog anwendbar sind.[756]   **474**

---

751 Vgl. Singer/Mielke JuS 2007, 1111, 1115 f.
752 So BGHZ 40, 28, 31; 63, 167, 169; 65, 354, 357; BGH NVwZ 2016, 870, 872; NJW 2018, 2714, 2715; einschränkend BGH NVwZ 2004, 373, 374: „Eine dienstliche Tätigkeit des Beamten kann nicht zugleich eine private Handlung desselben sein".
753 Vgl. Maurer/Waldhoff § 29 Rn. 16; Schoch Jura 1994, 241, 247; Staake JA 2004, 800, 801; differenzierend Detterbeck/Windthorst/Sproll § 21 Rn. 35 mit Fn 41 u. Rn. 63; vgl. auch die Zusammenfassung bei Linke DVBl. 2006, 148, 149 f., der selbst allerdings eine abweichende Auffassung vertritt.
754 HessVGH NJW 2018, 964; OVG MV RÜ 2011, 605, 605 f.
755 BVerwG NVwZ 2017, 242, 244; BGH NVwZ 2016, 870, 872; OVG NRW NWVBl. 2007, 437; Waldhoff JuS 2016, 1050 f.; Gurlit in: Ehlers/Pünder § 35 Rn. 10; Maurer/Waldhoff § 29 Rn. 13; Ossenbühl/Cornils, S. 416 ff.
756 BVerwG NVwZ 2004, 764, 765; HessVGH NJW 2018, 964; BayVGH NJW 2016, 106; OVG MV RÜ 2011, 605, 606; OVG RP, Urt. v. 20.11.2018 – 7 A 10624/18.OVG, BeckRS 2018, 40448; Ossenbühl/Cornils, S. 409 f.; Oechsler JuS 2016, 215; a.A. MünchKomm-Schäfer BGB § 677 Rn. 102.

> **Aufbauschema: Ansprüche aus ör GoA**
>
> 1. **Anwendbarkeit:** §§ 677 ff. BGB gelten analog bei ör GoA durch den Bürger
> 2. **Voraussetzungen**
>   a) Besorgung eines fremden Geschäfts
>   b) Fremdgeschäftsführungswille
>   c) ohne Auftrag oder sonstige Berechtigung
>   d) Interessen- und willensgemäß oder § 679 BGB analog
> 3. **Rechtsfolgen**
>   – Aufwendungsersatz analog §§ 683 S. 1, 670 BGB
>   – Herausgabe des Erlangten analog §§ 681 S. 2, 667 BGB
>   – § 280 Abs. 1 BGB analog bei Pflichtverletzung

Das Prüfungsschema folgt weitgehend dem zivilrechtlichen Aufbau gemäß §§ 677 ff. BGB (dazu AS-Skript Schuldrecht BT 3 [2021], S. 21 ff.).

2. Voraussetzungen der ör GoA

475 a) Die Behandlung und Einschläferung der Katze müsste ein **fremdes Geschäft** darstellen (§ 677 BGB analog), d.h. die Maßnahme müsste (zumindest auch) in den Aufgabenbereich der Stadt S fallen.

476 aa) Das ist der Fall, wenn die Stadt als **zuständige Fundbehörde** (§ 965 Abs. 2 BGB) verpflichtet war, die Katze in ihre Obhut zu nehmen und zu versorgen. Die Zuständigkeit als Fundbehörde erstreckt sich auf **verlorene** Sachen (§ 965 Abs. 1 BGB). Tiere sind zwar keine Sachen (§ 90a S. 1 BGB), auf sie sind aber die für Sachen geltenden Vorschriften, und damit auch die §§ 965 ff. BGB entsprechend anzuwenden, soweit – wie hier – nichts anderes bestimmt ist (§ 90a S. 3 BGB).[757] Eine Sache ist verloren, wenn sie besitzlos, aber nicht herrenlos ist.[758] Fundsachen sind daher insbes. **verloren gegangene** oder **entlaufene Tiere**, nicht dagegen solche, die vom früheren Eigentümer ausgesetzt worden sind (§ 959 BGB), oder Wildtiere (§ 960 BGB).

Vorliegend handelte es sich um eine Hauskatze. Bei Haustieren ist nach überwiegend vertretener Ansicht eine Dereliktion (§ 959 BGB) wegen Verstoßes gegen § 134 BGB i.V.m. § 3 S. 1 Nr. 3 TierSchG generell **unwirksam**.[759] Nach der Gegenansicht ist § 959 BGB zwar auch auf Tiere anwendbar, jedoch ist eine Dereliktion nur in offensichtlichen Fällen anzunehmen, d.h. wenn die Umstände des Einzelfalls eindeutig auf einen Willen zur Eigentumsaufgabe schließen lassen.[760]

---

[757] BVerwG RÜ 2018, 663, 665; OVG NRW NJW 2016, 3673; BayVGH NJW 2016, 1606.
[758] BVerwG NJW 2020, 2487, 2488; RÜ 2018, 663, 665; HessVGH NJW 2018, 964, 965; BayVGH NJW 2016, 1606; MünchKomm-Oechsler BGB § 965 Rn. 3.
[759] BVerwG RÜ 2018, 663, 666; OVG RP, Urt. v. 20.11.2018 – 7 A 10624/18.OVG, BeckRS 2018, 40448; SächsOVG NVwZ-RR 2017, 314; OVG MV NordÖR 2013, 525; Oechsler JuS 2016, 215, 216; offen gelassen von OVG NRW NJW 2016, 3673, 3674; a.A. HessVGH NJW 2018, 964, 965.

Daran fehlt es hier, da die Katze ein Halsband mit einem Anhänger trug, was dafür sprach, dass es sich um ein entlaufenes Tier und damit um eine **Fundsache** handelte.

bb) Nach § 966 Abs. 1 BGB ist allerdings primär der **Finder**, hier also T, zur Verwahrung der Sache verpflichtet. Im Umkehrschluss aus § 970 BGB ergibt sich, dass der Finder nicht nur zur Verwahrung, sondern auch zur Erhaltung der Sache verpflichtet ist, wozu erforderlichenfalls auch die tierärztliche Versorgung gehört.[761] Deshalb wird überwiegend angenommen, dass eine Verpflichtung der Fundbehörde erst **mit der Ablieferung** der Fundsache gemäß § 967 BGB entsteht.[762] Die Gegenansicht bejaht dagegen eine Verpflichtung der Fundbehörde auch schon **vor der Ablieferung**.[763] Dagegen spricht jedoch, dass es grds. Sache des Finders ist, die Fundsache zur Fundbehörde zu bringen. Eine Ausnahme hiervon kommt nur in Betracht, wenn Gründe des Tierschutzes einer Ablieferung im Sinne einer Übergabe des Fundtieres an die Fundbehörde entgegenstehen, z.B. weil es der sofortigen tierärztlichen Behandlung bedarf.[764] In diesem Fall reicht es mit Blick auf Art. 20a GG aus, dass eine **Pflicht der Fundbehörde** zur Verwahrung besteht, um das Tier vor vermeidbaren Schmerzen, Leiden oder Schäden zu schützen (vgl. §§ 1 S. 2, 17, 18 TierSchG).

477

Bei Unterbringung eines Tieres reicht es aus, die Fundbehörde über den Fund und die Hinderungsgründe für die Ablieferung unverzüglich zu unterrichten und sie dadurch in die Lage zu versetzen, über die weitere Verwahrung des Tieres zu entscheiden.[765]

T hat daher durch Behandlung und Einschläferung der Katze ein **fremdes Geschäft** für die Stadt S als Fundbehörde geführt. Auch wenn T aufgrund standesrechtlicher Vorgaben zur Behandlung des Tieres verpflichtet gewesen ist, liegt ein zumindest **auch-fremdes-Geschäft** vor, was im Rahmen des § 677 BGB ausreicht.[766]

478

Bei herrenlosen Tieren ist dagegen eine Zuständigkeit der Gemeinde als Fundbehörde nicht gegeben. Deshalb wird hier ein fremdes Geschäft abgelehnt.[767] Die Fremdheit des Geschäfts kann sich dann aber daraus ergeben, dass der Hoheitsträger aus Gründen des Tierschutzes zur Versorgung und Unterbringung eines verletzten Tieres verpflichtet ist.[768] Tierschutzbehörde ist allerdings i.d.R. der Kreis und nicht die Gemeinde.[769]

---

760 OVG Lüneburg KomJur 2012, 338, 339; VG Aachen, Urt. v. 23.01.2017 – 4 K 864/14, BeckRS 2017, 104234; Felde JA 2017, 609, 613; vgl. auch OVG MV RÜ 2011, 607, 607 f.: „Anscheins-Fundsache", im Zweifel Fundtier; a.A. HessVGH, Beschl. v. 17.05.2017 – 8 A 1064/14, BeckRS 2017, 124016: Beweislast beim Finder.
761 BVerwG RÜ 2018, 663, 667; OVG RP, Urt. v. 20.11.2018 – 7 A 10624/18.OVG, BeckRS 2018, 40448; Gursky/Wiegand in: Staudinger BGB § 966 Rn. 1.
762 BVerwG RÜ 2018, 663, 667; OVG RP, Urt. v. 20.11.2018 – 7 A 10624/18.OVG, BeckRS 2018, 40448; BayVGH NJW 2016, 1606, 1607; MünchKomm-Oechsler BGB § 966 Rn. 2.
763 Vgl. SächsOVG SächsVBl. 2013, 69, 70; OVG Lüneburg KomJur 2012, 338, 339; VG Saarlouis RdL 2013, 239 (Verwahrpflicht der Fundbehörde bei bloßem Willen zur Ablieferung); Felde JA 2017, 609, 615 (sofortige Fundanzeige reicht aus).
764 BVerwG RÜ 2018, 663, 667.
765 BVerwG RÜ 2018, 663, 667; OVG RP, Urt. v. 20.11.2018 – 7 A 10624/18.OVG, BeckRS 2018, 40448.
766 BVerwG RÜ 2018, 663, 668 f.; OVG RP, Urt. v. 20.11.2018 – 7 A 10624/18.OVG, BeckRS 2018, 40448; BayVGH NJW 2016, 1606, 1607; Gurlit in: Ehlers/Pünder § 35 Rn. 15; ausführlich zum „auch fremden"-Geschäft Thole NJW 2010, 1243 ff.
767 BVerwG NJW 2020, 2487, 2488; HessVGH NJW 2018, 964, 965: „Streunerkatzen" sind keine Fundtiere; HessVGH, Beschl. v. 17.05.2017 – 8 A 1064/14, BeckRS 2017, 124016; Stollenwerk KommJur 2010, 49, 50.
768 BVerwG NJW 2020, 2487, 2488.
769 Zum Verhältnis mehrfacher Zuständigkeiten BVerwG RÜ 2018, 663, 669.

Gegenbeispiel: Eltern, die ihr Kind mangels Kita-Platzes selbst betreuen, führen kein (auch) fremdes Geschäft für den zuständigen Träger der Jugendhilfe nach § 24 SGB VIII, sondern nehmen eine originär ihnen selbst obliegende Pflicht wahr (Art. 6 Abs. 2 S. 1 GG, § 1631 Abs. 1 BGB).[770]

479 b) Bei einem „auch-fremden-Geschäft" wird der **Fremdgeschäftsführungswille** jedenfalls dann vermutet, wenn das Geschäft seiner äußeren Erscheinung nach nicht nur dem Geschäftsführer, sondern **auch dem Geschäftsherrn** zugutekommt.[771] Da ein Tierarzt im Rahmen seiner Tätigkeit die Behandlung von Tieren regelmäßig nicht für sich selbst vornimmt, sondern für denjenigen, der zur Versorgung des Tieres verpflichtet ist, ist dies hier der Fall.

Problematisch ist der Fremdgeschäftsführungswille allerdings, wenn ein Verwaltungsträger zugleich ein Geschäft für den Bürger führt. Denn bei einem Träger öffentlicher Verwaltung ist grds. zu vermuten, dass er zur Erfüllung seiner ihm gesetzlich übertragenen Aufgaben tätig wird.[772] Das spricht dann allerdings generell gegen die Konstruktion der Rspr., ein hoheitliches Handeln könne zugleich eine (privatrechtliche) GoA für den Bürger darstellen (s.o. Rn. 472).

480 c) Der Geschäftsführer muss **ohne Auftrag oder sonstige Berechtigung** handeln (§ 677 BGB analog). Daran fehlt es z.B., wenn die Behörde aufgrund gesetzlicher Ermächtigung gehandelt hat.[773] Vorliegend war T gegenüber der Stadt S weder durch Gesetz noch aufgrund Rechtsgeschäfts oder in sonstiger Weise zur Behandlung der Katze verpflichtet.

Nach der Rspr. des BGH kann eine Geschäftsbesorgung für einen anderen auch dann vorliegen, wenn der Geschäftsführer zur Besorgung des Geschäfts einem Dritten gegenüber verpflichtet ist. Eine Inanspruchnahme des Geschäftsherrn scheidet jedoch aus, wenn die Verpflichtung auf einem mit einem Dritten wirksam geschlossenen Vertrag beruht, der Rechte und Pflichten des Geschäftsführers, insbesondere die Entgeltfrage umfassend regelt.[774]

Beispiel: Ein Tierschutzverein, der aufgrund einer vertraglichen Vereinbarung mit der zuständigen Fundbehörde verpflichtet ist, für diese Fundtiere zu verwahren und zu versorgen, hat keinen Ersatzanspruch aus ör GoA gegen den als Tierschutzbehörde zuständigen Kreis.[775]

481 d) Die Geschäftsführung ist nur dann **berechtigt**, wenn sie dem **Interesse** und dem (wirklichen oder mutmaßlichen) **Willen** der Stadt S entsprach (§§ 677, 683 BGB analog). Analog § 679 BGB ist ein entgegenstehender Wille aber unbeachtlich, wenn die Geschäftsführung im öffentlichen Interesse liegt. Dafür ist zunächst erforderlich, dass überhaupt ein **öffentliches Interesse** an der Erfüllung der Aufgabe besteht. Da dies bei öffentlichen Aufgaben zumeist der Fall ist, ist des Weiteren zu fordern, dass gerade in der konkreten Situation ein öffentliches Interesse an der Wahrnehmung **gerade durch den privaten Geschäftsführer** besteht.[776]

---

770 BGH NJW 2017, 397, 398; Schlick NJW 2017, 2509, 2510; zum Anspruch des Kindes auf Aufwendungsersatz analog § 36a Abs. 3 SGB VIII vgl. BVerwG NJW 2018, 1489, 1490 ff.
771 BVerwG NJW 2020, 2487, 2488 f.; NVwZ-RR 2018, 539, 539 f.; OVG NRW RÜ 2017, 811, 814; OVG NRW, Beschl. v. 20.01.2022 – 19 E 154/21, BeckRS 2022, 639; BGH NVwZ 2002, 511, 512; Felde JA 2017, 609, 616; kritisch Thole NJW 2010, 1243, 1245 ff.
772 Schoch Jura 1994, 241, 247; Linke NWVBl. 2007, 451, 454; Detterbeck/Windhorst/Sproll § 21 Rn. 63.
773 Maurer/Waldhoff § 29 Rn. 15; Drüen/Krumm NWVBl. 2004, 359, 366.; abweichend Linke DVBl. 2006, 154, 155 für die zivilrechtliche GoA.
774 BGH NJW-RR 2004, 81, 83; OVG RP, Urt. v. 20.11.2018 – 7 A 10624/18.OVG, BeckRS 2018, 40448; VG Köln, Urt. v. 17.07.2019 – 21 K 12337/16, BeckRS 2019, 17595.
775 VG Köln, Urt. v. 17.07.2019 – 21 K 12337/16, BeckRS 2019, 17595.
776 BVerwG NJW 2020, 2487, 2489; RÜ 2018, 663, 670; OVG MV RÜ 2011, 605, 608; OVG NRW RÜ 2013, 393, 396; RÜ 2017, 811, 815; ausführlich Oechsler JuS 2016, 215, 217; Felde JA 2017, 609, 617; Detterbeck JuS 2019, 1191, 1196.

In der Regel besteht indes **kein öffentliches Interesse** daran, dass Private in die gesetzliche Zuständigkeitsordnung eingreifen und anstelle der Behörde tätig werden. Ein öffentliches Interesse kann daher nur in **besonderen Fällen** bejaht werden. Umstritten ist, wie diese Fälle beschaffen sein müssen. **482**

aa) Teilweise wird das öffentliche Interesse nur in **echten Notfällen** bejaht, z.B. wenn eine dringende Gefahr für Leben, Gesundheit oder andere wichtige Rechtsgüter besteht und der Verwaltungsträger entweder zum Handeln außerstande ist oder pflichtwidrig nicht handelt.[777] **483**

bb) Die Rspr. stellt geringere Anforderungen. Ein öffentliches Interesse an der Geschäftsführung könne nicht nur bei einer Notlage bestehen, sondern auch dann, wenn bei Berücksichtigung aller Umstände des Einzelfalls und unter Abwägung etwaiger widerstreitender öffentlicher Belange ein Handeln des Bürgers **geboten** erscheint.[778] Dabei gelten jedoch folgende **Einschränkungen:** **484**

- Ein öffentliches Interesse gerade an der Wahrnehmung der Aufgabe durch eine Privatperson kann nur bei Maßnahmen angenommen werden, die **keine spezifisch hoheitlichen Befugnisse** voraussetzen (z.B. keine GoA bei der Wahrnehmung polizeilicher Aufgaben oder beim Erlass von Verwaltungsakten). Eine ör GoA des Bürgers für den Staat ist daher **nur bei schlichtem Verwaltungshandeln** zulässig.

- Der Bürger darf mit seiner Geschäftsführung **nicht staatliches Ermessen unterlaufen**, d.h., eine GoA kommt grds. nur in Betracht, wenn der Staat zum Einschreiten **verpflichtet** gewesen ist. Durch die Tätigkeit des Privaten dürfen behördliche Entscheidungsspielräume nicht verkürzt werden. Denn sonst würde der Verwaltungsträger vor vollendete Tatsachen gestellt, wodurch auch erhebliche finanzielle Belastungen entstünden.[779]

  Dadurch wird die GoA im **Ermessensbereich** aber nicht gänzlich ausgeschlossen. Dies gilt insbes., wenn die Behörde sich für unzuständig hält oder ein eigenes Tätigwerden ausdrücklich ablehnt. In diesen Fällen lässt es die Rspr. genügen, dass das Handeln des Bürgers aufgrund objektiver Kriterien sachgerecht erscheint.[780]

- Schließlich ist der Bürger grds. gehalten, zuvor die **Rechtsschutzmöglichkeiten** auszuschöpfen, bevor er anstelle der Behörde tätig wird. Meint der Bürger, einen Anspruch gegen die Behörde zu haben, muss er Leistungsklage erheben und ggf. um vorläufigen Rechtsschutz nachsuchen.[781]

cc) Unstreitig besteht ein öffentliches Interesse an der Erfüllung der Aufgabe durch den Privaten jedenfalls dann, wenn es sich – wie hier – um eine **Notsituation** handelt. Der Zustand der Katze ließ es nicht zu, mit der Entschei- **485**

---

[777] Habermehl Jura 1987, 199, 203 f.; Gusy JA 1979, 69, 70 f.; Maurer/Waldhoff § 29 Rn. 17.
[778] Grundlegend BVerwG NJW 1989, 922, 923; ebenso BVerwG RÜ 2018, 663, 670.
[779] BVerwG, NJW 1989, 922, 923; HessVGH, Beschl. v. 17.05.2017 – 8 A 1064/14, BeckRS 2017, 124016; OVG Lüneburg KommJur 2012, 338, 340.
[780] Vgl. BVerwG NJW 1989, 922, 923: „Eine Handlungsfreiheit, die von der Behörde nicht beansprucht wird, erscheint weniger schutzwürdig."
[781] BVerwG RÜ 2018, 663, 670; NJW 1989, 922, 923; BGH NVwZ 2004, 764, 765; OLG Koblenz, Urt. v. 16.06.2010 – 1 U 645/09, BeckRS 2011, 923; Schoch Jura 1994, 241, 246 m.w.N.

dung über die Einschläferung abzuwarten, sodass auch staatliches Ermessen nicht unterlaufen wurde.⁷⁸² Damit lagen analog § 679 BGB die Voraussetzungen einer berechtigten GoA vor.

486 3. **Rechtsfolge** ist, dass T analog §§ 677, 683 S. 1, 670 BGB einen Anspruch auf Ersatz seiner **Aufwendungen** hat. Dazu gehören alle im sachlichen Zusammenhang mit der Geschäftsführung entstandenen Auslagen. Ausnahmsweise wird hiervon auch ein Ausgleich für die aufgewendete eigene Arbeitskraft umfasst, soweit die Tätigkeit wie hier zum Beruf oder Gewerbe des Geschäftsführers gehört (Rechtsgedanke des § 1835 Abs. 3 BGB).⁷⁸³

> Ebenso kann ein Tierschutzverein nach den Grundsätzen der ör GoA einen Anspruch auf Aufwendungsersatz gegen die Tierschutzbehörde für die Kosten der Unterbringung eines verletzten Hundes haben, wenn es nach §§ 16, 16 a TierSchG deren Aufgabe gewesen wäre, den Hund in Obhut zu nehmen.⁷⁸⁴

Der Anspruch des T ist daher aus ör GoA in vollem Umfang **begründet**.

487 Der Aufwendungsersatz umfasst im Übrigen auch sog. risikotypische Begleitschäden. Da die ör GoA ein gesetzliches Schuldverhältnis begründet, kommen außerdem Ansprüche analog § 280 BGB in Betracht, die ggf. neben einen Amtshaftungsanspruch (§ 839 BGB, Art. 34 GG) treten. Bei unberechtigter GoA kann ein Schadensersatzanspruch analog § 678 BGB bestehen.⁷⁸⁵

Der Geschäftsführer ist analog §§ 681S. 2, 667 BGB verpflichtet, das aus der Geschäftsführung Erlangte herauszugeben. Teilweise bestehen hier allerdings spezialgesetzliche Ansprüche, z.B. der Anspruch des Dienstherrn gegen den Beamten auf Herausgabe von „Schmiergeldern" gemäß § 71 Abs. 2 BBG, § 42 Abs. 2 BeamtStG.⁷⁸⁶

öffentlich-rechtliche GoA

Abgrenzung zur privatrechtlichen GoA:
- Rechtsnatur des Handels des Geschäftsführers
- Rechtsnatur des fiktiven Handelns des Geschäftsherrn
- Rechtsnatur des Rechtsverhältnisses zwischen Geschäftsführer und Geschäftsherrn

Hoheitsträger für Hoheitsträger	Hoheitsträger für Privatperson	Privatperson für Hoheitsträger	Privatperson für Privatperson
■ grds. (–), Rechtsgedanke Art. 104 a GG, Zuständigkeitsverteilung vorrangig ■ ör GoA nur im Notfall (aber fremdes Geschäft [–], wenn eigene Eilfallkompetenz)	i.d.R. (–) ■ bei gesetzl. Ermächtigung nicht „ohne Auftrag" ■ i.Ü. Spezialregeln vorrangig ■ Kostenfragen unterfallen Vorbehalt des Gesetzes	§§ 677 ff. BGB analog anwendbar, aber Einschränkungen: ■ keine spezifisch hoheitl. Befugnis ■ Ermessen nicht unterlaufen ■ Rechtsschutz vorrangig	■ keine ör GoA, da Rechtsverhältnis privatrechtlich, auch wenn ör Pflichten betroffen ■ daher nur privatrechtl. GoA

---

782 Vgl. BayVGH NJW 2016, 1606, 1607; OVG Lüneburg KommJur 2012, 338, 340; OVG MV RÜ 2011, 605, 608; einschränkend SächsOVG SächsVBl. 2013, 69, 70; a.A. HessVGH NJW 2018, 964, 966 für die Kastration sog. Streunerkatzen.
783 OVG Lüneburg KommJur 2012, 338, 341; allgemein AS-Skript Schuldrecht BT 3 (2021), Rn. 57.
784 BVerwG NJW 2020, 2487 ff.
785 Maurer/Waldhoff § 29 Rn. 21.
786 Vgl. BVerwG DVBl. 2002, 1218 f.; OVG NRW NWVBl. 2009, 25; Zetzsche DÖD 2003, 225 ff.

6. Abschnitt: Der öffentlich-rechtliche Erstattungsanspruch

A. Rechtsgrundlagen

I. Spezialgesetzliche Erstattungsansprüche

Wie im Privatrecht gemäß §§ 812 ff. BGB besteht auch im Öffentlichen Recht das Bedürfnis, **rechtsgrundlose Vermögensverschiebungen** rückgängig zu machen. Teilweise bestehen **spezialgesetzliche Erstattungsansprüche**: 488

- Wichtigster Fall ist **§ 49 a Abs. 1 S. 1 VwVfG**: Sind aufgrund eines VA Leistungen erbracht worden, so sind diese zu erstatten, soweit der VA mit Wirkung für die Vergangenheit zurückgenommen oder widerrufen oder infolge Eintritts einer auflösenden Bedingung unwirksam geworden ist (s.o. Rn. 169 ff.). 489

- **Spezialgesetzliche** Regelungen finden sich außerdem in § 37 Abs. 2 AO (im Steuerrecht), § 50 SGB X (für das Sozialrecht), in § 20 BAföG (für Ausbildungsförderung) und im Gebührenrecht (z.B. § 21 Abs. 1 BGebG und entspr. Landesrecht). 490

    Beispiel: Zu Unrecht erhobene Gebühren oder an den Abschleppunternehmer gezahlte Auslagen sind zum Teil nach speziellen gebührenrechtlichen Vorschriften zu erstatten (vgl. z.B. § 77 Abs. 4 VwVG NRW i.V.m. § 21 Abs. 1 GebG NRW, § 20 Abs. 1 GebBeitrG Bln, § 20 Abs. 1 HmbGebG).[787]

- Im **Beamtenrecht** sind Zuvielleistungen und sonstige rechtsgrundlose Leistungen z.B. nach § 12 Abs. 2 BBesG (Besoldung), § 52 Abs. 2 BeamtVG (Versorgung) und § 84 a BBG (sonstige Leistungen) zu erstatten. 491

    Beachte: Das BBesG und das BeamtVG gelten grds. nur für Bundesbeamte (vgl. § 1 Abs. 1 BBesG, § 1 Abs. 1 BeamtVG). Für Landesbeamte bestehen überwiegend vergleichbare Regelungen (z.B. § 15 Abs. 2 LBesG BW, Art. 15 Abs. 2 BayBesG, § 12 Abs. 2 HBesG, § 19 Abs. 2 NBesG, § 15 Abs. 2 LBesG NRW, § 18 Abs. 2 SächsBesG). Soweit landesrechtliche Regelungen fehlen, gelten § 12 Abs. 2 BBesG a.F. und § 52 Abs. 2 BeamtVG a.F., jeweils in der bis zum 31.08.2006 geltenden Fassung auch für Landesbeamte (vgl. hierzu auch Art. 125 a Abs. 1 GG, § 85 BBesG, § 108 BeamtVG.).

II. Der allgemeine öffentlich-rechtliche Erstattungsanspruch

Soweit keine spezialgesetzlichen Regelungen bestehen, ist **gewohnheitsrechtlich anerkannt**, dass auch im öffentlichen Recht Leistungen ohne Rechtsgrund und sonstige rechtsgrundlose Vermögensverschiebungen rückgängig gemacht werden müssen. Umstritten ist jedoch, auf welcher **Grundlage** der Erstattungsanspruch beruht. Zum Teil wurde früher eine analoge Anwendung der §§ 812 ff. BGB befürwortet. Nach heute h.M. stellt der allgemeine öffentlich-rechtliche Erstattungsanspruch dagegen ein **eigenständiges Rechtsinstitut des öffentlichen Rechts** dar, das aus dem Grundsatz der Gesetzmäßigkeit der Verwaltung (Art. 20 Abs. 3 GG) resultiert.[788] Danach ist die Verwaltung verpflichtet, jede rechtswidrige Vermögensverschiebung rückgängig zu machen. 492

---

[787] Vgl. OVG NRW RÜ 2021, 593, 596.
[788] BVerwG NVwZ 2020, 959, 960; NJW 2006, 3225, 3226; BGH NVwZ 2016, 870, 872; OVG NRW RÜ 2020, 525, 526; RÜ 2020, 255, 257; NdsOVG NdsVBl. 2018, 175, 177; VGH BW NJOZ 2015, 1344, 1345; Maurer/Waldhoff § 21 Rn. 29; Ossenbühl NVwZ 1991, 513, 516; Graulich ZAP 2005, 571, 576 f.; Janzen Jura 2010, 624, 625; Kopp/Ramsauer VwVfG § 49 a Rn. 27.

493 Ebenso wie die ör GoA ist auch der allgemeine ör Erstattungsanspruch **nicht anwendbar**, wenn **spezialgesetzliche Sonderregelungen** bestehen. Dies gilt neben den o.g. spezialgesetzlichen Ausprägungen des Erstattungsanspruchs auch dann, wenn für einen Rechtsbereich eine **abschließende Regelung** besteht.[789]

- So ist der ör Erstattungsanspruch insbes. subsidiär gegenüber etwaigen **Kostenerstattungsansprüchen** im Polizeirecht (z.B. nach Ersatzvornahme).

- **§ 49 a VwVfG** erfasst nur die Fälle der rückwirkenden Aufhebung und des Eintritts einer auflösenden Bedingung. Die Vorschrift ist nicht anwendbar bei anfänglicher Nichtigkeit des Bewilligungsbescheides (§ 44 VwVfG) oder bei dessen Aufhebung im Rechtsbehelfsverfahren (Widerspruch oder Klage). In diesen Fällen ist auf den allgemeinen öffentlich-rechtlichen Erstattungsanspruch zurückzugreifen.[790]

III. Fallgruppen

494 Der ör Erstattungsanspruch kann sowohl dem **Bürger gegen den Staat** als auch dem **Staat gegen den Bürger** zustehen. In Betracht kommt der Erstattungsanspruch auch **zwischen Hoheitsträgern**,[791] allerdings bestehen hier zumeist Spezialregelungen, die den allgemeinen öffentlich-rechtlichen Erstattungsanspruch verdrängen.[792]

495 Im Verhältnis zwischen **Staat und Bürger** kann der ör Erstattungsanspruch **analog § 684 BGB** auch eingreifen, wenn die Voraussetzungen einer berechtigten GoA nicht vorliegen, weil die Geschäftsführung nicht interessen- und willensgemäß i.S.d. §§ 679, 683 S. 1 BGB war. Falls die GoA an der Wahrnehmung eines fremden Geschäftes scheitert, sind Erstattungsansprüche ausgeschlossen, da es dann bereits an einer Vermögensverschiebung fehlt. Bei **berechtigter GoA** ist der öffentlich-rechtliche Erstattungsanspruch dagegen ausgeschlossen, weil die GoA einen Rechtsgrund für die Vermögensverschiebung darstellt.[793]

Ansprüche aus öffentlich-rechtlicher GoA sind deshalb stets vor öffentlich-rechtlichen Erstattungsansprüchen zu prüfen!

496 Wie im Zivilrecht ist der Erstattungsanspruch nach h.M. nicht nur in **Leistungsfällen** denkbar, sondern auch bei **Bereicherungen in sonstiger Weise**.[794]

Beispiel: A betreibt einen Stand in der städtischen Markthalle, deren Benutzungsverhältnis öffentlich-rechtlich ausgestaltet ist. Als die Zuweisung des Verkaufsstandes nicht verlängert wird, verlangt A von der Stadt Ersatz für die Kosten einer von ihm errichteten Trennwand.[795]

---

789 BVerwG NVwZ-RR 2018, 539; VGH BW NJW 2003, 1066; Gurlit in: Ehlers/Pünder § 35 Rn. 24.
790 Gurlit in: Ehlers/Pünder § 35 Rn. 18 u. 27.
791 BSG NVwZ-RR 2014, 230, 232; OVG NRW NWVBl. 2007, 16; Ossenbühl/Cornils, S. 533.
792 Vgl. z.B. BVerwG NVwZ 2017, 56 zu Art. 104 a Abs. 2 GG; OVG NRW RÜ 2017, 736, 740 zu Art. 120 GG.
793 Ossenbühl NVwZ 1991, 513, 517; Bamberger JuS 1998, 706, 711; Singer/Mielke JuS 2007, 1111, 1116.
794 BVerwGE 71, 85, 87; BVerwG NJW 2006, 3225, 3226; NdsOVG NdsVBl 2017, 374; Gurlit in: Ehlers/Pünder § 35 Rn. 26; Ossenbühl NVwZ 1991, 513, 514 u. 519 (mit weiteren Beispielen); Ossenbühl/Cornils, S. 543.
795 OVG NRW DÖV 1971, 350.

B. Voraussetzungen und Rechtsfolgen

I. Anspruchsvoraussetzungen

Trotz der Eigenständigkeit des öffentlich-rechtlichen Erstattungsanspruchs besteht Einigkeit, dass die **Anspruchsvoraussetzungen** weitgehend dem zivilrechtlichen Bereicherungsanspruch entsprechen.[796]

497

Aufbauschema: Öffentlich-rechtlicher Erstattungsanspruch

I. **Rechtsgrundlage**
 - Spezialgesetz: § 49 a Abs. 1 VwVfG, § 12 Abs. 2 BBesG, § 37 Abs. 2 AO u.a.
 - im Übrigen: Gewohnheitsrecht, nicht §§ 812 ff. BGB analog

II. **Voraussetzungen** des allgemeinen ör Erstattungsanspruchs
 1. ör Rechtsbeziehung, i.d.R. Kehrseite des Leistungsanspruchs
 2. Etwas erlangt durch Leistung oder in sonstiger Weise
 3. ohne Rechtsgrund (insb. VA, ör Vertrag, Gesetz)

III. **Rechtsfolgen**
 - Herausgabe des erlangten Vermögenswertes, ggf. Wertersatz
 - ggf. Wegfall der Bereicherung (Rechtsgedanke des § 818 Abs. 3 BGB).

---

1. Öffentlich-rechtliche Rechtsbeziehung

Grundlegende Voraussetzung des allgemeinen ör Erstattungsanspruchs ist – in Abgrenzung zum Zivilrecht und damit den §§ 812 ff. BGB –, dass eine Vermögensverschiebung im Rahmen **öffentlich-rechtlicher Rechtsbeziehungen** erfolgt ist:

498

- Betrifft der Erstattungsanspruch eine Leistung, so ist maßgebend die **Rechtsnatur des weggefallenen bzw. hypothetischen Rechtsgrunds**. Erfolgt die Leistung öffentlich-rechtlich, so ist auch der Erstattungsanspruch ör Natur (Kehrseitentheorie).[797]

- Bei Bereicherungen in sonstiger Weise wird entweder auf die grundsätzliche Rechtsnatur der Vermögensverschiebung oder darauf abgestellt, ob die Beteiligten in einer **öffentlich-rechtlichen Beziehung** zueinander stehen.[798]

499

Probleme bereitet die Zuordnung insbesondere bei der **Rückforderung fehlgeleiteter Leistungen**. **Beispiel:** In Unkenntnis des Todes des anspruchsberechtigten Beamten B werden rechtsgrundlose Leistungen an den Erben E erbracht. Überwiegend wird auf den öffentlich-rechtlichen Zweck der Leistung abgestellt und ein öffentlich-rechtlicher Erstattungsanspruch bejaht.[799] Die Gegenansicht verweist darauf, dass zwischen dem tatsächlichen Empfänger und der Behörde keine öffentlich-rechtliche Beziehung bestehe, sodass eine zivilrechtliche Rückabwicklung nach den §§ 812 ff. BGB zu erfolgen habe.[800]

---

[796] BVerwGE 71, 85, 88; BVerwG NVwZ 2008, 1369; BSG NVwZ-RR 2014, 230, 232; OVG NRW RÜ 2020, 255, 257; Schoch Jura 1994, 82, 86; Graulich ZAP 2005, 571, 576; Maurer/Waldhoff § 29 Rn. 28.
[797] BVerwG NVwZ 2020, 959, 960.
[798] BGH NVwZ 2016, 870, 872; NdsOVG NdsVBl 2017, 374, 376; Waldhoff JuS 2016, 1050, 1051; Ossenbühl/Cornils, S. 531 f.; Kopp/Ramsauer VwVfG § 49 a Rn. 28.
[799] BVerwG DVBl. 1990, 870; OVG RP, NVwZ 1988, 1038; Schoch Jura 1994, 82, 87.
[800] BVerwG NJW 1990, 2482; BayVGH NJW 1990, 933, 934; Ossenbühl NVwZ 1991, 513, 514 u. 517.

2. Etwas erlangt

500 Der Anspruchsgegner muss etwas, d.h. einen **Vermögenswert**, durch Leistung oder in sonstiger Weise **erlangt** haben.[801] Insoweit gelten beim öffentlich-rechtlichen Erstattungsanspruch die zu §§ 812 ff. BGB entwickelten Grundsätze. Zur Bestimmung des Leistungsverhältnisses ist – wie im Zivilrecht – auf den **Zweck der Zuwendung** abzustellen. Das gilt insbes. in Mehrpersonenverhältnissen.

> **Beispiel:** Das verkehrswidrig abgestellte Fahrzeug des H ist auf Anordnung der Polizeibehörde vom Abschleppunternehmer U abgeschleppt worden. H hat bei Abholung des Fahrzeugs die Abschleppkosten an U gezahlt. Nunmehr verlangt H Erstattung von der Behörde, da er die Abschleppmaßnahme für unverhältnismäßig hält. – Wer Leistungsempfänger ist, richtet sich beim öffentlich-rechtlichen Erstattungsanspruch nach den gleichen Grundsätzen wie im Bereicherungsrecht. Hier besteht daher keine Leistungsbeziehung zwischen H und U, vielmehr erbringt H durch die Zahlung an U als Leistungsmittler rechtlich gesehen eine (öffentlich-rechtliche) Leistung an die Behörde.[802]

> Bei der **Bereicherung in sonstiger Weise** (Nichtleistungskondiktion, Aufwendungskondiktion) ist entscheidend, dass der Entreicherte Aufwendungen vorgenommen hat, die unmittelbar zu seiner **Vermögensminderung** und gleichzeitig zu einer **Vermögensmehrung** beim Begünstigten geführt haben, z.B. diesem Aufwendungen erspart hat und er von einer Verbindlichkeit befreit worden ist.[803]

3. Ohne Rechtsgrund

501 Die Vermögensverschiebung muss **ohne Rechtsgrund** erfolgt sein. Das ist vor allem der Fall, wenn die Vermögensverschiebung dem **materiellen Recht** widerspricht.

> **Beispiele:** Soweit die gemeindliche Feuerwehr kraft Gesetzes unentgeltlich tätig wird, ist der durch die Tätigkeit begründete Vermögensvorteil auch nicht durch einen öffentlich-rechtlichen Erstattungsanspruch auszugleichen.[804] Gebühren, die bei richtiger Behandlung der Sache durch die Behörde nicht entstanden wären, werden nicht erhoben (§ 13 Abs. 1 S. 3 BGebG bzw. entspr. Landesrecht), d.h. die zugrunde liegende Amtshandlung muss rechtmäßig sein.[805]

502 Allerdings kann die Vermögensverschiebung im Öffentlichen Recht unabhängig von der materiellen Gesetzeslage durch einen **VA** gerechtfertigt sein. Denn ein VA ist **Rechtsgrund**, selbst wenn die Leistung im Gesetz keine Rechtfertigung findet. Es kommt nur darauf an, ob der VA **wirksam**, also nicht nichtig ist (§ 43 Abs. 3 VwVfG); unerheblich ist seine Rechtswidrigkeit, solange er nicht aufgehoben ist (§ 43 Abs. 2 VwVfG). Ist die Leistung aufgrund eines rechtswidrigen VA gefordert oder gewährt worden, entsteht ein Erstattungsanspruch daher erst, wenn der VA seitens der Behörde (§§ 48, 49 VwVfG) oder vom Gericht (§ 113 Abs. 1 S. 1 VwGO) aufgehoben worden ist.[806]

> **Beispiel:** Die von der Behörde durch Kostenbescheid geltend gemachten Abschleppkosten hat F zunächst beglichen. Nunmehr fordert F das gezahlte Geld zurück, da die Abschleppmaßnahme und damit auch der Kostenbescheid rechtswidrig seien.

---

801 NdsOVG NdsVBl. 2017, 374, 375; OVG NRW RÜ 2017, 736, 740.
802 BGH NVwZ 2006, 964, 965; VGH BW NJW 2010, 1898, 1898 f.; OVG NRW NJW 1980, 1974; Werner JA 2000, 902, 911; vgl. auch BGH NJW 2012, 3373, 3374.
803 NdsOVG NdsVBl. 2007, 374, 376.
804 OVG NRW NWVBl. 2007, 437, 439.
805 OVG NRW RÜ 2021, 593, 597.
806 OVG BW NZI 2016, 918, 920; Maurer/Waldhoff § 29 Rn. 32; Gurlit in: Ehlers/Pünder § 35 Rn. 27; Kopp/Ramsauer VwVfG § 49 a Rn. 28; ; Schaks/Friedrich JuS 2018, 954, 955.

Ein Erstattungsanspruch besteht erst dann, wenn der Kostenbescheid von der Behörde oder durch das Gericht aufgehoben wird. Ist der Kostenbescheid unanfechtbar, scheiden Erstattungsansprüche grds. aus (vgl. z.B. ausdrücklich § 20 Abs. 1 GebBeitrG Bln, § 26 Abs. 1 BremGebBeitrG, § 20 Abs. 1 HmbGebG, § 21 Abs. 1 GebG NRW).

503 Ist der VA dagegen nach § 44 VwVfG **nichtig**, kann er keine Rechtswirkungen entfalten (§ 43 Abs. 3 VwVfG), sodass Vermögensverschiebungen ohne Rechtsgrund erfolgt sind, wenn sie der **materiellen Rechtslage widersprechen**.

II. Rechtsfolge

504 **Rechtsfolge** des Erstattungsanspruchs ist, wie beim zivilrechtlichen Bereicherungsanspruch, die **Herausgabe des Erlangten** (Rechtsgedanke des § 818 BGB).

Nach dem Rechtsgedanken des § 818 Abs. 1 BGB erstreckt sich der Anspruch daher auch auf die gezogenen Nutzungen.[807] Ist die Herausgabe wegen der Beschaffenheit des Erlangten nicht möglich, ist der Anspruch auf Wertersatz gerichtet (vgl. § 818 Abs. 2 BGB). „Ein öffentlich-rechtlicher Erstattungsanspruch besteht nur in dem Umfang, in dem es per saldo zu einem (rechtsgrundlosen) Vermögenszuwachs gekommen ist."[808] Ob damit die im Zivilrecht entwickelte Saldotheorie generell auch im Rahmen des ör Erstattungsanspruchs anzuwenden ist, ist umstritten. Die Lit. verneint dies, da der Hoheitsträger im Hinblick auf Art. 20 Abs. 3 GG nicht schutzwürdig sei.[809]

> **Fall 12: Rechtsgrundlose Bereicherung**
>
> Bauträger B ist Eigentümer einer ca. 20.000 qm großen unbebauten Fläche am Rand des Gemeindegebietes der Gemeinde G. Im Jahr 2018 schloss B mit G einen notariellen Vertrag mit folgendem Inhalt: Nach § 1 stellte G den Erlass eines Bebauungsplans mit Wohngebietsfestsetzungen für die im Eigentum des B stehenden Fläche in Aussicht, soweit dies planerisch vertretbar ist. Im Gegenzug verpflichtete sich B in § 2, die baureifen Grundstücke nach einer näher geregelten Sozialauswahl an private Bauherrn zu Wohnbauzwecken zu veräußern. Nach § 3 verpflichtete B sich außerdem, an die Gemeinde pauschal 250.000 € für Folgekosten der Bebauung zu zahlen. Im Mai 2020 wurde daraufhin der Bebauungsplan von der Gemeinde erlassen. Im August 2021 hat B zahlreiche Grundstücke verkauft und gemäß § 3 des Vertrages 250.000 € an die Gemeinde gezahlt. Im April 2022 erfährt B, dass die Folgekosten von der Gemeinde erheblich zu hoch angesetzt worden sind, tatsächlich betrugen sie lediglich 50.000 €. B hält den Vertrag deshalb für nichtig und fordert von der Gemeinde die gezahlten 250.000 € zurück. Diese beruft sich darauf, dass sie das Geld bereits für den Bau öffentlicher Einrichtungen (Schule, Kindergarten etc.) verwendet habe, die sie sonst nicht errichtet hätte. Wie ist die Rechtslage?
>
> **Hinweis:** Die gemeinderechtlichen Form- und Vertretungsregeln sind eingehalten.

505 A. Ein Anspruch des B auf Rückzahlung aus **§ 812 Abs. 1 S. 1 Fall 1 BGB** kommt nur in Betracht, wenn es sich um einen zivilrechtlichen Bereicherungsanspruch handelt. Nach der sog. **Kehrseitentheorie** teilt die Rückforderung als actus contrarius die **Rechtsnatur** der vorangegangenen Leistung. Die Leistung ist nur dann zivilrecht-

---

807 BVerwG NJW 1999, 1201, 1203; anders BVerwG NJW 1973, 1854 bei Erstattungsansprüchen gegen den Staat.
808 BVerwG DVBl. 2005, 781, 782; vgl. auch BVerwG NVwZ 2011, 690, 695.
809 Schoch JK 7/04, VwVfG § 56 I/4 gegen VGH BW VBlBW 2004, 52, 55.

lich, wenn ihr ein privatrechtliches **Rechtsverhältnis** zugrunde liegt. Dabei beurteilt sich die Rechtsnatur des hier vorliegenden Vertrages nach dem **Schwerpunkt** der Vereinbarung (s.o. Rn. 218). Dieser liegt im Hinblick auf den Erlass des Bebauungsplans durch die Gemeinde G und die Übernahme der Folgekosten durch B eindeutig auf dem öffentlichen Recht, sodass es sich um einen **öffentlich-rechtlichen Vertrag** handelt (vgl. § 11 Abs. 1 S. 2 Nr. 3 BauGB). Da die Leistung somit aufgrund eines öffentlich-rechtlichen Vertrages erbracht wurde, ist auch die Rückforderung öffentlich-rechtlich. Ein Anspruch aus § 812 Abs. 1 S. 1 Fall 1 BGB (Leistungskondiktion) scheidet damit aus.

Beachte: Bei prozessualem Aufbau hat die Abgrenzung zwischen öffentlich-rechtlichem und privatrechtlichem Vertrag bereits bei der Prüfung des Rechtswegs (§ 40 Abs. 1 S. 1 VwGO, § 13 GVG) zu erfolgen.[810]

B. Es könnte der **allgemeine öffentlich-rechtliche Erstattungsanspruch** eingreifen.

506   I. Der allgemeine öffentlich-rechtliche Erstattungsanspruch ist **gewohnheitsrechtlich** als eigenständiges Rechtsinstitut des öffentlichen Rechts anerkannt, das sich aus dem Grundsatz der Gesetzmäßigkeit der Verwaltung (Art. 20 Abs. 3 GG) ergibt,[811] sodass eine analoge Anwendung der §§ 812 ff. BGB nicht erforderlich ist. Danach ist die Verwaltung verpflichtet, jede rechtswidrige Vermögensverschiebung rückgängig zu machen.

507   II. Trotz der Eigenständigkeit des öffentlich-rechtlichen Erstattungsanspruchs besteht Einigkeit, dass die **Anspruchsvoraussetzungen** weitgehend dem zivilrechtlichen Bereicherungsanspruch entsprechen.[812]

508   1. In Abgrenzung zu den §§ 812 ff. BGB ist Voraussetzung, dass es um eine Vermögensverschiebung im Rahmen einer **öffentlich-rechtlichen Beziehung** geht. Hier betraf die Zahlung des B eine vermeintlich öffentlich-rechtliche Zahlungspflicht aufgrund des öffentlich-rechtlichen Vertrages.

509   2. Der Anspruchsgegner muss etwas, d.h. einen **Vermögenswert**, durch Leistung oder in sonstiger Weise **erlangt** haben. Insoweit gelten beim öffentlich-rechtlichen Erstattungsanspruch die zu §§ 812 ff. BGB entwickelten Grundsätze. Hier hat G durch die Zahlung der 250.000 € einen Vermögensvorteil durch Leistung des B erlangt.

510   3. Die Leistung muss **ohne Rechtsgrund** erfolgt sein. B hat die Zahlung auf der Grundlage des § 3 des mit G geschlossenen Vertrages erbracht. Der Rechtsgrund fehlt, wenn § 3 des Vertrages **unwirksam** ist.

511   a) Eine **Einigung** zwischen den Parteien ist erfolgt. Die gemeinderechtlichen Form- und Vertretungsregeln sind eingehalten.[813]

---

810   Vgl. z.B. VGH BW RÜ 2022, 123, 124 f.
811   BVerwG NJW 2006, 3225, 3226; NdsOVG NdsVBl. 2017, 374, 376; OVG NRW RÜ 2020, 255, 257; Maurer/Waldhoff § 29 Rn. 28 f.; Schoch Jura 1994, 82, 84; Ossenbühl NVwZ 1991, 513, 516; Graulich ZAP 2005, 185, 192.
812   Vgl. OVG NRW RÜ 2020, 255, 257; Gurlit in: Ehlers/Pünder § 35 Rn. 25 ff.; Schoch Jura 1994, 82, 86 m.w.N.
813   Zu den gemeindrechtlichen Vorschriften für Verpflichtungsgeschäfte (zB. § 54 GemO BW, Art. 38 Abs. 2 BayGO, § 57 BbgKVerf, § 71 HGO, §§ 38 Abs. 6, 39 Abs. 2 KV M-V, § 86 Abs. 2 NKomVG, § 64 GO NRW, § 49 GemO RP, § 62 KSVG, § 60 Sächs-GemO, § 73 KVG LSA, §§ 51 Abs. 2, 56 Abs. 2, § 64 Abs. 2 GO SH, § 31 Abs. 2 ThürKO) vgl. VGH BW RÜ 2022, 123, 125 f. und oben Rn. 236 ff.

b) Die nach § 57 VwVfG, § 11 Abs. 3 BauGB erforderliche **Schriftform** wird durch die notarielle Beurkundung ersetzt (§ 62 S. 2 VwVfG, § 126 Abs. 4 BGB). 512

c) § 3 des Vertrages ist unwirksam, wenn ein **Nichtigkeitsgrund** gemäß § 59 VwVfG vorliegt.

aa) § 1 des Vertrages könnte gemäß § 59 Abs. 1 VwVfG i.V.m. § 134 BGB nichtig sein, was nach § 59 Abs. 3 VwVfG zur Unwirksamkeit des gesamten Vertrages und damit auch der hier in Rede stehenden Regelung in § 3 des Vertrages führen könnte. Nach § 1 Abs. 3 S. 2 BauGB besteht **auf Aufstellung von Bauleitplänen kein Anspruch**; ein Anspruch kann auch nicht durch Vertrag begründet werden. Das ist hier jedoch nicht der Fall, da G sich nicht bindend zur Aufstellung des Bebauungsplans verpflichtet, sondern diesen nur **in Aussicht gestellt** hat, soweit dies planerisch vertretbar ist. 513

bb) Die Nichtigkeit könnte sich aber aus § 59 Abs. 2 Nr. 4 VwVfG ergeben. Danach ist ein subordinationsrechtlicher Austauschvertrag nichtig, wenn sich die Behörde eine nach § 56 VwVfG **unzulässige Gegenleistung** versprechen lässt (s.o. Rn. 257). Folgekostenverträge sind öffentlich-rechtliche Austauschverträge i.S.d. §§ 54 S. 2, 56 VwVfG. Insoweit konkretisiert § 11 Abs. 2 BauGB die Vorgaben des § 56 VwVfG. Danach müssen die vereinbarten Leistungen den gesamten Umständen nach **angemessen** sein.[814] 514

Die vertraglich vereinbarte Gegenleistung des B betrug das 5-fache der tatsächlich entstandenen Folgekosten. Da hierfür keine sachliche Rechtfertigung bestand, ist die Gegenleistung unangemessen hoch. Diese Unangemessenheit führt nach § 59 Abs. 2 Nr. 4 VwVfG zur Nichtigkeit der Regelung in § 3 des Vertrages, sodass die Zahlung des B **ohne Rechtsgrund** erfolgte.

III. **Rechtsfolge** des Erstattungsanspruchs ist, wie beim zivilrechtlichen Bereicherungsanspruch, die **Herausgabe des Erlangten** (Rechtsgedanke des § 818 BGB). 515

1. Die Gemeinde G könnte sich auf **Wegfall der Bereicherung** (Rechtsgedanke des § 818 Abs. 3 BGB) berufen, da sie das Geld bereits für die Errichtung öffentlicher Einrichtungen verbraucht hat, die sie sonst nicht errichtet hätte. Aufgrund der **eigenständigen Rechtsnatur** des ör Erstattungsanspruchs ist allgemein anerkannt, dass diese Frage nicht pauschal nach den §§ 818 Abs. 3 u. Abs. 4, 819 Abs. 1 BGB beurteilt werden kann. Vielmehr muss bei der Frage der Entreicherung im Öffentlichen Recht eine **Abwägung zwischen dem Vertrauensschutz** und dem **Grundsatz der Gesetzmäßigkeit der Verwaltung** (Art. 20 Abs. 3 GG) erfolgen.[815] 516

---

[814] Vgl. BVerwG RÜ 2009, 530, 532; Decker JA 2012, 286, 292; zur Wirksamkeit eines Ablösungsvertrages BVerwG NVwZ 2015, 1463: keine absolute Missbilligungsgrenze; ebenso BayVGH, Urt. v. 12.11.2018 – 15 B 17.2015, BeckRS 2018, 30635.

[815] BVerwGE 71, 85, 88 ff.; Detterbeck/Windthorst/Sproll § 25 Rn. 10.

517 a) Der **Staat** kann sich danach generell nicht auf den Wegfall der Bereicherung berufen. Denn die öffentliche Hand ist an Recht und Gesetz gebunden (Art. 20 Abs. 3 GG), wodurch sie uneingeschränkt verpflichtet wird, rechtsgrundlose Vermögensverschiebungen zu beseitigen.[816]

518 b) Beim **Bürger** ist dagegen ein Wegfall der Bereicherung nicht generell ausgeschlossen. Denn der Bürger, der im Vertrauen auf die Rechtsbeständigkeit der Leistung einen ihm gewährten Vermögensvorteil verbraucht hat, ist grds. **schutzwürdig**. Der Erstattungsanspruch entfällt daher, wenn das Vertrauen auf die Rechtsbeständigkeit der eingetretenen Vermögenslage das öffentliche Interesse an der Wiederherstellung einer dem Gesetz entsprechenden Vermögenslage überwiegt. Deshalb schadet, anders als im Rahmen von § 819 Abs. 1 BGB, nicht nur die Kenntnis von der Rechtsgrundlosigkeit, sondern das Vertrauen des Bürgers ist schon bei **grober Fahrlässigkeit** nicht schutzwürdig (Rechtsgedanke des § 49 a Abs. 2 S. 2 VwVfG, § 12 Abs. 2 S. 2 BBesG, § 52 Abs. 2 S. 2 BeamtVG).[817]

Hat der Bürger die Leistung infolge eines Bewilligungsbescheides erhalten, wird sein Vertrauen regelmäßig schon bei der vorherigen Aufhebung dieses Bescheides im Rahmen der §§ 48, 49 VwVfG berücksichtigt werden, sodass bei zulässiger Aufhebung ein Entreicherungseinwand i.d.R. entfallen dürfte.[818] Bei unionsrechtswidrigen Subventionen ist der Entreicherungseinwand i.d.R. ausgeschlossen, wenn die Beihilfe unter Verstoß gegen Art. 107, 108 AEUV gewährt worden ist.[819]

519 2. Im vorliegenden Fall handelt es sich um einen Anspruch des Bürgers **gegen den Staat**, der sich grundsätzlich nicht auf einen Wegfall der Bereicherung berufen kann.

520 Wegen der Gesetzesbindung der Verwaltung (Art. 20 Abs. 3 GG) sind auch die §§ 814 ff. BGB bzw. deren Rechtsgedanke auf den ör Erstattungsanspruch grds. nicht anwendbar. Die Gesetzesbindung der Verwaltung steht der Festschreibung rechtswidriger Zustände entgegen. Deshalb ist der Anspruch des Bürgers – abweichend von § 814 BGB – auch dann nicht ausgeschlossen, wenn die Leistung in Kenntnis der Nichtschuld erbracht wurde.[820] Ebenso ist der Anspruch auch bei sittenwidrigem Verstoß nicht generell ausgeschlossen (anders § 817 S. 2 BGB).[821] Demgegenüber dürfte die Anwendung des Rechtsgedankens des § 814 BGB **zulasten der Verwaltung** zu bejahen sein. Denn der Bürger darf darauf vertrauen, dass die Verwaltung nur solche Leistungen erbringt, die sie auch erbringen darf.[822]

Bei den spezialgesetzlichen Erstattungsvorschriften (§§ 49 a Abs. 1 VwVfG, § 12 Abs. 2 BBesG, § 52 Abs. 2 BeamtVG) gelten die §§ 814, 817 BGB dagegen unstreitig nicht. Denn die Spezialvorschriften verweisen nur für den „Umfang der Erstattung" auf die §§ 812 ff. BGB (so ausdrücklich § 49 a Abs. 2 S. 1 VwVfG). Die §§ 814, 817 BGB regeln aber nicht den Umfang der Erstattung, sondern schließen den Bereicherungsanspruch bereits dem Grunde nach aus.[823]

---

816 BVerwG DVBl. 2005, 781, 782; Maurer/Waldhoff § 29 Rn. 34; Schoch Jura 1994, 82, 88; Janzen Jura 2010, 624, 627.
817 Vgl. dazu BVerwG NVwZ-RR 2017, 576, 577; NVwZ-RR 2012, 930, 931; Gurlit in: Ehlers/Pünder § 35 Rn. 28; Ossenbühl NVwZ 1991, 513, 516; Gellermann DVBl. 2003, 481, 486.
818 Maurer/Waldhoff § 29 Rn. 35; Schoch Jura 1994, 82, 89.
819 EuGH NJW 1998, 45, 47; BVerwG NJW 1998, 3728, 2731; Sydow JuS 2005, 97, 102 m.w.N., vgl. oben Rn. 148.
820 VGH BW NVwZ 1991, 583, 587; Schoch Jura 1994, 82, 89; offengelassen von BVerwG NdsVBl. 2003, 236, 237; OVG Lüneburg NordÖR 2002, 307, 309; allgemein Janzen Jura 2010, 624, 626; zur Anwendbarkeit des § 813 Abs. 2 BGB auf den ör Erstattungsanspruch OVG NRW RÜ 2021, 593, 597.
821 BVerwG NVwZ 2003, 993, 994; VGH BW VBlBW 2004, 52, 55.
822 Gurlit in: Ehlers/Pünder § 35 Rn. 29.
823 BVerwG RÜ 2017, 728, 734.

3. Dem Rückforderungsbegehren des B könnte aber der **Grundsatz von Treu und Glauben** (§ 242 BGB analog) entgegenstehen, da die Leistung der Gemeinde (Erlass des Bebauungsplans) **nicht mehr rückgängig** gemacht werden kann.

521

a) Anerkannt ist, dass der Grundsatz von Treu und Glauben, der im Öffentlichen Recht entsprechende Anwendung findet, ausnahmsweise zu einem teilweisen oder vollständigen **Ausschluss** des öffentlich-rechtlichen Erstattungsanspruchs führen kann.[824]

b) Bei Vermögensverschiebungen aufgrund eines nichtigen öffentlich-rechtlichen Vertrages wird ein treuwidriges Verhalten allerdings nur bejaht, wenn **besondere Umstände** in der Person oder im Verhalten des Erstattungsberechtigten vorliegen.[825] Erforderlich ist, dass es sich um Umstände handelt, die über das hinausgehen, was ohnehin schon zur Nichtigkeit des Vertrages geführt hat.

Das hat die Rspr. z.B. bei Folgekostenverträgen angenommen, wenn der Leistende durch die Übernahme der Kosten keinen Nachteil erlitten hat, weil er diese Kosten vertraglich auf einen Dritten (z.B. den Grundstückserwerber) abgewälzt hat.[826]

Anhaltspunkte hierfür sind vorliegend nicht ersichtlich. Somit ist der Erstattungsanspruch des B gegen die Gemeinde G begründet.

C. Der Anspruch könnte auch als **Folgenbeseitigungsanspruch** geltend gemacht werden.

I. Zum Teil wird der **öffentlich-rechtliche Erstattungsanspruch** lediglich als **Unterfall des FBA** angesehen. Der Erstattungsanspruch sei nichts anderes als ein auf die Rückzahlung von Geld gerichteter spezieller FBA, der den allgemeinen FBA verdränge.[827] Nach h.M. können FBA und Erstattungsanspruch dagegen nebeneinander bestehen, denn beide Ansprüche unterscheiden sich in den Voraussetzungen und der Rechtsfolge, auch wenn sie vielfach auf dasselbe Ziel hinauslaufen. Der FBA ist auf die Beseitigung eines **rechtswidrigen Zustandes** gerichtet, der Erstattungsanspruch dagegen auf die Rückgängigmachung einer **rechtsgrundlosen, nicht notwendigerweise rechtswidrigen** Vermögensverschiebung. Im Übrigen scheidet der FBA aus, wenn eine Wiederherstellung nicht möglich ist (s.o. Rn. 331), wohingegen der Erstattungsanspruch bei Unmöglichkeit der Herausgabe auf Wertersatz gerichtet ist (Rechtsgedanke des § 818 Abs. 2 BGB). Der FBA ist daher **neben dem ör Erstattungsanspruch** anwendbar.[828]

522

II. Hinsichtlich der **Voraussetzungen** des FBA[829] ist hier lediglich fraglich, ob ein **hoheitlicher Eingriff** vorliegt. Bei Vermögensverschiebungen ist das nur der Fall, wenn die Behörde die Zahlung veranlasst hat bzw. ihr diese zuzurechnen ist.

523

---

824 Vgl. BVerwG RÜ 2009, 530, 533; NJW 1998, 3135; OVG Lüneburg BauR 2008, 57, 65; VGH BW NVwZ 1991, 583, 587; OVG NRW NJW 1992, 2245, 2246; Gurlit in: Ehlers/Pünder § 35 Rn. 29.
825 BVerwG DVBl. 2009, 782, 783; DVBl. 2000, 1853, 1857; NVwZ 2003, 993, 994; OVG Hamburg DVBl. 2008, 1202; OVG Lüneburg BauR 2008, 57, 64; VGH BW VBlBW 2004, 52, 54 f.; Ruffert Jura 2003, 633, 635; Ogorek JA 2003, 436, 439.
826 Vgl. BVerwG RÜ 2009, 530, 533; OVG Lüneburg BauR 2008, 57, 65 und oben Rn. 280.
827 BVerwG DÖV 1964, 712; OVG NRW DÖV 1964, 714; Morlok DV 25 (1992), S. 371, 386.
828 Ossenbühl/Cornils, S. 396 f.; Broß VerwArch 1985, 217, 224; Windthorst JuS 1996, 894, 896; im Ergebnis auch OVG NRW DAR 1980, 223; a.A. Werner JA 2000, 902, 911.
829 Vgl. dazu oben Rn. 306 ff.

Beispiel: B fordert nach Aufhebung des Abgabenbescheides Rückzahlung des gezahlten Geldbetrages. Der Annahme eines FBA steht in diesen Fällen nicht entgegen, dass der Bürger „freiwillig" gezahlt hat. Denn der FBA greift nicht nur bei zwangsweiser Vollziehung ein, sondern auch, wenn der Betroffene dem an ihn durch VA gerichteten Gebot „freiwillig" nachgekommen ist.[830] Kein FBA besteht dagegen bei bloßen Überzahlungen durch den Bürger.[831] **Beispiel:** B überweist versehentlich einen höheren Betrag als nach dem Abgabenbescheid festgesetzt.

Hier erfolgte die Zahlung **nicht auf hoheitliche Veranlassung** der Behörde, sondern allein aufgrund der unwirksamen vertraglichen Regelung. Ein FBA scheidet mangels hoheitlichen Eingriffs damit aus. B kann seinen Rückzahlungsanspruch **nur auf den öffentlich-rechtlichen Erstattungsanspruch** stützen.

C. Die Durchsetzung des ör Erstattungsanspruchs

524 ■ Da der **Erstattungsanspruch des Bürgers** gegen den Staat öffentlich-rechtlicher Natur ist, ist er durch verwaltungsgerichtliche Leistungsklage geltend zu machen (§ 40 Abs. 1 S. 1 VwGO, bei beamtenrechtlichen Streitigkeiten gilt § 126 Abs. 1 BBG bzw. § 54 Abs. 1 BeamtStG).[832]

525 ■ Ist der Erstattungsanspruch **Folge eines VA** (z.B. eines Leistungsgebotes, das der Bürger zunächst erfüllt hat) und bedarf es daher der vorherigen Aufhebung des VA, so kann der Erstattungsanspruch (auch) auf den FBA gestützt und über § 113 Abs. 1 S. 2 VwGO als **Annex zum Anfechtungsantrag** geltend gemacht werden.[833]

526 ■ Der **Staat** hat neben der **Leistungsklage** grds. auch die Möglichkeit, den Erstattungsanspruch durch VA **(Leistungsbescheid)** durchzusetzen. Das gilt jedenfalls dann, wenn die VA-Befugnis gesetzlich ausdrücklich geregelt ist (vgl. z.B. § 49 a Abs. 1 S. 2 VwVfG, § 50 Abs. 3 SGB X).

Soweit allerdings ein Handlungsformverbot wie in § 49 a Abs. 1 S. 2 VwVfG vorgeschrieben ist, muss die Verwaltung durch VA handeln, die Möglichkeit der Leistungsklage besteht dann nicht.[834]

Im Übrigen kann die Rückforderung nach h.Rspr. immer dann durch VA erfolgen, wenn die Leistung selbst durch VA gewährt worden ist (sog. **Kehrseitentheorie**).[835] Außerdem soll nach h.M. der Anspruch durch VA durchgesetzt werden können, wenn er konkret aus einem **Über-/Unterordnungsverhältnis** resultiert.[836] Anders sieht dies ein Teil der Literatur. Wegen der Titel- und Vollstreckungsfunktion des VA sei für die VA-Befugnis im Hinblick auf das Prinzip vom Vorbehalt des Gesetzes eine besondere Ermächtigung erforderlich.[837]

Unabhängig davon gilt für den ör Erstattungsanspruchs grds. die dreijährige kenntnisabhängige Verjährung analog §§ 195, 199 Abs. 1 BGB.[838]

---

830 Vgl. Kopp/Schenke VwGO § 113 Rn. 92 m.w.N.
831 Detterbeck/Windthorst/Sproll § 26 Rn. 7.
832 Vgl. z.B. VGH BW, Urt. v. 20.01.2022 – 1 S 1556/19, BeckRS 2022, 1035.
833 OVG NRW RÜ 2021, 593, 596: Beim Schein-VA Annexantrag analog § 113 Abs. 1 S. 2 VwGO zum Feststellungsantrag.
834 Gurlit in: Ehlers/Pünder § 35 Rn. 32.
835 BVerwGE 40, 85, 89; 89, 345, 350; NdsOVG NdsVBl. 2018, 175, 177; Maurer/Waldhoff § 29 Rn. 37; Kopp/Ramsauer VwVfG § 49 a Rn. 27; Manssen/Greim JuS 2010, 429, 433.
836 BVerwG NJW 2009, 2905, 2906; NVwZ-RR 2017, 1018, 1019; NdsOVG NdsVBl. 2018, 175, 177; OVG NRW, Beschl. v. 23.05.2017 – 1 A 867/17, BeckRS 2017, 110987; Maurer/Waldhoff § 10 Rn. 34.
837 Gurlit in: Ehlers/Pünder § 35 Rn. 32; im Einzelnen AS-Skript Verwaltungsrecht AT 1 (2022), Rn. 349 ff.
838 BVerwG NVwZ 2020, 959, 961; OVG NRW RÜ 2020, 255, 259 f.

4. Teil: Öffentliche Ersatzleistungen

1. Abschnitt: Das System der öffentlichen Ersatzleistungen

Während die im 4. Abschnitt behandelten Abwehr-, Beseitigungs- und Unterlassungsansprüche auf hoheitliche Maßnahmen der Verwaltung gerichtet sind, geht es bei den im Folgenden darzustellenden **öffentlichen Ersatzleistungen** um den **Ausgleich eines Vermögensnachteils in Geld**. 527

Die im 4. und 5. Abschnitt behandelten Ansprüche werden üblicherweise unter dem Begriff **„Staatshaftungsrecht"** zusammengefasst, wobei allerdings die Reichweite des Begriffs unterschiedlich verstanden wird. Nach früherem Verständnis fiel darunter nur die Haftung für hoheitliches Unrecht, während heute überwiegend von einem weiten Begriff der Staatshaftung ausgegangen wird (s.o. Rn. 290).

Das **Recht der öffentlichen Ersatzleistungen** bildet kein in sich geschlossenes Rechtsgebiet, sondern hat sich **historisch aus verschiedenen Grundgedanken** entwickelt: 528

- Haftung des Staates wegen **Pflichtverletzungen** (sog. Unrechtshaftung),
- Ersatzansprüche bei Eingriffen in das Eigentum (Art. 14 GG), insbes. **Enteignung**,
- Ersatzansprüche bei Eingriffen in nichtvermögenswerte Rechte i.S.d. Art. 2 Abs. 2 GG (insbes. Leben, körperliche Unversehrtheit, Freiheit), sog. **Aufopferung**.

Um eine einheitliche Kodifizierung des unübersichtlichen und zum Teil auf Gewohnheitsrecht beruhenden Haftungssystems zu ermöglichen, hat der Bund seit 1994 die **konkurrierende Gesetzgebungskompetenz** für die Staatshaftung (Art. 74 Abs. 1 Nr. 25 GG). Bislang hat der Bund allerdings von dieser Gesetzgebungskompetenz noch keinen Gebrauch gemacht. 529

Bereits 1982 hatte der Bund ein Staatshaftungsgesetz erlassen, das das BVerfG jedoch wegen seinerzeit fehlender Gesetzgebungskompetenz des Bundes für verfassungswidrig und nichtig erklärt hatte.[839] Nach Einführung der Gesetzgebungskompetenz in Art. 74 Abs. 1 Nr. 25 GG sah der Bund zunächst keinen Bedarf für die Schaffung eines einheitlichen Staatshaftungsgesetzes.[840] Im Koalitionsvertrag von 2013 war noch ausdrücklich vorgesehen, dass das Staatshaftungsrecht kodifiziert werden sollte.[841] Umgesetzt wurde dieser Plan jedoch nicht.

A. Haftung wegen Pflichtverletzung (sog. Unrechtshaftung)

Schadensersatzansprüche
■ **Amtshaftung** (§ 839 BGB, Art. 34 S. 1 GG)
■ ordnungsrechtliche Unrechtshaftung
■ vertragliche und vertragsähnliche Ersatzansprüche
■ **Gefährdungshaftung** (z.B. § 7 StVG, § 33 LuftVG, §§ 1, 2 HPflG)

---

839 BVerfGE 61, 149.
840 BT-Drs. 15/3952.
841 Koalitionsvertrag Deutschlands Zukunft gestalten (2013), S. 154; ebenso bereits im Koalitionsvertrag Wachstum, Bildung, Zusammenhalt (2009), S. 112.

4. Teil Öffentliche Ersatzleistungen

I. Historische Entwicklung der Amtshaftung

530 Die Grundlagen der Haftung des Staates für **Pflichtverletzungen**, also für **rechtswidriges Verhalten** (sog. Unrechtshaftung) finden sich bereits in den §§ 88, 89 des 10. Titels im Zweiten Teil des Preußischen Allgemeinen Landrechts (ALR) aus dem Jahre 1794.

> **§ 88:** Wer ein Amt übernimmt, muß auf die pflichtgemäße Führung desselben die genaueste Aufmerksamkeit wenden.

> **§ 89:** Jedes dabey begangene Versehen, welches bey gehöriger Aufmerksamkeit, und nach den Kenntnissen, die bey der Verwaltung des Amtes erfordert werden, hätte vermieden werden können und sollen, muß er vertreten.

Der **Beamte** haftete nach damaligem Verständnis für schuldhafte Pflichtverletzungen **persönlich**. Einer Haftung des Staates stand die Überlegung entgegen, dass der Staat auf rechtmäßiges Handeln beschränkt war und Pflichtverletzungen des Beamten dem Staat **nicht zugerechnet** werden konnten.

Der Landesherr (Staat) verstand sich als „Mandant" des Beamten. Unrechtmäßiges Handeln wurde als Mandatsüberschreitung angesehen, die dem Staat nicht zugerechnet wurde und vom Beamten persönlich zu verantworten war.[842] Parallelen hierzu bilden die aus anderen Rechtskreisen bekannten Rechtsfiguren der ultra-vires-Lehre oder der Unverantwortlichkeit der Krone („The King can do no wrong").

531 Diese **persönliche Haftung** ist Anfang des 20. Jahrhunderts in § 839 BGB übernommen worden und bildet auch heute noch die Grundlage der **Amtshaftung**.

> **§ 839 BGB:** (1) Verletzt ein Beamter vorsätzlich oder fahrlässig die ihm einem Dritten gegenüber obliegende Amtspflicht, so hat er dem Dritten den daraus entstehenden Schaden zu ersetzen. …

In der Folgezeit setzte sich allerdings die Auffassung durch, dass der **Staat selbst** für Pflichtverletzungen seiner Organe haften müsse (Staatshaftung i.e.S.). Dieser Gedanke wurde z.B. im Gesetz über die Haftung des Reiches für seine Beamten von 1910 sowie in einer Reihe von Landesgesetzen übernommen. Verfassungsrechtlich wurde die Haftung des Staates erstmals durch Art. 131 Weimarer Reichsverfassung (WRV) abgesichert.

> **Art. 131 WRV:** Verletzt ein Beamter in Ausübung der ihm anvertrauten öffentlichen Gewalt die ihm einem Dritten gegenüber obliegende Amtspflicht, so trifft die Verantwortlichkeit grundsätzlich den Staat oder die Körperschaft, in deren Dienste der Beamte steht.

532 Heute ist die entsprechende Regelung in **Art. 34 GG** enthalten. Konstruktiv wird dabei nach wie vor von der persönlichen Haftung des Beamten nach § 839 BGB ausgegangen. Diese Haftung wird nach Art. 34 S. 1 GG **auf den Staat übergeleitet**, der unter bestimmten Voraussetzungen beim Beamten Rückgriff nehmen kann (Art. 34 S. 2 GG).

> **Art. 34 GG:** Verletzt jemand in Ausübung eines ihm anvertrauten öffentlichen Amtes die ihm einem Dritten gegenüber obliegende Amtspflicht, so trifft die Verantwortlichkeit grundsätzlich den Staat oder die Körperschaft, in deren Dienst er steht. …

Anders als in der Bundesrepublik hatte die **DDR** durch ihr Staatshaftungsgesetz 1969 die Staatshaftung von der persönlichen Verantwortung des Amtswalters gelöst und als originäre verschuldensunabhängige **Haftung des Staates** für eigenes Unrecht geregelt. Nach Art. 9 Abs. 1 EVertr galt das StHG-DDR zunächst in den neuen Ländern als Landesrecht fort, heute in modifizierter Form nur noch in Brandenburg und Thüringen. Für die Haftung nach § 1 StHG gelten dieselben Grundsätze wie für die verschuldensunabhängige ordnungsrechtliche Haftung[843] (dazu unten Rn. 614 ff.).

---

842 Sandkühler JA 2001, 149.
843 Vgl. z.B. BGH NVwZ-RR 2021, 876; ausführlich Ossenbühl/Cornils, S. 554 ff.

II. Ordnungsrechtliche Unrechtshaftung

Neben der Amtshaftung aus § 839 BGB i.V.m. Art. 34 S. 1 GG besteht in den meisten Ländern ein Anspruch auf Entschädigung, wenn jemand durch eine rechtswidrige Maßnahme der Polizei- oder Ordnungsbehörden einen Schaden erleidet. Anders als die Amtshaftung ist die ordnungsrechtliche Haftung **verschuldensunabhängig** (s.u. Rn. 614 ff.). Es handelt sich aber nicht um einen Schadensersatzanspruch, sondern (nur) um einen **Entschädigungsanspruch**. Ersetzt werden i.d.R. nur die unmittelbaren Vermögensnachteile, mittelbare Nachteile und entgangener Gewinn nur unter bestimmten Voraussetzungen (s.u. Rn. 620).

Beispiele: G ist von der Polizei rechtswidrig in Gewahrsam genommen worden. Dem Bauherrn B wird die beantragte Baugenehmigung rechtswidrig versagt.

III. Vertragliche Haftung

Wie im Privatrecht können auch im Öffentlichen Recht neben deliktischen Ansprüchen **vertragliche Schadensersatzansprüche** bestehen. Dies gilt vor allem für öffentlich-rechtliche Verträge, wo schuldhafte Pflichtverletzungen Schadensersatzansprüche gemäß § 62 S. 2 VwVfG i.V.m. §§ 280 ff. BGB begründen können. Entsprechendes gilt für **vertragsähnliche Sonderbeziehungen**, wenn zwischen Staat und Bürger ein besondere Rechte und Pflichten begründendes Rechtsverhältnis und ein sachlicher Grund besteht, Schadensersatzansprüche analog §§ 280 ff. BGB zu gewähren (s.u. Rn. 626 ff.).

Beispiele: Das Land L kommt mit der Leistung aus einem öffentlich-rechtlichen Vertrag in Verzug (§ 62 S. 2 VwVfG). Eine von der Polizei sichergestellte Sache wird unsorgfältig verwahrt und dadurch beschädigt. Die Bewerbung des Beamten B um einen Beförderungsposten ist aufgrund fehlerhafter Auswahlentscheidung abgelehnt worden.

IV. Gefährdungshaftung

Schließlich gelten die Fälle der **Gefährdungshaftung** (z.B. § 7 StVG, § 33 LuftVG) auch für Hoheitsträger, und zwar unabhängig davon, ob sie hoheitlich oder privatrechtlich handeln.

Beispiel: Der Polizeibeamte P verursacht bei einer Einsatzfahrt schuldhaft einen Verkehrsunfall. Neben Ansprüchen aus Amtshaftung (§ 839 BGB, Art. 34 S. 1 GG) besteht die Haftung nach § 7 StVG.

Ein besonderer Fall der Gefährdungshaftung findet sich in Art. 5 Abs. 5 EMRK (Europäische Menschenrechtskonvention) für **rechtswidrige Freiheitsentziehungen**. Die EMRK gilt innerstaatlich als Bundesgesetz und gewährt in Art. 5 Abs. 5 dem Betroffenen einen **unmittelbaren verschuldensunabhängigen Schadensersatzanspruch**, wenn seine Freiheit unter Verstoß gegen Art. 5 Abs. 1 EMRK beschränkt wird („Jede Person, die unter Verletzung dieses Artikels von Festnahme oder Freiheitsentziehung betroffen ist, hat Anspruch auf Schadensersatz.").

Beispiele: Schadensersatz bei konventionsrechtswidriger Sicherungsverwahrung[844] oder rechtswidriger Abschiebehaft.[845]

---

844 BGH NJW 2014, 67; OLG Hamm NVwZ-RR 2015, 32; KG NJW-RR 2016, 346 in Folge von EGMR RÜ 2010, 97 u. RÜ 2011, 165.
845 BGH NJW 2019, 2400.; dazu Schlick NJW 2019, 2671, 2673.

B. Ersatzansprüche bei Eingriffen in das Eigentum

I. Historische Entwicklung

537 Während es bei der Unrechtshaftung um die Haftung des Staates für rechtswidriges Verhalten geht, geht es bei Enteignung und Aufopferung um Fälle, in denen der Staat im öffentlichen Interesse gezwungen ist, **rechtmäßig** in die Rechte des Einzelnen einzugreifen. Mit Blick auf das im Naturrecht verwurzelte Prinzip der Lastengleichheit aller Bürger soll der Betroffene einen Ausgleich in Form einer **Entschädigung** erhalten, wenn er ein **Sonderopfer** erbringt.

538 Die erste bedeutsame Normierung dieses Rechtsgedankens findet sich ebenfalls bereits in der **Einleitung zum Preußischen Allgemeinen Landrecht** von 1794 (EALR):

§ 74: Einzelne Rechte und Vortheile der Mitglieder des Staates muessen den Rechten und Pflichten zur Befoerderung des gemeinschaftlichen Wohls, wenn zwischen beyden ein wirklicher Widerspruch (Collision) eintritt, nachstehn.

§ 75: Dagegen ist der Staat demjenigen, welcher seine besondern Rechte und Vortheile dem Wohle des gemeinen Wesens aufzuopfern genoethigt wird, zu entschaedigen gehalten.

Diese Regelung wurde entsprechend dem Wortlaut des § 75 als **Aufopferung** bezeichnet. Da es für die Abwehr des Eingriffs damals meist keinen Rechtsschutz gab, pflegte man die dadurch herbeigeführte Rechtslage durch das Schlagwort **„dulde und liquidiere"** zu kennzeichnen.

II. Enteignung, Art. 14 Abs. 3 GG

539 Der Bau von Eisenbahnen und Straßen in der zweiten Hälfte des 19. Jahrhunderts führte dazu, dass der Staat in großem Umfang **Grundeigentum** des Bürgers benötigte und deshalb die rechtlichen Möglichkeiten schaffen musste, sich dieses notfalls auch zwangsweise zu beschaffen. Hierzu entwickelte sich als wichtigster Anwendungsfall der Aufopferung das Rechtsinstitut der **Enteignung**, das später durch **Art. 153 WRV** (Weimarer Reichsverfassung) verfassungsrechtlich abgesichert wurde. Im Grundgesetz findet sich die grundlegende Regelung des Eigentumsschutzes und der Enteignung in **Art. 14 GG**. Aufgrund der **Junktimklausel** in Art. 14 Abs. 3 S. 2 GG ist eine Enteignung nur zulässig, wenn das Gesetz zugleich Art und Ausmaß der Entschädigung regelt (s.u. Rn. 644 ff.).

III. Inhalts- und Schrankenbestimmungen, Art. 14 Abs. 1 S. 2 GG

540 Inhalts- und Schrankenbestimmungen i.S.d. Art. 14 Abs. 1 S. 2 GG sind aufgrund der Sozialpflichtigkeit des Eigentums (Art. 14 Abs. 2 GG) grds. **entschädigungslos** hinzunehmen. Erweist sich eine Eigentumsbeschränkung jedoch im Einzelfall als unzumutbar, kann es erforderlich werden, dass der Gesetzgeber die mit dem Eingriff verbundene Belastung durch eine **Geldentschädigung** abmildert, um so die Verhältnismäßigkeit der Maßnahme sicherzustellen (s.u. Rn. 652 ff.).

Beispiele hierfür sind die sog. **ausgleichspflichtigen Inhaltsbestimmungen** bei Nutzungsbeschränkungen im Natur-, Landschafts- und Denkmalschutzrecht. **Beispiel:** Durch naturschutzrechtliche Anordnungen wird die landwirtschaftliche Nutzung eines Grundstücks untersagt, was zu einer erheblichen Beschränkung des Eigentums führt.

IV. Enteignender und enteignungsgleicher Eingriff

Gewohnheitsrechtlich hat die Rspr. außerdem die Institute des **enteignungsgleichen Eingriffs** und des **enteignenden Eingriffs** entwickelt. Ihre Grundlage finden diese Ansprüche in dem allgemeinen Aufopferungsgedanken der §§ 74, 75 EALR. Sie dienen dazu, einen Ausgleich für nicht abwehrbare rechtswidrige Maßnahmen oder unvorhergesehene Nebenfolgen einer rechtmäßigen Maßnahme zu gewähren (s.u. Rn. 658 ff.).

541

Beispiele: Faktische Bausperre durch rechtswidrige Verzögerung einer Baugenehmigung, Verursachung einer Überschwemmung durch hoheitliche Planung.

C. Ersatzansprüche bei Eingriffen in nichtvermögenswerte Rechte

Während es bei den eigentumsrechtlichen Ansprüchen um Eingriffe in vermögenswerte Rechte geht, soll der **allgemeine Aufopferungsanspruch** Eingriffe in **nichtvermögenswerte Rechte** i.S.d. Art. 2 Abs. 2 GG ausgleichen, wie Leben, Gesundheit und Freiheit. Er findet seine Grundlage ebenfalls in einem auf §§ 74, 75 EALR zurückgehenden Grundsatz des Gewohnheitsrechts. Wenn schon bei Eingriffen in das Eigentum (Art. 14 Abs. 1 GG) Entschädigung zu leisten ist, muss dies erst recht für Eingriffe in die hochrangigen Rechtsgüter des Art. 2 Abs. 2 GG gelten.

542

Dieser Bereich ist heute allerdings zumeist **spezialgesetzlich** geregelt, sodass die **Bedeutung** des gewohnheitsrechtlichen Aufopferungsanspruchs **gering** ist (s.u. Rn. 710 ff.).

543

Spezialgesetzliche Regelungen gibt es z.B. Entschädigung bei infektionsschutzrechtlichen Maßnahmen (§§ 56, 65 IfSG, dazu unten Fall 15), für Impfschäden (§§ 60 ff. InfSG), Ausgleich bei rechtswidrigen Freiheitsentziehungen nach §§ 1 ff. StrEG (Strafverfolgungsentschädigungsgesetz) sowie die Entschädigung für Opfer von Gewalttaten nach §§ 1 ff. OEG (Opferentschädigungsgesetz).

Staatshaftung		
Beseitigung/ Unterlassung	**Haftung wegen Pflichtverletzung**	**Enteignung/ Aufopferung**
■ ör Abwehr- und Unterlassungsanspruch ■ (Folgen-)Beseitigungsanspruch ■ ör GoA ■ ör Erstattungsanspruch	■ Amtshaftung (§ 839 BGB, Art. 34 GG) ■ Spezialregelungen, insbes. im POR ■ vertragliche/vertragsähnliche Haftung (§ 280 BGB analog) ■ Gefährdungshaftung (z.B. § 7 StVG)	■ Enteignungsentschädigung nach SpezialG ■ ausgleichspflichtige Inhaltsbestimmung nach SpezialG ■ enteignungsgleicher/ enteignender Eingriff ■ Aufopferung i.e.S. (§§ 74, 75 EALR)

2. Abschnitt: Schadensersatzansprüche, insbes. die Amtshaftung

A. Haftungsgrundlagen

I. Amtshaftung gemäß § 839 Abs. 1 BGB i.V.m. Art. 34 S. 1 GG

544 Die Haftung des Staates für **rechtswidriges, schuldhaftes Verhalten** seiner Amtswalter richtet sich im **hoheitlichen Bereich** in erster Linie nach **§ 839 Abs. 1 S. 1 BGB i.V.m. Art. 34 S. 1 GG**. Ausgangspunkt ist hierbei die auf Schadensersatz gerichtete Norm des § 839 BGB, die eine persönliche Haftung des Beamten begründet.

> **§ 839 BGB:** (1) Verletzt ein Beamter vorsätzlich oder fahrlässig die ihm einem Dritten gegenüber obliegende Amtspflicht, so hat er dem Dritten den daraus entstehenden Schaden zu ersetzen. ...

545 **Art. 34 S. 1 GG** nimmt hierauf Bezug und ändert die sich aus § 839 BGB ergebende Rechtslage in zweierlei Hinsicht ab:

> **Art. 34 GG:** Verletzt jemand in Ausübung eines ihm anvertrauten öffentlichen Amtes die ihm einem Dritten gegenüber obliegende Amtspflicht, so trifft die Verantwortlichkeit grundsätzlich den Staat oder die Körperschaft, in deren Dienst er steht. ...

- Die Haftung besteht nicht nur für Beamte im statusrechtlichen Sinne, sondern für **jeden Amtswalter** („jemand"), der „in Ausübung eines ihm anvertrauten öffentlichen Amtes", d.h. **hoheitlich** handelt (haftungsrechtlicher Beamtenbegriff).

- Die Eigenhaftung des Beamten wird im Wege der befreienden Schuldübernahme **auf den Staat übergeleitet** („mittelbare Staatshaftung"). Schuldner ist also nicht mehr der Beamte persönlich, sondern der hinter ihm stehende **Verwaltungsträger** (Bund, Land, Gemeinde etc.). Der Staat haftet **anstelle** des Amtswalters.

> Bei Vorsatz oder grober Fahrlässigkeit kann der Staat jedoch beim Beamten **Rückgriff** nehmen (Art. 34 S. 2 GG und § 75 Abs. 1 BBG, § 48 S. 1 BeamtStG).

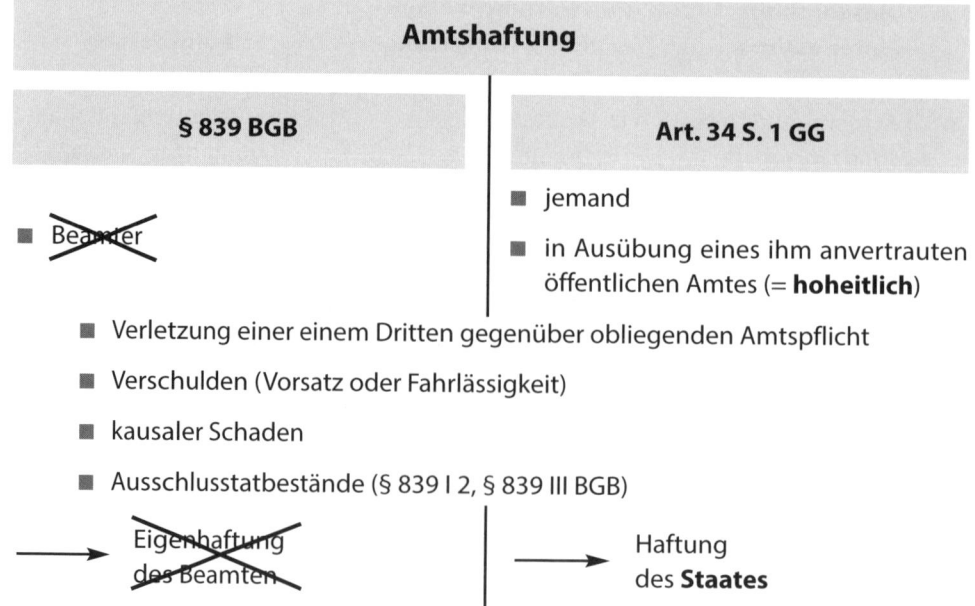

Schadensersatzansprüche, insbes. die Amtshaftung — 2. Abschnitt

Wegen dieses Verhältnisses der beiden Vorschriften **546**

- § 839 BGB als **haftungsbegründende Norm** und
- Art. 34 S. 1 GG als verfassungsrechtliche **Zurechnungsnorm**

ist es üblich, § 839 BGB und Art. 34 GG als **einheitliche Anspruchsgrundlage** zu behandeln[846] (deshalb im Folgenden: 839/34).

Eine im Vordringen befindliche Auffassung versteht Art. 34 S. 1 GG nicht nur als Zurechnungsnorm, sondern als eigentliche Anspruchsgrundlage, die durch § 839 BGB konkretisiert wird.[847] Die Zitierweise ist deshalb unterschiedlich. Die Rspr. spricht üblicherweise von einem Anspruch gemäß „§ 839 Abs. 1 S. 1 BGB i.V.m. Art. 34 S. 1 GG",[848] die Lit. teilweise von „Art. 34 S. 1 GG i.V.m. § 839 Abs. 1 S. 1 BGB".[849] Sachliche Unterschiede ergeben sich daraus nicht.

II. Verhältnis zu anderen Haftungsregeln

Haftung für rechtswidrige hoheitliche Maßnahmen

- **Spezialregelungen**, z.B. § 19 BNotO
- **§ 839 BGB, Art. 34 S. 1 GG**
    - §§ 823, 826, 831 BGB nicht anwendbar bei hoheitlicher Tätigkeit
    - § 280 BGB analog, § 7 StVG, Enteignung, Aufopferung bleiben anwendbar
- **Haftung nach POR** für rechtswidrige Maßnahmen (neben 839/34 anwendbar)

Ausnahmsweise wird die Amtshaftung durch **Spezialregelungen** verdrängt. Denn durch Art. 34 S. 1 GG wird die Eigenhaftung des Beamten im hoheitlichen Bereich nur **„grundsätzlich"** auf den Staat übergeleitet, was Ausnahmen zulässt.[850] **547**

Beispiel: § 19 BNotO begründet eine Eigenhaftung des Notars als Beliehener (§ 1 BNotO). Eine Haftung des Staates besteht nicht (§ 19 Abs. 1 S. 4 BNotO). – Voraussetzung ist allerdings stets eine Regelung durch formelles Gesetz, gemeindliche Satzungen sind nicht geeignet, die den Staat treffende Amtshaftung einzuschränken.[851]

Die Amtshaftung **verdrängt** ihrerseits im hoheitlichen Bereich sämtliche **verschuldensabhängige Deliktstatbestände**. Nicht anwendbar bei hoheitlicher Tätigkeit sind daher insbes. die §§ 823, 826, 831 BGB.[852] Bei schuldhafter Amtspflichtverletzung durch hoheitliche Maßnahmen haftet daher weder der Beamte nach § 839 BGB noch der Staat nach § 831 BGB, sondern der **Staat nach 839/34**. Die §§ 823 ff. BGB sind daher nur anwendbar, wenn der Staat privatrechtlich handelt. **548**

Bei rechtswidriger Versagung einer Baugenehmigung (hoheitliche Tätigkeit) haftet der Staat daher nach 839/34 (unten Fall 17), bei Verstoß gegen die privatrechtliche Verkehrssicherungspflicht kommen Ansprüche nach §§ 823, 831 BGB in Betracht (s.u. Rn. 560 f.).

---

846 Vgl. Voßkuhle/Krause JuS 2015, 1076; Papier/Shirvani in: MünchKomm BGB § 839 Rn. 171 ff.
847 Vgl. Jarass/Pieroth GG Art. 34 Rn. 1; Maurer/Waldhoff § 26 Rn. 8; zum Streit vgl. Hartmann/Tieben JA 2014, 401.
848 So z.B. BVerfG NVwZ 2017, 1198, 1199; BGH NVwZ 2017, 251, 252; NVwZ-RR 2017, 579, 580.
849 Maurer/Waldhoff § 26 Rn. 9; Voßkuhle/Kaiser JuS 2015, 1076; Papier/Shirvani in: Dürig/Herzog/Scholz, GG, Art. 34 Rn. 17.
850 BGHZ 9, 289, 290 f.; 62, 372, 376 f.; BGH ZfBR 2018, 43, 43 f.; NVwZ 2018, 1333, 1333 f.; Schlick NJW 2018, 2684, 2687.
851 BGHZ 61, 7, 14 f.; BGH NJW 2018, 301, 304; Schlick NJW 2018, 2684, 2689.
852 Maurer/Waldhoff § 26 Rn. 48; Schlick NJW 2015, 2703, 2708; Berkemann DVBl. 2021, 76.

549 Alle anderen Ansprüche auf **Schadensersatz** oder **Entschädigung** können dagegen **neben** 839/34 geltend gemacht werden. Nicht ausgeschlossen sind z.B. **vertragliche** Schadensersatzansprüche analog § 280 BGB, Ansprüche aus **Gefährdungshaftung** (z.B. nach § 7 StVG)[853] und Ansprüche wegen **Enteignung** oder **Aufopferung**.

Beispiel: Der Beamte B verursacht bei einer Dienstfahrt mit einem **Dienstwagen** einen Verkehrsunfall. Der Staat haftet nach § 7 StVG und – wenn der Unfall von B schuldhaft verursacht wurde – auch nach 839/34. B haftet wegen der Haftungsüberleitung gemäß Art. 34 S. 1 GG nicht persönlich, weder nach § 823 BGB noch nach § 18 StVG. Denn die Fahrerhaftung beruht auf vermutetem Verschulden. Daher wird § 18 StVG, anders als § 7 StVG, durch 839/34 verdrängt.[854] Verursacht B den Unfall bei einer Dienstfahrt mit dem **eigenen Pkw**, so haftet der Dienstherr gemäß 839/34 und B als Halter gemäß § 7 StVG.[855]

550 Ebenfalls neben dem Amtshaftungsanspruch anwendbar ist die verschuldensunabhängige Haftung des Staates für **überlange Gerichtsverfahren** nach § 198 Abs. 1 S. 1 GVG und überlange strafrechtliche Ermittlungsverfahren nach § 199 Abs. 1 GVG.[856] Danach muss der Staat den Bürger, der infolge unangemessener Dauer eines Verfahrens einen Nachteil erleidet, angemessen entschädigen. Voraussetzung ist, dass der Betroffene die Verzögerung zuvor gerügt hat (**Verzögerungsrüge**, § 198 Abs. 3 GVG).[857] Anders als der Amtshaftungsanspruch gewährt § 198 Abs. 1 S. 1 GVG **keinen vollen Schadensersatz** nach §§ 249 ff. BGB, sondern nur eine **angemessene Entschädigung**.[858] Nach § 198 Abs. 2 GVG wird grds. auch der immaterielle Schaden ersetzt, wobei die Entschädigung i.d.R. 1.200 € für jedes Jahr der Verzögerung beträgt.

Für verwaltungsgerichtliche Verfahren gilt § 198 ZPO aufgrund des Verweises in § 173 S. 2 VwGO, für das BVerfG gelten die §§ 97a ff. BVerfGG.[859]

B. Die Voraussetzungen der Amtshaftung

Aufbauschema: Amtshaftung (§ 839 Abs. 1 S. 1 BGB i.V.m. Art. 34 S. 1 GG)

A. Anwendbarkeit: kein Ausschluss durch Spezialgesetz

B. Voraussetzungen

   I. Handeln in Ausübung eines öffentlichen Amtes (= hoheitlich), Art. 34 S. 1 GG

   II. Verletzung einer einem Dritten gegenüber obliegenden Amtspflicht, § 839 Abs. 1 S. 1 BGB

   III. Verschulden (Vorsatz, Fahrlässigkeit), § 839 Abs. 1 S. 1 BGB

   IV. kein Haftungsausschluss (§ 839 Abs. 1 S. 2, § 839 Abs. 3 BGB)

C. Rechtsfolge: Ersatz des zurechenbar verursachten Schadens

---

[853] BGHZ 121, 161, 168; BGH NVwZ 2008, 238, 239; Maurer/Waldhoff § 26 Rn. 49.
[854] Vgl. BGHZ 121, 161, 167; Maurer/Waldhoff § 26 Rn. 48; Ossenbühl/Cornils, S. 117.
[855] BGH NJW 2002, 3172, 3173.
[856] Vgl. z.B. BGH NJW 2021, 859; DVBl. 2020, 341; BVerwG NVwZ 2018, 909; NJW 2016, 3464; Schlick NJW 2021, 2702, 2703.
[857] Vgl. dazu BVerfG NJW 2016, 2018, BVerfG Beschl. v. 30.05.2012 – 1 BvR 2292/11, BeckRS 2012, 55112.
[858] Vgl. Ossenbühl DVBl. 2012, 857 ff.; Steinbeiß-Winkelmann NJW 2014, 1276 ff.; Schmidt NVwZ 2015, 1710; Reiter NJW 2015, 2254 ff.; allgemein zum Rechtsschutz bei überlanger Verfahrensdauer Schenke NVwZ 2012, 257 ff.
[859] Vgl. dazu z.B. BVerfG AnwBl 2018, 422; NJW 2016, 2021; NVwZ 2013, 1479; Zuck NVwZ 2013, 779 ff.

Schadensersatzansprüche, insbes. die Amtshaftung 2. Abschnitt

I. Handeln in Ausübung eines öffentlichen Amtes

1. Wahrnehmung einer öffentlichen Aufgabe

Die Amtshaftung setzt nach Art. 34 S. 1 GG voraus, dass **jemand in Ausübung eines ihm anvertrauten öffentlichen Amtes** gehandelt hat. Sie erfasst daher nur die öffentlich-rechtliche, d.h. **hoheitliche Tätigkeit** der Verwaltung. Bei privatrechtlichem Handeln greift nicht die Amtshaftung ein, sondern es gelten ganz normal die §§ 823 ff. BGB. Entscheidend für die Abgrenzung ist nicht die Person des Handelnden, sondern seine **Funktion**, d.h. die Aufgabe, die er konkret wahrgenommen hat. Erfasst wird **jeder Amtswalter, der hoheitlich handelt (haftungsrechtlicher Beamtenbegriff)**, d.h. Beamte und Angestellte im öffentlichen Dienst, ebenso Minister, Richter, Soldaten, Beliehene etc.[860] 551

Beispiele:

- Amtshaftung nach 839/34 für Fehler eines **Notarztes**, wenn der Rettungsdienst öffentlich-rechtlich organisiert ist.[861]
- Der TÜV-Sachverständige handelt nach § 29 StVZO als **Beliehener** und damit hoheitlich.[862] Die Haftung bei Erteilung/Versagung der Prüfplakette richtet sich daher nach 839/34, verantwortlich ist der beleihende Verwaltungsträger.[863]
- Nicht vom Amtshaftungsanspruch erfasst werden **Kriegshandlungen** während des 2. Weltkrieges.[864] Nach teilweise vertretener Ansicht soll das auch für **bewaffnete Einsätze der Bundeswehr** im Ausland gelten.[865] Eine generelle Haftung würde den außen- und verteidigungspolitischen Handlungsspielraum der Bundesrepublik unangemessen beschränken und bedürfe deshalb der Entscheidung des parlamentarischen Gesetzgebers. Nach der herrschenden Gegenansicht spricht die Werteordnung des Grundgesetzes (insbes. Art. 1 Abs. 1 u. 3, Art. 20 Abs. 3 und Art. 19 Abs. 4 GG) für die Anwendbarkeit des Amtshaftungsrechts auch auf Einsätze der Bundewehr. Allerdings müssen an die Amtspflichtverletzung eines im Kampfeinsatz befindlichen Soldaten höhere Maßstäbe angelegt werden als bei einem verwaltungsmäßig handelnden Beamten.[866]

Beachte: Handelt der Beamte nicht hoheitlich, sondern **privatrechtlich**, so greift die Haftungsübernahme des Art. 34 S. 1 GG nicht ein. Eine Haftung des Staates scheidet damit aus, vielmehr haftet der **Beamte** bei privatrechtlicher Tätigkeit **persönlich**.[867] 552

Problematisch ist die Haftung, wenn der Staat Private als **Verwaltungshelfer** einschaltet (z.B. Abschleppunternehmer, Straßenbauunternehmer). Für die Einordnung kommt es hierbei nicht auf das Innenverhältnis zwischen Staat und Drittem an, sondern auf die Funktion des Dritten, d.h. auf die Aufgabe im **Außenverhältnis** zum Bürger. Insbesondere im Bereich der **Eingriffsverwaltung** muss sich der Staat das Verhalten von ihm eingeschalteter privater Dritter als hoheitliches Handeln zurechnen lassen.[868] 553

---

860 Vgl. BGH NJW 2002, 3172, 3173; BGHZ 118, 304, 305; Schlick NJW 2016, 2715, 2717; Detterbeck JuS 2019, 1191, 1192.
861 BGH NVwZ-RR 2017, 378, 379; NVwZ-RR 2019, 245; Berkemann DVBl. 2021, 76, 78; vgl. auch BGH NJW-RR 2020, 790.
862 BGH NJW 2004, 3484; DVBl. 1993, 732; BGHZ 147, 169.
863 Vgl. OLG Koblenz NJW-RR 2016, 729 und AS-Skript Verwaltungsrecht AT 1 (2022), Rn. 58; allgemein zur Haftung bei Beleihung BGH NVwZ 2018, 1333, 1334.
864 BVerfG NJW 2006, 2542; BGH NJW 2003, 3488, 3491 (keine Ansprüche wegen der Ermordung von Geiseln durch SS-Einheiten); BVerfG NJW 2004, 3257; EGMR NJW 2009, 492 (kein Anspruch italienischer Kriegsgefangener für Zwangsarbeit); allgemein Frenzel/Wiedemann NVwZ 2008, 1088 ff.; vgl. auch BVerfG EuGRZ 2013, 563.
865 BGH RÜ 2017, 128, 130; zustimmend Schlick NJW 2017, 2509, 2514; Berkemann DVBl. 2021, 76.
866 BVerfG RÜ 2021, 193, 195; ebenso OLG Köln NJ 2015, 392, 394; NJW 2005, 2860, 2862: 839/34 anwendbar, aber keine schuldhafte Amtspflichtverletzung; ebenso Ackermann NVwZ 2017, 95 f.; Schmahl NJW 2017, 128, 130; Neubert NVwZ 2021, 402, 403; Payandeh JuS 2021, 382 ff.
867 BGH NVwZ 2004, 1526, 1527 m.w.N.
868 BGH NJW 1993, 1258, 1259; NJW 1997, 2431, 2432; DVBl. 2005, 247, 248; Voßkuhle/Kaiser JuS 2015, 1076, 1078.

Beispiel: Für Fehlverhalten des Abschleppunternehmers haftet der Staat nach 839/34.[869] Für Beliehene und Verwaltungshelfer gilt aber nicht die Rückgriffsbeschränkung des Art. 34 S. 2 GG. Denn es fehlt an einem rechtfertigenden Grund, Private abweichend von den zivilrechtlichen Regeln teilweise freizustellen.[870] Ein Rückgriff ist daher auch bei leichter Fahrlässigkeit möglich.

554 Im Übrigen bejaht die h.Rspr. eine Haftung des Staates nur dann, wenn der Private weisungsabhängig ist und keinen oder nur einen begrenzten Entscheidungsspielraum hat (sog. **Werkzeugtheorie**).[871]

„Je stärker der hoheitliche Charakter der Aufgabe in den Vordergrund tritt, je enger die Verbindung zwischen den übertragenen Tätigkeiten und der von der Behörde zu erfüllenden hoheitlichen Aufgaben und je begrenzter der Entscheidungsspielraum des Unternehmers ist, desto näher liegt es, ihn als Beamten im haftungsrechtlichen Sinne anzusehen."[872]

Beispiele: Bejaht hat die Rspr. eine Haftung des Staates z.B. für den Winterdienst durch einen privaten Unternehmer[873] und für das Aufstellen von Verkehrsschildern durch ein Verkehrssicherungsunternehmen nach einem verbindlichen Verkehrszeichenplan,[874] verneint dagegen beim privaten Straßenbauunternehmer, es sei denn, der Hoheitsträger hat weitgehende Weisungsbefugnisse.[875]

555 Die Lit. hält diese Einschränkung nicht für sachgerecht. Auch das Fehlverhalten selbstständiger Dritter müsse dem Staat grds. nach Art. 34 S. 1 GG zugerechnet werden, sofern jene mit Wissen und Wollen des Staates zur Erfüllung öffentlich-rechtlicher Pflichten tätig werden. Für den Bürger mache es keinen Unterschied, ob er durch eigene Mitarbeiter des Staates oder durch Mitarbeiter eines vom Staat eingeschalteten privaten Unternehmers geschädigt werde.[876] Gegen eine solche ausschließlich **funktionsbezogene Betrachtung** spricht jedoch, dass der Staat dann bei Erfüllung öffentlich-rechtlicher Pflichten schlechter stünde als z.B. ein privater Bauherr, der für das Fehlverhalten des selbstständigen Bauunternehmers grds. nicht einzustehen hat.[877] Im Rahmen einer Gesamtbetrachtung sind vielmehr sowohl der **Charakter der wahrgenommenen Aufgabe** als auch die **Sachnähe der Tätigkeit zu dieser Aufgabe** sowie der **Grad der Einbindung** des Unternehmers in den behördlichen Pflichtenkreis zu berücksichtigen. Eine Zurechnung kann daher i.d.R. nur erfolgen, wenn der Unternehmer **keinen oder nur einen begrenzten Entscheidungsspielraum** hat.[878]

Beachte: Die Abgrenzung hat vor allem Bedeutung für die Eigenhaftung des Unternehmers. Handelt er als öffentlich-rechtlicher Verwaltungshelfer hoheitlich, so scheidet eine persönliche Haftung aus. Es haftet nur der Staat (Art. 34 S. 1 GG). Wird sein Verhalten der Behörde nicht zugerechnet, so haftet der Unternehmer selbst nach §§ 823, 831 BGB.

---

869 BGH RÜ 2014, 332, 333; NVwZ 2006, 964, 965; OLG Karlsruhe NJW-RR 2017, 986, 987; ebenso OLG Koblenz DVBl. 2011, 60 für den Abbruchunternehmer bei der Ersatzvornahme; ebenso Schlick NJW 2014, 2915; Waldhoff JuS 2015, 92.
870 BVerwG, Urt. v. 26.08.2010 – BVerwG 3 C 35.09, RÜ 2010, 738, 740; BGH DVBl. 2005, 247, 249; dazu Waldhoff JuS 2011, 191 f.; Weschpfennig DVBl. 2011, 1137, 1139; Kiefer NVwZ 2011, 1300, 1301.
871 BGH NJW 2014, 3580, 3581; NJW 2014, 2577; NJW 2006, 1121, 1123.
872 BGH RÜ 2014, 332, 333; RÜ 2019, 604, 606.
873 BGH NJW 2014, 3580; Schlick NJW 2015, 2703, 2706.
874 BGH RÜ 2019, 604, 607.
875 Vgl. einerseits OLG Hamm NVwZ-RR 1999, 223, 224; andererseits OLG Nürnberg NVwZ-RR 2010, 955, 956.
876 Papier/Shirvani in: MünchKomm BGB § 839 Rn. 138; Stelkens JZ 2004, 656, 658; Petersen Jura 2006, 411, 413; im Ergebnis auch OLG Celle NVwZ-RR 2009, 863, 864; vgl. näher AS-Skript Verwaltungsrecht AT 1 (2022), Fall 2.
877 Vgl. Stelkens JZ 2004, 656, 658 f.
878 BGH RÜ 2019, 604, 607; NJW 2014, 3580, 3581; NJW 2006, 1121, 1123; allgemein Itzel MDR 2017, 1393 ff.

2. Abgrenzung zum privatrechtlichen Handeln

Für die **Abgrenzung** des hoheitlichen Bereichs (§ 839 BGB, Art. 34 GG) zum Privatrecht (§§ 823 ff. BGB) gelten die allgemeinen Regeln:

- Hoheitliche Tätigkeit liegt unproblematisch vor, wenn die schädigende Handlung **eindeutig** auf **öffentlich-rechtlicher Rechtsgrundlage** erfolgt (insbes. bei der klassischen Eingriffsverwaltung, wie z.B. im Polizeirecht).

  556

- Im Bereich der **Leistungsverwaltung** hat die öffentliche Hand ein Wahlrecht; sie kann privatrechtlich oder öffentlich-rechtlich handeln.[879] Wenn es hier zu Schädigungen kommt, ist maßgeblich, wie der Hoheitsträger das Rechtsverhältnis konkret ausgestaltet hat.

  557

  So haftet die Stadt S für eine Pflichtverletzung des Bademeisters nach 839/34, wenn sie die Benutzung des Hallenbades öffentlich-rechtlich durch Satzung geregelt hat. Erfolgt die Benutzung aufgrund privatrechtlicher Regelungen, so haftet die Stadt nach den allgemeinen privatrechtlichen Grundsätzen (§§ 823, 89, 31 BGB bzw. § 831 BGB).[880]

- Kommt es zu Schäden durch Handlungen, die ihrer äußeren Erscheinungsform nach von jedermann vorgenommen werden können (sog. **neutrale Handlungen**), so ist auf den Zweck der Tätigkeit abzustellen. Die Handlung muss im **Funktionszusammenhang** mit der Wahrnehmung öffentlich-rechtlicher Aufgaben stehen.[881]

  558

  - Besondere Bedeutung hat hierbei die **Teilnahme am Straßenverkehr**. Diese ist jedenfalls dann hoheitlich zu qualifizieren, wenn der Amtsträger **Sonderrechte** gemäß § 35 StVO in Anspruch nimmt.[882]

    559

    Beispiele: Eine Polizeistreife verfolgt einen flüchtigen Straftäter unter Einsatz von Blaulicht und Martinshorn; ein Fahrzeug der Straßenbauverwaltung mäht den Rasen am Straßenrand (vgl. § 35 Abs. 6 StVO).[883] Kommt es zu einem Verkehrsunfall, richtet sich die Haftung des Staates nach 839/34 und nach § 7 StVG (s.o. Rn. 549).

    Im Übrigen liegt hoheitliches Handeln vor, wenn es sich um eine **Dienstfahrt** handelt, d.h. wenn zwischen dem öffentlichen Zweck der Fahrt und der schädigenden Handlung ein **innerer Zusammenhang** besteht.

    So sind z.B. Streifenfahrten der Polizei auch ohne Inanspruchnahme von Sonderrechten öffentlich-rechtlich zu qualifizieren. **Gegenbeispiel:** Die Fahrt mit einem Dienstwagen aus fiskalischen Gründen (z.B. zum Einkauf von Büromaterial) ist privatrechtlich.

  - Die Wahrnehmung von **Verkehrssicherungspflichten** durch einen Hoheitsträger ist nach der Rspr. grds. **privatrechtlich** zu beurteilen. Denn sie folgt aus dem allgemeinen, aus §§ 823 und 836 BGB abzuleitenden Rechtsgrundsatz, dass jeder, der in seinem Verantwortungsbereich eine Gefahrenquelle schafft, diejenigen zumutbaren Maßnahmen und Vorkehrungen treffen muss, die zur Abwehr der Dritten drohenden Gefahren notwendig sind. Schadensersatzansprüche wegen Verletzung der Verkehrssicherungspflicht richten sich deshalb grds. **nicht nach 839/34**, sondern nach den allgemeinen Deliktsvorschriften (§§ 823 ff. BGB).[884]

    560

---

879 Vgl. AS-Skript Verwaltungsrecht AT 1 (2022), Rn. 34.
880 BGH NJW 2018, 301, 304; Schlick NJW 2018, 2684, 2687 f.
881 BGH NJW 1992, 1227, 1228; Papier/Shirvani in: MünchKomm BGB § 839 Rn. 200; Rinne/Schlick NJW 2004, 1918.
882 BGH NJW 1991, 1171; OLG Nürnberg NVwZ 2001, 1324.
883 BGH NJW-RR 2013, 1490.

Beispiel: Die Stadt haftet für den ordnungsgemäßen Zustand eines Kinderspielplatzes nach §§ 823 ff. BGB.[885]

561 Allerdings kann **durch Gesetz** abweichend bestimmt werden, dass die Verkehrssicherungspflicht öffentlich-rechtlicher Natur ist. Derartige Vorschriften sind in fast allen Ländern für die **Straßenverkehrssicherungspflicht** erlassen worden, sodass bei deren Verletzung der Träger der Straßenbaulast nach **839/34** haftet.[886]

Beispiele: Amtshaftung für Straßenschäden[887] oder für den Zustand von Straßenbäumen.[888] Einen Unterfall der ör Straßenverkehrssicherungspflicht bildet die öffentlich-rechtliche Reinigungs- und Streupflicht.[889]

3. Handeln „in Ausübung des Amtes"

562 Liegt hoheitliches Handeln vor, muss der Handelnde nach Art. 34 S. 1 GG **„in Ausübung seines Amtes"** gehandelt haben, d.h. es muss ein **enger äußerer und innerer Zusammenhang** zwischen dem übertragenen Amt und der schädigenden Handlung bestehen. Die Schädigung darf **nicht bloß bei Gelegenheit** oder in Vorbereitung der Amtsausübung erfolgt sein (Parallele zu § 831 BGB).[890]

Beispiele: Polizist P verwahrt seine Dienstwaffe in der Privatwohnung nicht sorgfältig, wodurch sein Sohn Gelegenheit erhält, die geladene Waffe an sich zu nehmen und einen Dritten durch einen Schuss zu verletzen. Die dienstlichen Obhutspflichten beziehen sich auch auf die dienstfreie Zeit. Das Land haftet daher wegen der (Amts-)Pflichtverletzung des P nach 839/34.[891]

Gegenbeispiel: Ein Beamter, der unbefugt ein Dienstfahrzeug benutzt, wird in der Regel nicht in Ausübung eines öffentlichen Amtes tätig, sondern bei Gelegenheit. Für Verkehrsunfälle bei „Schwarzfahrten" haftet daher nicht der Staat, sondern grds. der Beamte persönlich nach §§ 823 ff. BGB.

II. Amtspflichtverletzung

563 Wesentliche Voraussetzung der Amtshaftung ist, dass der Amtswalter **die ihm einem Dritten gegenüber obliegende Amtspflicht verletzt**.

Amtspflichtverletzung
■ **Bestehen einer Amtspflicht**
■ **Drittbezogenheit der Amtspflicht**
– Drittwirkung i.S.d. Schutznormtheorie
– persönlicher Schutzbereich
– sachlicher Schutzbereich
■ **Verletzung der Amtspflicht**

---

884 BGH RÜ 2019, 604, 605; NVwZ-RR 2018, 255; Schlick NJW 2018, 2684, 2687; Berkemann DVBl. 2021, 76, 77.
885 OLG Brandenburg NVwZ 2002, 1145; OLG München NJW-RR 2007, 746; OLG Jena NJW-RR 2011, 961 f.
886 BGH NJW 2020, 3106, 3107; OLG Hamm NVwZ-RR 2021, 418; Papier/Shirvani in: MünchKomm BGB § 839 Rn. 234.
887 BGH NVwZ-RR 2011, 993; OLG Saarbrücken NJW-RR 2010, 602; OLG Oldenburg NVwZ-RR 2011, 993.
888 BGH NJW 2014, 1588.
889 Vgl. z.B. BGH NZV 2015, 72; OLG Hamm NVwZ-RR 2021, 1029; OLG Koblenz NVwZ-RR 2020, 715.
890 BGH NJW 2000, 467; Maurer/Waldhoff § 26 Rn. 15; Papier/Shirvani in: MünchKomm BGB § 839 Rn. 241 ff.; Berkemann DVBl. 2021, 76, 78.
891 BGH NJW 2000, 467; vgl. auch BGH NJW 2009, 3509.

Schadensersatzansprüche, insbes. die Amtshaftung — 2. Abschnitt

1. Begründung von Amtspflichten

564 Nach herrschendem Verständnis entstehen Amtspflichten im **Innenverhältnis** zwischen dem Amtswalter und dem Dienstherrn. Deshalb können sich Amtspflichten nicht nur aus Gesetzen ergeben, sondern **auch aus Verwaltungsvorschriften** und verwaltungsinternen **Weisungen**.[892] Amtspflicht ist daher **jede persönliche Verhaltenspflicht** des Amtsträgers in Bezug auf seine Amtsführung.

565 Nach der Gegenansicht reicht ein Verstoß gegen interne Weisungen und Verwaltungsvorschriften nicht aus.[893] Dagegen spricht jedoch der Wortlaut des Art. 34 GG und des § 839 BGB, die ausdrücklich von einer „Amtspflicht" und nicht von einer „Rechtspflicht" sprechen. Konstruktiv geht die Amtshaftung von einem Verstoß des Amtsträgers gegen seine aus dem Innenverhältnis resultierenden Amtspflichten aus. Eine Gleichsetzung von Amtspflichten und Rechtspflichten würde die Amtshaftung in eine unmittelbare Staatshaftung für rechtswidrige Maßnahmen uminterpretieren.

566 *Deshalb verbietet sich beim Amtshaftungsanspruch auch eine selbstständige Prüfung der Rechtswidrigkeit (wie sie z.B. im Rahmen der §§ 823 ff. BGB erfolgt). Entscheidend ist nicht die Rechtswidrigkeit im Außenverhältnis, sondern der Verstoß gegen die interne Amtspflicht!*

Wichtige Amtspflichten
■ Pflicht zu rechtmäßigem Verwaltungshandeln
■ Pflicht zur Vermeidung unerlaubter Handlungen
■ Pflicht zu zügigem und konsequentem Verwaltungshandeln
■ Pflicht zur Erteilung richtiger und vollständige Auskünfte

567 ■ Die wichtigste Amtspflicht ist die **Pflicht zu rechtmäßigem Verwaltungshandeln** (vgl. Art. 20 Abs. 3 GG, § 63 Abs. 1 BBG, § 36 Abs. 1 BeamtStG). Rechtswidriges Verwaltungshandeln ist damit **im Regelfall** gleichzeitig amtspflichtwidrig.[894]

Beispiele: Die Unterbringung eines Strafgefangenen in einer Gemeinschaftszelle stellt eine Amtspflichtverletzung dar, wenn die konkreten Umstände menschenunwürdig sind (z.B. bei zu geringer Fläche oder ungenügender sanitärer Ausstattung des Haftraums).[895] – Die Androhung von Folter verstößt gegen Art. 3 EMRK und gegen die Menschenwürde (Art. 1 Abs. 1 GG) und kann daher einen Amtshaftungsanspruch begründen.[896]

568 Kollidiert die **Außenrechtspflicht** mit einer internen Weisung im Einzelfall, so geht nach herrschendem Verständnis die **interne Weisung** vor. Der Beamte muss die Anordnungen seiner Vorgesetzten grds. auch dann befolgen, wenn sie rechtswidrig sind (§ 36 Abs. 2 BeamtStG, § 63 Abs. 2 BBG). Die Maßnahme ist dann zwar rechtswidrig, aber nicht amtspflichtwidrig i.S.d. § 839 BGB. **Konsequenz:** Wegen der Gesetzwidrigkeit der Weisung haftet dann die Körperschaft, deren Amtswalter die rechtswidrige Weisung erteilt hat.[897]

---

892 BGH NJW 2001, 3054; NVwZ-RR 2000, 746; Maurer/Waldhoff § 26 Rn. 16 f.; Sandkühler JA 2001, 414.
893 Papier/Shirvani in: MünchKomm BGB § 839 Rn. 244; Kellner DVBl. 2010, 799, 799 f.
894 Vgl. z.B. OLG Koblenz NVwZ-RR 2020, 268, 269; Waldhoff JuS 2020, 710, 712.
895 Vgl. BVerfG NStZ 2017, 111; NJW 2016, 389 u. 3228; BGH NJW 2013, 3176; OLG Hamm RÜ 2009, 398, 399.
896 OLG Frankfurt NJW 2013, 75, 79 (Fall Gäfgen); dazu auch EGMR NJW 2010, 3145; Peltzer ZRP 2013, 23.

Beispiel: Weist das zuständige Ministerium die Gemeinde an, im **konkreten** Einzelfall eine Baugenehmigung nicht zu erteilen, obwohl das Vorhaben genehmigungsfähig ist, haftet nicht die Gemeinde für die rechtswidrige Ablehnung der Baugenehmigung, sondern das Land für die rechtswidrige Weisung. Dagegen können **allgemeine** Erlasse für unbestimmt viele Fälle eine Haftungsverlagerung nicht bewirken.[898]

- Besondere Ausprägung der Pflicht zu rechtmäßigem Handeln ist die Pflicht, **keine unerlaubte Handlung** zu begehen: Was jedermann durch die §§ 823 ff. BGB verboten ist, ist auch Amtsträgern bei hoheitlicher Tätigkeit untersagt.

Beispiele: Rechtswidrige Eingriffe in das Eigentum, die Gesundheit, die Freiheit oder das allgemeine Persönlichkeitsrecht stellen stets eine Amtspflichtverletzung dar,[899] ebenso jede sittenwidrige Schädigung i.S.d. § 826 BGB.[900]

569
- Jeder Amtsträger muss seine Amtsgeschäfte **zügig** abwickeln (vgl. § 10 S. 2 VwVfG). Ist der Vorgang entscheidungsreif, darf die Entscheidung nicht verzögert werden.[901]

Beispiel: Die Erteilung einer Baugenehmigung darf bei Entscheidungsreife ohne förmliche Zurückstellung (§ 15 BauGB) nicht hinausgezögert werden, nur um der Gemeinde den Beschluss über eine Veränderungssperre (§ 14 BauGB) zu ermöglichen.[902] Ebenso ist eine Verzögerung unter Hinweis auf eine komplizierte privatrechtliche Lage nicht zulässig, da die Baugenehmigung unbeschadet privater Rechte Dritter ergeht.[903]

570
- Aus dem Bereich der ungeschriebenen Amtspflichten ist vor allem die Pflicht zu nennen, **Auskünfte sachgerecht**, d.h. richtig, vollständig und unmissverständlich zu erteilen, damit der Empfänger der Auskunft entsprechend disponieren kann.[904] Außerdem können sich für den Amtsträger im Einzelfall **Aufklärungs- und Beratungspflichten** ergeben (vgl. z.B. § 25 VwVfG).[905]

2. Drittbezogenheit der Amtspflicht

571 Amtspflichten der öffentlichen Amtsträger dienen in erster Linie dem Interesse an einem **geordneten Gemeinwesen**. Amtshaftungsansprüche nach § 839 BGB, Art. 34 GG können sie nur begründen, wenn sie **einem Dritten gegenüber** bestehen. Es reicht nicht aus, dass jemand infolge eines Amtspflichtverstoßes nachteilig betroffen wird. Vielmehr muss eine **besondere Beziehung** zwischen der verletzten Amtspflicht und dem geschädigten Dritten existieren.[906] Eine solche besteht nur, wenn bei der Amtshandlung „**in qualifizierter und individualisierbarer Weise auf die schutzwürdigen Interessen eines abgegrenzten Kreises Dritter Rücksicht zu nehmen**" ist (sog. neue Formel des BGH).[907]

---

897 BGH NVwZ 2020, 90, 95; RÜ 2015, 462, 465; Maurer/Waldhoff § 26 Rn. 17; Schlick NJW 2020, 2690, 2691 f.: Berkemann DVBl. 2021, 76, 78.
898 BGH NJW 2015, 1309, 1311; OLG Düsseldorf NVwZ-RR 2017, 537, 538.
899 Vgl. z.B. BGH NJW 2019, 1809 zur Haftung des Lehrers für unterlassene Erste-Hilfe-Maßnahmen im Sportunterricht; dazu Hebeler JA 2019, 638; Omlor JuS 2019, 715.
900 BGH NJW 1992, 1227, 1229.
901 BGH NJW 2007, 830, 831; Ossenbühl/Cornils, S. 51 f.
902 OLG Koblenz NVwZ-RR 2017, 19.
903 OLG Koblenz NVwZ-RR 2017, 19.
904 BGH NJW 2019, 68, 69; NVwZ 2018, 1333, 1334; Schlick NJW 2018, 2684, 2687; Berkemann DVBl. 2021, 76, 79.
905 BGH NvwZ-RR 2021, 671, 672; NJW 2019, 68, 69; Hebeler JA 2019, 558 ff.; Ossenbühl/Cornils, S. 49 f.
906 BGH NVwZ 2021, 1315, 1316; NVwZ 2017, 251, 252; NJW 2017, 397, 398; NJW 2018, 2264, 2265; Kemper DVBl. 2013, 1022 ff.
907 Vgl. BGHZ 108, 224, 227; BGH NVwZ 2017, 251, 253; NJW 2018, 2264, 2265; NVwZ 2020, 90, 92; Schlick NJW 2016, 2715, 2718; NJW 2018, 2684, 2688.

a) Drittwirkung

572 Die die Amtspflicht begründende Vorschrift darf nicht nur den Interessen der Allgemeinheit dienen, sondern muss **zumindest auch dem Schutz der Interessen des Geschädigten** zu dienen bestimmt sein. Die Vorschrift muss also – wie im Rahmen des § 42 Abs. 2 VwGO – **individualschützend** i.S.d. der sog. Schutznormtheorie sein.[908]

573 Grundsätzlich **nicht drittschützend** sind die beim **Erlass von Rechtsnormen** (Gesetzen, RechtsVOen) bestehenden Amtspflichten, da bei der Normsetzung Aufgaben nur gegenüber der Allgemeinheit, nicht aber gegenüber bestimmten Personen oder Personengruppen wahrgenommen werden.[909] Es gibt daher nach 839/34 grds. **keine Haftung für legislatives Unrecht**. Etwas anderes gilt nur bei Maßnahme- und Einzelfallgesetzen, die Belange bestimmter Einzelner besonders berühren.[910]

Nach h.Lit. können sich dagegen auch bei Gesetzen drittschützende Amtspflichten insbesondere aus den Grundrechten ergeben.[911] Der BGH verweist demgegenüber zutreffend darauf, dass nicht jeder Verstoß eines Gesetzes gegen Grundrechte einen Amtshaftungsanspruch begründen kann: „Wollte man in diesen Fällen stets wegen des Grundrechtsverstoßes auch die Drittbezogenheit der verletzten Amtspflicht bejahen, so würde das einschränkende Tatbestandserfordernis des ‚Dritten' weitgehend leer laufen. Das wäre umso weniger tragbar, als der Verstoß gegen die allgemeine Handlungsfreiheit des Art. 2 Abs. 1 GG sich gerade aus der Verletzung von Vorschriften ergeben kann, die ausschließlich im Allgemeininteresse erlassen worden sind." [912]

574 Anders verhält es sich auch bei der Aufstellung eines **Bebauungsplans**, der sich auf einen räumlich und individuell abgrenzbaren Kreis von Personen bezieht, deren private Belange bei der Bauleitplanung zu berücksichtigen sind (§ 1 Abs. 6 u. 7 BauGB). Dessen Festsetzungen können daher im Einzelfall drittschützend sein.

Beispiel: Bei der Aufstellung eines Bebauungsplans dürfen keine Altlasten überplant werden, um Gesundheitsgefahren für die Wohnbevölkerung zu verhindern (vgl. § 1 Abs. 6 Nr. 1 BauGB).[913]

b) Persönlicher Schutzbereich

575 Hat die Amtspflicht drittschützende Wirkung, muss der Geschädigte zum **geschützten Personenkreis** gehören, dessen Belange nach dem Zweck der Amtspflicht geschützt werden sollen.

576 **Beispiele:** Die Amtspflicht zu rechtmäßigem Verwaltungshandeln besteht bei Verwaltungsakten in jedem Fall gegenüber dem Adressaten (arg. e. Art. 2 Abs. 1 GG),[914] ggf. auch gegenüber Dritten (z.B. gegenüber dem Nachbarn bei der Baugenehmigung in Bezug auf nachbarschützende Vorschriften).[915]

---

908 BGH NVwZ 2020, 90, 93; NVwZ 2018, 1333, 1335; NJW 2018, 2264, 2264 f.; Schlick NJW 2020, 2690, 2692; NJW 2021, 2702, 2704; allgemein zur Schutznormtheorie AS-Skript VwGO (2021), Rn. 437 ff.
909 BGH NVwZ 2021, 1315, 1316; NJW 2013, 168, 172; BGHZ 134, 30, 32; OLG Frankfurt/M. DVBl. 2021, 133, 135; Voßkuhle/Kaiser JuS 2015, 1076, 1077; Schmitt/Werner NVwZ 2017, 21, 24; Detterbeck JuS 2019, 1191, 1193 f.; Schlick NJW 2021, 2702, 2705; Berkemann DVBl. 2021, 76, 80; kritisch Müller NVwZ 2021, 1319, 1320.
910 Zum Begriff des Maßnahme- oder Einzelfallgesetzes BGH NVwZ 2021, 1315, 1316.
911 Papier/Shirvani in: MünchKomm BGB § 839 Rn. 318; Hartmann/Jansen DVBl. 2015, 752, 756 ff.; für drittgerichtete Amtspflichten aus Grundrechten auch Maurer/Waldhoff § 26 Rn. 53.
912 Grundlegend BGH NJW 1989, 101, 102; zustimmend Ossenbühl NJW 2000, 2945, 2950; ebenso nunmehr ausführlich BGH NVwZ 2021, 1315, 1317 f.; dazu Schlick NJW 2021, 2702, 2705.
913 BGHZ 106, 323; 108, 224; 109, 380; 113, 367; BGH NZM 2021, 391, 394; Voßkuhle/Kaiser JuS 2015, 1076, 1077; ebenso OLG Saarbrücken NVwZ-RR 2018, 348, 349 beim Verstoß gegen das Rücksichtnahmegebot.
914 OLG Koblenz NVwZ-RR 2020, 268, 269.
915 Papier/Shirvani in MünchKomm BGB § 839 Rn. 303.

Die Pflicht des Staates nach § 24 Abs. 2 SGB VIII, Kinderbetreuungsplätze zur Verfügung zu stellen, besteht nicht nur gegenüber den betroffenen Kindern, sondern auch gegenüber den Eltern.[916] Denn der Anspruch aus § 24 Abs. 2 SGB VIII steht nicht unter einem Kapazitätsvorbehalt, sondern führt zu einer Gewährleistungspflicht, die den Träger der öffentlichen Jugendhilfe unabhängig von der jeweiligen finanziellen Situation der Kommunen zur Bereitstellung von Betreuungsplätzen zwingt.[917]

c) Sachlicher Schutzbereich

577 Außerdem muss die Amtspflicht den Zweck verfolgen, **gerade die geltend gemachten Nachteile** zu verhindern **(sachlicher Schutzbereich)**. Der Dritte ist nicht absolut, sondern nur relativ geschützt, d.h. **nur soweit die Schutzwirkung der Amtspflicht reicht.**[918] Denn eine Person, der gegenüber eine Amtspflicht zu erfüllen ist, ist **nicht in allen ihren Belangen** als Dritter anzusehen. Vielmehr ist jeweils die objektive Reichweite der Amtspflicht zu prüfen, d.h. ob gerade das im Einzelfall berührte Interesse nach dem Zweck und der rechtlichen Bestimmung der Norm geschützt werden soll.[919]

Beispiele: Die Amtspflicht, nach § 24 Abs. 2 SGB VIII einen Kinderbetreuungsplatz zur Verfügung zu stellen, bezweckt auch den Schutz des Vermögensinteresses der Eltern. Der Verdienstausfallschaden, den ein Elternteil infolge der Nichtbereitstellung eines Betreuungsplatzes erleidet, wird deshalb grundsätzlich vom sachlichen Schutzbereich der verletzten Amtspflicht mitumfasst.[920] – Die nach § 29 StVZO durchzuführende Kfz-Hauptuntersuchung dient dagegen ausschließlich der Sicherheit im Straßenverkehr. Ein späterer Käufer des geprüften Fahrzeugs ist nicht in seinen Vermögensinteressen geschützt.[921]

578 *Beachte: Die Rspr. versteht die Frage des sachlichen Schutzbereichs beim Amtshaftungsanspruch als* **Aspekt der Drittbezogenheit** *der Amtspflicht und damit des haftungsbegründenden Tatbestandes. Es ist allerdings auch vertretbar, diesen Punkt erst im Zusammenhang mit dem zurechenbaren Schaden (haftungsausfüllende Kausalität) zu prüfen, wie es im Rahmen des allgemeinen Deliktsrechts üblich ist. In jedem Fall ist nur der Schaden auszugleichen, der vom sachlichen Schutzbereich der Amtspflicht erfasst wird.*

3. Verletzung der Amtspflicht

579 Die **Amtspflicht** muss **verletzt** sein. In diesem Punkt erfolgt eine (Inzident-)**Prüfung** der Handlung auf ihre **Rechtmäßigkeit** nach allgemeinen verwaltungsrechtlichen Regeln, sodass die Zivilgerichte z.B. einen etwaigen Ermessens- oder Beurteilungsspielraum der Behörde zu beachten haben.

Beispiele: Die (unions-)rechtswidrige Untersagung der Sportwettenvermittlung durch die Ordnungsbehörde stellte eine Verletzung der Amtspflicht zur rechtmäßigem Verwaltungshandeln dar, war aber aufgrund der seinerzeit unklaren Rechtslage nicht schuldhaft.[922]

---

916 BGH NJW 2017, 397, 398 f.; OLG Frankfurt FamRZ 2021, 1845; OLG Brandenburg LKV 2019, 273; Schlick NJW 2017, 2509, 2513; Berkemann DVBl. 2021, 76, 81; Hausleiter/Schramm NJW-Spezial 2021, 612; zum vergleichbaren Anspruch gemäß § 24 Abs. 3 SGB VIII OVG Lüneburg NZFam 2022, 43; vgl. allgemein Detterbeck JuS 2019, 1191, 1197.
917 BVerwG NJW 2018, 1489, 1492; OVG Schleswig, Beschl. v. 09.08.2019 – 3 MB 20/19, BeckRS 2019, 18295.
918 Grundlegend BGHZ 60, 112, 116; Ossenbühl/Cornils, S. 71.
919 St. Rspr. vgl. BGH NVwZ-RR 2021, 317, 318; NVwZ 2020, 90, 92; NJW 2018, 2264, 2266; NVwZ 2017, 251, 253; zusammenfassend Schlick NJW 2020, 2690, 2693; NJW 2021, 2702, 2705.
920 BGH NJW 2017, 397, 400; KommJur 2016, 475, 379; OLG Braunschweig NVwZ-RR 2018, 310, 311; Waldhoff JuS 2017, 1043, 1044; a.A. OLG Dresden KommJur 2015, 396, 400.
921 BGH NJW 2004, 3484; OLG Koblenz NJW-RR 2016, 729, 730; vgl. aber BGH NJW 2018, 2264, 2266 zu den Amtspflichten der Kfz-Zulassungsstelle, die auch den Vermögensinteressen des Halters dienen.
922 BGH RÜ 2015, 462, 465; RÜ 2013, 52, 56; dazu Pagenkopf NVwZ 2015, 1264 ff.

Das Zivilgericht ist hierbei nach h.M. **nicht an die Bestandskraft** eines die Amtspflichtverletzung begründenden VA gebunden. Aus § 839 Abs. 3 BGB folgt, dass die Unanfechtbarkeit den Amtshaftungsanspruch nicht per se, sondern nur dann ausschließt, wenn Rechtsmittel schuldhaft nicht erhoben wurden. Die Zivilgerichte müssen daher die Rechtmäßigkeit des VA ohne Rücksicht auf seine Bestandskraft überprüfen.[923]

580

Die Gegenansicht meint, dass nach Eintritt der Bestandskraft die Frage der Rechtmäßigkeit des VA nicht mehr aufgeworfen werden dürfe. Der bestandskräftige VA binde daher auch die Zivilgerichte im Amtshaftungsprozess.[924] Dagegen spricht jedoch die Regelung des § 839 Abs. 3 BGB.

Etwas anderes gilt nur, wenn der VA durch ein **rechtskräftiges verwaltungsgerichtliches Urteil** bestätigt oder aufgehoben wurde. Denn aufgrund der Rechtskraftwirkung (§ 121 VwGO) ist die Frage der Rechtmäßigkeit/Rechtswidrigkeit des VA durch das Urteil des Verwaltungsgerichts zwischen den Beteiligten endgültig geklärt.[925] In diesem Rahmen folgt die Bindung der Zivilgerichte aus der grundsätzlichen **Gleichwertigkeit** der Gerichtszweige. Die Bindungswirkung erfasst in persönlicher Hinsicht die **Beteiligten** des verwaltungsgerichtlichen Verfahrens, also auch den/die Beigeladenen (§ 63 Nr. 3 VwGO), und ihre Rechtsnachfolger (§ 121 Nr. 1 VwGO) und ist sachlich auf dessen **Streitgegenstand** beschränkt.[926]

581

III. Verschulden

Die Amtspflichtverletzung muss vorsätzlich oder fahrlässig i.S.d. § 276 BGB erfolgt sein, also schuldhaft. **Vorsätzlich** handelt der Amtswalter, wenn er zumindest billigend in Kauf nimmt, gegen eine Amtspflicht zu verstoßen.[927] **Fahrlässig** handelt, wer bei Anwendung eines **objektiven Sorgfaltsmaßstabs** sein Verhalten als amtspflichtwidrig hätte erkennen können. Dabei muss jeder Beamte grds. die für sein Amt erforderlichen Rechts- und Verwaltungskenntnisse haben oder sich verschaffen.[928]

582

Beachte: Im Rahmen von 839/34 findet eine Verschuldenszurechnung gemäß § 278 BGB nicht statt und auch eine Haftung für Verrichtungsgehilfen nach § 831 BGB ist im Rahmen des Amtshaftungsanspruchs nicht gegeben. Werden private Dritte eingeschaltet, so hängt die Haftung der öffentlichen Hand aus 839/34 davon ab, ob diese als öffentlich-rechtliche **Verwaltungshelfer** *eingeordnet werden können (s.o. Rn. 553).*

Die Unterscheidung zwischen Vorsatz und Fahrlässigkeit ist nur im Hinblick auf die **Subsidiaritätsklausel** des § 839 Abs. 1 S. 2 BGB von Bedeutung, denn nur bei fahrlässiger Amtspflichtverletzung muss sich der Geschädigte eine anderweitige Ersatzmöglichkeit entgegenhalten lassen. Dabei ist die Unterscheidung aber nur mit Blick auf die **Amtspflichtverletzung** relevant. Das Verschulden braucht sich dagegen nicht auf den schädigenden Erfolg beziehen.[929]

583

---

923 BGH NVwZ 2003, 1409; Maurer/Waldhoff § 26 Rn. 51 Klement Jura 2010, 867, 872 f.; Niedzwicki JuS 2015, 134, 135.
924 Stuttmann NJW 2003, 1432 ff.; zusammenfassend Beaucamp DVBl. 2004, 352 ff.
925 BGH NVwZ-RR 2021, 66, 67; NVwZ 2020, 90, 90 f.; Schlick NJW 2020, 2690, 2694; Berkemann DVBl. 2021, 76, 80.
926 BGH NVwZ-RR 2021, 640: Keine Bindung gegenüber Personen, die an dem verwaltungsgerichtlichen Verfahren nicht beteiligt waren.
927 BGH DVBl. 1996, 1129; NJW 1993, 1529, 1530; NVwZ 1992, 911, 912.
928 BGH NVwZ-RR 2021, 66, 67; Papier/Shirvani in: MünchKomm BGB § 839 Rn. 346; Schlick NJW 2020, 2690, 2693; Berkemann DVBl. 2021, 76, 82.
929 BGHZ 135, 354, 362; OLG Saarbrücken NVwZ-RR 2018, 348, 350; Papier/Shirvani in: MünchKomm BGB § 839 Rn. 344 m.w.N.

Beispiel: Entgegen den ihm bekannten Dienstvorschriften reinigte der Polizeibeamte P seine Pistole im Aufenthaltsraum. Ohne Verschulden des P löste sich ein Schuss und verletzte A. Die Amtspflichtverletzung liegt darin, dass P den Dienstvorschriften, die er kannte, vorsätzlich zuwidergehandelt hat. Unerheblich ist, dass P weder den Schuss noch die Verletzung des A, für sich betrachtet, verschuldet hat.[930]

584 Ein Beamter handelt in der Regel dann **nicht schuldhaft**, wenn ein Kollegialgericht sein Verhalten später als rechtmäßig beurteilt (sog. **Kollegialgerichts-Richtlinie**). Denn von einem einzelnen Beamten können grds. keine besseren Rechtskenntnisse verlangt werden als von einem mit mehreren Richtern besetzten Gericht.[931] Hierbei handelt es sich jedoch nur um eine **Regel**, von der die Rspr. in neuerer Zeit vermehrt **Ausnahmen** macht.

So ist das Verschulden trotz Billigung durch ein Kollegialgericht nicht ausgeschlossen, wenn das Gericht von einem unrichtigen oder unvollständigen Sachverhalt ausgegangen ist oder wesentliche Gesichtspunkte nicht berücksichtigt hat,[932] wenn das Gericht sein Ergebnis auf gänzlich andere, vom Amtswalter gar nicht in Betracht gezogene Gründe stellt[933] oder wenn die Prüfungskompetenz des Gerichts eingeschränkt war (z.B. bei Eilentscheidungen).[934]

IV. Haftungsausschlüsse

Haftungsausschlüsse
■ **Subsidiaritätsklausel, § 839 Abs. 1 S. 2 BGB** (Verweisungsprivileg)
■ **Richterprivileg, § 839 Abs. 2 BGB**
■ **Vorrang des Primärrechtsschutzes, § 839 Abs. 3 BGB** (kein Dulde und Liquidiere)

1. Subsidiaritätsklausel, § 839 Abs. 1 S. 2 BGB

585 **a)** Ist die Amtspflichtverletzung **fahrlässig** begangen, so besteht ein Amtshaftungsanspruch nur dann, wenn der Verletzte nicht auf andere Weise Ersatz zu erlangen vermag (§ 839 Abs. 1 S. 2 BGB; **Subsidiaritätsklausel**, Verweisungsprivileg).

Beispiel: Aufgrund einer (rechtswidrigen) Baugenehmigung hat Bauherr B mit den Bauarbeiten begonnen. Während der Bauarbeiten nimmt die Baubehörde die Baugenehmigung nach § 48 VwVfG zurück. Der Amtshaftungsanspruch des B nach 839/34 ist gemäß § 839 Abs. 1 S. 2 VwVfG ausgeschlossen, soweit der Bauherr auch seinen Architekten wegen eines Planungsfehlers haftbar machen kann.

Beachte: In der Fallbearbeitung muss an dieser Stelle **inzident** geprüft werden, ob **Ansprüche des Geschädigten gegen Dritte** bestehen (z.B. Ansprüche gegen einen Mitschädiger oder dessen Versicherung).

Allerdings muss die Ausnutzung der anderweitigen Ersatzmöglichkeit dem Geschädigten **zumutbar** sein. Er muss sich daher nicht auf Ersatzansprüche verweisen lassen, die nicht oder zumindest nicht in absehbarer Zeit durchsetzbar sind. Auch unsichere oder im Ergebnis zweifelhafte Möglichkeiten des Vorgehens gegen Dritte braucht er nicht einzuschlagen.[935]

---

930 Vgl. OVG RP NVwZ-RR 2005, 556 f.
931 BGH NVwZ-RR 2021, 298, 299; NVwZ-RR 2021, 66, 67; Schlick NJW 2020, 2690, 2693 f.; NJW 2021, 2702, 2706; Berkemann DVBl. 2021, 76, 82.
932 BGH NVwZ-RR 2021, 671, 673; NJW 2019, 68, 71.
933 BGH NJW 1989, 96, 98 f.
934 BGHZ 117, 240, 250; 143, 362, 372; BGH NVwZ-RR 2021, 66, 67; Schlick NJW 2020, 2690, 2694.
935 BGH NVwZ-RR 2021, 620, 623; ZfBR 2018, 43, 45; Schlick NJW 2018, 2684, 2689; NJW 2021, 2702, 2707.

b) Sinn und **Zweck** des § 839 Abs. 1 S. 2 BGB war es ursprünglich, als allein die Norm des § 839 BGB mit der Eigenhaftung des Beamten existierte, die Entscheidungsfreudigkeit des Beamten zu fördern und ihn vor einer übermäßigen Haftung zu schützen. Zwar gilt die Haftungsbeschränkung auch heute noch im Rahmen der Haftung des Staates nach Art. 34 S. 1 GG,[936] das Verweisungsprivileg ist aber im Wege der **teleologischen Reduktion** nur anwendbar, wenn nach Sinn und Zweck der anderweitigen Ersatzmöglichkeit **auch der Staat** von der Haftung freigestellt werden soll.

586

- § 839 Abs. 1 S. 2 BGB ist deshalb nicht anwendbar bei der **allgemeinen Teilnahme am Straßenverkehr**, da alle Verkehrsteilnehmer haftungsrechtlich gleichbehandelt werden sollen.

587

  Beispiel: Auf einer Streifenfahrt verursacht der Polizist P fahrlässig einen Verkehrsunfall, an dem auch die Fahrzeughalter A und B beteiligt sind. A hat gegen B (bzw. B gegen A) zwar einen Anspruch aus § 7 StVG. Dieser Anspruch schließt jedoch Amtshaftungsansprüche gegen das Land nicht aus.[937]

  Gegenbeispiel: Der Unfall mit A und B ereignete sich, als P einen flüchtigen Straftäter mit Blaulicht und Martinshorn verfolgte. Hier gelangt § 839 Abs. 1 S. 2 BGB zur Anwendung, da der Amtsträger Sonderrechte nach § 35 StVO in Anspruch nimmt, die dem normalen Verkehrsteilnehmer nicht zustehen. Daher rechtfertigt sich die Subsidiarität gerade aus der hoheitlichen Tätigkeit.[938]

- § 839 Abs. 1 S. 2 BGB gilt auch nicht bei der Verletzung der **Straßenverkehrssicherungspflicht** (s.o. Rn. 561). Da die Verkehrssicherungspflicht im öffentlichen Recht und im Privatrecht inhaltlich übereinstimmt, bei § 823 BGB aber kein Verweisungsprivileg besteht, gilt auch hier der Gedanke der haftungsrechtlichen Gleichbehandlung.[939]

588

  Beispiel: Verursachen die Kfz-Halter A und B einen Unfall, weil die Gemeinde G ihrer Streupflicht nicht nachgekommen ist, haftet G sowohl A als auch B aus 839/34, obwohl A und B jeweils Ansprüche aus § 7 StVG gegen den anderen Unfallbeteiligten zustehen. § 839 Abs. 1 S. 2 BGB ist hier nur anwendbar, wenn im Rahmen der Verkehrssicherungspflicht ör Sonderrechte wahrgenommen werden (z.B. § 35 Abs. 6 StVO bei Reinigungs- und Unterhaltungsarbeiten an der Straße).[940]

- Ferner fallen **Versicherungsleistungen** nicht unter § 839 Abs. 1 S. 2 BGB, die der Geschädigte durch **eigene Leistung** verdient hat und bei denen es unbillig wäre, wenn diese Eigenleistungen zu einer Haftungsbefreiung des Staates führen würden.

589

  Keine anderweitige Ersatzmöglichkeit sind daher Leistungen mit sozialer Schutzfunktion, wie z.B. Ansprüche nach dem EntgeltfortzahlungsG. Das Gleiche gilt für Ansprüche aus Lebens-, Kranken-, Unfall- und Rechtsschutzversicherungen sowie für die Kaskoversicherung für Kfz-Schäden.[941]

- Keine anderweitige Ersatzmöglichkeit sind außerdem **Ansprüche gegen einen anderen Hoheitsträge**r (wirtschaftliche Einheit der öffentlichen Hand).[942]

590

2. Richterspruchprivileg § 839 Abs. 2 BGB

Da Art. 34 S. 1 GG jede Ausübung eines öffentlichen Amtes erfasst, kann auch richterliches Handeln einen Amtshaftungsanspruch auslösen (s.o. Rn. 551). Für **Judikativun-**

591

---

936 BGH NJW 1993, 1647, 1647; Schlick NJW 2008, 127, 132.
937 Vgl. BGH NJW 1991, 1171, 1172; Papier/Shirvani in: MünchKomm BGB § 839 Rn. 371; Maurer/Waldhoff § 26 Rn. 31.
938 Vgl. BGH NJW 1997, 2109, 2110; Ossenbühl/Cornils, S. 83.
939 BGH NJW 2020, 3106, 3108; Schlick NJW 2020, 2690, 2694; a.A. Papier/Shirvani in: MünchKomm BGB § 839 Rn. 374.
940 BGH NJW 1991, 1171, 1172; Maurer/Waldhoff § 26 Rn. 31; Berkemann DVBl. 2021, 76, 84.
941 BGHZ 79, 35, 36 f. (Krankenversicherung); 85, 225, 230 (Kaskoversicherung); BGH NJW 1983, 2191, 2192 (Unfallversicherung), BGH NJW 2018, 2264, 2266 f. (Rechtsschutzversicherung); anders BGHZ 91, 48, 54 für die Haftpflichtversicherung.
942 BGH NVwZ 2018, 1333, 1336; NJW-RR 2013, 217, 221; Schlick NJW 2013, 3349, 3353; NJW 2018, 2684, 2689.

recht besteht nach § 839 Abs. 2 BGB eine Haftung aber nur, wenn die Pflichtverletzung in einer Straftat besteht (z.B. Richterbestechlichkeit gemäß § 332 Abs. 2 StGB oder Rechtsbeugung gemäß § 339 StGB). Dadurch soll die Rechtskraft von Urteilen gewährleistet werden, deren Richtigkeit soll im Amtshaftungsprozess grds. nicht infrage gestellt werden.

3. Vorrang des Primärrechtsschutzes, § 839 Abs. 3 BGB

592 Die Amtshaftung ist ausgeschlossen, wenn es der Verletzte **schuldhaft unterlassen** hat, den Schaden durch Gebrauch eines **Rechtsmittels** abzuwenden (§ 839 Abs. 3 BGB). Die Vorschrift ist eine spezielle Ausprägung des § 254 BGB und bringt die **Subsidiarität** der Schadensersatzpflicht im Verhältnis zu den primären Abwehransprüchen zum Ausdruck. Anders als § 254 BGB führt § 839 Abs. 3 BGB zum „Alles-oder-Nichts". Der Bürger soll abwehrbare Nachteile nicht klaglos dulden, um später Ersatz verlangen zu können (kein „Dulde und liquidiere"). Es besteht vorrangig eine **Pflicht zur Abwehr**.[943]

Der Begriff **„Rechtsmittel"** ist dabei weit zu fassen. Erfasst werden alle Rechtsbehelfe, die das Ziel haben, die schädigende Amtshandlung zu beseitigen oder zu korrigieren und damit den Schaden abzuwenden.[944] Dazu zählen z.B. Widerspruch, Klage, Eilanträge, aber auch Aufsichtsbeschwerden.

593 Die Nichteinlegung des Rechtsmittels muss **schuldhaft** gewesen sein.

Vom Verschulden ist i.d.R auszugehen. Bei fehlender Rechtskenntnis muss ggf. rechtskundiger Rat eingeholt werden. Ein Verschulden ist nur dann ausgeschlossen, wenn die Einlegung des Rechtsmittels unzumutbar ist. Dafür reicht allein die vermeintliche Aussichtslosigkeit eines Rechtsmittels nicht aus. Etwas anderes gilt nur dann, wenn keinerlei Anhaltspunkte für die Rechtswidrigkeit der Amtshandlung bestanden. Eine Verpflichtung, Rechtsmittel auf Verdacht einzulegen, besteht nicht.[945]

594 Zum Ausschluss des Amtshaftungsanspruchs führt der schuldhafte Nichtgebrauch des Rechtsmittels nur, wenn das Rechtsmittel den Schaden zumindest teilweise abgewendet hätte **(Kausalzusammenhang)**.

Beispiel: Hat ein Strafgefangener es unterlassen, gegen menschenunwürdige Haftbedingungen Antrag auf gerichtliche Entscheidung nach § 109 StVollzG zu stellen, ist der Amtshaftungsanspruch nach § 839 Abs. 3 BGB ausgeschlossen, wenn davon auszugehen ist, dass eine gerichtliche Entscheidung die tatsächliche Situation des Gefangenen geändert hätte.[946]

V. Schaden

1. Haftungsausfüllende Kausalität

595 Durch die Amtspflichtverletzung muss ein **Schaden** verursacht worden sein. Zwischen dem Schaden und der Amtspflichtverletzung muss ein **adäquater Kausalzusammenhang** bestehen **(haftungsausfüllende Kausalität)**. Maßgeblich ist, wie sich die Vermögenslage bei pflichtgemäßem Handeln des Amtsträgers entwickelt hätte.[947]

So ist die rechtswidrige Ablehnung einer Baugenehmigung nicht ursächlich für den Schaden, wenn die Baugenehmigungsbehörde die Genehmigung aus anderen Gründen hätte ablehnen müssen.[948]

---

943 Papier/Shirvani in: MünchKomm BGB § 839 Rn. 389 ff.; Hoppe JA 2011, 167, 169 f.; Berkemann DVBl. 2021, 76, 84 f.
944 Vgl. BGH NVwZ-RR 2016, 917; NJW 2003, 502, 503; OLG Koblenz NVwZ-RR 2019, 92.
945 BGH NJW 1991, 1168, 1170; Schlick NJW 2009, 3487, 3492; ders. NJW 2017, 2509, 2514.
946 Vgl. BGH NJW-RR 2010, 1465; Schlick NJW 2009, 3487, 3493.
947 BGH DVBl. 2001, 371, 372; NJW 2018, 301, 302; OLG Saarbrücken NVwZ-RR 2018, 348, 351; Schlick NJW 2018, 2684, 2688.
948 Vgl. BGH NVwZ 2004, 1143, 1144.

Liegt die Amtspflichtverletzung in einem **Unterlassen**, kann die Kausalität grds. nur bejaht werden, wenn der Schadenseintritt bei pflichtgemäßem Verhalten mit an Sicherheit grenzender Wahrscheinlichkeit vermieden worden wäre.[949]

596 Bei **Ermessensentscheidungen**, bei denen die Behörde dieselbe Entscheidung mit anderer Begründung ermessensfehlerfrei hätte treffen können, ist die Kausalität zwischen Fehlentscheidung und Schaden nur zu bejahen, wenn **mit an Sicherheit grenzender Wahrscheinlichkeit** davon auszugehen ist, dass bei richtiger Handhabung des Ermessens der geltend gemachte Schaden nicht eingetreten wäre.[950]

Beispiel: Beim beamtenrechtlichen Konkurrentenstreit hat der unterlegene Bewerber einen Amtshaftungsanspruch auf die Gehaltsdifferenz nur, wenn er nachweist, dass er bei ordnungsgemäßer Auswahl hätte ernannt werden müssen oder tatsächlich ernannt worden wäre.

597 Die **Zurechenbarkeit** kann ausgeschlossen sein, wenn der Schaden auch bei pflichtgemäßem Verhalten eingetreten wäre **(Einwand rechtmäßigen Alternativverhaltens)**.[951]

Beispiel: Ist der Behörde ein formeller Mangel unterlaufen, fehlt es an der Zurechenbarkeit des Schadens, wenn der Fehler bei pflichtgemäßem Handeln rückwirkend geheilt worden wäre.[952]

598 Beruht ein Schaden auf **mehreren Ursachen**, die von verschiedenen Personen gesetzt worden sind, so haften diese grds. als Gesamtschuldner (§ 840 Abs. 1 BGB).

Bei mittelbarer Verursachung ist demgemäß grds. auch der Schaden zu ersetzen, der erst durch das Eingreifen eines **Dritten** eintritt. Das Handeln Dritter unterbricht den Zurechnungszusammenhang zwischen der Amtspflichtverletzung und dem Schaden nur dann, wenn dieser bei wertender Betrachtung in keinem inneren Zusammenhang mehr mit der Amtspflichtverletzung steht. Das ist etwa bei einem völlig ungewöhnlichen und unsachgemäßen Eingreifen eines Dritten in den Geschehensablauf der Fall. Eine Zurechnung ist dagegen grds. möglich, wenn die Amtspflichtverletzung das Verhalten des Dritten **herausgefordert** hat, und zwar auch dann, wenn dem Dritten ein gravierendes Fehlverhalten vorzuwerfen ist.[953]

2. Ersatzfähiger Schaden

599 Für die Feststellung des Schadens gelten die allgemeinen Grundsätze der **§§ 249 ff. BGB**. Der Anspruch umfasst auch den entgangenen Gewinn (§ 252 BGB) und unter den Voraussetzungen des § 253 Abs. 2 BGB auch Schmerzensgeld.[954] Der Betroffene ist so zu stellen, wie er stünde, wenn die **Amtspflichtverletzung unterblieben** wäre.[955]

Beispiel: Die Baubehörde erteilt dem B eine rechtswidrige Baugenehmigung für ein Mehrfamilienhaus. Nachdem B das zu bebauende Grundstück gekauft hat, wird die Baugenehmigung auf Widerspruch des Nachbarn N aufgehoben. – B hat einen Anspruch darauf, so gestellt zu werden, als sei die Genehmigung nicht erteilt worden. Er kann also Ersatz des Schadens verlangen, der ihm durch den Erwerb des Grundstücks entstanden ist. Der Anspruch umfasst dagegen nicht die entgangenen Mieteinkünfte, die B nur bei Rechtmäßigkeit der Baugenehmigung erzielt hätte.[956]

600 Der Ersatzanspruch aus 839/34 geht **stets auf Geld** (§ 251 BGB). **Naturalrestitution** gemäß § 249 Abs. 1 BGB ist ausgeschlossen. Begründet wird dies mit der dogmatischen

---

949 BGH NVwZ-RR 2021, 620, 622; NJW 2019, 1809, 1811 f.; Schlick NJW 2019, 2671, 2676.
950 BGH NJW 1995, 2344, 2345; Papier/Shirvani in: MünchKomm BGB § 839 Rn. 335; Berkemann DVBl. 2021, 76, 83.
951 Zur dogmatischen Einordnung BGHZ 96, 157, 172; Ossenbühl/Cornils, S. 71; Berkemann DVBl. 2021, 76, 83.
952 BGH NVwZ 2008, 815 f.
953 BGH NVwZ-RR 2021, 620, 623; allgemein zum Kriterium der Herausforderung AS-Skript Schuldrecht BT 4 (2021), Rn. 171 ff.
954 Vgl. z.B. BVerfG NVwZ 2017, 1198, 1199.
955 BGH NVwZ 2017, 251, 254: sog. Differenzhypothese.
956 Sandkühler JA 2001, 414, 422.

Konstruktion der Amtshaftung: Der an sich verantwortliche Beamte kann persönlich nur auf Geld, nicht auf Vornahme einer Amtshandlung in Anspruch genommen werden. Die Überleitung auf den Staat durch Art. 34 S. 1 GG ändert diesen Haftungsinhalt nicht.[957]

Beispiel: Kein Anspruch aus 839/34 auf Widerruf ehrenrühriger Äußerungen. Hier kommt nur ein Folgenbeseitigungsanspruch in Betracht (s.o. Rn. 432 f.).[958]

601 Hat bei der Entstehung des Schadens ein Verschulden des Geschädigten mitgewirkt **(Mitverschulden)**, kann der Amtshaftungsanspruch gemäß § 254 BGB beschränkt sein (soweit nicht ohnehin die Spezialregelung des § 839 Abs. 3 BGB eingreift).[959]

Beispiel: Mitverschulden des Bauherrn für nutzlose Bauarbeiten, wenn er trotz Nachbarwiderspruchs weiterbaut und nicht die Entscheidung nach §§ 80 a Abs. 3, 80 Abs. 5 VwGO abwartet, obwohl ernsthafte Anfechtungsgründe gegen die Baugenehmigung vorgebracht werden.[960]

VI. Anspruchsgegner

602 Nach Art. 34 S. 1 GG trifft die Amtshaftung grds. diejenige **Körperschaft**, in deren Diensten der pflichtwidrig handelnde Amtsträger steht. Anspruchsgegner ist damit grds. die **Anstellungskörperschaft**.[961]

Deshalb haftet die Gemeinde nicht nur bei Selbstverwaltungsangelegenheiten, sondern auch für Verstöße im übertragenen Wirkungskreis. Etwas anderes gilt, wenn gesetzlich ausdrücklich vorgesehen ist, dass für die Haftung auf die wahrgenommene Aufgabe abzustellen ist (vgl. z.B. §§ 53 Abs. 2, 56 Abs. 2 LKrO, BW, Art. 35 Abs. 3, 37 Abs. 5 Bay LKrO, § 55 Abs. 6 S. 2 LKO RP, § 111 Abs. 4 S. 4 ThürKO).[962]

603 Etwas anderes gilt dann, wenn der Amtsträger keinen Dienstherrn hat (z.B. bei Beliehenen) oder aber mehrere Dienstherren vorhanden sind (bei Beamten mit Doppelstatus). Dann ist darauf abzustellen, wer dem Amtsträger die wahrgenommene Aufgabe anvertraut hat (sog. **Anvertrauenstheorie**).[963]

Beispiel: Bei Beliehenen haftet der beleihende Rechtsträger, also z.B. beim TÜV-Sachverständigen das Land, das die Anerkennung als Sachverständiger erteilt hat.[964]

VII. Verjährung

604 Für den Amtshaftungsanspruch gilt die regelmäßige Verjährungsfrist von **drei Jahren** (§ 195 BGB). Der Beginn der Verjährung richtet sich nach § 199 Abs. 1 BGB,[965] d.h. die Verjährung beginnt erst, wenn der Geschädigte weiß oder ohne grobe Fahrlässigkeit wissen muss, dass die in Rede stehe Amtshandlung widerrechtlich und schuldhaft war und deshalb eine zum Schadensersatz verpflichtende Amtspflichtverletzung darstellt.[966] Nach § 203 BGB ist die Verjährung bei Verhandlungen über den Anspruch oder die den Anspruch begründenden Umstände gehemmt.[967]

---

957 BGH NVwZ-RR 2017, 579, 582; Maurer/Waldhoff § 26 Rn. 47; Voßkuhle/Kaiser JuS 2015, 1076, 1078; Schlick NJW 2017, 2509, 2514; a.A. Hartmann/Tieben JA 2014, 401, 406 mit widersprüchlicher Begründung zum dogmatischen Ansatz.
958 Detterbeck JuS 2000, 574, 577 m.w.N.
959 BGH NVwZ-RR 2021, 483, 486; BGHZ 108, 224, 230; Schlick NJW 2021, 2702, 2707; Berkemann DVBl. 2021, 76, 85.
960 Vgl. BGH RÜ 2008, 738, 740 f.; Schlick DVBl. 2007, 457, 464.
961 BGH NVwZ-RR 2017, 378, 379; Schlick NJW 2019, 2671, 2675.
962 Vgl. BGH NVwZ-RR 2009, 363; Schlick NJW 2008, 127, 128.
963 BGH NVwZ-RR 2019, 245, 247; Schlick NJW 2017, 2509, 2512; Berkemann DVBl. 2021, 76, 86.
964 BGH NVwZ-RR 2003, 453; Maurer/Waldhoff § 26 Rn. 46; zur Haftung bei der Organleihe vgl. BGH NVwZ 2006, 1084.
965 BGH NVwZ 2016, 708, 709; Schlick NJW 2015, 2703, 2707 f; NJW 2018, 2684, 2689.
966 BGH NJW 2019, 1953, 1953 f. zum Verjährungsbeginn bei Rechtsunkenntnis.

Da der Geschädigte vielfach im Hinblick auf § 839 Abs. 3 BGB gehalten ist, zunächst Primärrechtsschutz in Anspruch zu nehmen, ist anerkannt, dass die Verjährung analog §§ 204 Abs. 1 Nr. 1, 209 BGB auch schon durch Widerspruch und verwaltungsgerichtliche Klage gehemmt wird.[968]

VIII. Rechtsweg

Bei dem Amtshaftungsanspruch handelt es sich zwar um eine **öffentlich-rechtliche Streitigkeit**. Gleichwohl ist hierfür historisch bedingt gemäß Art. 34 S. 3 GG der **Zivilrechtsweg** eröffnet. Sachlich zuständig ist das **Landgericht**, und zwar unabhängig von der Höhe des Streitwertes (§§ 71 Abs. 2 Nr. 2, 23 GVG).

605

> **Fall 13: Baugenehmigung mit Hindernissen**
>
> E, Eigentümer eines unbebauten Grundstücks in der kreisfreien Stadt S, will sein Grundstück als Bauland an K verkaufen. Vor Abschluss des Kaufvertrages beantragte K eine Baugenehmigung für ein Geschäftshaus. Die hierfür erforderlichen Bauvorlagen hatte Architekt A gefertigt. Nachdem das städtische Bauamt die Baugenehmigung erteilt hat, wird der Kaufvertrag notariell beurkundet. Der von K beauftragte Bauunternehmer beginnt sofort mit den Bauarbeiten. Nachbar N legt Widerspruch gegen die Baugenehmigung ein, daraufhin stellt K die Bauarbeiten ein. Der Widerspruch hat Erfolg, da das Bauvorhaben den Festsetzungen des Bebauungsplanes widerspricht und auch ein Dispens nicht möglich ist. K macht geltend, das Grundstück im Vertrauen auf die Rechtmäßigkeit der Baugenehmigung erworben und mit den Bauarbeiten begonnen zu haben. In Höhe der ihm dadurch entstandenen Nachteile (Vertragskosten und Baukosten) verlangt K nunmehr Ersatz von der Stadt S.

I. K könnte gegen die Stadt S einen Anspruch aus **Amtshaftung** gemäß § 839 Abs. 1 S. 1 BGB i.V.m. Art. 34 S. 1 GG haben.

606

1. **Spezialgesetzliche Regelungen**, die die Amtshaftung ausschließen, sind vorliegend nicht einschlägig. § 839 BGB, Art. 34 GG sind daher anwendbar.

2. Nach Art. 34 S. 1 GG muss jemand in Ausübung eines öffentlichen Amtes, also **hoheitlich** gehandelt haben. Die Erteilung der Baugenehmigung richtet sich nach den öffentlich-rechtlichen Normen der LBauO und erfolgt damit hoheitlich.

3. Der Bedienstete der Stadt S müsste eine **ihm gegenüber K obliegende Amtspflicht** verletzt haben (§ 839 Abs. 1 S. 1 BGB).

   a) Wichtigste Amtspflicht ist die Pflicht zu **rechtmäßigem Verwaltungshandeln**. Insoweit bestand hier die sich aus der LBauO ergebende Pflicht zu prüfen, ob das Bauvorhaben in bauordnungs- und bauplanungsrechtlicher Hinsicht den öffentlich-rechtlichen (Bau-)Vorschriften entsprach. Da das Bauvorhaben planungsrechtlich unzulässig war, hätte die Baugenehmigung abgelehnt werden müssen. Die Erteilung der Baugenehmigung verstieß daher gegen die Amtspflicht zu rechtmäßigem Verwaltungshandeln.

   607

   Beispiele für Amtspflichtverletzungen im Baurecht: Erteilung einer rechtswidrigen Baugenehmigung oder eines rechtswidrigen Bauvorbescheids,[969] Versagung einer Baugenehmigung, auf

---

967 Dazu BVerwG RÜ 2017, 450, 455.
968 Vgl. BGH NJW 2011, 2586, 2589 f.; LG Göttingen NVwZ-RR 2022, 289, 290; Schlick NJW 2011, 3341, 3346; Ossenbühl/Cornils, S. 110.

die der Bauwillige einen Anspruch hat,[970] unrichtige Auskünfte über die Bebaubarkeit eines Grundstücks,[971] pflichtwidrige Verzögerung eines Bauantrags,[972] Erlass einer rechtswidrigen Veränderungssperre,[973] rechtswidrige Aufhebung einer rechtmäßigen Baugenehmigung.[974]

Gegenbeispiel: Das Einvernehmen der Gemeinde (§ 36 BauGB) ist ein bloßes Internum ohne Drittwirkung. Ersatzansprüche bei rechtswidriger Versagung des Einvernehmens bestehen daher nicht gegen die Gemeinde, sondern wegen Ablehnung der Baugenehmigung gegen den Träger der Baugenehmigungsbehörde.[975]

b) Diese Amtspflicht muss **gegenüber K** bestanden haben. Das ist der Fall, wenn die die Amtspflicht begründenden Vorschriften nicht nur im öffentlichen Interesse bestehen, sondern **zumindest auch individualschützend** sind, also nach dem persönlichen und sachlichen Schutzbereich den geltend gemachten Schaden erfassen.

608 aa) Mit der Baugenehmigung wird für den Bauherrn ein **Vertrauenstatbestand** dahin geschaffen, dass er davon ausgehen darf, dass der Durchführung seines Vorhabens öffentlich-rechtliche Hindernisse nicht entgegenstehen, und er dementsprechend wirtschaftlich disponieren kann.[976] Damit fällt K als Bauherr in den **persönlichen Schutzbereich** der Amtspflicht.

- Auch gegenüber dem **Grundstückseigentümer** besteht die Amtspflicht zur rechtmäßigen Erteilung der Baugenehmigung, auch wenn er nicht selbst den Bauantrag stellt. Denn die Genehmigung dient als öffentlich-rechtlicher Nachweis für die Baulandqualität und ist damit ein preisbildender Faktor.[977]
- Der **Grundstücksnachbar** fällt dagegen nur insoweit in den Schutzbereich der Amtspflicht, als die verletzte Norm des Baurechts nachbarschützenden Charakter hat.[978]
- Die rechtswidrige **Versagung der Baugenehmigung** hat dagegen keine rechtlichen Wirkungen gegenüber Dritten, sodass Amtshaftungsansprüche nur dem Antragsteller, nicht aber dem Grundstückseigentümer oder dem Käufer zustehen können.[979]
- Der **Bauunternehmer** fällt generell nicht in den persönlichen Schutzbereich der Amtspflicht. Seine Rechtsstellung wird durch die Erteilung der Genehmigung nicht berührt, ihm gegenüber wird insbes. kein Vertrauenstatbestand geschaffen.[980] Ebenso fällt der **Architekt** nicht in den Schutzbereich der vorgenannten Amtspflicht.[981]

609 bb) Der **sachliche Schutzbereich** ist danach zu bestimmen, dass der Bauherr durch eine Baugenehmigung nicht Gefahr laufen soll, einen vorschriftswidrigen Bau auszuführen, der keinen Bestand haben kann. Damit sollen alle Nachteile verhindert werden, die der Betroffene durch das Vertrauen in die Rechtsbeständigkeit der Genehmigung erleidet **(Vertrauensgrundlage)**.[982]

---

969 BGH NVwZ-RR 2016, 258; NVwZ-RR 2017, 579, 581; Schlick NJW 2017, 2509, 2513.
970 BGH NVwZ 2011, 251, 252; Greim/Michl Jura 2012, 373, 373.
971 BGH NJW 1994, 2087; Schlick DVBl. 2007, 457, 465.
972 BGH NVwZ-RR 2009, 363; NVwZ 2008, 815; OLG Hamburg NordÖR 2005, 256; OLG Koblenz NVwZ-RR 2017, 19.
973 BGH NVwZ 2007, 485, 486; Schlick DVBl. 2007, 457, 461.
974 BGH NJW 2009, 1207, 1208.
975 BGH RÜ 2022, 130, 132; RÜ 2010, 810, 811; Schlick NJW 2011, 3341, 3344; Schoch NVwZ 2012, 777, 784; anders noch BGH NVwZ 2006, 117, 118; vgl. auch OLG Schleswig NVwZ 2016, 1351 zur Amtshaftung wegen nicht rechtzeitiger Ersetzung des versagten Einvernehmens.
976 BGH NVwZ 2018, 1333, 1335; NJW 2009, 1207, 1208; RÜ 2008, 738, 739; Berkemann DVBl. 2021, 76, 79.
977 BGH DVBl. 1994, 281, 282; NJW 1993, 2303, 2304; Papier/Shirvani in: MünchKomm BGB § 839 Rn. 304.
978 OLG Karlsruhe VersR 1990, 1010; Müller NVwZ 1990, 1028, 1031.
979 BGH NVwZ 2004, 1143, 1144; OLG Hamm NVwZ-RR 2006, 227, 228; Papier/Shirvani in: MünchKomm BGB § 839 Rn. 304.
980 BGH NJW 1980, 2578; Papier/Shirvani in: MünchKomm BGB § 839 Rn. 303 m.w.N.
981 BGH DVBl. 1994, 695, 697.
982 BGH NVwZ-RR 2016, 258, 259; NJW 2008, 2502, 2503; NVwZ 2004, 638, 638 f.; Schlick NJW 2016, 2715, 2718.

Schadensersatzansprüche, insbes. die Amtshaftung — 2. Abschnitt

Die Rspr. hat eine solche Vertrauensgrundlage z.B. verneint, wenn die Gründe für die Rechtswidrigkeit der Baugenehmigung aus dem **Risikobereich** des Eigentümers oder Bauherrn resultieren. Das ist insbes. der Fall, wenn die Baugenehmigung mit Mängeln behaftet ist, die nach § 48 Abs. 3 i.V.m. § 48 Abs. 2 S. 3 Nr. 1–3 VwVfG eine entschädigungslose Rücknahme rechtfertigen, z.B. bei grober Fahrlässigkeit.[983]

Unklar ist die dogmatische Verortung der „Vertrauensgrundlage". Der BGH zählt sie ausdrücklich zum haftungsbegründenden Tatbestand, ohne sich bzgl. des Prüfungsstandorts festzulegen. Naheliegend ist die Einordnung innerhalb der sachlichen Drittbezogenheit.[984]

610 K hat vorliegend den Kaufvertrag erst nach Erteilung der Baugenehmigung und damit **im Vertrauen auf deren Rechtmäßigkeit** geschlossen. Die Rechtswidrigkeit der Genehmigung musste sich ihm nicht aufdrängen, sodass die Genehmigung die erforderliche Vertrauensgrundlage bildete. Damit fallen nicht nur die **nutzlosen Bauaufwendungen**, sondern auch die durch Abschluss des Kaufvertrages eingetretenen Vermögenseinbußen (insbes. die **Vertragskosten**) in den **sachlichen Schutzbereich** der verletzten Amtspflicht.

Nicht vom Schutzzweck umfasst sind z.B. solche Nachteile, die sich daraus ergeben, dass das Bauvorhaben private Rechte der Nachbarn beeinträchtigt und deshalb nicht verwirklicht werden kann. Denn die Baugenehmigung ergeht unbeschadet der privaten Rechte Dritter.[985]

611 c) Der Sachbearbeiter der Baubehörde hat bei der Prüfung der bauplanungsrechtlichen Zulässigkeit des Vorhabens die einschlägigen Vorschriften **fahrlässig** nicht beachtet und damit **schuldhaft** gehandelt. Jeder Beamte muss grds. die für seine Aufgaben erforderlichen Rechtskenntnisse haben oder sich verschaffen.

d) Bei fahrlässigem Handeln besteht nach § 839 Abs. 1 S. 2 BGB kein Anspruch gegen die Stadt, wenn K eine **anderweitige Ersatzmöglichkeit** hat.

612 aa) K könnte gegen den **Verkäufer E** nach §§ 437 Nr. 3, 280 Abs. 1 u. 3, 281 BGB einen Anspruch auf Schadensersatz bzw. gemäß § 284 BGB auf Ersatz der nutzlosen Bauaufwendungen haben. Dann müsste die Kaufsache mangelhaft sein (§ 434 BGB). Hier ist das Grundstück zwar als „Bauland" verkauft worden, dies bezieht sich aber i.d.R. nur darauf, dass das Grundstück überhaupt bebaut werden darf. Die konkret beabsichtigte Bebauung ist grds. nicht Beschaffenheitsmerkmal, es sei denn, hierauf bezieht sich die vertragliche Vereinbarung. Gewährleistungsansprüche des K gegen E bestehen daher nicht.

613 bb) Es bestehen jedoch Ansprüche des K gegen den **Architekten A** gemäß §§ 650 q Abs. 1, 634 Nr. 4, 280, 281, 284 BGB wegen **fehlerhafter Planung**. Denn auch der Architekt muss grds. die nötigen Kenntnisse des Baurechts besitzen, insbes. die Frage der planungsrechtlichen Zulässigkeit prüfen (vgl. § 650 p Abs. 1 BGB). Allerdings muss der Architekt keine schwierigen Rechtsfragen lösen.[986]

Hier hätte A indes erkennen können, dass das Bauvorhaben den Festsetzungen des Bebauungsplanes widersprach. K hat im Vertrauen auf die Planung

---

[983] BGH NVwZ 2004, 638, 639; Rinne/Schlick NJW 2005, 3541, 3545; Schlick DVBl. 2007, 457, 464; Berkemann DVBl. 2021, 76, 81.
[984] BGH NVwZ-RR 2016, 258, 259: objektive Reichweite des dem Betroffenen gewährten Vermögensschutzes.
[985] BGH NJW 2000, 2996; zum ersatzfähigen Schaden vgl. auch BGH NJW 2009, 1207, 1208 f.
[986] BGH NVwZ 2004, 638, 639; NVwZ 1992, 911, 912 m.w.N.

des A den Kaufvertrag geschlossen und mit den Bauarbeiten begonnen, sodass ihm bzgl. der daraus entstandenen Vermögensnachteile Ansprüche gegen A auf Schadensersatz (§ 280 Abs. 1 BGB) bzw. Ersatz vergeblicher Aufwendungen (§ 284 BGB) zustehen. Der **Amtshaftungsanspruch** gegen die Stadt ist deshalb wegen anderweitiger Ersatzmöglichkeit nach § 839 Abs. 1 S. 2 BGB **ausgeschlossen**. K hat **keinen Anspruch aus Amtshaftung**.

II. Ordnungsrechtliche Unrechtshaftung

614 1. In den meisten Ländern besteht neben 839/34 ein Anspruch auf Entschädigung, wenn jemand durch eine **rechtswidrige Maßnahme** der Polizei- oder Ordnungsbehörden einen Schaden erleidet. Anders als die Amtshaftung ist die ordnungsrechtliche Haftung **verschuldensunabhängig**. Hierbei handelt es sich um eine Konkretisierung der allgemeinen Grundsätze über den sog. **enteignungsgleichen Eingriff** (s.u. Rn. 658). Fehlt eine Regelung im Landesrecht folgt daher ein gleichgelagerter Anspruch aus dem **Aufopferungsgewohnheitsrecht**.[987]

–	–	59 II ASOG	38 I b OBG	11 7 I 2 PolG	–	64 I 2 SOG	–	80 I 2 NPOG	39 I b OBG	87 I 2 POG	68 I 2 SPolG	41 I 2 PBG	69 I 2 SOG	–	68 I 2 PAG

Für die (Vollzugs-)Polizei vgl. die Verweise in § 70 BbgPolG und § 67 PolG NRW, in Thüringen für die Ordnungsbehörde den Verweis in § 52 ThürOBG und in Sachsen § 47 Abs. 1 Nr. 2 SächsPVDG.

2. Wesentliche Voraussetzung der ordnungsrechtlichen Haftung ist das Vorliegen einer **rechtswidrigen Maßnahme**.

615 a) Der Begriff der **Maßnahme** ist weit zu fassen. Darunter fallen nicht nur Verwaltungsakte, sondern jedes Verhalten mit Außenwirkung, auch ungewollte, nicht finale Handlungen.

Beispiele: Erteilung von Auskünften, wenn der Bürger auf ihre Richtigkeit vertrauen durfte.[988] Keine Maßnahme ist dagegen die bloße Anhörung[989] oder eine unverbindliche „Bitte".[990] Ebenso wie im Rahmen der Amtshaftung (s.o. Rn. 573) gibt es auch nach dem POR **keine Haftung für legislatives Unrecht**.[991] Ebenso stellt auch ein schlichtes **Unterlassen** keine Maßnahme dar. Etwas anderes gilt nur dann, wenn sich das Unterlassen ausnahmsweise als ein in den Rechtskreis des Betroffenen eingreifendes Handeln qualifizieren lässt (z.B. Ablehnung einer beantragten Baugenehmigung oder bei einem Anspruch auf ordnungsbehördliches Einschreiten), sog. **qualifiziertes Unterlassen**.[992]

Die Erteilung der Baugenehmigung ist als Verwaltungsakt unproblematisch eine Maßnahme im ordnungsrechtlichen Sinne.[993]

616 b) Die Baugenehmigung war **rechtswidrig**. Wie beim Amtshaftungsanspruch reicht auch hier die objektive Rechtswidrigkeit allein nicht aus. Es gelten vielmehr dieselben Einschränkungen wie zur **Drittbezogenheit** der Amtspflicht.[994] Hier be-

---

[987] Vgl. BGH NJW 1994, 1647, 1648; Ossenbühl/Cornils, S. 488 m.w.N.
[988] BGH NJW 1992, 1230; NJW 1994, 2087.
[989] OLG Köln NVwZ 1993, 1020.
[990] BGH DVBl. 1998, 328.
[991] BGH RÜ 2015, 462, 466; OLG Düsseldorf NVwZ-RR 2017, 537, 539; Schlick NJW 2015, 2703, 2704; Pagenkopf NVwZ 2015, 1264; 1267; a.A. Hartmann/Jansen DVBl. 2015, 752, 756 ff.; Detterbeck NVwZ 2019, 97, 102.
[992] OLG Hamm RÜ 2019, 333, 334; OLG Saarbrücken NVwZ-RR 2018, 348, 353; Waldhoff JuS 2019, 829, 830.
[993] BGH DVBl. 2002, 265, 266; OLG Köln ZfBR 2013, 183, 184.

stand die Pflicht zur ordnungsgemäßen Prüfung der bauplanungsrechtlichen Zulässigkeit des Bauvorhabens insbes. im Vermögensinteresse des Bauherrn K.

c) Voraussetzung der ordnungsrechtlichen Haftung ist im Übrigen, dass die behördliche Maßnahme den Schaden **unmittelbar** (d.h. ohne wesentliche Zwischenursache) hervorgerufen hat.[995] Zwar sind die Schäden hier nicht unmittelbar durch Erteilung der Baugenehmigung, sondern erst durch Abschluss des Kaufvertrages bzw. durch Aufnahme der Bauarbeiten eingetreten. Jedoch ist die Unmittelbarkeit schon dann zu bejahen, wenn sich im Schadenseintritt eine für die konkrete hoheitliche Betätigung **typische Gefährdungslage** konkretisiert hat.[996] **617**

Beispiel: Die Einweisung eines bisherigen Mieters wegen drohender Obdachlosigkeit begründet die zurechenbare Gefahr eines unsachgemäßen Gebrauchs der Wohnung.[997]

Die Erteilung einer – rechtswidrigen – Baugenehmigung ruft typischerweise die Gefahr hervor, dass der Bauherr vermögensrechtliche Dispositionen trifft, insbes. mit der Errichtung des Baus beginnt. Die geltend gemachten Schäden beruhen daher unmittelbar auf der rechtswidrigen Erteilung der Genehmigung.

3. Ein **Verschulden** ist für die ordnungsrechtliche Haftung **nicht erforderlich**. **618**

4. Anders als beim Amtshaftungsanspruch schließt eine **anderweitige Ersatzmöglichkeit** den ordnungsrechtlichen Anspruch **nicht aus**. Daher besteht die ordnungsrechtliche Haftung gegenüber K, unabhängig davon, ob K Ansprüche gegen E oder A hat (vgl. aber § 38 Abs. 2 a) BbgOBG, § 39 Abs. 2 a) OBG NRW). **619**

5. Im Gegensatz zu 839/34 handelt es sich bei der ordnungsrechtlichen Haftung nicht um einen Schadensersatzanspruch, sondern um einen **Entschädigungsanspruch**.[998] Ersetzt wird i.d.R. nur der **unmittelbare Vermögensschaden**, nicht dagegen mittelbare Vermögensnachteile, es sei denn, der Ausgleich ist zur Abwendung unbilliger Härten geboten. Hier stehen die geltend gemachten Schäden im unmittelbaren Zusammenhang mit der rechtswidrigen Erteilung der Baugenehmigung. **620**

6. Ein den Anspruch einschränkendes **Mitverschulden** (§ 254 BGB analog) kann insbes. dann vorliegen, wenn der Bauherr trotz Nachbarwiderspruchs weiterbaut. Zwar entfällt damit die Vertrauensgrundlage nicht automatisch, da die Genehmigung grds. sofort vollziehbar ist (vgl. § 212 a Abs. 1 BauGB). Ab dem Vorliegen von Drittanfechtungen trifft den Bauherrn jedoch eine größere Eigenverantwortung.[999] **621**

Die von K geltend gemachten Nachteile sind bereits vor Einlegung des Nachbarwiderspruchs entstanden. Diesbezüglich ist ihm ein Mitverschulden nicht anzulasten. Der **ordnungsrechtliche Haftungsanspruch** ist daher **begründet**.

---

994 BGH NJW 1994, 2087, 2088; DVBl. 1993, 1091, 1092; Lansnicker/Schwirtzek NVwZ 1996, 745, 746.
995 BGH NJW 1996, 315, 316.
996 Siehe näher unten Rn. 666.
997 BGH NJW 1996, 315, 316; einschränkend BGH NVwZ 2006, 963, 964.
998 BGH NVwZ-RR 2021, 66, 69.
999 BGH VersR 2002, 1024, 1025; BauR 2002, 292, 293.

Amtshaftung gemäß § 839 Abs. 1 S. 1 BGB i.V.m. Art. 34 S. 1 GG

I. Voraussetzungen der Amtshaftung (haftungsbegründender Tatbestand)

1. **Handeln in Ausübung eines öffentlichen Amtes**

   a) Jeder Amtswalter, der hoheitlich handelt
   (haftungsrechtlicher Beamtenbegriff)

   Beamte, Richter (§ 839 Abs. 2 BGB!), Angestellte, Arbeiter, Soldaten, Minister, Ratsmitglieder, Beliehene, Verwaltungshelfer (wenn bei Gesamtbetrachtung weisungsabhängig)

   b) **Öffentlich-rechtliches Handeln**, nicht bei privatrechtlicher Tätigkeit
   - eindeutig ör bei Eingriffsverwaltung (insbes. POR)
   - Leistungsverwaltung: abhängig von der Ausgestaltung des Rechtsverhältnisses
   - bei neutralen Handlungen: Funktionszusammenhang und Zielsetzung
     – Teilnahme am Straßenverkehr: ör, wenn Sonderrechte oder Dienstfahrt
     – Verkehrssicherungspflicht: grds. pr; Ausn. Straßenverkehrssicherungspflicht ör

   c) **in Ausübung** = nicht nur bei Gelegenheit

2. **Verletzung der einem Dritten gegenüber obliegenden Amtspflicht**

   a) **Amtspflicht** aus Gesetz, RechtsVO, Satzung, VV, Weisungen u.a.
   - Pflicht zu rechtmäßigem Verwaltungshandeln
   - Pflicht zur Vermeidung unerlaubter Handlungen
   - Pflicht zur Erteilung richtiger und vollständiger Auskünfte
   - Pflicht zu zügigem und konsequentem Verwaltungshandeln u.a.

   b) **Gegenüber dem Geschädigten**
   - persönlicher Schutzbereich: zumindest auch Individualschutz bezweckt
   - sachlicher Schutzbereich: Schutz gerade des betroffenen Interesses

   c) **Verletzung** = Rechtswidrigkeit der Maßnahme
   - keine Bindung an bestandskräftigen VA (arg. e § 839 Abs. 3 BGB)
   - Bindung an verwaltungsgerichtliches Urteil wegen § 121 VwGO

3. **Verschulden, § 276 BGB**

   Vorsatz, Fahrlässigkeit (objektivierter Fahrlässigkeitsmaßstab)

4. **Kein Haftungsausschluss**

   a) § 839 Abs. 1 S. 2 BGB (**Subsidiaritätsklausel**, Verweisungsprivileg)
   - bei fahrlässiger Amtspflichtverletzung, wenn anderweitige Ersatzmöglichkeit besteht
   - nicht anwendbar bei allg. Teilnahme am Straßenverkehr, ör VSP, selbst verdienten Versicherungsleistungen (Sozialversicherung, Kaskoversicherung etc.)
   - Realisierung muss möglich und zumutbar sein

   b) § 839 Abs. 2 BGB (Richterprivileg)

   c) § 839 Abs. 3 BGB (schuldhaft unterlassene Rechtsbehelfseinlegung)

II. Rechtsfolge (haftungsausfüllender Tatbestand)

- Ersatz des durch die Amtspflichtverletzung zurechenbar verursachten Schadens (§§ 249 ff. BGB) in **Geld**, keine Naturalrestitution
- Ggf. Anspruchsminderung bei **Mitverschulden**, § 254 BGB

C. Haftung bei Verstößen gegen das Unionsrecht

Bei Schäden, die dem Einzelnen durch Verstöße der Mitgliedstaaten gegen das primäre oder sekundäre Unionsrecht entstehen, hat der EuGH das Rechtsinstitut der **unionsrechtlichen Staatshaftung** entwickelt. Sie folgt „unmittelbar aus dem Wesen der europäischen Rechtsordnung"[1000] und hat **drei Voraussetzungen**:[1001]

622

Unionsrechtliche Staatshaftung
■ Verletzung von **individualschützendem Unionsrecht**
■ Vorliegen eines **hinreichend qualifizierten Verstoßes**
■ **unmittelbarer Kausalzusammenhang** zwischen Pflichtverletzung und Schaden

Beispiele: Haftung des Mitgliedstaates bei fehlerhafter oder unterbliebener Umsetzung von individualschützenden EU-Richtlinien[1002] oder bei unzulässigen Beschränkungen der Grundfreiheiten (z.B. Art. 34 AEUV);[1003] aber kein unionsrechtlicher Haftungsanspruch beim sog. Diesel-Skandal, da die betroffene EU-Richtlinie keinen Vermögensschutz bezweckt.[1004]

Ein **Verschulden**, wie es der nationale Amtshaftungsanspruch voraussetzt, ist für die unionsrechtliche Haftung **nicht Voraussetzung**, aber ggf. im Rahmen der Qualifizierung des Rechtsverstoßes zu berücksichtigen.

623

Beachte: Von der Haftung der Mitgliedstaaten für unionsrechtswidriges Verhalten zu unterscheiden ist die Amtshaftung der EU für Organe und Bedienstete der Union. Diese Haftung ist in Art. 340 Abs. 2 AEUV (für die EZB in Art. 340 Abs. 3 AEUV) geregelt und wird im Wege der sog. Amtshaftungsklage (Art. 268 AEUV) durchgesetzt.[1005]

Während teilweise angenommen wird, dass durch die unionsrechtliche Staatshaftung lediglich die nationalen Haftungsansprüche modifiziert werden,[1006] geht die heute h.M. davon aus, dass es sich um ein **eigenständiges Haftungsinstitut des EU-Rechts** handelt, das ggf. neben den Anspruch aus Amtshaftung tritt.[1007] Dafür spricht, dass es sich bei der unionsrechtlichen Haftung anders als bei der Amtshaftung nicht um eine übergeleitete Haftung für das Verhalten des Amtswalters handelt, sondern um eine **originäre Haftung** des Mitgliedstaates.

624

Deshalb ist z.B. die Subsidiarität nach § 839 Abs. 1 S. 2 BGB auf den unionsrechtlichen Haftungsanspruch nicht anwendbar,[1008] wohl aber der Rechtsgedanke des § 839 Abs. 3 BGB.[1009] Für den Rechtsweg gilt nach h.M. Art. 34 S. 3 GG, jedenfalls dann, wenn der unionsrechtliche Haftungsanspruch im Zusammenhang mit einem Amtshaftungsanspruch geltend gemacht wird.[1010]

1000 Vgl. grundlegend EuGH NJW 1992, 165, 166 f. (Francovich); EuGH NJW 1996, 1267, 1268 (Brasserie du Pecheur); ausführlich AS-Skript Europarecht (2021), Rn. 240 f. u. 745 ff.
1001 Vgl. z.B. BVerwG NVwZ 2012, 1472, 1473; Schlick NJW 2019, 2671, 2674; NJW 2020, 2690, 2691; Voßkuhle/Schemmel JuS 2019, 347, 349 f.; Detterbeck JuS 2019, 1191, 1194; Ludwigs/Pascher JuS 2022, 409, 412 ff.
1002 EuGH NJW 1992, 165; EuGH NJW 1996, 314; BVerwG NVwZ 2017, 1627 (Haftung bei unionsrechtswidriger Besoldung); BVerwG NVwZ-RR 2012, 643 u. 1472; NVwZ 2021, 71, 72 (Ausgleichsansprüche bei unionsrechtswidriger Zuvielarbeit).
1003 EuGH NJW 1996, 1267, 1268; BGH NVwZ 2007, 362, 363; NJW 2009, 2534, 2536; Dörr DVBl. 2006, 598, 599 f.
1004 So BGH, Urt. v. 10.02.2022 – III ZR 87/21, BeckRS 2022, 4565; vgl. auch OLG Hamm NVwZ 2021, 1397; KG NVwZ 2021, 1399; OLG Schleswig, Beschl. v. 14.09.2021 – 11 U 98721, BeckRS 2021, 42122.
1005 Vgl. EuGH RÜ 2016, 722 und ausführlich AS-Skript Europarecht (2021), Rdn. 737 ff.
1006 Papier/Shirvani in: MünchKomm BGB § 839 Rn. 159; Kluth DVBl. 2004, 393, 402.
1007 BGH NJW 2008, 3558, 3559; Maurer/Waldhoff § 31 Rn. 10; Voßkuhle/Schemmel JuS 2019, 347, 349; Detterbeck JuS 2019, 1191, 1194; JuS 2021, 862, 869; im Ergebnis auch BVerfG NJW 2012, 598, 599.
1008 Dörr DVBl. 2006, 598, 603; Ossenbühl/Cornils, S. 622.
1009 EuGH RÜ 2009, 649, 651; BGH NVwZ 2007, 362, 366; Schlick NJW 2009, 3487, 3495; Detterbeck JuS 2021, 862, 869.

625 Besondere Bedeutung hat der unionsrechtliche Staatshaftungsanspruch bei **normativem Unrecht**, wenn nationales Recht dem Unionsrecht widerspricht. Während es nach § 839 BGB, Art. 34 GG grundsätzlich keine Haftung für Fehlverhalten des Gesetzgebers gibt (s.o. Rn. 573), kommt der unionsrechtliche Haftungsanspruch auch in diesen Fällen in Betracht (z.B. bei unterbliebener oder fehlerhafter Umsetzung einer EU-Richtlinie).[1011]

D. Ansprüche aus verwaltungsrechtlichen Schuldverhältnissen

I. Vertragliche Schadensersatzansprüche

626 Wie im Privatrecht können im Öffentlichen Recht neben deliktischen Ansprüchen auch **vertragliche Schadensersatzansprüche** bestehen. Dies gilt vor allem beim **öffentlich-rechtlichen Vertrag**, bei dem über § 62 S. 2 VwVfG die allgemeinen Regeln des BGB anzuwenden sind, insbes. können Schadensersatzansprüche bestehen bei Pflichtverletzungen (§§ 280 ff. BGB), auch im vorvertraglichen Bereich (§ 311 a Abs. 2 BGB).

Beispiel: Der grundlose Abbruch von Vertragsverhandlungen kann auch beim öffentlich-rechtlichen Vertrag zu einer Haftung auf den dadurch verursachten Vertrauensschaden führen.[1012]

627 Aus § 40 Abs. 2 S. 1 VwGO ergibt sich, dass es außer öffentlich-rechtlichen Verträgen auch noch andere **öffentlich-rechtliche Schuldverhältnisse** gibt, bei denen eine vertragliche Haftung in Betracht kommt („Schadensersatzansprüche aus der Verletzung öffentlich-rechtlicher Pflichten, die **nicht** auf einem öffentlich-rechtlichen Vertrag beruhen").

628 In der Rspr. ist daher anerkannt, dass die Regeln des vertraglichen Schuldrechts im hoheitlichen Bereich sinngemäß heranzuziehen sind, wenn

- zwischen Staat und Bürger ein enges, **besondere Rechte und Pflichten begründendes Rechtsverhältnis** vorliegt und

- ein **Bedürfnis** besteht, neben deliktischen Ansprüchen (insbes. aus Amtshaftung) auch Schadensersatzansprüche **analog § 280 BGB** zu gewähren.[1013]

Aufbauschema: Schadensersatz analog § 280 BGB
■ **Anwendbarkeit: ör Schuldverhältnis**
• ör Vertrag
• vertragsähnliche Sonderbeziehung
■ **Pflichtverletzung**
■ **Verschulden**
■ **Rechtsfolge:** Schadensersatz

1010 Maurer Waldhoff § 31 Rn. 19; Graulich ZAP 2005, 849, 856; Detterbeck JuS 2021, 862, 869 f. m.N. auf die Gegenansicht, die § 40 Abs. 2 S. 1 Hs. 1 Var. 3 VwGO für anwendbar hält.
1011 EuGH RÜ 2009, 649, 650; BGH RÜ 2013, 542, 549; OVG NRW NWVBl 2017, 250; Schlick NJW 2019, 2671, 2674.
1012 BGH NVwZ 2006, 1207; NJW 1990, 1042; OVG NRW OVGE 26, 41.
1013 BVerwG NVwZ 2011, 1388, 1390; BGH NJW 2006, 1121, 1123; ZfBR 2018, 43, 46; Dötsch NWVBl. 2001, 385, 388; Geis NVwZ 2002, 385, 390; Schlick NJW 2017, 2509, 2510; NJW 2018, 2684, 2685; Detterbeck JuS 2019, 1191, 1195; Berkemann DVBl. 2021, 76.

Schadensersatzansprüche, insbes. die Amtshaftung — 2. Abschnitt

Aufbauhinweis: *Im Zivilrecht werden üblicherweise Ansprüche aus Vertrag und aus vertragsähnlichen Rechtsverhältnissen vor deliktischen Ansprüchen geprüft.[1014] Gleichwohl ist es im Öffentlichen Recht vertretbar, zunächst den Amtshaftungs- oder Folgenbeseitigungsanspruch und erst danach Ansprüche aus ör Schuldverhältnissen zu prüfen.[1015]*

629

II. Unterschiede zur deliktischen Haftung

Die Zubilligung von Ansprüchen analog § 280 BGB neben der deliktischen Haftung nach 839/34 hat folgende **Vorteile:**

630

- Während beim Amtshaftungsanspruch der Kläger die volle Beweislast für die Voraussetzungen des § 839 Abs. 1 BGB, insbes. hinsichtlich des **Verschuldens** trägt, muss im vertraglichen Bereich der Staat analog §§ 280 Abs. 1 S. 2, 286 Abs. 4 BGB beweisen, dass er eine Pflichtverletzung nicht zu vertreten hat.[1016]
- Bei vertraglichen Ansprüchen wird das Verschulden von **Hilfspersonen** (Erfüllungsgehilfen) nach § 278 BGB zugerechnet, während dies im deliktischen Bereich im Rahmen des § 839 BGB nur für ör Verwaltungshelfer gilt (s.o. Rn. 553).
- Bei vertraglichen Ansprüchen greift das **Verweisungsprivileg** des § 839 Abs. 1 S. 2 BGB **nicht**.[1017] Der **Rechtsgedanke des § 839 Abs. 3 BGB** bei schuldhaftem Nichtgebrauch eines Rechtsmittels gilt jedoch auch für die vertragsähnliche Haftung.[1018]
- Während der Anspruch aus 839/34 nur auf Geldersatz geht (s.o. Rn. 600), ist beim vertraglichen Anspruch auch eine **Naturalrestitution** möglich.[1019]

III. Vertragsähnliche Rechtsverhältnisse

1. Öffentlich-rechtliche Verwahrung

Anerkannt ist eine vertragsähnliche Haftung insbes. bei der **öffentlich-rechtlichen Verwahrung**, die durch Vertrag, aber auch einseitig durch Hoheitsakt begründet werden kann (letzteres insbes. bei der Sicherstellung im Polizeirecht). Aufgrund der in diesen Fällen bestehenden **Obhutspflicht** des Staates gelten die Vorschriften des BGB über die Verwahrung (§§ 688 ff., außer § 690 BGB) sowie über Leistungsstörungen (§§ 275 ff. BGB) entsprechend. **Schadensersatzansprüche** können sich **analog § 280 BGB** vor allem bei Unmöglichkeit der Herausgabe oder bei Beschädigung der Sache ergeben.[1020]

631

Beispiel: Der Staat haftet analog § 280 BGB für Beschädigungen des abgeschleppten Fahrzeuges durch den Abschleppunternehmer.[1021]

1014 Vgl. AS-Basiswissen Methodik der Fallbearbeitung (2022), S. 91; Medicus/Petersen, Grundwissen (2021), § 2 Rn. 4 f.
1015 Detterbeck JuS 2019, 1191, 1195 m.w.N.
1016 Zur Beweislast beim Amtshaftungsanspruch BGH NVwZ 2017, 251, 255; NJW 2017, 397, 401.
1017 BGHZ 79, 26, 27; BGH ZfBR 2018, 43, 46.
1018 BVerwG NJW 2010, 3592, 3593 RÜ 2018, 287, 288.
1019 Maurer/Waldhoff § 29 Rn. 10; Ossenbühl/Cornils, S. 405.
1020 BGH 2019, 480, 482; BVerwG NVwZ 2011, 1388, 1390; DVBl. 2004, 1369, 1370; OLG Hamm NJW 2001, 375, 376; Ossenbühl NJW 2000, 2945, 2952; Graulich ZAP 2005, 185, 191 f.; Schlick NJW 2019, 2671, 2673.
1021 BGH RÜ 2014, 332, 335; dazu Schlick NJW 2014, 2686; Waldhoff JuS 2015, 92, 94.

2. Öffentlich-rechtliche Leistungs- und Benutzungsverhältnisse

632 Entsprechendes gilt für öffentlich-rechtliche **Leistungs- und Benutzungsverhältnisse**, die durch Leistung und Gegenleistung geprägt sind. Die Beteiligten sind hier ebenso schutzbedürftig wie bei einem privatrechtlichen Austauschverhältnis. Deshalb können sich bei Pflichtverletzungen **Schadensersatzansprüche analog § 280 BGB** ergeben.

Beispiel: Schädigung bei der Benutzung gemeindlicher Einrichtungen, z.B. im Rahmen der Wasserversorgung oder der Abwasserkanalisation.[1022]

3. Beamtenverhältnis

633 Das **Beamtenverhältnis** wird durch eine besondere Fürsorgepflicht des Dienstherrn geprägt (§ 78 BBG, § 45 BeamtStG). Deshalb ist allgemein anerkannt, dass der Beamte bei schuldhafter Pflichtverletzung des Dienstherrn einen vertragsähnlichen, öffentlich-rechtlichen Schadensersatzanspruch hat.[1023] Allerdings ist ein Rückgriff auf die Fürsorgepflicht nicht erforderlich. Primär- und Sekundäransprüche ergeben sich vielmehr **unmittelbar aus dem Beamtenverhältnis**.[1024]

Der wichtigste Fall sind Ansprüche bei Verletzung des sog. Bewerbungsverfahrensanspruchs (z.B. im Rahmen eines Besetzungs- oder Beförderungsverfahrens).[1025] Hier ergibt sich der Schadensersatzanspruch unmittelbar aus Art. 33 Abs. 2 GG.[1026] Ein Anspruch ist jedoch ausgeschlossen, wenn der Dienstherr das Auswahlverfahren aus sachlichen Gründen abbricht.[1027]

IV. Rechtsweg

634 Für vertragsähnliche **Ansprüche des Bürgers** ist – ebenso wie für Amtshaftungsansprüche (Art. 34 S. 3 GG) – grds. der Rechtsweg zu den **ordentlichen Gerichten** gegeben (§ 40 Abs. 2 S. 1 Hs. 1 VwGO).[1028] Etwas anderes gilt für Ansprüche aus öffentlich-rechtlichem Vertrag und für beamtenrechtliche Ansprüche (§ 40 Abs. 2 S. 2 VwGO, § 126 Abs. 1 BBG, § 54 Abs. 1 BeamtStG), für die der Verwaltungsrechtsweg eröffnet ist.[1029]

635 Für **Ansprüche des Staates gegen den Bürger** ist dagegen stets der **Verwaltungsrechtsweg** nach § 40 Abs. 1 S. 1 VwGO eröffnet, da § 40 Abs. 2 S. 1 VwGO nur Ansprüche des Bürgers gegen den Staat erfasst.[1030]

1022 BGHZ 59, 303, 305 (Wasserversorgung); BGH NVwZ 2007, 1221 (Kanalisation).
1023 Vgl. z.B. BVerfG NVwZ 2015, 523; BVerwG NVwZ 2014, 676; OVG NRW NVwZ-RR 2017, 739, 740.
1024 BVerwGE 80, 123, 125; OVG NRW NVwZ-RR 2017, 157, 158; Graulich ZAP 2005,185, 192.
1025 BVerwG NVwZ 2021, 638, 640; RÜ2 2018, 287 f.; HessVGH DVBl. 2021, 736, 737.
1026 BVerwG RÜ 2010, 605, 606; NJW 2010, 3592, 3593.
1027 Vgl. BVerwG NVwZ 2021, 638, 640; NVwZ 2019, 724, 725; NVwZ 2016, 1650, 1651; dazu AS-Skript VwGO (2021), Rn. 242.
1028 Vgl. BVerwG NJW 2002, 2894; Ehlers/Schneider in: Schoch/Schneider VwGO § 40 Rn. 543; Graulich ZAP 2005, 849, 854.
1029 BVerwG NJW 2010, 3592, 3593.
1030 BVerwG NVwZ 2017, 242, 244; Kopp/Schenke VwGO § 40 Rn. 73.

3. Abschnitt: Entschädigung bei Eingriffen in das Eigentum

Ersatzansprüche bei Eingriffen in das Eigentum (Art. 14 Abs. 1 GG) können sich aus vier Gesichtspunkten ergeben: **636**

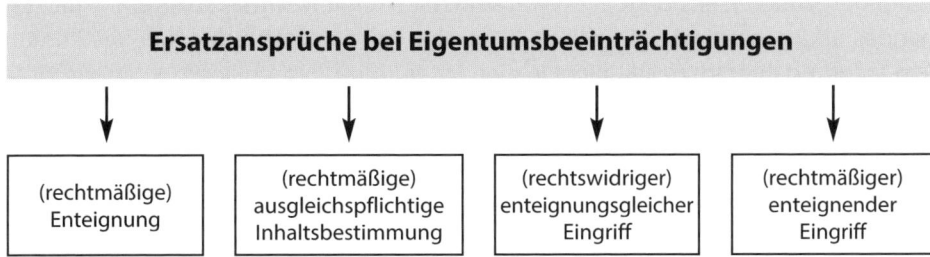

- **Enteignungsentschädigung** nach Art. 14 Abs. 3 GG als Ausgleich für den Entzug einer Eigentumsposition,
- **ausgleichspflichtige Inhaltsbestimmungen** als Kompensation für besonders schwerwiegende Belastungen im Rahmen der gesetzlichen Bestimmung von Inhalt und Schranken des Eigentums nach Art. 14 Abs. 1 S. 2 GG,
- **enteignungsgleicher Eingriff** bei rechtswidrigen Eingriffen in das Eigentum und
- **enteignender Eingriff** bei unzumutbaren Nebenfolgen einer an sich rechtmäßigen Verwaltungsmaßnahme.

A. Ersatzansprüche wegen Enteignung (Art. 14 Abs. 3 GG)

Art. 14 Abs. 1 S. 1 GG gewährleistet **Eigentum** und Erbrecht. Eingriffe in das Grundrecht können verfassungsrechtlich gerechtfertigt sein als **637**

- **Inhalts- und Schrankenbestimmung** im Rahmen der Sozialbindung (Art. 14 Abs. 1 S. 2, Abs. 2 GG) oder
- **Enteignung** (Art. 14 Abs. 3 GG).

Für die **Abgrenzung** gilt nach der heute herrschenden Trennungstheorie ein **formeller Enteignungsbegriff**:[1031] **638**

- **Enteignung** i.S.d. Art. 14 Abs. 3 GG ist (nur) der **zielgerichtete** staatliche Zugriff auf das Eigentum des Einzelnen, der auf eine vollständige oder teilweise Entziehung einer konkreten Rechtsposition i.S.d. Art. 14 Abs. 1 GG zur Erfüllung öffentlicher Aufgaben gerichtet ist **(Eigentumsentzug)**.
- **Inhalts- und Schrankenbestimmung** i.S.d. Art. 14 Abs. 1 S. 2 GG ist demgegenüber die generelle und abstrakte Festlegung von Rechten und Pflichten des Eigentümers **(Eigentumsbeschränkung)**.

Demgegenüber hatten der BGH (Sonderopfertheorie) und das BVerwG (Schweretheorie) früher einen **materiellen Enteignungsbegriff** zugrunde gelegt. Danach war die Enteignung durch die Kriterien der **639**

[1031] Grundlegend BVerfGE 58, 300, 331 (Nassauskiesungsbeschluss); vgl. auch BVerfG DVBl. 2000, 1275, 1276; NJW 2001, 2960, 2961; NJW 2003, 196, 197; BVerwG NVwZ 2007, 707; DVBl. 2003, 531, 532; BGHZ 90, 17, 29 ff.; 99, 24, 28 f.; Papier DVBl. 2000, 1398, 1399; Lege JZ 2011, 1084, 1085; Froese NJW 2017, 444, 446; Mangold/Lange JuS 2018, 161, 164.

Schwere, der Zumutbarkeit oder des Überschreitens der Sozialbindung gekennzeichnet. Jede Maßnahme, die nicht mehr als (rechtmäßige) Inhalts- und Schrankenbestimmung gerechtfertigt war, schlug automatisch in eine entschädigungspflichtige Enteignung um.[1032]

640 Nach der **Trennungstheorie** sind Inhalts- und Schrankenbestimmungen einerseits und Enteignung andererseits dagegen **zwei selbstständige Rechtsinstitute**, die nicht ineinander übergehen können, insbes. kann eine Inhalts- und Schrankenbestimmung allein aufgrund ihrer Intensität nicht in eine Enteignung „umschlagen".

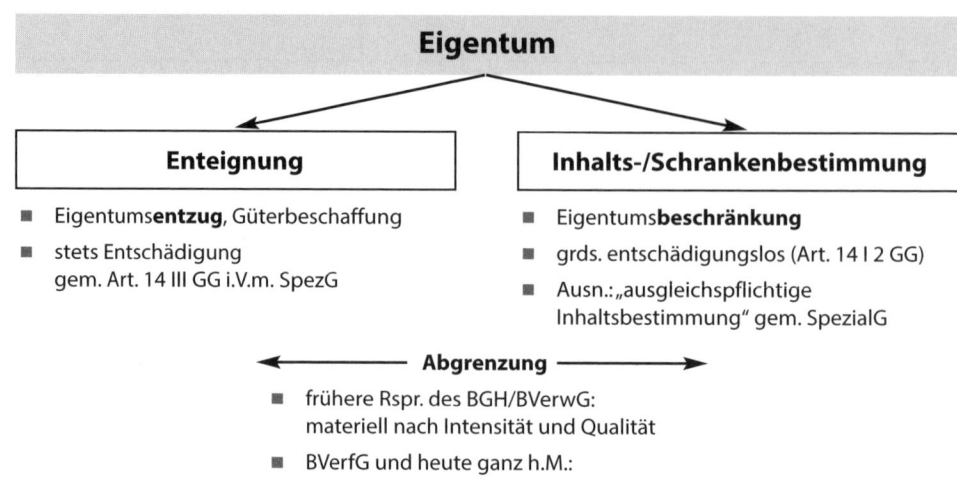

641 ■ Die **Enteignung** setzt zwingend voraus, dass der Entzug des Eigentums der **Güterbeschaffung** zugunsten der öffentlichen Hand oder eines sonst Enteignungsbegünstigten dient.[1033] In der Sache bedeutet sie **Entzug** des Eigentums und Übertragung auf einen Begünstigten („Zwangsverkauf"). Die Enteignung beseitigt das Eigentum des bisherigen Eigentümers und lässt originär **neues Eigentum** beim Begünstigten entstehen.

Beispiele: Entzug eines Grundstücks für den Straßenbau (§ 19 FStrG) oder aus städtebaulichen Gründen (§ 86 Abs. 1 Nr. 1 Alt. 1 BauGB), Belastung eines Grundstücks mit einer Grunddienstbarkeit, z.B. um die Benutzung durch die Allgemeinheit sicherzustellen (§ 86 Abs. 1 Nr. 1 Alt. 2 BauGB).

642 ■ **Inhalts- und Schrankenbestimmungen** sind dagegen alle **Eigentumsbeschränkungen**, mögen sie sich auch noch so schwerwiegend auswirken.[1034]

Beispiele: Nutzungsbeschränkungen im Natur-, Landschafts- oder Denkmalschutzrecht,[1035] baurechtliche Beschränkungen,[1036] Flug- und Verkehrslärm aufgrund einer Planfeststellung,[1037] ebenso die Vorschriften über die Zustandshaftung im Polizeirecht[1038] und (mangels Güterbeschaffung) die Regelungen über die Einziehung (§§ 73 ff. StGB).[1039]

[1032] Grundlegend BGHZ 6, 270, 280; BVerwGE 5, 143, 145 f.; für eine materielle Abgrenzung auch Schwabe Jura 1994, 529, 532; Axer DVBl. 1999, 1533, 1540 f.; Schönfeld NVwZ 1999, 380, 381; Wilhelm JZ 2000, 905, 909 f.
[1033] BVerfG RÜ 2017, 114, 118; ebenso schon BVerfGE 104, 1, 10; 126, 331, 359; Lege Jura 2011, 507, 513; Kloepfer DVBl 2011, 1437, 1439; Kahl/Bews Jura 2014, 1004, 1016; Ludwigs NVwZ 2016, 1, 2; ders. NVwZ- Beil. 2017, 3, 4; Froese NJW 2017, 444, 445; kritisch de Witt UPR 2012, 281, 285; Schwarz DVBl. 2013, 133, 138.
[1034] BGH NJW 2017, 829, 832; Lege Jura 2011, 507, 513; Kloepfer DVBl. 2011, 1437, 1439.
[1035] BVerfG NVwZ 2010, 957.
[1036] BVerfG NVwZ 2012, 429, 430; Muckel JA 2012, 314, 314 f.
[1037] BVerfG NVwZ 2010, 512, 514; vgl. dazu auch BVerwG NVwZ 2012, 1314 (Ausbau des Flughafens Frankfurt/Main).
[1038] Lege Jura 2011, 507, 514.
[1039] OVG NRW RÜ 2017, 319, 323; Ludwigs NVwZ-Beil. 2017, 3, 4 f.

Umstritten war die Einordnung der mit dem **Ausstieg aus der Atomenergie** verbundenen Verkürzung der Restlaufzeiten der Atomkraftwerke, die bis Ende 2022 schrittweise stillgelegt werden (vgl. § 7 Abs. 1a AtomG). Da nach Fristablauf ein Totalentzug der Nutzungsbefugnis vorliegt, wurde teilweise eine Enteignung angenommen.[1040] Nach h.M. handelt es sich dagegen um eine Inhalts- und Schrankenbestimmung, da den Kraftwerksbetreibern das Eigentum an den AKW nicht entzogen, sondern nur der Betrieb für die Zukunft neu geregelt wurde.[1041] Jedenfalls fehlt es an dem für die Enteignung unverzichtbaren Güterbeschaffungsvorgang.[1042] Allerdings kann eine solche rechtsentziehende Inhalts- und Schrankenbestimmung (Eigentumsentziehung ohne Güterbeschaffung) i.d.R. nur dann Bestand haben, wenn angemessene Ausgleichsregelungen vorgesehen sind. Deshalb ist der Gesetzgeber verpflichtet, unzumutbare Belastungen zu kompensieren (ausgleichspflichtige Inhaltsbestimmung, s.u. Rn. 652).

643

I. Anspruchsgrundlage für die Enteignungsentschädigung

Aufgrund der **Junktimklausel** in Art. 14 Abs. 3 S. 2 GG ist eine Enteignung nur zulässig, wenn das Gesetz zugleich Art und Ausmaß der **Entschädigung** regelt. Ohne Entschädigungsregelung ist die Enteignung rechtswidrig. Der Bürger kann und muss sich gegen die Maßnahme wehren. Es gibt **kein „Dulde und Liquidiere"**.[1043]

644

Für die Entschädigung gelten vorrangig **spezialgesetzliche Entschädigungsvorschriften**, subsidiär kommen die allgemeinen Enteignungsgesetze der Länder zur Anwendung (vgl. z.B. § 19 Abs. 5 FStrG). **Anspruchsgrundlage** für die Enteignungsentschädigung ist stets die **spezielle Entschädigungsvorschrift** (vgl. z.B. §§ 93 ff. BauGB).

645

Beachte: Art. 14 Abs. 3 GG selbst ist keine Anspruchsnorm, sondern nur verfassungsrechtlicher Maßstab für das Enteignungsgesetz.

II. Anspruchsvoraussetzungen für die Enteignungsentschädigung

---

Aufbauschema: Anspruch auf Enteignungsentschädigung

I. **Anspruchsgrundlage:** Spezialgesetz, nicht Art. 14 Abs. 3 GG

II. **Voraussetzungen**

    1. **Vorliegen einer Enteignung**, nicht Inhalts- und Schrankenbestimmung

    2. **Rechtmäßigkeit der Enteignung**

        a) **Ermächtigungsgrundlage für Enteignung**

        b) **zum Wohle der Allgemeinheit**

        c) **Verhältnismäßigkeit**

III. **Rechtsfolge:** angemessene Entschädigung

[1040] Schwarz DVBl. 2013, 133, 140; ebenso schon Schmidt-Preuß NJW 2000, 1524, 1525; Sachs/Wendt GG Art. 14 Rn. 157 b.
[1041] BVerfG RÜ 2017, 114, 118; Kloepfer DVBl. 2011, 1437, 1439; Degenhart DVBl. 2013, 207, 208; Schmitt/Werner NVwZ 2017, 21, 23; kritisch Berkemann DVBl. 2017, 793, 799; Sachs JuS 2017, 569, 571; Mangold/Lange JuS 2018, 161, 164.
[1042] BVerfG RÜ 2017, 114, 118; Sachs JuS 2017, 569, 571; Burgi NVwZ 2019, 585, 586.
[1043] Grundlegend BVerfGE 58, 300, 339 (Nassauskiesungsbeschluss).

1. Vorliegen einer Enteignung

646 Nach dem formellen Enteignungsbegriff setzt die Enteignung einen **finalen** (gewollten, beabsichtigten) **Entzug** einer Eigentumsposition voraus, der der **Güterbeschaffung** für einen öffentlichen Zweck dient. Die Enteignung erfolgt durch **VA** (sog. Administrativenteignung) oder (ausnahmsweise) unmittelbar durch **Gesetz** (sog. Legalenteignung). **Realakte** und ungewollte Nebenfolgen können mangels Finalität keine Enteignung i.S.d. Art. 14 Abs. 3 GG darstellen, sondern entschädigungsrechtlich nur als „enteignende" oder „enteignungsgleiche" Eingriffe von Bedeutung sein (s.u. Rn. 658 ff.).

2. Rechtmäßigkeit der Enteignung

647 Der Anspruch auf Entschädigung setzt grds. voraus, dass die **Enteignung rechtmäßig** ist.

- Als belastende Maßnahme bedarf die Enteignung stets einer (wirksamen) gesetzlichen **Ermächtigungsgrundlage**, die zugleich Art und Ausmaß der Entschädigung regelt (Art. 14 Abs. 3 S. 2 GG).

- Die Enteignung ist nur rechtmäßig, wenn sie zum **Wohle der Allgemeinheit** erfolgt (Art. 14 Abs. 3 S. 1 GG).[1044]

- Schließlich muss jede Enteignung **verhältnismäßig** sein.

648 Ist das zur Enteignung ermächtigende Gesetz wirksam, die Enteignung im konkreten Fall aber rechtswidrig (weil z.B. unverhältnismäßig), ist umstritten, ob ein Entschädigungsanspruch besteht. Nach h.Rspr. soll in diesem Fall die **gesetzliche Entschädigungsvorschrift analog** gelten.[1045] Wenn schon für einen rechtmäßigen Eingriff Entschädigung geleistet werde, müsse dies erst recht für rechtswidrige Eingriffe gelten. Nach der Gegenansicht gilt dagegen der Vorrang des verwaltungsgerichtlichen Rechtsschutzes, da rechtswidrige Maßnahmen stets abgewehrt werden müssen. Eine analoge Anwendung der gesetzlichen Entschädigungsregel sei deshalb unzulässig.[1046]

III. Rechtsfolge: Entschädigung

649 Die **Enteignungsentschädigung** ist unter gerechter Abwägung der Interessen der Allgemeinheit und der Beteiligten zu bestimmen (Art. 14 Abs. 3 S. 3 GG). Während Schadensersatz nach §§ 249 ff. BGB den Ausgleich sämtlicher Vermögenseinbußen in Gegenwart und Zukunft erfasst, führt die Entschädigung lediglich zu einem **„angemessenen" Ausgleich** (vgl. z.B. §§ 93 ff. BauGB).[1047]

650 Geht es um die **Rechtmäßigkeit der Enteignung**, so handelt es sich um öffentlich-rechtliche Streitigkeit i.S.d. § 40 Abs. 1 S. 1 VwGO, sodass der Enteignungsbeschluss im **Verwaltungsrechtsweg** durch Anfechtungsklage (§ 42 Abs. 1 Fall 1 VwGO) anzugreifen ist.

Für Enteignungen nach dem BauGB besteht eine abdrängende Sonderzuweisung an die Kammer für Baulandsachen beim Landgericht (§ 217 BauGB).

651 Der **Entschädigungsanspruch** ist dagegen nach Art. 14 Abs. 3 S. 4 GG zwingend im **ordentlichen Rechtsweg** geltend zu machen.[1048]

1044 Zur Enteignung zugunsten Privater, die nur mittelbar dem gemeinen Wohl dienen vgl. BVerfG NVwZ 2017, 399; NVwZ 2014, 211; dazu Hoops NVwZ 2017, 1496 ff.; Durner/Karrenstein DVBl. 2014, 175 ff.; Sachs JuS 2014, 468 ff.
1045 BGH DVBl. 1987, 568, 569; Lege Jura 2011, 826, 834.
1046 Böhmer NJW 1988, 2561, 2564; Schoch Jura 1989, 529, 535; Scherzberg DVBl. 1991, 84, 91.
1047 Vgl. allgemein Ossenbühl NJW 2000, 2945, 2951.
1048 Vgl. Graulich ZAP 2005, 849, 851; Lege Jura 2011, 826, 834.

B. Die ausgleichspflichtige Inhaltsbestimmung

Eigentumsbeschränkungen nach Art. 14 Abs. 1 S. 2 GG sind anders als Enteignungen **grds. entschädigungslos** hinzunehmen. Belastet die Inhalts-/Schrankenbestimmung den Betroffenen aber so sehr, dass sie auch unter Berücksichtigung der Sozialgebundenheit des Eigentums (Art. 14 Abs. 2 GG) nicht mehr zumutbar ist, ist die Regelung **unverhältnismäßig** und verfassungswidrig. Der Gesetzgeber kann dem Betroffenen aber zum **Ausgleich** der Belastung eine **Entschädigung** gewähren und so die Belastung **abmildern**. Dadurch wird die an sich unverhältnismäßige Maßnahme (wieder) verhältnismäßig **(ausgleichspflichtige Inhaltsbestimmung)**.[1049]

652

Beispiele: Die jedem Verleger auferlegte Pflicht, eine bestimmte Anzahl neu erschienener Bücher an eine öffentliche Bibliothek abzuliefern, stellt eine Eigentumsbeschränkung i.S.d. Art. 14 Abs. 1 S. 2 GG dar. Dies ist unproblematisch bei Büchern mit hoher Auflage und normalem Preis. Soweit die Ablieferungspflicht auch bei bibliophilen Kostbarkeiten besteht, ist sie für sich gesehen unzumutbar. Deshalb wurde die Ablieferungspflicht vom BVerfG nur als verhältnismäßig erachtet, wenn als Ausgleich eine Entschädigung gewährt wird.[1050]

Die mit dem Atomausstieg verbundene Verkürzung der Restlaufzeiten ist grds. ohne Entschädigung zumutbar, weil diese so bemessen sind, dass sich die Investitionen amortisieren. Soweit der Betreiber die ihm kraft Gesetzes zugeteilte Reststrommenge bis zum festen Abschalttermin indes nicht verbrauchen kann, wird der kompensatorische Charakter der ursprünglichen Übergangsregelung entwertet. Der Gesetzgeber muss entweder längere Laufzeiten vorsehen, eine finanzielle Entschädigung gewähren oder andere Ausgleichsmaßnahmen treffen, um eine unverhältnismäßige Belastung zu vermeiden.[1051]

Entschädigung wegen ausgleichspflichtiger Inhaltsbestimmung kann aber – wie die Enteignungsentschädigung – nur gewährt werden, wenn eine **gesetzliche Anspruchsgrundlage vorhanden** ist. Inhalt und Schranken des Eigentums zu bestimmen, ist Sache des Gesetzgebers (Art. 14 Abs. 1 S. 2 GG). **Fehlt** die Entschädigungsregelung bei einer Inhalts- oder Schrankenbestimmung, die den Einzelnen unverhältnismäßig belastet, ist das Gesetz verfassungswidrig. Der Betroffene kann und muss den Eingriff abwehren. Er erhält aber **keine Entschädigung**.[1052]

653

Bedeutung hatten hierbei in der Vergangenheit vor allem die sog. **salvatorischen Entschädigungsklauseln**, insbes. bei Eigentumsbeschränkungen im Denkmal-, Natur- und Landschaftsschutzrecht. („Hat eine Maßnahme nach diesem Gesetz enteignende Wirkung, so kann der hiervon Betroffene eine angemessene Entschädigung verlangen."). Sie beruhten auf dem früher in der Rspr. vertretenen weiten (materiellen) Enteignungsbegriff (s.o. Rn. 639), sind jedoch nach heutigem Verständnis zu unbestimmt. Deshalb haben die Länder ihre Entschädigungsregelungen zwischenzeitlich konkretisiert und die Tatbestände für die Gewährung einer Entschädigung detailliert geregelt (vgl. auch § 68 BNatSchG).[1053]

654

Für Ansprüche im Rahmen des Art. 14 Abs. 1 S. 2 GG ist gemäß § 40 Abs. 2 S. 1 Hs. 2 VwGO der **Verwaltungsrechtsweg** eröffnet.[1054]

655

1049 Vgl. BVerfG RÜ 2021, 36,40; NJW 2017, 217, 225 f.; NJW 2012, 429, 430; BVerwGE 80, 184, 191; 84, 184, 191; BGHZ 121, 328, 332; 123, 242, 245; Lege Jura 2011, 507, 515; Shirvani NVwZ 2020, 1457, 1459.

1050 BVerfGE 58, 137, 144 (Pflichtexemplarentscheidung).

1051 BVerfG RÜ 2021, 36, 40; RÜ 2017, 114, 118 (Atomausstieg); dazu Froese NJW 2017, 444, 446; Berkemann DVBl. 2017, 793, 802 f.; Burgi NVwZ 2019, 585, 587; a.A. Schwarz DVBl. 2013, 133, 140: mangels Entschädigungsregelung verfassungswidrige Enteignung (s.o. Rn. 643). Vgl. nunmehr §§ 7e–7g AtomG i.d.F. des Gesetzes vom 10.08.2021 (BGBl. I S. 3530), die Vorgängerregelungen hatte das BVerfG RÜ 2021, 36 ff. für unangemessen gehalten.

1052 BVerfG NJW 2017, 217, 226; NVwZ 2012, 429, 430 f.; Brüning JuS 2003, 1, 5; Kemmler JA 2005, 156, 157; Graulich ZAP 2005, 185, 188; Muckel JA 2012, 314, 315.

1053 Vgl. dazu Glaser JuS 2010, 209, 213.

1054 Früher streitig: Für Zivilrechtsweg BGH NJW 1995, 964, für Verwaltungsrechtsweg BVerwG NJW 1994, 2949.

C. Der enteignungsgleiche Eingriff

Fall 14: Späte Reaktion

E ist Eigentümer eines großen überwiegend bewaldeten Grundstücks. Im Jahre 2020 beantragte er eine befristete Waldumwandlungsgenehmigung, um Ackerbau zu betreiben. Die zuständige Behörde lehnte dies aus sachwidrigen Gründen ab. E unternahm trotz ordnungsgemäßer Rechtsbehelfsbelehrung zunächst nichts. Erst Anfang 2022 wurde er von einem Bekannten auf die Rechtswidrigkeit der Ablehnung hingewiesen. E wendet sich daraufhin an die Behörde und verlangt Schadensersatz bzw. Entschädigung, was diese ablehnt. Das einschlägige Landesforstgesetz enthalte keine Entschädigungsregelung, im Übrigen habe es E versäumt, gegen die Ablehnung vorzugehen. Wie ist zu entscheiden, wenn E einen Anspruch auf Erteilung der Umwandlungsgenehmigung gehabt hat?

656 **A. Anspruch aus § 839 Abs. 1 S. 1 BGB i.V.m. Art. 34 S. 1 GG**

I. Die **Tatbestandsvoraussetzungen** des Amtshaftungsanspruchs sind erfüllt, da die Behörde ihre dem E gegenüber obliegende Amtspflicht zu rechtmäßigem Verwaltungshandeln zumindest fahrlässig verletzt hat.

II. Der Anspruch scheitert jedoch an § 839 Abs. 3 BGB. E hat gegen die Versagung der Genehmigung trotz ordnungsgemäßer Belehrung **keinen Rechtsbehelf** eingelegt. Aufgrund der Rechtswidrigkeit der Ablehnung hätten Rechtsbehelfe die Erteilung der Genehmigung bewirkt und dadurch den Schaden abgewendet.

657 **B. Entschädigung wegen Enteignung** setzt einen **finalen Entzug** einer Eigentumsposition voraus. Dem E ist kein Recht entzogen worden. Außerdem fehlt es an der nach Art. 14 Abs. 3 S. 2 GG erforderlichen **Entschädigungsregelung** im LForstG.

C. Ein Entschädigungsanspruch könnte sich aus dem Gesichtspunkt eines **enteignungsgleichen Eingriffs** ergeben.

I. Rechtsgrundlage

658 1. Das Rechtsinstitut des enteignungsgleichen Eingriffs beruht auf einer **Rechtsfortbildung** durch die Rspr. Ausgangspunkt war folgende Überlegung: Wenn nach Art. 14 Abs. 3 S. 2 GG rechtmäßige Eingriffe in das Eigentum eine Entschädigung auslösen, müsse dies **analog Art. 14 Abs. 3 GG** erst recht für rechtswidrige Maßnahmen gelten. Vor allem sollte dadurch die **Haftungslücke für rechtswidrig schuldlose Eingriffe** (kein Anspruch aus 839/34) geschlossen werden.[1055]

659 2. Diesen Ausgangspunkt hat das BVerfG im sog. **Nassauskiesungsbeschluss**[1056] aus grundrechtsdogmatischen Gründen verworfen. Danach ist begrifflich streng zu trennen zwischen der Eigentumsbeschränkung nach Art. 14 Abs. 1 S. 2 GG und der Enteignung gemäß Art. 14 Abs. 3 GG (Trennungstheorie). Enteignung ist nur der **finale Entzug** des Eigentums zur Güterbeschaffung (formeller Enteignungsbegriff). Ist der Eingriff rechtswidrig, kann und muss der Betroffene den Eingriff abwehren.

1055 Grundlegend BGHZ 6, 270, 290; 13, 88, 92; 32, 208, 211; 60, 126, 137.
1056 BVerfGE 58, 300 ff.; dazu Lege JZ 2011, 1084 ff.

Auch kann eine verfassungswidrige Inhaltsbestimmung nicht in eine Enteignung umschlagen. Sie bleibt ein rechtswidriger Eingriff, der durch Zubilligung einer Entschädigung nicht geheilt werden kann (s.o. Rn. 638 f.).

3. Die Aussagen des BVerfG beziehen sich allerdings nur auf **finale Eingriffe** in das Eigentum. Damit bleibt eine Lücke vor allem bei **faktischen Beeinträchtigungen**, die oftmals nicht abgewehrt werden können. Die Rspr. hält deshalb in diesem Bereich am enteignungsgleichen Eingriff fest. Geändert hat sich allerdings der dogmatische Ausgangspunkt. Der Anspruch kann aufgrund der Rspr. des BVerfG nicht aus Art. 14 Abs. 3 GG abgeleitet werden. **Rechtsgrundlage** ist vielmehr der schon in den §§ 74, 75 der Einleitung zum Preußischen Allgemeinen Landrecht enthaltene **gewohnheitsrechtliche Aufopferungsgedanke**.[1057]

660

Auch das BVerfG hat zwischenzeitlich den „enteignungsgleichen Eingriff" ohne nähere Begründung als einfach-gesetzliches Haftungsinstitut anerkannt.[1058] Einen **Spezialfall** des enteignungsgleichen Eingriffs bildet die Haftung wegen rechtswidriger Maßnahmen der Polizei- und Ordnungsbehörden (s.o. Rn. 614 ff.).

II. **Anwendbar** ist das Rechtsinstitut des enteignungsgleichen Eingriffs bei

661

- **rechtswidrigem Vollzug verfassungsgemäßer Gesetze** und
- **rechtswidrigen faktischen Eigentumsbeeinträchtigungen**.

Beispiele: rechtswidrige Ablehnung einer Genehmigung;[1059] faktische Bausperre durch Verzögerung einer Baugenehmigung;[1060] rechtswidriges Verbot des Vertriebs bestimmter Waren.[1061]

Da es sich im vorliegenden Fall **nicht um eine zielgerichtete Enteignung** handelt, sondern um eine rechtswidrige Beschränkung des Eigentums durch Einzelakt, ist der Rückgriff auf die gewohnheitsrechtlichen Grundsätze des enteignungsgleichen Eingriffs zulässig.

Nicht anwendbar ist der enteignungsgleiche Eingriff bei **finalem Eigentumsentzug** und **legislativem Unrecht**. Ist ein formelles Gesetz verfassungswidrig, so muss sich der Betroffene gegen die darauf gestützte rechtswidrige Maßnahme wehren. Der Verfassungsverstoß kann nicht durch Zubilligung einer gesetzlich nicht vorgesehenen Entschädigung „geheilt" werden.[1062]

662

III. **Anspruchsvoraussetzungen**

Ein Entschädigungsanspruch aus enteignungsgleichem Eingriff setzt voraus, dass in eine durch Art. 14 Abs. 1 GG geschützte Rechtsposition unmittelbar durch eine **rechtswidrige** hoheitliche Maßnahme eingegriffen wird und dem Betroffenen dadurch ein besonderes Opfer (Sonderopfer) auferlegt wird.[1063]

663

1. Es muss **Eigentum** i.S.d. Art. 14 Abs. 1 GG betroffen sein.[1064] Das ist hier das aus dem Grundeigentum folgende Nutzungsrecht des E.

664

[1057] BGHZ 90, 17, 41; 117, 240, 252; BGH NJW 2007, 830, 833; DVBl. 2005, 373, 375; Papier DVBl. 2000, 1398, 1400; Ossenbühl NJW 2000, 2945, 2950; Kemmler JA 2005, 156, 159; Graulich ZAP 2005, 185, 190; Schlick NJW 2008, 31, 32.
[1058] BVerfG NJW 2006, 2542, 2544 (keine Anwendung auf Kriegsschäden); DVBl. 2000, 350, 351; NJW 1992, 36, 37; dagegen Lege JZ 2011, 1084, 1089 f.; ders. Jura 2011, 826, 833.
[1059] BGH NVwZ 2007, 830, 833; NVwZ 1992, 1119, 1121.
[1060] BGH VersR 2002, 714, 715.
[1061] BGH NVwZ-RR 2000, 744.
[1062] BVerfGE 58, 300, 320; BGH NJW 1987, 1875, 1877; Schmitt/Werner NVwZ 2017, 21, 24; anders noch BGHZ 56, 40, 42; für die Einbeziehung legislativen Unrechts Detterbeck NVwZ 2019, 97, 98 f.; kritisch Geiger NVwZ 2020, 1234, 1238.
[1063] Vgl. z.B. BGH NJW 2019, 227, 229; NJW 2017, 1322, 1324; Schlick NJW 2017, 2509, 2509; NJW 2019, 2671, 2672.
[1064] BGH DVBl. 2005, 373, 375; Fehling/Faust/Rönnau JuS 2006, 18, 20 m.w.N.

Erfasst werden alle vermögenswerten privaten Rechte (Sacheigentum, Forderungen, Urheberrechte etc.) sowie öffentlich-rechtliche Rechtspositionen, die durch nicht unerhebliche Eigenleistungen erworben wurden und nicht überwiegend auf staatlicher Gewährung beruhen. Nicht geschützt werden bloße Erwerbschancen und das Vermögen als solches.[1065]

In der Lit. wird die Haftung wegen enteignungsgleichen Eingriffs auch auf andere Grundrechte (insbes. Art 12 GG) erweitert.[1066] Von der Rspr. wird dies ausdrücklich abgelehnt: Die Entschädigungssituation erstrecke sich nur auf das „Erworbene, nicht auf den Erwerb."[1067]

2. Die Eigentumsbeeinträchtigung muss auf einem **unmittelbaren hoheitlichen Eingriff** beruhen.

665 a) Als (enteignungsgleicher) **Eingriff** kommen alle hoheitlichen Maßnahmen (mit Ausnahme formeller Gesetze, s.o.) in Betracht, insbes. Verwaltungsakte, aber auch Realakte.

666 b) Bei der Frage, ob ein Eingriff **unmittelbar** zu einer Eigentumsbeeinträchtigung geführt hat, handelt es sich um eine **wertende Zurechnung** der Folgen nach Verantwortungsbereichen und Risikosphären. Für die Unmittelbarkeit reicht es aus, wenn sich eine **typische Gefahr** verwirklicht, die bereits in der hoheitlichen Maßnahme selbst angelegt ist.[1068]

667 aa) Hier hat es die Behörde lediglich **unterlassen**, die Genehmigung zu erteilen. Ein Unterlassen stellt nach h.M. grds. **keinen Eingriff** dar. Denn dem Bürger wird nichts genommen, sondern nur etwas vorenthalten. Da Art. 14 Abs. 1 GG nur vorhandene Vermögenspositionen schützt, kommt als Eingriffsobjekt nur eine bestehende, nicht aber eine bloß begehrte Rechtsposition in Betracht.

668 bb) Ein Eingriff liegt aber vor, wenn das Unterlassen sich ausnahmsweise als in den Rechtskreis des Betroffenen eingreifendes Handeln darstellt **(qualifiziertes Unterlassen)**.[1069] Dies ist insbes. anzunehmen, wenn die Behörde – wie hier – eine beantragte Genehmigung förmlich verweigert, da die Eigentumsbeschränkung dann unmittelbar auf der Versagung beruht.

669 3. Die Maßnahme hat **enteignungsgleiche Wirkung**, wenn der herbeigeführte **Erfolg rechtswidrig** ist.[1070] Das Sonderopfer wird durch die Rechtswidrigkeit der staatlichen Maßnahme indiziert.[1071] Die rechtswidrige Ablehnung der Waldumwandlungsgenehmigung stellt mithin einen enteignungsgleichen Eingriff dar.

670 4. Der Anspruch wegen enteignungsgleichen Eingriffs ist vom **Verschulden unabhängig**, gilt also bei rechtswidrig schuldlosen Eingriffen ebenso wie bei rechtswidrig schuldhaften. Im letzteren Fall kann der Anspruch wegen enteignungsgleichen Eingriffs neben dem Amtshaftungsanspruch geltend gemacht werden.[1072]

1065 Lege Jura 2011, 507, 509.
1066 Maurer/Waldhoff § 27 Rn. 106; Schenke NJW 1991, 1777, 1780; Maurer JZ 1996, 1124, 1125; Kühne DVBl. 2005, 978. 979.
1067 BVerfG NVwZ 1992, 36, 37; BGH DVBl. 2005, 373, 375; NJW 1990, 3260, 3261; Schlick NJW 2013, 3142.
1068 Grundlegend BGHZ 92, 34, 41; Maurer/Waldhoff § 27 Rn. 94; Detterbeck JuS 2000, 574, 589; Sachs GG Art. 14 Rn. 176.
1069 BGH NJW 2007, 830, 834; OLG Hamm RÜ 2019, 333; OLG Saarbrücken NVwZ-RR 2018, 348, 353; Maurer/Waldhoff § 27 Rn. 93.
1070 BGH NJW 2019, 227, 229; Maurer/Waldhoff § 27 Rn. 95; Schlick NJW 2017, 2509, 2509.
1071 BGH NJW 2017, 1322, 1324; Kemmler JA 2005, 156, 159; dagegen Lege Jura 2011, 826, 837.
1072 BGHZ 7, 296, 298; 13, 88, 94; 45, 58, 82; BGH NJW 2007, 830, 833.

Die Vorschriften über die polizei- und ordnungsrechtliche Unrechtshaftung (s.o. Rn. 614 ff.) verdrängen dagegen als lex specialis den allgemeinen Aufopferungsanspruch wegen enteignungsgleichem Eingriff.[1073] Auch ausgleichspflichtige Inhaltsbestimmungen stellen eine vorrangige, abschließende Spezialregelung dar.[1074]

5. Aufgrund des **Vorrangs des Primärrechtsschutzes** ist der Anspruch analog § 254 BGB ausgeschlossen, wenn der Betroffene es schuldhaft unterlassen hat, den Schaden durch Rechtsmittel abzuwehren (kein „Dulde und Liquidiere").[1075]

671

Dem E ist vorzuwerfen, dass er die Ablehnung der Umwandlungsgenehmigung nicht näher geprüft hat, ggf. hätte er anwaltlichen Rat einholen müssen. Da die Erhebung von Widerspruch und Verpflichtungsklage den eingetretenen Schaden verhindert hätten, ist der Anspruch insoweit ausgeschlossen. E kann nur die Nachteile ersetzt verlangen, die sich auch durch die Rechtsbehelfe nicht hätten vermeiden lassen (z.B. die während des Verpflichtungsprozesses ohnehin eintretenden **Verzögerungsnachteile**).

Gegenbeispiel: Kein Ausschluss analog § 254 BGB, wenn der Eingriff nicht abwehrbar ist, insbes. weil es sich um einen faktisch abgeschlossenen Eingriff handelt, oder wenn die Wahrnehmung des Abwehrrechts unzumutbar ist.[1076]

IV. **Rechtsfolge:** Im Unterschied zum Amtshaftungsanspruch (§ 839 BGB, Art. 34 GG), der dem Geschädigten vollen Schadensersatz gewährt, ist der Anspruch aus enteignungsgleichem Eingriff lediglich auf eine **„angemessene Entschädigung"** gerichtet.[1077] Hierfür gelten dieselben Grundsätze wie bei der Enteignung (s.o. Rn. 649 f.).

672

V. **Anspruchsgegner** ist der **begünstigte Hoheitsträger**, also der, dessen Aufgaben wahrgenommen wurden oder dem die Vorteile des Eingriffs zugeflossen sind.[1078]

673

VI. Der Anspruch unterliegt der regelmäßigen (dreijährigen) **Verjährung** nach § 195 BGB.[1079]

674

VII. Ansprüche wegen enteignungsgleichen Eingriffs sind nach h.M. gemäß § 40 Abs. 2 S. 1 Hs. 1 Fall 1 VwGO im **Zivilrechtsweg** geltend zu machen, da es sich um einen Anspruch aus Aufopferung handelt.[1080]

675

Nach der Gegenansicht gilt § 40 Abs. 2 S. 1 Hs.1 Fall 1 VwGO nur für die Aufopferung im engeren Sinne (unten Rn. 710). Für den enteignungsgleichen Eingriff als eigentumsrechtlich gebotenen Ausgleichsanspruch seien nach § 40 Abs. 2 S. 1 Hs. 2 VwGO die Verwaltungsgerichte zuständig.[1081] Dagegen spricht jedoch, dass sich die Vorschrift nur auf ausgleichspflichtige Inhaltsbestimmungen nach Art. 14 Abs. 1 S. 2 GG bezieht. Im Übrigen greift für rechtswidrige Eingriffe und damit auch für den enteignungsgleichen Eingriff jedenfalls die Zuständigkeit der Zivilgerichte nach § 40 Abs. 2 S. 1 Hs. 1 Fall 3 VwGO („Verletzung öffentlich-rechtlicher Pflichten") ein.[1082]

1073 Maurer/Waldhoff § 27 Rn. 103; vgl. auch BGH, Urt. v. 03.03.2011 – III ZR 174/10, RÜ 2011, 400, 403.
1074 OLG Frankfurt NVwZ-RR 2007, 242, 243.
1075 Vgl. BGHZ 90, 17, 31; 91, 20, 24; 140, 285, 297; OLG Hamm NVwZ 2004, 1148; Kemmler JA 2005, 156, 159.
1076 BGH NVwZ-RR 2000, 744.
1077 Vgl. BGH NJW 2007, 830, 834 m.w.N.
1078 BGHZ 102, 350, 359; 134, 316, 321; abweichend Maurer/Waldhoff § 27 Rn. 101 der Hoheitsträger, dessen Organ den Eingriff vorgenommen hat und daher verantwortlich sei.
1079 BGH NVwZ 2007, 362, 364; NJW 2007, 830, 834; Graulich ZAP 2005, 571, 580; Schlick NJW 2008, 31, 32; allgemein zur Verjährung öffentlich-rechtlicher Ansprüche BVerwG NVwZ 2017, 56, 59.
1080 BGHZ 90, 17, 31; Kopp/Schenke VwGO § 40 Rn. 61; Maurer/Waldhoff § 27 Rn. 116; Kemmler JA 2005, 1560, 160; Graulich ZAP 2005, 849, 852.
1081 Hufen, VerwaltungsprozessR, § 11 Rn. 69; Hüttenbrink DVBl. 2002, 85.
1082 Kopp/Schenke VwGO § 40 Rn. 61; Eyermann/Rennert VwGO § 40 Rn. 119; Sodan/Ziekow VwGO § 40 Rn. 545.

> **Aufbauschema: Anspruch wegen enteignungsgleichen Eingriffs**
>
> **I. Rechtsgrundlage**
> - frühere Rspr.: Art. 14 Abs. 3 GG analog (Erst-Recht-Schluss)
> - heute h.M.: Gewohnheitsrecht, allgemeiner Aufopferungsgedanke, §§ 74, 75 EALR
>
> **II. Anwendbarkeit**
>
> (–) bei zielgerichteter Enteignung und legislativem Unrecht
>
> (+) bei rechtswidrigen faktischen Eigentumsbeeinträchtigungen oder rechtswidriger Konkretisierung von Inhalt und Schranken durch Einzelakt
>
> **III. Voraussetzungen**
> 1. Eigentum i.S.v. Art. 14 Abs. 1 GG betroffen
> 2. unmittelbarer hoheitlicher Eingriff
> 3. Eingriff rechtswidrig („enteignungsgleiche" Wirkung) = Sonderopfer
> 4. Ausschluss analog § 254 BGB, soweit Primärrechtsschutz schuldhaft versäumt
>
> **IV. Rechtsfolge:** angemessene Entschädigung (kein Schadensersatz!)

D. Der enteignende Eingriff

676 Während es beim enteignungsgleichen Eingriff um rechtswidrige Eingriffe in das Eigentum geht, spricht man von einem **enteignenden Eingriff**, wenn die Eigentumsbeeinträchtigung zumeist atypische und unvorhergesehene Nebenfolge eines **rechtmäßigen Verwaltungshandelns** ist. Eine Entschädigung wird gewährt, wenn die Folgen **besonders schwerwiegend** und deshalb **unzumutbar** sind.[1083]

Beispiele: Umsatzeinbußen durch langjährige Bauarbeiten an einer Straße,[1084] Beeinträchtigungen durch Verkehrslärm oder Fluglärm,[1085] Überflutungsschäden durch gemeindliche Abwasseranlagen bei Starkregen.[1086] Derzeit äußerst umstritten, sind Ansprüche bei (rechtmäßigen) hoheitlichen Eingriffe im Rahmen der COVID-19-Pandemie (z.B. bei Betriebsschließungen, s.u. Fall 15).

I. Rechtsgrundlage

677 **1.** Ursprünglich hat die Rspr. auch diesen Anspruch mit einer **analogen Anwendung des Art. 14 Abs. 3 GG** begründet. Da sich der **Nassauskiesungsbeschluss** des BVerfG nur auf gezielte Rechtsakte bezog, stellte er den enteignenden Eingriff, der vor allem faktische Beeinträchtigungen erfasst, nicht infrage. Da das BVerfG jedoch eine Entschädigung analog Art. 14 Abs. 3 GG aus grundrechtsdogmatischen Gründen generell abgelehnt hat, ist Rechtsgrundlage nunmehr auch für den enteignenden Eingriff der **gewohnheitsrechtliche Aufopferungsanspruch** nach §§ 74, 75 EALR.[1087]

1083 Vgl. z.B. BGHZ 197, 43, 46; 213, 200, 211; BGH NJW 2019, 227, 229 m.w.N.
1084 BGHZ 57, 359; OLG Hamm NVwZ 2004, 1148; OLG Jena, Urt. v. 22.06.2017 – 4 U 845/15, BeckRS 2017, 131485
1085 BGHZ 97, 361, 362; VGH BW NVwZ-RR 2017, 224 (Verkehrslärm); BGHZ 122, 76, 76 f. (Fluglärm).
1086 BGH NVwZ 2006, 1086; DVBl. 2004, 945 u. 948; Ewer NJW 2002, 3497, 3501 m.w.N.
1087 BGH RÜ 2013, 399, 400; grundlegend BGHZ 91, 20, 27; 97, 361, 363; Ossenbühl NJW 2000, 2945, 2952; Kemmler JA 2005, 156, 158; Graulich ZAP 2005, 185, 190; Schmitt/Werner NVwZ 2017, 21, 24; Grefrath NJW 2022, 215, 216.

2. In der Lit. wird das Haftungsinstitut des enteignenden Eingriffs teilweise als **Unterfall der ausgleichspflichtigen Inhaltsbestimmungen** verstanden und von Art. 14 Abs. 1 S. 2 GG erfasst. Ausgleichspflichtige Inhaltsbestimmung und enteignender Eingriff seien nach Tatbestand und Rechtsfolge deckungsgleich. Der Sache nach handele es sich beim „enteignenden Eingriff" um eine ausgleichspflichtige Inhaltsbestimmung ohne gesetzliche Regelung. Dies sei nach der Rspr. des BVerfG unzulässig. Ohne gesetzliche Grundlage dürfe keine Entschädigung gewährt werden.[1088]

678

Dagegen spricht jedoch, dass es sich bei **ausgleichspflichtigen Inhaltsbestimmungen** um **gezielte** Beeinträchtigungen des Eigentums handelt, während es beim enteignenden Eingriff i.d.R. um **atypische Nebenfolgen** geht. Bei diesen fehlt es gerade an gesetzlichen Anspruchsgrundlagen, da der Gesetzgeber diese Folgen nicht vorhersehen konnte.[1089] Der Betroffene hat hier auch nicht die Möglichkeit, die (an sich rechtmäßige) Maßnahme vor dem Verwaltungsgericht abzuwehren.

679

Das BVerfG hat die Berechtigung des Haftungsinstituts des enteignenden Eingriffs angezweifelt, aber im Ergebnis offengelassen.[1090] Jedenfalls hat das BVerfG die Existenz eines **einfach-gesetzlichen Anspruchs** akzeptiert.

3. Spezialvorschriften, die den gewohnheitsrechtlichen Anspruch wegen enteignenden Eingriffs ausschließen, bestehen insbesondere bei Anlagen, die aufgrund von **Planfeststellungsbeschlüssen** oder **Plangenehmigungen** betrieben werden. Nach § 74 Abs. 2 S. 2 VwVfG sind im Planfeststellungsbeschluss Vorkehrungen zu treffen, die zur Vermeidung nachteiliger Wirkungen auf Rechte anderer erforderlich sind (z.B. Errichtung einer Lärmschutzwand beim Straßenausbau). Sind solche Vorkehrungen untunlich oder mit dem Vorhaben unvereinbar, hat der Betroffene Anspruch auf **angemessene Entschädigung** nach § 74 Abs. 2 S. 3 VwVfG. Die Planbehörde hat daher zu prüfen, ob den Betroffenen Einwirkungen ohne Ausgleich zumutbar sind. Sieht der Planfeststellungsbeschluss keine Schutzvorkehrungen vor und wird er mit diesem Inhalt **bestandskräftig**, sind Ansprüche auf Unterlassung des Vorhabens, auf Beseitigung oder Änderung der Anlagen oder auf Unterlassung ihrer Benutzung ausgeschlossen (§ 75 Abs. 2 S. 1 VwVfG). Diese Ausschluss- und Duldungswirkung erstreckt sich auch auf etwaige Ausgleichsansprüche nach § 74 Abs. 2 S. 3 VwVfG und ebenso auf Ansprüche wegen enteignenden Eingriffs, wenn im Planfeststellungsbeschluss kein Ausgleichsanspruch vorgesehen ist.[1091]

680

Dasselbe gilt für bestandskräftige **Plangenehmigungen**, die nach § 74 Abs. 6 VwVfG die Rechtswirkungen einer Planfeststellung haben und öffentlich-rechtliche wie privatrechtliche Ansprüche erfassen.[1092] Etwas anderes gilt allerdings für Schäden, die durch Schutzvorkehrungen nicht verhindert werden können. Hier bleibt der enteignende Eingriff anwendbar.[1093]

1088 Maurer/Waldhoff § 27 Rn. 108 f.; Schmidt NJW 1999, 2847, 2848; v.Arnauld VerwArch 2002, 394 m.w.N.
1089 Sauer JuS 2012, 800, 803; Lege Jura 2011, 826, 838; Maurer/Waldhoff § 27 Rn. 111 erwägen, bei Zufallsschäden aufgrund des Erfolgsunrechts auf den enteignungsgleichen Eingriff zurückzugreifen, sodass der enteignende Eingriff als Haftungsinstitut auch in diesen Fällen entbehrlich sei.
1090 BVerfG NJW 1998, 3264.
1091 BVerfG NVwZ 2010, 512, 516; BVerwG NVwZ 2008, 1113, 1114; BGH NVwZ 2015, 1317, 1318; anders die frühere Rspr. des BGH, der bei „schweren und unerträglichen" Verkehrsimmissionen auf Ansprüche wegen enteignenden Eingriffs zurückgriff (vgl. z.B. BGH NJW 1993, 1700; NVwZ 1992, 915).
1092 OLG Köln NVwZ 2017, 733, 734; OLG Schleswig NVwZ-RR 2016, 772; Kopp/Ramsauer VwVfG § 74 Rn. 223; a.A. Stelkens/Bonk/Sachs VwVfG § 74 Rn. 251.
1093 BGH NVwZ 2015, 1317, 1319; Schlick NJW 2015, 2703, 2704.

681 4. Bei **hoheitlichen Immissionen** hat das BVerwG darüber hinaus, auch wenn sie nicht auf einem planfestgestellten/-genehmigten Vorhaben beruhen, aus § 74 Abs. 2 S. 3 VwVfG in Rechtsanalogie mit § 42 Abs. 2 BImSchG, § 906 Abs. 2 S. 2 BGB einen **allgemeinen öffentlich-rechtlichen Nachbarausgleichsanspruch** entwickelt. Der Ausgleich unzumutbarer Beeinträchtigungen erfolge auch hier primär durch Schutzvorkehrungen (vgl. § 74 Abs. 2 S. 2 VwVfG). Sind solche Vorkehrungen nicht oder nur mit unverhältnismäßigem Aufwand möglich, so habe der Betroffene zum Ausgleich der ihm auferlegten Duldungspflicht Anspruch auf **angemessene Entschädigung**. Der Anspruch, für den nach § 40 Abs. 1 S. 1 VwGO der Verwaltungsrechtsweg gegeben sei, habe Vorrang gegenüber einem Anspruch aus enteignendem Eingriff.[1094]

Der BGH hält dagegen bei hoheitlichen Immissionen, die nicht auf planfestgestellten Vorhaben beruhen, an seiner herkömmlichen Auffassung fest, dass bei „schweren und unerträglichen" Einwirkungen im öffentlich-rechtlichen Nachbarrechtsverhältnis ein Aufopferungsanspruch wegen enteignenden Eingriffs besteht, für den nach § 40 Abs. 2 S. 1 Hs. 1 Fall 1 VwGO die Zivilgerichte zuständig seien.[1095]

II. Voraussetzungen

682 Die **Voraussetzungen** des Anspruchs wegen enteignenden Eingriffs entsprechen denen des enteignungsgleichen Eingriffs (unmittelbarer Eingriff in das Eigentum, das zu einem Sonderopfer führt), allerdings mit der Besonderheit, dass es nicht um einen rechtswidrigen Eingriff, sondern um eine **Nebenfolge einer an sich rechtmäßigen Maßnahme** geht.[1096]

683 1. Es muss **Eigentum** i.S.d. Art. 14 Abs. 1 GG betroffen sein. In Abgrenzung zur Berufsfreiheit (Art. 12 Abs. 1 GG) muss der Eingriff schwerpunktmäßig das **Erworbene** und nicht nur den (künftigen) **Erwerb** betreffen. Problematisch ist dies insbes. bei Eingriffen in den **eingerichteten und ausgeübten Gewerbebetrieb** (s.u. Rn. 703).[1097]

684 2. Die Eigentumsbeeinträchtigung muss **unmittelbar** auf einen **hoheitlichen Eingriff** zurückzuführen sein. Während der BGH den Eingriff zunächst auf **gezielte** (finale) Eigentumsbeeinträchtigungen beschränkt hatte, lässt er es heute genügen, dass von einer hoheitlichen Maßnahme **unmittelbare Auswirkungen** auf das Eigentum ausgehen. Die Unmittelbarkeit ist dabei aber nicht eng zu verstehen. Die Maßnahme muss insbesondere nicht die zeitlich letzte Ursache darstellen. Es reicht vielmehr aus, wenn das hoheitliche Handeln eine Gefahr begründet und sich im Schadenseintritt diese für die konkrete hoheitliche Betätigung **typische Gefährdungslage** konkretisiert.[1098]

Die Unmittelbarkeit wurde z.B. bejaht bei Vernichtung einer Ernte durch Graugänse, bei denen ein Abschussverbot zu einer Überpopulation geführt hatte.[1099] Dagegen wurde die Unmittelbarkeit abgelehnt bei Beschädigung einer sichergestellten Sache durch Dritte, da die Sicherstellung nicht typischerweise eine Gefahr für die Sache begründet.[1100]

1094 BVerwGE 79, 254, 262; 80, 184, 190; 108, 248, 260; BayVGH NVwZ-RR 2007, 161, 165; Graulich ZAP 2005, 571, 579.
1095 BGH NJW 1993, 1700; NVwZ 1992, 915; zustimmend Sproll JuS 1996, 313, 318; ebenso BGH NVwZ 2015, 1317 für nach Unanfechtbarkeit eines Planfeststellungsbeschlusses eingetretene Eigentumsschäden und VGH BW NVwZ-RR 2017, 224 für Verkehrslärmimmissionen bei Altstraßen.
1096 BGH NJW 2019, 227, 229; RÜ 2013, 399, 401; Schlick NJW 2019, 2671, 2672.
1097 Dazu AS-Skript Grundrechte (2021), Rn. 537 u. 539.
1098 Vgl. BGH RÜ 2013, 399, 401; Kemmler JA 2005, 156, 158.
1099 BGH NVwZ 1988, 1066, 1068; anders OLG Schleswig NordÖR 2000, 128, 129 f.; OLG Karlsruhe VersR 2010, 1501, 1502, das im Fall von Rabenkrähen von „Folgen der natürlichen Umgebungsbedingungen" spricht.
1100 BGH NJW 1987, 2573, 2574.

3. Der Eingriff muss **enteignende Wirkung** haben. Das ist dann der Fall, wenn dem Betroffenen ein **Sonderopfer** abverlangt wird. Im Gegensatz zum enteignungsgleichen Eingriff fehlt beim enteignenden Eingriff das Kriterium der Rechtswidrigkeit, welches das Sonderopfer indiziert. Ob ein **Sonderopfer** vorliegt, muss daher aufgrund der Umstände des Einzelfalls besonders festgestellt werden.[1101] Ein Sonderopfer ist nur zu bejahen, wenn die Beeinträchtigung eine **gewisse Schwere** aufweist und die „Opfergrenze" überschritten wird. Entscheidend ist, ob die Schwelle des **Zumutbaren** überschritten ist.[1102]

685

a) Beruht die Beeinträchtigung auf tatsächlichen Einwirkungen auf das Eigentum (z.B. durch Immissionen), so ist auf den **Rechtsgedanken des § 906 BGB** abzustellen.

686

Ein enteignend wirkender Tatbestand liegt insbesondere vor, wenn der Betroffene bei privatrechtlichen Beeinträchtigungen einen Ausgleichsanspruch nach § 906 Abs. 2 S. 2 BGB gehabt hätte, weil die ortsübliche Nutzung des gestörten Grundstücks eingeschränkt wird.[1103] Dasselbe gilt, wenn rechtswidrige Störungen ausnahmsweise aus übergeordneten (öffentlichen) Gründen hingenommen werden müssen (§ 906 Abs. 2 S. 2 BGB analog, sog. privatrechtliche Aufopferung).[1104]

b) An einer enteignenden Wirkung fehlt es dagegen i.d.R., wenn die Beeinträchtigung ihren Grund **in der Sache selbst**, insbesondere Zustand, Lage o.Ä. hat oder wenn die für jedermann geltende Grenze der Sozialbindung des Eigentums (Art. 14 Abs. 2 GG) konkretisiert wird.

687

Beispiele: Beeinträchtigungen durch Straßenbauarbeiten sind i.d.R. entschädigungslos hinzunehmen („Schicksalsgemeinschaft" des Anliegers mit der Straße). Etwas anderes gilt, wenn die Folgen des Eingriffs für den Anlieger nach Art, Dauer und Intensität so erheblich sind, dass eine entschädigungslose Hinnahme nicht mehr zuzumuten ist.[1105]

Die Schwelle zur Unzumutbarkeit und damit zum Sonderopfer wird nicht überschritten, wenn die Polizei rechtmäßig einen gestohlenen Wagen rammt. Hier verwirklicht sich gegenüber dem Eigentümer nur das Risiko, das bereits im Diebstahl angelegt ist.[1106] Ebenso fehlt es an einem Sonderopfer, wenn der Betroffene das Risiko durch eigenes Verhalten hervorgerufen hat, auch wenn dieses rechtlich erlaubt ist.[1107]

III. Rechtsfolge

Für die **Entschädigung** wegen enteignenden Eingriffs gelten dieselben Grundsätze wie bei der Enteignung (s.o. Rn. 649 ff).[1108] **Anspruchsgegner** ist grds. der „begünstigte" Hoheitsträger. Das ist derjenige, dem die Vorteile des Eingriffs zugeflossen sind, oder derjenige, dessen Aufgaben wahrgenommen wurden (also nicht unbedingt derjenige, der den Eingriff vorgenommen hat).[1109] Für die **Verjährung** gilt § 195 BGB (s.o. Rn. 674).

688

1101 BGH NJW 2019, 227, 229; Schlick NJW 2019, 2671, 2672; Eibenstein NVwZ 2020, 930, 934; Fischer-Uebler/Gölzer/Schaub JA 2021, 491, 495; Dünchheim/Gräler VerwArch 2021, 38. 56.
1102 BGH NJW 2019, 227, 229; NJW 2018, 1396, 1397; NJW 2017, 1322, 1324; RÜ 2013, 399, 401; RÜ 2011, 400, 404; Ossenbühl NJW 2000, 2945, 2952; Durner JuS 2005, 900, 902; Schlick NJW 2017, 2509, 2509; Berwanger NVwZ 2017, 1348, 1351 zu Vandalismusschäden anlässlich des G20-Gipfels.
1103 BGH DVBl. 2004, 945, 946; BGH NJW 2005, 660, 662 f.
1104 Vgl. BGH RÜ 2009, 759; RÜ 2018, 156, 158; Wolf JA 2010, 65, 66; AS-Skript Sachenrecht 2 (2021), Rn. 658 ff.
1105 BGHZ 57, 359, 365; BGH NJW 1976, 1312: enteignender Eingriff bei U-Bahn-Bau; OLG Jena, Urt. v. 22.06.2017 – 4 U 845/15, BeckRS 2017, 131485; vgl. aber OLG Hamm NVwZ 2004, 1148, 1150: Vorrang der §§ 74, 75 VwVfG.
1106 BGH RÜ 2011, 400, 404; Schlick NJW 2011, 3137, 3138.
1107 BGH NJW 2018, 1396: Ein Fluggast, der sich erst kurz vor Abflug zur Sicherheitskontrolle einfindet, muss das Risiko einer sich daraus ergebenden Verspätung selbst tragen; anders OLG Frankfurt, Urt. v. 27.01.2022 – 1 U 220/20, BeckRS 2022, 1150 bei rechtzeitigem Erscheinen und überlanger Wartezeit vor der Sicherheitskontrolle.
1108 Vgl. BVerfG NVwZ 2010, 512, 515 zum Anspruch aus § 74 Abs. 2 S. 3 VwVfG.

689 Da es sich beim enteignenden Eingriff um einen Aufopferungsanspruch handelt, wird überwiegend gemäß § 40 Abs. 2 S. 1 Hs. 1 Fall 1 VwGO der **Zivilrechtsweg** bejaht.[1110] Die Gegenansicht ordnet den enteignenden Eingriff dem Art. 14 Abs. 1 S. 2 GG zu (s.o. Rn. 678) und beschränkt den Zivilrechtsweg auf Ansprüche wegen klassischer Aufopferung. Dann ist gemäß § 40 Abs. 2 S. 1 Hs. 2 VwGO der **Verwaltungsrechtsweg** eröffnet.[1111]

> **Fall 15: Betriebsschließungen wegen COVID-19**
>
> Im Dezember 2019 traten in Wuhan (China) erstmals Fälle der Atemwegserkrankung COVID-19 auf, die durch das bis dahin unbekannte Coronavirus SARS-CoV-2 ausgelöst wird. Anfang 2020 entwickelte sich die Erkrankung zur Pandemie. Aufgrund sprunghaft angestiegener Infektionszahlen trat Ende März 2020 in Deutschland der erste Lockdown in Kraft. Dazu erließ das Land L unter Berufung auf §§ 32 S. 1, 28 Abs. 1 IfSG (Infektionsschutzgesetz) eine Verordnung zum Schutz vor Infektionen mit dem Coronavirus (im Folgenden CoronaSchVO). Die Verordnung sah neben Kontaktbeschränkungen u.a. vor, dass Gaststätten und Restaurants mit Ausnahme von Außer-Haus-Verkäufen nicht betrieben werden durften. Erst im Mai 2020 durften Gastronomiebetriebe bei Einhaltung bestimmter Infektionsschutz- und Hygienemaßnahmen wieder geöffnet werden. Im Juni 2020 traten weitere Lockerungen in Kraft, Gaststätten und Restaurants konnten zum üblichen Betrieb zurückkehren.
>
> K betreibt in der Stadt B im Land L eine Gaststätte. Er hält die vom Land ergriffenen Maßnahmen zwar für rechtmäßig, da sie zur Verhinderung einer massenhaften Ansteckung der Bevölkerung notwendig gewesen seien. Er ist jedoch der Ansicht, dass er einen Anspruch auf Entschädigung für seine schließungsbedingten Umsatz- und Gewinneinbußen habe. Dieser ergäbe sich aus §§ 56, 65 IfSG, jedenfalls in entsprechender Anwendung. Darüber hinaus meint K, dass eine Entschädigung aufgrund des Gefahrenabwehrrechts sowie aus Aufopferungsgesichtspunkten zwingend sei, da er als Nichtstörer in Anspruch genommen worden sei. Ein Außer-Haus-Verkauf oder ein Lieferservice sei aufgrund der Eigenart seines Betriebes als Ausflugsrestaurant und der damit verbundenen Kundschaft nicht möglich gewesen, weshalb ihm aufgrund der verordneten Betriebsschließungen Gewinn i.H.v. über 60.000 € entgangen sei.
>
> Ist der Anspruch des K gegen das Land dem Grunde nach berechtigt?
>
> **Hinweise:** Es ist davon auszugehen, dass die Regelungen in der CoronaSchVO zu den Betriebsschließungen rechtmäßig waren. Einen Anspruch auf außerordentliche Wirtschaftshilfen des Bundes oder des Landes als verlorenen Zuschuss hatte K nicht.

690 I. Ein Anspruch auf Verdienstausfall gemäß **§ 56 Abs. 1 IfSG** setzt voraus, dass jemand als Ausscheider, Ansteckungsverdächtiger oder Krankheitsverdächtiger (zu den Begriffen vgl. § 2 Nr. 5–7 IfSG) aufgrund eines infektionsschutzrechtlichen Verbots Beschränkungen in der Ausübung seiner bisherigen Erwerbstätigkeit unterlag. Das Gleiche gilt für Personen, die abgesondert wurden (z.B. aufgrund einer Quarantäne-

---

[1109] OLG Hamm NVwZ 2004, 1148, 1149; Lege Jura 2011, 826, 838; a.A. Maurer/Waldhoff § 27 Rn. 101.
[1110] BGH DVBl. 2006, 766; BauR 2006, 1880; VGH BW NJW 2005, 2636; OLG Bamberg NVwZ-RR 2006, 226; Schoch/Schneider VwGO § 40 Rn. 528; Sodan/Ziekow VwGO § 40 Rn. 539; Kemmler JA 2005, 156, 160; Graulich ZAP 2005, 849, 852.
[1111] Kopp/Schenke VwGO § 40 Rn. 61; Maurer/Waldhoff § 27 Rn. 117; vgl. auch VGH BW NVwZ-RR 2017, 224, 225.

Anordnung). K war indes gesund und auch nicht ansteckungs- oder krankheitsverdächtig, sodass ein Anspruch aus § 56 Abs. 1 IfSG ausscheidet.[1112]

II. Ein Anspruch auf Entschädigung nach **§ 65 Abs. 1 IfSG** besteht nur, wenn aufgrund der §§ 16, 17 IfSG ein Gegenstand vernichtet, beschädigt oder in sonstiger Weise in seinem Wert gemindert oder ein **anderer nicht nur unwesentlicher Vermögensnachteil** verursacht worden ist.

1. Die Vorschrift erfasst unmittelbar nur Maßnahmen zur **Verhütung** übertragbarer Krankheiten nach §§ 16, 17 IfSG, nicht aber Maßnahmen zur **Bekämpfung** bereits eingetretener Krankheiten nach §§ 28 ff. IfSG. Da Covid-19 eine (bedrohliche) übertragbare Krankheit i.S.v. § 2 Nr. 3 u. Nr. 3 a IfSG ist, war das Land nicht nur zur Bekämpfung berechtigt, sondern sogar verpflichtet (Schutzpflicht des Staates aus Art. 2 Abs. 2 S. 1 GG).[1113] § 65 Abs. 1 IfSG ist bei Bekämpfungsmaßnahmen nach §§ 28, 28 a, 32 IfSG daher nicht einschlägig.[1114]

2. Die Gegenansicht hält die Differenzierung nach Verhütungs- und Bekämpfungsmaßnahmen für gekünstelt. Durch Maßnahmen zur Bekämpfung von übertragbaren Krankheiten nach §§ 28 ff. IfSG solle stets auch die Weiterverbreitung der Krankheit verhindert werden, sodass sie **zugleich auch Verhütungsmaßnahmen** nach § 16 Abs. 1 IfSG darstellen.[1115] Dagegen spricht jedoch, dass §§ 16, 17 IfSG einerseits und §§ 28 ff. IfSG andererseits nach der Konzeption des Gesetzgebers in einem Exklusivitätsverhältnis stehen und sich gegenseitig ausschließen.

Beachte: Für Ansprüche nach den §§ 56, 65 IfSG ist neuerdings nach § 68 Abs. 1 IfSG n.F. der Verwaltungsrechtsweg eröffnet (früher waren die ordentlichen Gerichte zuständig).[1116]

III. Deshalb scheidet auch eine **verfassungskonforme Auslegung** der §§ 56, 65 IfSG dahingehend aus, dass auch in der vorliegenden Fallgestaltung eine Entschädigung zu gewähren ist. Die verfassungskonforme Auslegung einer Norm setzt voraus, dass mehrere Deutungen möglich sind. Sie findet ihre Grenze an dem klaren Wortlaut der Bestimmung. Der Wortlaut von § 56 und § 65 IfSG ist indes eindeutig und lässt eine ausdehnende Auslegung nicht zu. Zudem würde der eindeutige Wille des Gesetzgebers konterkariert, nur ausnahmsweise aus Gründen der Billigkeit eine Entschädigung zu gewähren.[1117]

IV. Ein Anspruch des K gegen das Land könnte sich jedoch **analog §§ 56, 65 IfSG** ergeben. Voraussetzung dafür ist, dass im Gesetz eine **planwidrige Regelungslücke** besteht.

[1112] BGH RÜ 2022, 383, 384; OLG Hamm, Urt. v. 05.11.2021 – 11 U 44/21, BeckRS 2021, 40378; OLG Brandenburg, Urt. v. 01.06.2021 – 2 U 13/21, BeckRS 2021, 14869; OLG Köln, Beschl. v. 20.09.2021 – 7 U 1/21, BeckRS 2021, 27617; OLG Stuttgart, Urt. v. 09.02.2022 – 4 U 28/21; NdsOVG RÜ2 2021, 259, 260; LG Hannover RÜ 2020, 812, 813; LG Berlin NVwZ-RR 2021, 301, 304; Itzel DVBl. 2020, 792, 793; ausführlich Stöß/Putzer NJW 2020, 1465, 1466.

[1113] BVerfG RÜ 2022, 35, 39; zur Schutzpflicht aus Grundrechten allgemein AS-Skript Grundrechte (2021), Rn. 179.

[1114] BGH RÜ 2022, 383, 384; OLG Hamm, Urt. v. 05.11.2021 – 11 U 44/21, BeckRS 2021, 40378; LG Hannover RÜ 2020, 812, 813; LG Berlin NVwZ-RR 2021, 301, 304; NdsOVG RÜ2 2021, 259, 260; Itzel DVBl. 2020, 792, 793; Shirvani NVwZ 2020, 1457, 1458; Kirchberg DVBl. 2021, 1278, 1287.

[1115] Rommelfanger CoVuR 2020, 178, 180; Schwintowski NJOZ 2020, 1473, 1475 f., in diese Richtung auch LG Berlin NVwZ-RR 2021, 301, 304, das § 65 IfSG aber auf Einzelfallmaßnahmen beschränkt.

[1116] Zur Rechtswegfrage VGH BW NJW 2021, 3799, 3800; OVG Bln-Bbg LKV 2021, 266, 267; Kümper NVwZ 2021, 1254 ff.

[1117] BGH RÜ 2022, 383, 385; OLG Brandenburg, Urt. v. 01.06.2021 – 2 U 13/21, BeckRS 2021, 14869; während BVerfG, Beschl. v. 10.02.2022 – 1 BvR 1073/21, BeckRS 2022, 4309 solche Ansprüche zumindest für möglich hält.

1. In der Lit. wird dies zum Teil **bejaht**, da der Gesetzgeber bei der Schaffung der gesetzlichen Entschädigungstatbestände in §§ 56, 65 IfSG auf § 28 IfSG gestützte kollektive Betriebsschließungen überhaupt nicht bedacht habe. Daher müsse auch den von einer Bekämpfungsmaßnahme betroffenen **Nichtstörern** ein Ausgleich ihrer Vermögensnachteile gewährt werden, da sie keinen Anlass für die Infektionsschutzmaßnahmen gesetzt hätten und schicksalhaft zu Geschädigten geworden seien.[1118]

696 2. Dagegen spricht jedoch, dass Maßnahmen zur Epidemiebekämpfung nach §§ 28, 28a, 32 IfSG nach der Vorstellung des Gesetzgebers **keine Entschädigungspflicht** auslösen sollten. Aus Anlass der Corona-Pandemie ist § 56 IfSG in Abs. 1 a) nur um einen Entschädigungstatbestand für den Verdienstausfall von Sorgeberechtigten ergänzt worden, den diese aufgrund von Schließungen von Schulen oder Betreuungseinrichtungen erleiden. Im Übrigen hat es der Gesetzgeber aber bei der **Entschädigungslosigkeit** belassen. Eine analoge Anwendung der §§ 56, 65 IfSG scheidet daher mangels planwidriger Regelungslücke aus.[1119]

697 V. K könnte aber ein Anspruch aus den landesrechtlichen Vorschriften des **Polizei- und Ordnungsrechts** über die Inanspruchnahme als Nichtstörer zustehen. Denn Anlass der Maßnahmen war weder ein von ihm selbst noch von seinem Betrieb ausgehender Corona-Verdachtsfall.

| 100 I PolG | 87 I PAG | 59 I 1 ASOG | 38 I a OBG | 117 I 1 PolG | 10 III SOG | 64 I 1 SOG | 72 I SOG | 80 I 1 NPOG | 39 I a OBG | 87 I 1 POG | 68 I 1 SPolG | 41 I 1 PBG | 69 I 1 SOG | 22 I 1 LVwG | 68 I 1 PAG |

698 Die **Anwendbarkeit** dieser Vorschriften ist jedoch zu verneinen, da das IfSG als spezielles Gefahrenabwehrrecht eine abschließende Regelung für (sonder-)ordnungsrechtliche Entschädigungsansprüche enthält (Subsidiarität des allgemeinen POR).[1120]

Im Übrigen ist zweifelhaft, ob Dritte in diesem Zusammenhang „Nichtstörer" sind, da Adressat von Maßnahmen nach §§ 28, 28 a IfSG auch Dritte sein können, beispielsweise um sie vor Ansteckung zu schützen. Insoweit ist deren Inanspruchnahme zulässig, ohne dass die Voraussetzungen der Notstandspflicht erfüllt sein müssen.[1121]

699 VI. Ebenso scheiden Ansprüche aus **Amtshaftung** (§ 839 BGB, Art. 34 GG), wegen **ordnungsrechtlicher Haftung** oder aus **enteignungsgleichem Eingriff** aus, die allesamt eine rechtswidrige Maßnahme voraussetzen. Die angeordneten Betriebsschließungen waren indes **rechtmäßig**.[1122]

[1118] Für eine Analogie von § 56 IfSG Rommelfanger CoVuR 2020, 178, 180; Antweiler NVwZ 2020, 584, 588 f.; Otto LKV 2020, 355, 358; für eine Analogie von § 65 IfSG wohl Maaß NVwZ 2020, 589, 595.

[1119] BGH RÜ 2022, 383, 385; OLG Stuttgart, Urt. v. 09.02.2022 – 4 U 28/21; OLG Hamm, Urt. v. 05.11.2021 – 11 U 44/21, BeckRS 2021, 40378; OLG Köln, Beschl. v. 20.09.2021 – 7 U 1/21, BeckRS 2021, 27617; OLG Brandenburg, Urt. v. 01.06.2021 – 2 U 13/21, BeckRS 2021, 14869; VGH BW NJW 2021, 3799, 3800; Eibenstein NVwZ 2020, 930, 932; Stöß/Putzer NJW 2020, 1465, 1466; Fischer-Uebler/Gölzer/Schaub JA 2021, 491, 492; Kirchberg DVBl. 2021, 1278, 1286 f.

[1120] BGH RÜ 2022, 383, 385 f.; OLG Stuttgart, Urt. v. 09.02.2022 – 4 U 28/21; OLG Hamm, Urt. v. 05.11.2021 – 11 U 44/21, BeckRS 2021, 40378; OLG Köln, Beschl. v. 20.09.2021 – 7 U 1/21, BeckRS 2021, 27617; OLG Brandenburg, Urt. v. 01.06.2021 – 2 U 13/21, BeckRS 2021, 14869; Itzel DVBl. 2020, 792, 794.

[1121] OVG Saar RÜ 2020, 383, 386; OVG NRW NWVBl. 2020, 296; allgemein Siegel NVwZ 2020, 577, 578; Vießmann NVwZ 2021, 15 ff. Einen Rückgriff auf das allgemeine POR lassen dagegen zu: Giesberts/Gayger/Weyand NVWZ 2020, 417, 420 f.; Rommelfanger CoVuR 2020, 178, 181; Fischer-Uebler/Gölzer/Schaub JA 2021, 491, 493 f.

[1122] Zur Rechtmäßigkeit der Anordnung von Betriebsschließungen während der COVID-19 Pandemie vgl. BVerfG, Beschl. v. 23.03.2022 – 1 BvR 1295/21, BeckRS 2022, 9849; OLG Brandenburg, Urt. v. 01.06.2021 – 2 U 13/21, BeckRS 2021, 14869; OVG Bln-Bbg, Beschl. v. 05.03.2021 – 11 S 17/21, BeckRS 2021, 3773; differenzierend Shirvani DVBl. 2022, 329 ff.

VII. K könnte jedoch gegen das Land einen Anspruch auf Entschädigung wegen **enteignenden Eingriffs** haben.

700

1. Die Haftung wegen enteignenden Eingriffs findet ihre **Rechtsgrundlage** im allgemeinen Aufopferungsgedanken der §§ 74, 75 EALR (s.o. Rn. 677). Allerdings wird zum Teil angenommen, dass die Entschädigungsregelungen des IfSG als **lex specialis** auch den von der Rspr. entwickelten gewohnheitsrechtlichen Aufopferungsanspruch verdrängen.[1123]

Dagegen spricht jedoch, dass im 12. Abschnitt des IfSG nur Ansprüche auf Entschädigung „in besonderen Fällen" normiert sind, die lediglich eine Besserstellung der Betroffenen bewirken sollen. Eine Sperrwirkung gegenüber dem enteignenden Eingriff ist damit richtigerweise nicht verbunden.[1124]

701

2. Tatbestandlich kommen Ansprüche aus enteignendem Eingriff in Betracht, wenn eine an sich **rechtmäßige** hoheitliche Maßnahme bei dem Betroffenen **unmittelbar** zu meist atypischen und unvorhergesehenen **unzumutbaren Eigentumsbeeinträchtigungen** führt.[1125]

702

a) Dann müsste das **Eigentum** des K i.S.d. Art. 14 Abs. 1 GG betroffen sein. Bei einer Maßnahme, die – wie hier – den **eingerichteten und ausgeübten Gewerbebetrieb** betrifft, bestimmt sich der grundrechtliche Schutzbereich danach, ob das **Erworbene**, also das Ergebnis der Betätigung, oder der **Erwerb**, die Betätigung betroffen ist.[1126] Greift der Akt der öffentlichen Gewalt eher in die Freiheit der individuellen Erwerbs- und Leistungstätigkeit ein, so ist der Schutzbereich des Art. 12 Abs. 1 GG berührt, der keine Entschädigungsansprüche begründet (s.o. Rn. 664). Begrenzt er mehr die Innehabung und Verwendung **vorhandener Vermögensgüter**, so kommt der Schutz des Art. 14 Abs. 1 GG in Betracht, denn das Recht auf Fortsetzung des Betriebs im bisherigen Umfang ist eigentumsmäßig geschützt. Da die CoronaSchVO die Nutzung des vorhandenen Restaurantbetriebs des K untersagte, ist Eigentum i.S.d. Art. 14 Abs. 1 GG betroffen.[1127]

703

b) Das Verbot in der CoronaSchVO, das Restaurant zu öffnen und zu betreiben, müsste einen **unmittelbaren Eingriff** in das Eigentum darstellen. Die Unmöglichkeit, den Betrieb fortzuführen, folgte **spezifisch** aus der hoheitlich angeordneten Schließung, sodass ein unmittelbarer Zusammenhang besteht.[1128] Dass es sich dabei um einen finalen Eingriff handelte, steht der Annahme eines enteignenden Eingriffs nicht entgegen. Zwar ist dieser für faktische, zumeist aty-

704

1123 BGH RÜ 2022, 383, 386; OLG Stuttgart, Urt. v. 09.02.2022 – 4 U 28/21; Schwintowski NJOZ 2020, 1473, 1477.
1124 Fischer-Uebler/Gölzer/Schaub JA 2021, 491, 492 f.; Dünchheim/Gräler VerwArch 2021, 38, 53 f. u. 59; Grefrath NJW 2022, 215, 217.
1125 BGH NJW 2019, 227, 229; RÜ 2013, 399, 401; OLG Hamm, Urt. v. 05.11.2021 – 11 U 44/21, BeckRS 2021, 40378; LG Hannover RÜ 2020, 812, 815; Schlick NJW 2019, 2671, 2672; Eibenstein NVwZ 2020, 930, 933; Grefrath NJW 2022, 215, 217.
1126 Zur Abgrenzung vgl. NdsOVG RÜ 2020, 383, 388; LG Berlin NVwZ-RR 2021, 301, 304. Zum Schutz des eingerichteten und ausgeübten Gewerbebetriebs im Rahmen des Art. 14 Abs. 1 GG AS-Skript Grundrechte (2021), Rn. 537.
1127 Im Ergebnis ebenso BGH RÜ 2022, 383, 386; OLG Hamm, Urt. v. 05.11.2021 – 11 U 44/21, BeckRS 2021, 40378; OLG Brandenburg, Urt. v. 01.06. 2021 – 2 U 13/21, BeckRS 2021, 14869; Fischer-Uebler/Gölzer/Schaub JA 2021, 491, 495; Grefrath NJW 2022, 215, 217; a.A. LG Heilbronn NVwZ 2020, 975, 976; Brenner DÖV 2020, 660, 663; offen gelassen von BVerfG, Beschl. v. 23.03.2022 – 1 BvR 1295/21, BeckRS 2022, 9849, Rn. 16.
1128 Fischer-Uebler/Gölzer/Schaub JA 2021, 491, 495; Grefrath NJW 2022, 215, 217.

pische und unvorhergesehene Nebenfolgen entwickelt worden, die Atypik und Unvorhersehbarkeit der Folgen ist aber keine Anspruchsvoraussetzung.[1129]

705 c) Der Eingriff muss **enteignende Wirkung** haben. Das ist der Fall, wenn dem Betroffenen ein **Sonderopfer** abverlangt wird. Ein ausgleichspflichtiges Sonderopfer liegt vor, wenn der Eigentümer **unverhältnismäßig** oder im Verhältnis zu anderen **ungleich** betroffen wird und er mit einem besonderen, anderen nicht zugemuteten Opfer für die Allgemeinheit belastet wird.[1130]

706 aa) Vorliegend betreffen die Maßnahmen nicht nur alle Gastronomiebetriebe gleichermaßen, sondern darüber hinaus viele weitere Branchen. Zu verneinen ist das Sonderopfer aber vor allem in Fällen, in denen lediglich eine allen auferlegte **allgemeine Pflichtigkeit** konkretisiert wird. Als Unternehmer musste sich K darauf einstellen und hat es grds. hinzunehmen, dass er durch äußere Umstände vorübergehend an der Ausübung seiner Erwerbstätigkeit gehindert wird. Das ist grds. Ausdruck des allgemeinen Lebens- und Unternehmensrisikos und übersteigt nicht die Schwelle des Zumutbaren.[1131] Von einem Sonderopfer kann allenfalls dann gesprochen werden, wenn die Betriebsschließung ausnahmsweise zu einer **Existenzgefährdung** geführt hätte.[1132] Ein solcher Fall lag hier indes nicht vor.

Die Gegenansicht bejaht grds. ein Sonderopfer, da zur Bekämpfung der Pandemie einzelne Branchen gezielt herausgegriffen wurden und diese im Verhältnis zu anderen Betrieben deutlich stärker belastet wurden. Da die Schließungen dazu führten, dass der Betrieb vollständig unterbleiben musste, handele es sich auch um Maßnahmen von besonderer Schwere.[1133]

707 bb) Im Übrigen findet das Rechtsinstitut des enteignenden Eingriffs nur Anwendung bei **einzelfallbezogenen Eigentumsbeeinträchtigungen** und ist insbes. **keine Grundlage, um massenhaft auftretende Schäden auszugleichen**. Unstreitig gilt dies bei (rechtswidrigen) Eingriffen durch formelles Gesetz (keine Haftung für „legislatives Unrecht"). Bei untergesetzlichen Rechtssetzungsakten wie Rechtsverordnungen oder Satzungen wird in der Literatur dagegen zum Teil ein Anspruch wegen enteignenden (an sich rechtmäßigen) Eingriffs bejaht.[1134]

708 Eine derart weitgehende Haftung ist jedoch nach dem **Demokratieprinzip** (Art. 20 Abs. 2 S. 1 GG) und dem **Grundsatz der Gewaltenteilung** (Art. 20 Abs. 2 S. 2 GG) der Entscheidung des Gesetzgebers vorbehalten.[1135] Die Gewährung von Ausgleichsansprüchen für massenhaft auftretende Eigentumsbeschränkungen im Zusammenhang mit der Pandemiebekämpfung

---

1129 BGH RÜ 2013, 399, 401; vgl. auch Grefrath NJW 2022, 215, 217.
1130 BGH NJW 2019, 227, 229; NJW 2018, 1396, 1397; NJW 2017, 1322, 1324; RÜ 2013, 399, 401; RÜ 2011, 400, 404; LG Hannover RÜ 2020, 812, 815; Ossenbühl NJW 2000, 2945, 2952; Schlick NJW 2017, 2509, 2509.
1131 LG Hannover RÜ 2020, 912, 815; LG Berlin NVwZ-RR 2021, 301, 305.
1132 OLG Hamm, Urt. v. 05.11.2021 – 11 U 44/21, BeckRS 2021, 40378; Eibenstein NVwZ 2020, 930, 934.
1133 Grefrath NJW 2022, 215, 218 f.; Fischer-Uebler/Gölzer/Schaub JA 2021, 491, 496; Eibenstein NVwZ 2020, 930, 934; Antweiler NVwZ 2020, 584, 589; Rommelfanger CoVuR 2020, 178, 181.
1134 MünchKomm BGB Vor § 903 Rn. 94 f.; Winter/Thürk in Schmidt, Covid-10, § 17 Rn. 85; Papier DRiZ 2020, 180, 183; Rommelfanger CoVuR 2020, 178, 180; im Ergebnis ebenso Grefrath NJW 2022, 215, 218 f.
1135 LG Hannover RÜ 2020, 812, 816; OLG Brandenburg, Urt. v. 01.06.2021 – 2 U 13/21, BeckRS 2021, 14869; Froese DVBl. 2020, 1566, 1570; Reschke DÖV 2020, 423, 429.

würde darauf hinauslaufen, dass das den hoheitlichen Eingriff rechtfertigende IfSG kraft Richterrechts um (im Gesetz hierfür nicht vorgesehene) Ausgleichsansprüche ergänzt wird. Eine solche Befugnis steht aber dem nach Art. 20 Abs. 3 GG an Recht und Gesetz gebundenen Richter nicht zu.[1136]

Auch aus den gewohnheitsrechtlichen Grundsätzen des enteignenden Eingriffs ergibt sich daher **kein Entschädigungsanspruch** des K.

Die Gegenansicht verweist darauf, dass mit Blick auf Art. 14 Abs. 1 GG eine Entschädigungspflicht für länger andauernde Betriebsschließungen zwingend geboten sei, wenn sich der Eingriff ansonsten als unverhältnismäßig darstellt (ausgleichspflichtige Inhaltsbestimmung).[1137] Danach sind die §§ 28 ff. IfSG mangels Ausgleichs entweder verfassungswidrig (weil es an einem entsprechenden Entschädigungsanspruch fehlt) oder es wird doch ein Anspruch wegen enteignenden Eingriffs gewährt.[1138]

Nach überwiegend vertretener Ansicht ändert das Fehlen einer Entschädigungsregelung nichts an der Verhältnismäßigkeit der gesetzlichen Maßnahmen. Die Pandemie wirke schicksalhaft und betreffe eine unüberschaubare Anzahl an Menschen. Keiner der Betroffenen erleide einen individuellen, besonderen Härtefall, für den nach herkömmlichem Verständnis eine Ausgleichsregelung erforderlich sei.[1139]

VIII. Aus denselben Gründen scheidet auch ein Anspruch wegen **ausgleichspflichtiger Inhaltsbestimmung** i.S.d. Art. 14 Abs. 1 S. 2 GG aus. Entschädigung wegen ausgleichspflichtiger Inhaltsbestimmung kommt mit Blick auf den Grundsatz der Gesetzmäßigkeit der Entschädigung nur in Betracht, wenn eine **gesetzliche Anspruchsgrundlage vorhanden** ist (s.o. Rn. 653). Fehlt es daran, kann keine Entschädigung gewährt werden (Gesetzmäßigkeit der Entschädigung).[1140]

709

Ergebnis: K hat keine Ansprüche gegen das Land.

1136 So OLG Brandenburg, Urt. v. 01.06.2021 – 2 U 13/21, BeckRS 2021, 14869; LG Hannover RÜ 2020, 812, 816; Froese DVBl. 2020, 1566, 1570; Reschke DÖV 2020, 423, 429; im Ergebnis auch BGH RÜ 2022, 383, 386.
1137 Antweiler NVwZ 2020, 584, 587 f.; Papier DRiZ 2020, 180, 183; Shirvani NVwZ 2020, 1457, 1460; ders. DVBl. 2021, 158, 165; Grefrath NJW 2022, 215 ff.; in diese Richtung auch BVerfG, Beschl. vom 29.04.1981 – 1 BvL 11/78 zum BSeuchG a.F. bei längerfristigen und existenzgefährdenden Maßnahmen.
1138 Ausführlich Fischer-Uebler/Gölzer/Schaub JA 2021, 491, 496; Börner DVBl. 2021, 1147, 1150 ff.; Grefrath NJW 2022, 215 ff.
1139 Berwanger NVwZ 2020, 1804, 1806 f.; Stöß/Putzer NJW 2020, 1465, 1466 f.; in diese Richtung auch Kment NVwZ 2020, 687 f.; offengelassen von BVerfG, Beschl. v. 28.12.2020 – 1 BvR 2692/20, BeckRS 2020, 38044; ebenso OLG Brandenburg, Urt. v. 01.06.2021 – 2 U 13/21, BeckRS 2021, 14869; zur Verhältnismäßigkeit von Betriebsschließungen vgl. auch BVerfG, Beschl. v. 23.03.2022 – 1 BvR 1295/21, BeckRS 2022, 9849 (allerdings zu Art. 12 Abs. 1 GG).
1140 BGH RÜ 2022, 383, 386.

> **Aufbauschema: Anspruch wegen enteignenden Eingriffs**
>
> **I. Rechtsgrundlage**
> - frühere Rspr.: Art. 14 Abs. 3 GG analog (Erst-Recht-Schluss)
> - heute h.M.: Gewohnheitsrecht, allgemeiner Aufopferungsgedanke, §§ 74, 75 EALR
>
> **II. Anwendbarkeit**
>
> (–) bei Spezialregelungen (z.B. §§ 74 Abs. 2 S. 3, 75 Abs. 2 S. 4 VwVfG)
>
> (+) bei faktischen, zumeist atypischen und unvorhergesehenen Nebenfolgen einer rechtmäßigen Maßnahme
>
> **III. Voraussetzungen**
> 1. Eigentum i.S.v. Art. 14 Abs. 1 GG betroffen
> 2. unmittelbarer hoheitlicher Eingriff
>   - ohne wesentliche Zwischenursache
>   - Konkretisierung einer typischen Gefährdungssituation reicht
> 3. Sonderopfer
>   - Eingriff nach Art, Intensität, Ausmaß unzumutbar („Opfergrenze" überschritten)
>   - Rechtsgedanke des § 906 BGB
>   - erweiterte Duldungspflicht bei überwiegendem öffentlichen Interesse
>   - kein Sonderopfer bei in der Sache selbst liegenden Gründen
> 4. Ausschluss analog § 254 BGB i.d.R. (–), da nicht abwehrbar
>
> **IV. Rechtsfolge:** angemessene Entschädigung (kein Schadensersatz!)

4. Abschnitt: Der allgemeine Aufopferungsanspruch

A. Rechtsgrundlage

710 Während es bei den Ansprüchen wegen Enteignung, enteignungsgleichen und enteignenden Eingriffs um Eingriffe in das Eigentum geht, soll der **allgemeine Aufopferungsanspruch** Eingriffe in **nichtvermögenswerte Rechtsgüter** wie Leben, Gesundheit und Freiheit ausgleichen.[1141]

Nachdem der BGH auch den enteignenden und den enteignungsgleichen Eingriff auf den Aufopferungsgedanken stützt, spricht man beim Eingriff in nichtvermögenswerte Rechte vom **allgemeinen Aufopferungsanspruch** (auch Aufopferung im engeren Sinne).

711 In diesem Bereich besteht allerdings eine Vielzahl von Spezialregelungen, die den allgemeinen Aufopferungsanspruch **verdrängen**. Dessen **Anwendungsbereich** ist daher in der Praxis und im Examen **gering**.[1142]

Spezialregelungen finden sich z.B. für Impfschäden in §§ 60 ff. InfSG (Infektionsschutzgesetz), bei Unfällen in der Schule (§ 2 Abs. 1 Nr. 8 SGB VII), für Opfer von Gewalttaten nach §§ 1 ff. OEG (Opferentschädigungsgesetz), für rechtwidrige Strafverfolgungsmaßnahmen in §§ 1 ff. StrEG (Strafverfolgungsentschädigungsgesetz) und für rechtswidrige Freiheitsentziehungen in Art. 5 Abs. 5 EMRK (s.o. Rn. 536).

1141 BGH RÜ 2017, 741, 742; Deppenkemper JM 2018, 100, 102.
1142 Ossenbühl/Cornils, S. 133 f.: „Rarität" mit „exotischem Charakter".

Fehlen solche Spezialvorschriften, so ist **Rechtsgrundlage** der auf §§ 74, 75 EALR beruhende gewohnheitsrechtliche (allgemeine) Aufopferungsanspruch.[1143]

Beispiel: Wird ein Demonstrationsteilnehmer wegen des Fehlverhaltens eines anderen Demonstrationsteilnehmers und einer unglücklichen Verkettung von Umständen von einem Polizeihund gebissen, so kommt eine Entschädigung nach allgemeinen Aufopferungsgrundsätzen in Betracht.[1144] Ebenso kommt ein Aufopferungsanspruch bei einer Körperverletzung in Folge von rechtmäßigen, repressiven polizeilichen Maßnahmen in Betracht (z.B. bei zwangsweiser Durchsetzung einer Identitätsfeststellung).[1145]

B. Voraussetzungen

I. Eingriff in ein nichtvermögenswertes Recht

Eingriffsobjekt ist beim allgemeinen Aufopferungsanspruch ein **nichtvermögenswertes Recht** oder Rechtsgut. Nach h.M. werden vom Aufopferungsanspruch nicht alle immateriellen Rechtsgüter, sondern nur die Schutzgüter des Art. 2 Abs. 2 GG erfasst, also Leben, körperliche Unversehrtheit, Gesundheit und Freiheit, nicht dagegen der Persönlichkeitsschutz.[1146]

712

Die Gegenansicht plädiert dafür, den Bereich der durch die Aufopferung zu schützenden Rechtsgüter um die Geheimsphäre, die Ehre und den Namensschutz zu erweitern.[1147] Dagegen spricht jedoch der historisch beschränkte Anwendungsbereich der Aufopferung im engeren Sinne.

II. Unmittelbarer hoheitlicher Eingriff

In dieses Recht muss **unmittelbar** aufgrund einer **hoheitlichen Maßnahme** eingegriffen worden sein. Erfasst werden aber nicht nur gezielte Beeinträchtigungen. Ausreichend ist vielmehr – wie bei Ansprüchen wegen enteignenden und enteignungsgleichen Eingriffs –, dass durch die hoheitliche Maßnahme eine **besondere Gefahrenlage** geschaffen wurde und diese sich konkretisiert hat (s.o. Rn. 666).

713

Beispiel: Der Strafgefangene S ist in der JVA von einem Mithäftling verletzt worden. Der BGH hat einen Aufopferungsanspruch verneint, da sich S durch sein eigenes strafbares Verhalten in zurechenbarer Weise der Freiheitsentziehung ausgesetzt habe. Die staatliche Freiheitsentziehung schaffe keine typische Gefahrenlage für die körperliche Integrität.[1148] Die Lit. verweist zu Recht darauf, dass der Betroffene zwar für die Haftsituation als solche verantwortlich sei, nicht aber für Körperverletzungen durch Personen, denen er aufgrund des Strafvollzugs durch den Staat „ausgeliefert" sei. Insoweit treffe den Staat eine grundrechtliche Schutzpflicht und damit die Verantwortung für die Sicherheit der in seiner Obhut befindlichen Personen.[1149] Heute gewährt das Gesetz über die Entschädigung von Gewalttaten (OEG) in diesen Fällen zumeist ohnehin einen Ausgleich.

1143 BGH RÜ 2017, 741, 742; abweichend Unterreitmeier NVwZ 2018, 383, 384, der den Aufopferungsanspruch aus der Abwehrfunktion der Grundrechte ableiten will („grundrechtlicher Kompensationsanspruch").
1144 OLG Frankfurt/Main NVwZ-RR 2014, 142; zur Amtshaftung bei gezieltem Einsatz eines Polizeihundes OLG Karlsruhe NVwZ-RR 2016, 45; OLG Hamm NVwZ-RR 1997, 460.
1145 BGH RÜ 2017, 741, 742; vgl. auch OLG Hamm RÜ 2021, 537, 539 zum enteignenden Eingriff.
1146 BGH WM 1996, 1109; NJW 1994, 2229; RÜ 2017, 741, 742.
1147 Schenke NJW 1991, 1777, 1780; Kemmler JA 2005, 659, 659; dagegen ausführlich Rinne DVBl. 1993, 869 ff.
1148 Vgl. BGHZ 17, 172; 60, 302.
1149 Ossenbühl/Cornils, S. 139; kritisch auch Maurer/Waldhoff § 28 Rn. 10.

III. Sonderopfer

714 Das für die Aufopferung entscheidende Merkmal ist das **Sonderopfer**. Der Betroffene muss im Vergleich zu anderen besonders belastet worden sein. Zu **verneinen** ist das Sonderopfer vor allem in den Fällen, in denen lediglich eine allen auferlegte Pflichtigkeit konkretisiert wird oder die Beeinträchtigung sich nur als **Realisierung des allgemeinen Lebensrisikos** darstellt.[1150]

Beispiele: Ein Sonderopfer wurde z.B. bejaht, wenn durch den abirrenden Schuss eines Polizeibeamten ein unbeteiligter Dritter verletzt wurde oder wenn die Mutter sich bei Betreuung ihres geimpften Kindes ansteckte. Dagegen sind Verletzungen durch einen Stromschlag aufgrund einer durch Vandalismus beschädigten Fußgängerampel dem allgemeinen Lebensrisiko zuzuordnen.[1151] An einem Sonderopfer fehlt es auch, wenn sich der Betroffene freiwillig in eine gefährliche Situation begeben hat, deren Folgen dann letztlich von ihm herbeigeführt und grundsätzlich selbst zu tragen sind.[1152]

715 Der allgemeine Aufopferungsanspruch ist zwar für rechtmäßige Eingriffe entwickelt worden, erfasst aber erst recht auch rechtswidrige Eingriffe, da sich die Rechtswidrigkeit staatlichen Handelns nicht zum Nachteil des Geschädigten auswirken darf. In diesem Fall spricht man teilweise auch vom **aufopferungsgleichen Eingriff**.[1153] Es ist daher unerheblich, ob das Sonderopfer **rechtmäßig oder rechtswidrig** auferlegt wurde und ob der Eingriff **schuldlos oder schuldhaft** erfolgte.

Bei schuldhaft rechtswidriger Maßnahme kann der allgemeine Aufopferungsanspruch daher neben dem Amtshaftungsanspruch (§ 839 BGB, Art. 34 GG) bestehen.[1154]

C. Rechtsfolge

716 Zwar ist Voraussetzung für die Aufopferung, dass in ein nichtvermögenswertes Recht oder Rechtsgut eingegriffen wird. **Rechtsfolge** war aber nach früherer Rspr. des BGH nur ein Ausgleich der eingetretenen **Vermögensnachteile**, nicht dagegen des immateriellen Schadens (kein Schmerzensgeld). Immateriell sei nur das **verletzte Recht**, nicht der zu ersetzende Schaden.[1155] Diese Argumentation ist jedoch durch **§ 253 Abs. 2 BGB** überholt.[1156] Deshalb hat der BGH seine Rspr. ausdrücklich geändert und gewährt **Schmerzensgeld** auch beim allgemeinen Aufopferungsanspruch, und zwar **auch bei rechtmäßigen** Maßnahmen.[1157]

Dies folge auch aus § 7 Abs. 3 StrEG (Strafverfolgungsentschädigungsgesetz), der eine Entschädigung auch für Nichtvermögensschäden gewährt. Zudem hätten mittlerweile eine Vielzahl von Ländern Bestimmungen eingeführt, nach denen Ersatz des immateriellen Schadens bei Verletzung des Körpers, der Gesundheit oder der Freiheit infolge präventiv-polizeilicher Maßnahmen geschuldet werde (vgl. die dem § 52 Abs. 2 BPolG entsprechenden landesrechtlichen Vorschriften, s.o. Rn. 614). Bei rechtswid-

---

1150 OLG Frankfurt/Main NVwZ-RR 2014, 142.
1151 Vgl. Staudinger/Wöstmann BGB § 839 Rn. 505.
1152 BGH NJW 2018, 1396, 1397: Kein Ersatzanspruch eines Fluggastes wegen Verzögerung bei der Sicherheitskontrolle am Flughafen.
1153 Maurer/Waldhoff § 28 Rn. 3; Staudinger/Wöstmann § 839 Rn. 498 ff.
1154 Maurer/Waldhoff § 28 Rn. 6.
1155 BGHZ 20, 61, 68 ff.; BGH NJW 1996, 1021, 1026; ebenso noch OLG Frankfurt, Urt. v. 26.01.2017 – BeckRS 2017, 102200; Staudinger/ Wöstmann BGB § 839 Rn. 512.
1156 OLG Frankfurt NVwZ-RR 2014, 142, 143; Ossenbühl/Cornils, S. 148; Maurer/Waldhoff § 28 Rn. 14; Unterreitmeier NVwZ 2018, 383.
1157 BGH RÜ 2017, 741, 743; dazu Unterreitmeier NVwZ 2018, 383; Schlick NJW 2018, 2684, 2685.

rigen, schuldhaften Maßnahmen besteht ohnehin ein Anspruch auf Schmerzensgeld gemäß § 839 BGB, Art. 34 GG i.V.m. § 253 Abs. 2 BGB (s.o. Rn. 599).

Im Übrigen gelten die Ausführungen zur Enteignung entsprechend (s.o. Rn. 649 ff.). Der Anspruch geht auf **angemessenen Ausgleich**, nicht auf Schadensersatz. Entschädigungspflichtig ist der Begünstigte bzw. der Verwaltungsträger, dessen Aufgaben wahrgenommen wurden, also nicht unbedingt derjenige, der den Eingriff vorgenommen hat.[1158] **717**

Nach § 40 Abs. 2 S. 1 Hs. 1 Fall 1 VwGO ist für Ansprüche aus Aufopferung im engeren Sinne (unstreitig) der **ordentliche Rechtsweg** eröffnet.[1159] **718**

Aufbauschema: allgemeiner Aufopferungsanspruch

I. **Rechtsgrundlage:** Gewohnheitsrecht, §§ 74, 75 EALR

II. **Anwendbarkeit:** subsidiär ggü. spezialgesetzlichen Regelungen

III. **Voraussetzungen**

    1. nichtvermögenswertes Recht/Rechtsgut betroffen
       (Leben, Körper, Gesundheit, Freiheit, nicht Ehre, str.)

    2. unmittelbarer hoheitlicher Eingriff

    3. Sonderopfer

       a) nicht nur Realisierung des allgemeinen Lebensrisikos

       b) unabhängig von Rechtmäßigkeit/Rechtswidrigkeit

IV. **Rechtsfolge:** angemessene Entschädigung (kein Schadensersatz!), nach neuer Rspr. auch Schmerzensgeld

---

[1158] BGH NVwZ 2006, 960, 961; Maurer/Waldhoff § 28 Rn. 15 und oben Rn. 688.
[1159] Str. aber bei Ansprüchen wegen enteignungsgleichem oder enteignendem Eingriff, s.o. Rn. 675 u. Rn. 689.

Stichwortverzeichnis

Die Zahlen verweisen auf die Randnummern.

Abwehr hoheitlicher Imissionen 438
Amtshaftung 544
    Aufbauschema .... 550 ff.
    Ausschluss .... 585 ff.
    Rechtsweg .... 605 ff.
    Schadensersatz .... 595 ff.
    spezialgesetzliche Anspruchs-
        grundlagen .... 488 ff.
    Subsidiarität .... 577 ff.
    Verjährung 604
    Verschulden .... 582 ff.
Amtspflicht
    Drittbezogenheit 571, 616
    Kollision zur Rechtspflicht .... 564 ff.
    Verletzung .... 579 f.
Amtswalter 545
Anderweitige Ersatzmöglichkeit 590
Anhörung 89
Anspruchsgegner .... 602 f.
Antezipierte Selbstbindung 68
Atomausstieg 652
Aufhebung von Verwaltungsakten .... 1 ff.
    durch verwaltungsgerichtliches Urteil 3
    im behördlichen Verfahren 3
    im Widerspruchsverfahren 3
    Rechtsgrundlagen 6
    Rücknahme .... 10, 74 ff.
    Struktur .... 10 ff.
    Widerruf .... 13 ff.
Auflage 63
Aufopferungsanspruch, allgemeiner
    im engeren Sinne .... 710 ff.
Aufopferungsgewohnheitsrecht 614
Auslegung, verfassungskonforme 694
Austauschvertrag 222, 251

Beamter 545
    im haftungsrechtlichen Sinne 545
    im statusrechtlichen Sinne 545
Bearbeitungsfrist 105
Begründung des Unterlassungs-
    anspruchs 361
Beihilfe .... 119 ff., 175, 518
Beliehene 551
Bestandskraft des VA 181, 206
    Überwindung 184
Betriebsschließungen .... 676, 689 ff.
Corona .... 689, 696 ff.
Covid-19 .... 676, 689 ff.

Dienstfahrt 549

Dienstwagen 549, 559
Drittbezogenheit .... 571 ff.
Duldungspflicht .... 312 f., 681
Durchführungsverbot 123

Ehrschutz 364, 312, 437
    gegen Hoheitsträger .... 364, 411 ff.
    Rechtsfolgen 432
    Tatsachenbehauptungen .... 423 f.
    Werturteile 425
Eigenhaftung des Beamten 545
Eigentumsbeeinträchtigung
    unmittelbare 666
Eigentumsbeschränkung 668
Eingriff in Eigentum
    durch Enteignung .... 636 ff.
    Inhalts- und Schrankenbestimmung ...... 636 ff.
    unmittelbar hoheitlich 664
Eingriffsverwaltung 553
Enteignender Eingriff 676
Enteignung 291, 539
    Junktimklausel 644
    Rechtsweg .... 650 f.
    Voraussetzungen .... 646 ff.
Enteignungsgleicher Eingriff 614
    Ausschluss 671
    verschuldensunabhängig 670
Entschädigung 537
Entschädigungsanspruch 157
Entscheidungsfrist 106
Ermessen 110, 579, 596
Ermessensnichtgebrauch 67, 117
Ermessensreduzierung auf Null 193, 208
Erstattung 113
Erstattungsanspruch 177
Europarecht .... 120 ff.

Faktische Beeinträchtigung 677
Festsetzung 176
Feststellungsklage .... 285 ff.
Folgenbeseitigungsanspruch .... 296 ff.
    Ausschluss 331
    Rechtsfolge .... 324 ff., 341
    Rechtsinstitut 296
    Unmöglichkeit .... 331 ff., 350, 370, 379, 455
    Voraussetzungen 306
Folgenentschädigungsanspruch 346
Folgenersatzanspruch 347
Fürsorgepflicht des Dienstherrn 633

Gefahrenlage, typische 713
Geldleistung 61, 91

Geschäftsführung ohne Auftrag
    Abgrenzung 458
    privatrechtliche 463
    Rechtsfolge 486
    Voraussetzungen 475
Gesetzesbindung 161
Gesetzmäßigkeit der Verwaltung 243
Gewohnheitsrechtlicher Aufopferungs-
    gedanke 660

Haftung 555
Handlungsformverbote 228
Haushaltsrechtliche Grundsätze 70
Hoheitliche Auskünfte 364
Hoheitliches Handeln .... 545 ff., 551 ff.
Hygiene-Ampel .... 382 ff.

Immissionen .... 681 ff.
Immissionsabwehranspruch .... 438 ff.
Infektionsschutzgesetz 689, 711
Informationshandeln, staatliches .... 382 ff.
Inhalts- und Schrankenbestimmungen 642
Inhaltsbestimmung
    ausgleichspflichtige .... 543, 636, 652 ff., 678, 708
Intendiertes Ermessen 70

Junktimklausel 644

Kausalität
    haftungsausfüllende 595
    haftungsbegründende ..... 306, 317, 340, 350 ff.
Kehrseitentheorie 114, 498, 505, 526
Kompetenznorm 421
Koordinationsrechtlicher Vertrag 220
Koppelungsverbot 261
Kostenerstattung 493

Lebensrisiko, allgemeines 714
Leistungsbescheid .... 179 ff., 526
Leistungsverwaltung 557

Mitverschulden 601

Nassauskiesungsbeschluss 659,
Naturalrestitution 327, 600, 630
Neutralitätsgebot 429
Nichtstörer .... 689, 696 ff.
Notifizierungsverfahren 122
Notstandspflicht 698

Öffentl.-rechtl. Benutzungs- und
    Leistungsverhältnis 632
Öffentl.-rechtl. Sonderbeziehungen 627
Öffentl.-rechtl. Verwahrungsverhältnis 631
Öffentlich-rechtliche Geschäftsführung
    ohne Auftrag 295

Öffentlich-rechtlicher Erstattungs-
    anspruch .... 280, 294, 488 ff.
    Durchsetzung .... 524 ff.
    Rechtsfolge 503
    Voraussetzungen .... 219 f.
Öffentlich-rechtlicher Unterlassungs-
    anspruch .... 361 ff.
    Begründung 361
    dogmatische Herleitung 365
    Voraussetzungen 374
    vorbeugender Unterlassungs-
        anspruch 368
Öffentlich-rechtlicher Vertrag 214, 312
    Arten .... 220 ff.
    Begriffsmerkmale 214
    Durchsetzung von Ansprüchen 283
    Handlungsformverbote 227
    Leistungsstörungen 283
    Mitwirkungserfordernisse 229
    Rechtswidrigkeit 225
    Schriftform 229
    Zustandekommen 224
Öffentlichkeitsarbeit 307, 407, 427, 430
Ordnungsrechtliche Haftungstatbestände 614

Persönliche Haftung 531
Persönlicher Schutzbereich 608
Planfeststellungsbeschluss 680
Positive Vertragsverletzung 626
Preußisches Allgemeines
    Landrecht 538, 660
Primärebene 288
Primärrechtsschutz 592, 604

Qualifiziertes Unterlassen 668

Realakte 665
Rechenfehler 5
Recht der öffentlichen Ersatzleistungen 292
Rechtmäßiges Verwaltungshandeln 656
Rechtsfehler 81
Rechtsirrtümer 103
Richterprivileg 584, 621
Rückforderung eines Zuschusses 51
Rückforderungsbescheid 73
Rücknahme von Verwaltungsakten 75
    eines Geld- und Sachleistungs-VA 84
    eines rechtswidrigen begünstigenden VA 80
    rechtswidriger belastender VA 75
    Rücknahmefrist 97
    sonstiger begünstigender VA 150
    Verhältnis zum Europarecht 120
Rücknahmefrist 82, 97, 106, 108, 145
Rückzahlungsaufforderung 113

Sachlichkeitsgebot 420, 422, 430, 437

Stichworte

Schaden 595
Schutzbereich
    persönlicher 608
    sachlicher .... 609 f.
Schweretheorie 639
Sekundärebene 288
Sofortige Vollstreckung 287
Sonderopfer .... 682 ff., 705 ff., 714 ff.
Sonderopfertheorie 639
Sozialrechtlicher Herstellungsanspruch 351
    dogmatische Grundlage 353
    Rechtsfolge 356
Staatshaftung .... 531 f., 543 ff., 622 ff.
Staatshaftungsrecht 290
Straßenverkehr 559
Straßenverkehrssicherungspflicht 588
Subordinationsrechtlicher Vertrag 221, 258
Subsidiaritätsklausel 585
Subvention, europarechtswidrige 129, 175
Subventionsbescheid 51, 71
Subventionsrichtlinien 53

Tatbestandswirkung 73
Tatsachenbehauptungen 424, 432, 437
Treu und Glauben 211, 238, 287, 353, 521
Typische Gefahrenlage 454

Über-/Unterordnungsverhältnis 247
Umwelteinwirkungen .... 300, 313, 439 ff., 455
Unerlaubte Handlung 568, 576
Unionsrecht
    Anwendungsvorrang 119, 132
Unvorhergesehene Nebenfolge 676
Unterlassungsanspruch
    schlichter .... 368, 370 ff.
    vorbeugender .... 368 f.

VA 1
    auf Unterwerfung 71
    begünstigender 39
    Bestandskraft 181
Verbrauch 93
Verfügungsvertrag 223
Vergleichsvertrag 222
Verjährung .... 178, 335, 382, 604 ff., 688
Verkehrslärm 676
Verkehrssicherungspflichten 560, 588
Verlorener Zuschuss 52
Vermögensnachteile 165
Vermögensschaden 620

Verpflichtungsklage 197
Verpflichtungsvertrag 223, 242
Vertrag, öffentlich-rechtlicher
    Nichtigkeitsgründe .... 235, 243 ff., 267 ff.
    subordinationsrechtlicher ..... 219 f., 246 f., 287
Verträge, gemischte 218
Vertragsverbindlichkeit 243
Vertrauensgrundlage .... 609 f., 621
Vertrauensschutz .... 156 ff.
Verwaltungshandeln .... 566 ff., 656
Verwaltungsrechtliche Ansprüche 288
    auf Beseitigung und Unterlassung 290
    auf Geldersatz 290
Verwaltungsträger 545, 717
Verwaltungsvorschriften 53
Verzinsung 178
Vollzugsfolgenbeseitigungsanspruch 298
Vorbehalt des Gesetzes 56

Wegfall der Bereicherung 116
Wegfall der Geschäftsgrundlage 282
Weimarer Reichsverfassung 531
Werturteil .... 331, 422 ff., 437
Widerruf von Verwaltungsakten .... 19 ff.
    begünstigender VA 22, 50
    eines rechtmäßigen belastenden VA 19
    Widerrufsfrist 65, 97
    Widerrufsgründe 26
    Wirkung für die Vergangenheit 50, 63
    Wirkung für die Zukunft 22
Widerrufsfrist 65
Widerrufsgründe 40
    Änderung der Rechtslage 30
    Änderung der Sachlage 29, 40
    Auflage nicht erfüllt 28
    schwere Nachteile für das
        Gemeinwohl 31, 46
    Widerrufsvorbehalt 27
Wiederaufgreifen des Verwaltungs-
    verfahrens 180
    Anspruch 186
    im weiteren Sinne 203
    Wiederaufgreifensgrund 188
Wiederholungsgefahr 416, 431, 437

Zivilrechtsweg 605, 675, 689
Zumutbarkeit der Beeinträchtigung 639
Zurechnungszusammenhang mit
    Amtspflichtverletzung 595
Zwei-Stufen-Theorie 174